Gerda Kleber • Eduard W. Kleber

Gärtnern im Biotop mit Mensch

Das praktische Permakultur- und Biogarten-Handbuch für zukunftsfähiges Leben

Illustrationen: Gerda Kleber

OLV Organischer Landbau Verlag
Kurt Walter Lau

Fachverlag für
Garten und Ökologie

Impressum

Die Autoren

Eduard W. Kleber, Grund- und Sonderschullehrer, Dipl.-Psych., Dr. phil., emeritierter Professor der Bergischen Universität – GSH Wuppertal.

Gerda Kleber, wissenschaftliche Grafikerin, Studium in Wiesbaden (Kunsthochschule) und Mainz (Universität, Zoologie und Botanik), langjährige Tätigkeit an der Universität Kiel.

Bibliografische Information der Deutschen Nationalbibliothek

Die Deutsche Nationalbibliothek verzeichnet diese Publikation in der Deutschen Nationalbibliografie; detaillierte bibliografische Daten sind im Internet über http://dnb.d-nb.de abrufbar.

OLV Organischer Landbau Verlag Kurt Walter Lau
Im Kuckucksfeld 1, 47624 Kevelaer
E-Mail: info@olv-verlag.de Internet: www.olv-verlag.eu
Gedruckt in Ungarn

ISBN 978-3-922201-31-1

Fordern Sie bitte unverbindlich unseren Verlagsprospekt an!

Klimaneutral
Druckprodukt
ClimatePartner.com/12667-2204-1001

Unseren Enkeln und Urenkeln gewidmet (insbesondere: Gwendolyn, Maximilian, Johannes und Solvejg)

Prolog

Vergebliche Bemühungen
Ein Mensch, der aus der großen Stadt
Ins Grüne sich begeben hat,
Läs hier, allein auf weiter Flur,
Recht gern im Buche der Natur.
Doch bald, betrübt, er wieder geht:
Denn, ach!, er ist Analphabet!
Eugen Roth

In einem solchen Fall empfehlen wir das Buch »Gärtnern im Biotop mit Mensch« und die Arbeit in einem nach Permakultur-Prinzipien geführten Garten.

Erntezeit 1998, *Eduard W. Kleber* und *Gerda Kleber*

Inhaltsverzeichnis

Schwalbenschwanz

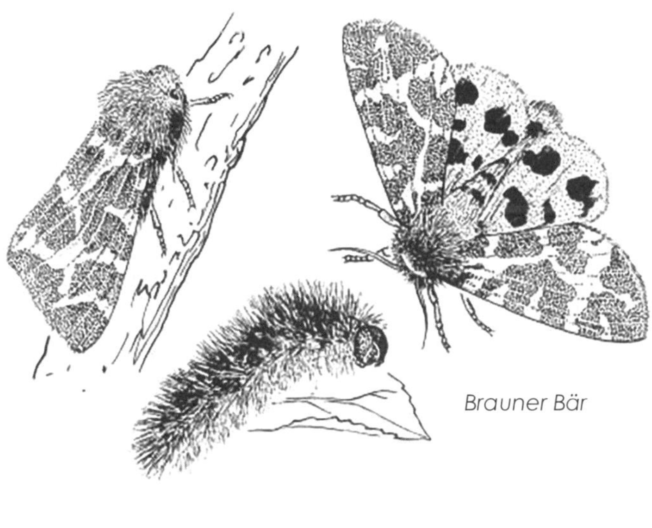

Brauner Bär

Vorwort zur ersten Auflage

»Nachhaltigkeit« und »zukunftsfähig« sind die neuen Begriffe, die heute wie Modeartikel verwendet werden. Hinter diesen Begriffen steht ein Konzept der Gerechtigkeit

- in Bezug auf einen Ausgleich zwischen der sog. Ersten und sog. Dritten Welt
- und in Bezug auf zukünftige Generationen.

Dieses Konzept verlangt eine Wirtschaftsweise,

- welche die Natur und das Lebenssystem unseres Planeten Erde schont und fördert,
- welche nicht Ressourcen verschwendet oder vernichtet,
- welche die Grundlagen des Lebens und des Wirtschaftens erhält.

Dieses Konzept einer nachhaltigen und zukunftsfähigen Entwicklung (sustainable development) sollte für alle Nationen, die der UNO angehören, seit dem Umweltgipfel von Rio 1992 Programm sein. Das heißt für Landwirtschaft und Gärtnern vor allen Dingen, den Boden zu erhalten und ihn zu verbessern. Letzteres geht nur mithilfe eines vielfältigen gesunden Bodenlebens, dieses bedingt Gärtnern ohne Chemie. Eine gute Bodensoziologie wird wiederum durch eine gute Pflanzenvergesellschaftung bedingt.

Zukunftsfähiges Gärtnern und Eintreten für eine zukunftsfähige Welt heißt aber auch, sich gleichzeitig gegen die heutige Erzeugung unserer Nahrungsmittel zu wenden und den eigenen Anbau durch Zukauf im Sinne einer Erzeuger-Verbraucher-Gemeinschaft zu ergänzen.

Wenn Sie den Anregungen dieses Buches folgen mögen, dann wird Ihr Wirtschaften im Garten nachhaltig und Ihr Gärtnern wird zukunftsfähig. Ihre Pflanzen werden nach einiger Zeit (nachdem die Vergesellschaftung Raum gegriffen hat und das Bodenleben optimiert ist) gesünder. Dann wird auch Ihre Ernährung reichhaltiger und gesünder und Sie leisten einen konstruktiven Beitrag für eine nachhaltige, zukunftsfähige Gesellschaft und Welt.

Gerda Kleber und *Prof. Dr. Eduard W. Kleber*

Vorwort zur vierten Auflage

Die Entwicklung von Naturlandschaften dauert lange, gemessen an der Lebenszeit des Menschen sehr lange. Die Entwicklungen von natursparenden, mit den Naturabläufen verträglich verknüpften, für sich selbst nachhaltigen Anbauweisen haben auch einen erheblichen Zeitbedarf. Es sind viele ein solches komplexes Konzept optimierende Saat- und Ernte-Jahre, bis die oben gestellten Anforderungen (natursparend, nachhaltig und naturschonend und verträglich mit der umgebenden Natur verknüpft), erreicht sind, notwendig. So war es auch bei der Entwicklung der »Permanent Nachhaltigen Intensiv-Parzelle«. Wir haben über 20 Jahre an der Vorbereitung und Entwicklung unseres modifizierten Permakultur-Projektes gearbeitet. Dann war es so weit und wir veröffentlichten unser Buch »Biotop mit Mensch«. Dieses Buch hat viele Leute angeregt, ihre Permakultur-Kompetenz zu erweitern und/oder ihre Gartenentwicklungen nachhaltiger auszurichten. Vielleicht auch ihr Verhältnis zu den Pflanzen ihrer Umgebung oder zu Pflanzen überhaupt zu verbessern und ihre Ernährung grundsätzlicher zu betrachten.

Da »Biotop mit Mensch« auch nach 30 Jahren und drei Auflagen noch genügend Zuspruch erfährt, ist jetzt eine neue Auflage notwendig geworden.

Wir haben in diesen Jahren weitergearbeitet und uns zunehmend mehr mit dem auch in der Permakultur für unser Ernährungsbedürfnis notwendigen Intensiv-Anbau-Teil beschäftigt, um ihn möglichst andauernd (permanent) auf der gleichen Fläche und möglichst klein halten zu können. Denn er bleibt ein naturfernes Element. Trotzdem galt es, den Intensiv-Anbau nachhaltig und definitiv naturnah und naturverträglich zu halten, d. h. ganz und gar ohne die heute so beliebten Pflanzen-Pflege-Pakete des Agrobusiness auszukommen. Das naturverträglichste Element der PNIP ist, dass sie wenig Natur verbraucht, d. h. mit ihrer Hilfe steigt die Möglichkeit für eine größere Wildfläche stark an.

Habt Mut und lasst sie zu, wenigstens ein Stück Wildfläche (vgl. Kapitel „Das Ungestalte und das Ästhetische“, S. 241ff.).

Mit zunehmendem Alter interessierte uns immer mehr die Arbeitszeit und die Schwere der Arbeit, die investiert werden muss. Intensiv-Anbau verlangt Arbeit, die zu großen Teilen an Maschinen abgetreten werden könnte (Externe Kosten: Fremdenergie, und es werden die teuren Pflege-Pakete notwendig, Letztere wurden speziell für den Maschineneinsatz entwickelt).

Wir wollten eine kleine Fläche, auf der die notwendigen Arbeiten leicht und kurz sind, sodass es, wenn man noch allerhand andere Interessen verfolgt, aus Zeitenge nicht gleich zum Frust bei der Gartenarbeit kommt.

Wir haben dabei die Permanent Nachhaltige Intensiv-Parzelle entwickelt (50 qm), bei der eine zu bearbeitende Reihe nur 3 m lang ist.
Diese spezielle Weiterentwicklung soll nun ab der vierten Auflage »Biotop mit Mensch« ergänzen.

Dann viel Spaß bei der angeregten und zunächst angeleiteten Arbeit. Keine Angst, die Arbeit ist leicht und kommt nur in kleinen Häppchen.

Gerda und *Eduard W. Kleber, Spätherbst 2018*

Grundlagen für zukunftsfähiges Gärtnern

Gärtnern im Schatten ökologischer Krisen (Garten und Planet)

*Die Evolution der Organismen konnte immer erst auf manifeste Nachteile oder gar Katastrophen hin reagieren. Wir mit unserer (zugegeben: begrenzten) Fähigkeit, die Zukunft abzuschätzen können theoretisch die selbst gemachten Katastrophen vermeiden (*Verbeek *1990, S. 257).*

Schon sehr früh sah der Mensch die ihn umgebende Natur mit zwiespältigen Gefühlen an, oftmals war das Verhältnis ein feindseliges. Der Mensch unterlag Naturgewalten oder es gelang ihm hin und wieder, Naturprobleme zu überwinden. Seit Beginn der Moderne ist die Überwindung der Natur, die Unabhängigkeit des Menschen von der Natur und so auch aus dem Lebenssystem des Planeten Erde prinzipielles Programm. Heute, in der Spätphase der Moderne, entdecken wir, dass dieses Unabhängigkeitsprogramm vielfältige Ursachen für ökologische Krisen enthält. Es ist letztlich zu einem Programm gegen die Natur geworden. Jetzt wird der Ruf immer lauter »mit der Natur« und für sustainable development, das heißt:

- zukunftsfähiges Wirtschaften,
- zukunftsfähige Lebensführung,
- zukunftsfähige Nahrungsmittelproduktion und
- zukunftsfähiges Gärtnern.

Letzteres heißt auch Gärtnern mit dem und Fördern des Lebenssystems unseres Planeten in einem.

Es gibt einen engen Zusammenhang zwischen dem Lebenssystem unseres Planeten und dem Garten. Unsere Gärten sind die Spiegelbilder unseres Verhältnisses zur Natur.

Unser Garten kann es uns ermöglichen, dieses Lebenssystem besser verstehen zu lernen, er kann uns aber auch das Verstehen des Lebenssystems verstellen. Dann läuft er den Funktionen dieses Lebenssystems zuwider. Aufgrund dieser Möglichkeiten ist Gartenarbeit immer mehr als nur eine manchmal erfreuliche und manchmal lästige Beschäftigung: Sie ist eine der sinnvollsten Tätigkeiten für den Menschen. Eine Tätigkeit, die es zulässt, dass auch Natur zu ihrem Recht kommt, und bei der der Mensch zukunftsfähiges (pflegerisches) und nicht länger zerstörerisches Verhalten lernt und trainiert.

Die Zukunft der Menschheit hängt davon ab,

- wie wir den Planeten Erde und unseren Garten sehen (wahrnehmen),
- mit welchen Vorstellungen wir die Probleme, die wir auf diesem Planeten haben, erklären und bearbeiten,
- ob wir zukunftsfähig werden oder
- ob die Menschheit ihre Zukunft in wenigen Generationen verspielen wird.

Kulturschöpfung Garten (Entwicklungen über die Zeiten)

»15. Und Gott der Herr nahm den Menschen und setzte ihn in den Garten Eden, dass er ihn baute und bewahrte« (1. Moses 2,15).
»Zuerst hat sich der Mensch die Natur zunutze, dann untertan gemacht. Dann hat er sie zerstört und durch ein künstliches Gegenbild, die Kulturlandschaft, ersetzt« (Schulz 1987, S. 12).

Es gibt drei große Entwicklungslinien:
1. Schulungs- und Nutzgärten
2. Der Garten als Kultur/Natur-Ambiente für den Menschen – »der schöne Garten«
3. Natur-/Wildgärten

Innerhalb dieser Entwicklungslinien gibt es, wie in Abb. 1 angedeutet, einige Überschneidungen.

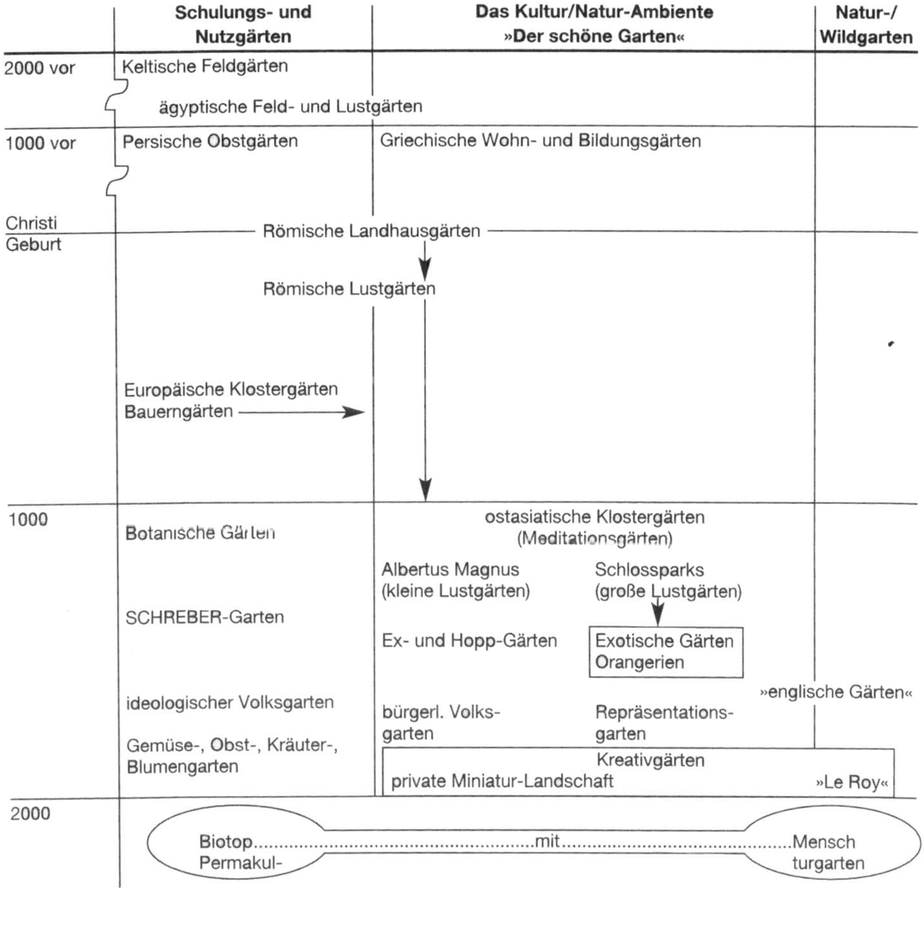

Abb. 1: Überblick zur Entwicklung der bekanntesten Gartenformen

Schulungs- und Nutzgärten

Gärten haben eine lange Geschichte. Sie beginnt mit dem Zeitalter des Ackerbaus. Es handelt sich dabei um Felder, die gegen Verwüstungen durch Tiere eingefriedet wurden. Aus der europäischen Geschichte werden die ältesten Funde (4.000 Jahre) den Kelten zugeschrieben.

Abb. 2: Rekonstruktion eines keltischen Gartens

Ein Übergang zwischen Feldwirtschaft, Nutz- und Lustgarten finden wir vor 3.500 Jahren zur Zeit Amenophis III., dem berühmten Erbauer des Tempels von Luxor. In der Abb. 3 finden wir einen Garten bei einem kleinen Landhaus, in dem rund um Felder viele Sonder- und Schmuckkulturen zu sehen sind.

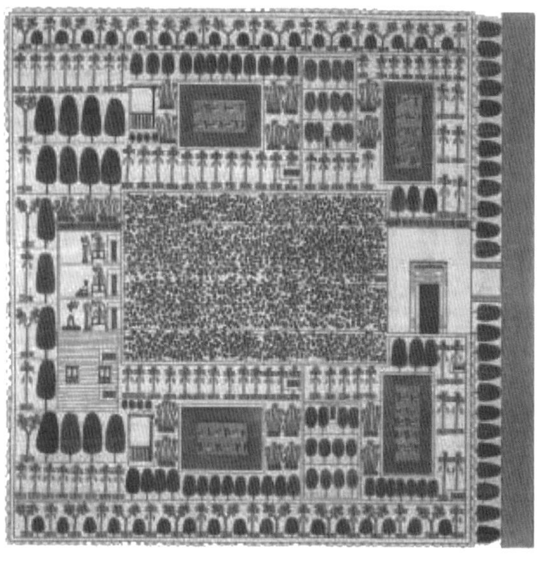

Abb. 3: Garten des Heerführers Amenophis III. (1402 bis 1364 v. Chr.), (Gemälde aus einem thebanischen Grab); in: Heyer 1980, *S. 10*

Die persischen Obstgärten waren Schulungsgärten. Kyros der Ältere (559 bis 529 v. Chr.) ließ kombinierte Nutz- und Ziergärten anlegen, in denen die Söhne wohlhabender Familien im Obst- und Gartenbau unterrichtet wurden. Der persische Garten wurde zum Grundmuster der antiken Gärten sowohl in Griechenland als auch im Römischen Reich.

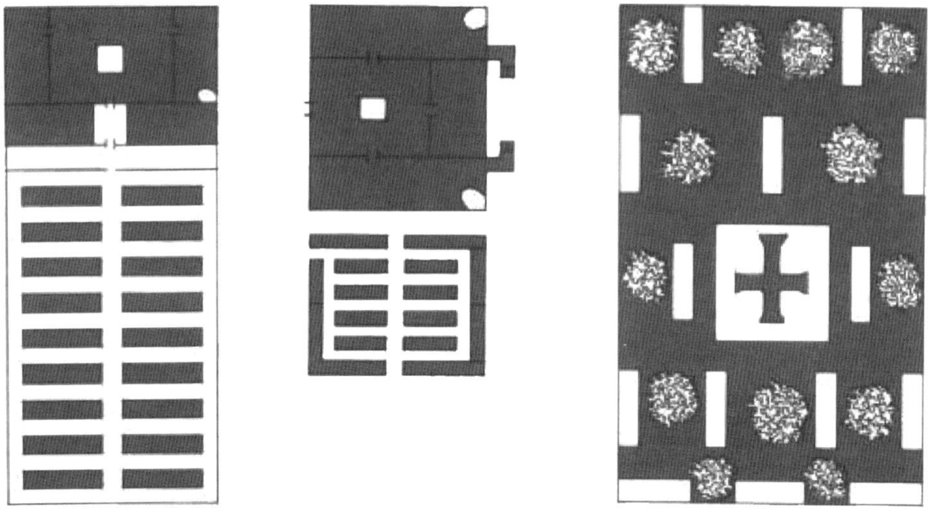

Abb. 4: St. Gallener Klostergarten (um 825), Quelle: Widmayr 1990, S. 17

In unseren Breiten sind in dieser Linie besonders die Klostergärten zu erwähnen.

Die Klostergärten wurden in ähnlicher Form ein Grundbestandteil aller europäischen Klöster. Die Ausbreitung dieser Gartenform wurde unter den Karolingern mehr oder weniger verbindlich für die Klöster in ihrem Regierungsgebiet. Die Klostergärten dienten der Versorgung der Mönche mit Frischgemüse und Obst, der medizinischen Versorgung (Kräutergarten) und der Erbauung der Mönche sowie der Arbeit im Freien. Karl der Große drängte per Erlass seine Bauern, nach dem Muster der Klöster und mit den Ratschlägen der Mönche zur besseren Versorgung der Bevölkerung vereinfachte Formen der Klostergärten als Bauerngärten anzulegen.

Diese Bauerngärten sind bis in die heutige Zeit Vorbild für Hausgärten. Sie sind, wie sie sind, weil es Karl der Große so bestimmte.

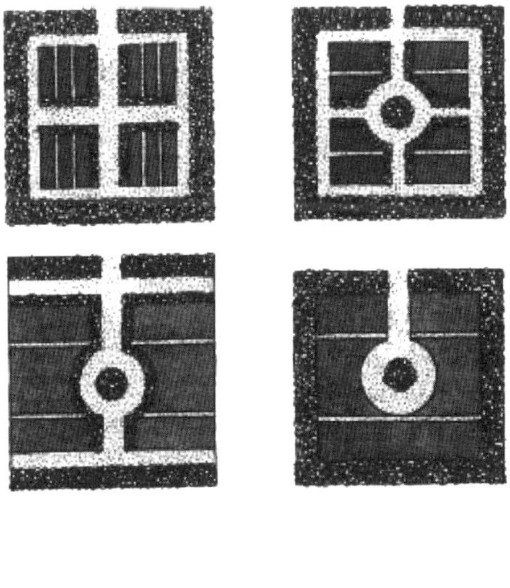

Abb. 5: Grundformen des Bauerngartens, Quelle: Widmayr 1990, S. 37 und 39

Eine nächste große Gartenbewegung in Europa ging von der Medizin aus. Der Leipziger Kinderarzt *Schreber* begründete Ende des 19. Jahrhunderts eine physiologische Erziehungslehre, nach der der Mensch nur als Ganzes verstanden, entwickelt und behandelt werden kann (vgl. *Schreber* 1891, Vorwort). Für die Hebung der Volksgesundheit rief er die Laubenkoloniebewegung ins Leben, die im ganzen Land von den Frauenvereinen unterstützt wurde. Bis heute sehen sich die unzähligen Kleingärtnervereine in Deutschland als die Nachfahren der *Schreber*-Gartenkolonien.

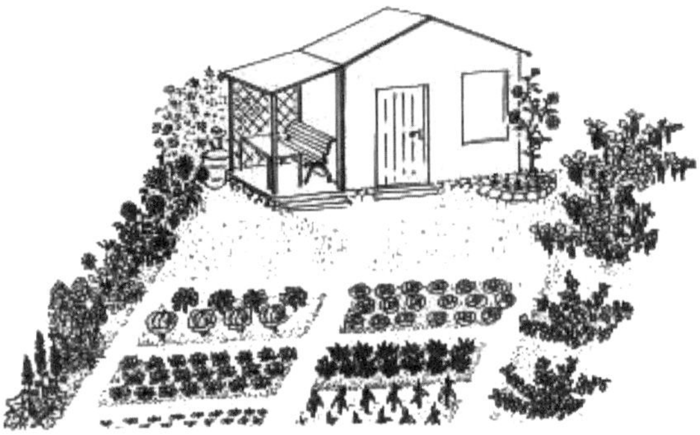

Abb. 6: Schrebergarten: Laube, Sitzplatz, Gemüsebeete, Blumenrabatten, ein kleiner Rasenplatz

Der ideologische Volksgarten der NSDAP, der als eine Ergänzung jeder Wohnung gesehen wurde, stand im Dienste der Volksernährung, der Gedanke sollte über Schulgärten durchgesetzt werden. Ab 1939 wurden acht Unterrichtsstunden in der Woche für Schulgartenarbeit vorgeschrieben.

Hausgärten tragen heute – soweit sie noch einen Ernährungsbeitrag leisten – mehr oder weniger Komponenten dieser beiden Entwicklungen in sich. Sie sind aber auch alle, wenn sie der Ausweitung des Wohnraumes (Kultur/Natur-Ambiente) dienen, der zweiten, viel reichhaltigeren Linie der »Gärten als Kultur/Natur-Ambiente für den Menschen« verpflichtet. Viele Hausgärten und Vorgärten sind heute Repräsentationsgärten.

Das Kultur/Natur-Ambiente für den Menschen – »der schöne Garten«

Auf dieser Linie hat die Gartenbaukunst rund um die Welt eine unübersehbare Anzahl außerordentlicher Kulturlandschaften geschaffen, die es zum Teil wert sind, zum Weltkulturerbe gezählt zu werden. Dabei wurde mit der primären Natur oft nicht gerade zimperlich umgegangen. Der ostasiatische, buddhistische Klostergarten ist ein geistanaloger Garten; in der Extremvariante, dem Zengarten, wird sogar jede Spur des Lebenssystems ausgeschlossen. Die Bäume im Hintergrund gehören nicht mehr zum Garten.

Auch Klostergärten verlieren ihren Bezug zur Natur. In Abb. 8 sehen wir bei viel versiegeltem Raum noch Heilkräuterbeete (Kloster Allerheiligen, Schaffhausen). In Abb. 9 (Schloß Moseley,

Abb. 7: Zengarten (Kyoto, Japan)

Abb. 8 und 9: Das Verschwinden der Natur aus den Klostergärten (n. Barzin *1990, S. 25 und* Lennox-Boyd *u.a. 1989, S. 101)*

Old Hall, Staffordshire) finden wir die nächstfolgende Variante: Garten aus feinem und grobem Kies mit Zwergbuchsbaum-Ornamenten und Buchsbaumkugeln, eine Zwergbuchsbaum-Hecke rahmt den Garten ein.

Das »gute Gartengefühl«, der Garten als anspruchsvoller Lebensraum, wurde in Europa durch die Griechen begründet. Im hellenistischen Zeitalter war der Garten der bevorzugte Wohnraum und der geeignete Ort, um über Dichtung, Philosophie und Wissenschaft zu diskutieren.

Frühe Gartengestaltungsformen der künstlerischen und künstlichen Kulturlandschaft treten bis heute immer wieder als Elemente in Gärten und Parks in Erscheinung. Der Römer *Varro* (116 bis 27 v. Chr.) entwickelte auf einem Areal von mehreren Hektar einen Erholungs-, Repräsentations- und Ackerbaugarten, wie er für lange Vorbild blieb.

Dies alles wurde geschützt durch eine Mauer, welche der stufenweise gepflanzte Bux deckte und dem Auge entzog. Es wurde so in Vor- und Nutzgarten geteilt.

Abb. 10: Garten von Varro (37 v. Chr.) Quelle: C.A. Wimmer, *1989 S. 3*

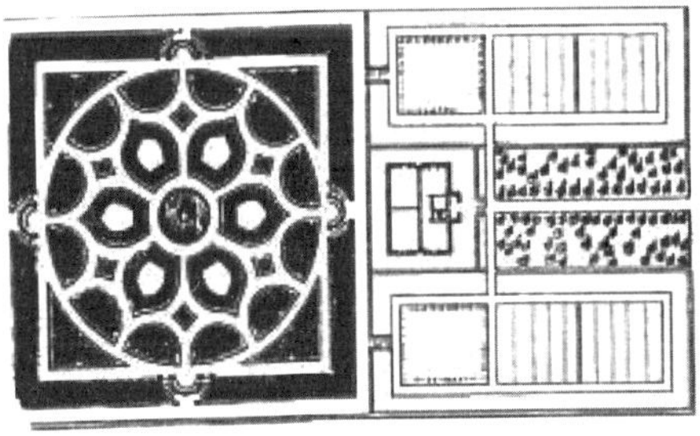

Abb. 11: Die obligate Vor- und Nutzgartenteilung. Späte luxuriöse Ausformung nach Loudon *(1841)*

Abb. 12: Fürstlicher Schlossgarten, aus: Furttenbach *1628, S. 31*

Die großen Lustgärten im Sinne der italienischen Gartengestalter bestimmten die Umgebung der Schlösser in Europa für Jahrhunderte in Renaissance- und Rokokovarianten, und auch die Schlossparks, nach Grundsätzen der Romantik entworfen, enthalten weiterhin viele Elemente dieser italienischen Gärten.

Rund um den Park gibt es einen Wassergraben, dann Mauern und darauf eine breite Promenade. Der Vorplatz des fürstlichen Schlossgartens ist als Turnier- und Tummelplatz ausgewiesen. Durch die mittlere Pforte betritt man den Lustgarten, mit einem in Marmor gefassten Brunnen im Zentrum und in Buchsbaum gefasste Kiesbeete. Rechts und links gibt es Gänge aus Steinobstspalieren. Links des Lustgartens befindet sich ein großer Teich mit Insel und Boot. In dem hinteren Teil befindet sich ein Tier- und Jagdgarten, durch einen Wassergraben mit einer Zugbrücke abgetrennt. Die Brücke wird nur niedergelassen, wenn Jäger in den Tiergarten gehen. Auf der rechten Seite vor dem Graben steht ein Jagdschlösschen, auf der linken Seite eine kleine Hütte mit Vogelfalle. Dieser Schlossgarten von 1628 stellt gewissermaßen einen zeitgenössischen Centerpark des 17. Jahrhunderts dar.

Wiese, Wasser, ausgewählte Bäume und Büsche, Pavillon mit szenischem Ausblick, Spazierwege und Zugang für alle sind Charakteristika zeitgenössischer Parks.

Nördlich der Alpen führten die Vorbilder aus dem Mittelmeerklima sehr früh zu einer Bevorzugung von Exoten. Die Gartenbaukunst erschöpfte sich nicht nur in teils radikalen Umgestaltungen der Natur, das Ungestalte, Wilde in das »Schöne«, Wohlgestaltete zu überführen, sondern es ging auch immer mehr darum, der Natur ein

Abb. 13: Schlosspark des 20. Jahrhunderts

Abb. 14: Wildgarten, Arrangement mit Exoten

Schnippchen zu schlagen. Im 17. Jahrhundert wurde in den Niederlanden die Orangenzucht eingeführt. Ab dann gehörten die Orangerie und das Gewächshaus zu jedem »schönen Garten«. Nachdem das Gewächshaus etabliert war, wurde der Wildgarten mit Exoten erfunden, die Kübelpflanzen wurden im Sommer draußen eingegraben.

Seit dem 18. Jh. gab es eine Bewegung »zurück zur Natur«. In England entstanden die naturnächsten Landschaftsgestaltungen (englischer Garten). Der durchgestylte Raum musste die Illusion des Naturbelassenen erzeugen. So entstand das Biotop **für** Menschen.

Abb. 15 und 16: Rustikaler Brunnen (Loudon 1840) und Wildgartenecke (Robinson 1870)

Aus dieser Bewegung entstanden die bürgerlichen Volksgärten, sozialer Raum unter Bäumen mit Brunnen, Gewässer und viel Rasen.

Gewissermaßen als Gegenbewegung entstanden die Ex-und-Hopp-Gärten bzw. Blumenanlagen. Hierzu sind die Anlagen in Kurbädern und der tradierte Teil der Gartenschauen zu rechnen. Der zweiwöchig wechselnde Farbenrausch der Stadtgärtner triumphiert hier über die Natur. Der Standardvorgarten (Kleinvariante des Repräsentationsgartens) erweist sich zunehmend mehr naturfeindlich.

Nach dem Zweiten Weltkrieg war der Hausgarten endgültig von der Last des Gemüseanbaus befreit. Wir können es uns leisten, uns ernähren zu lassen. Der Garten wird zum Repräsentationsgarten.

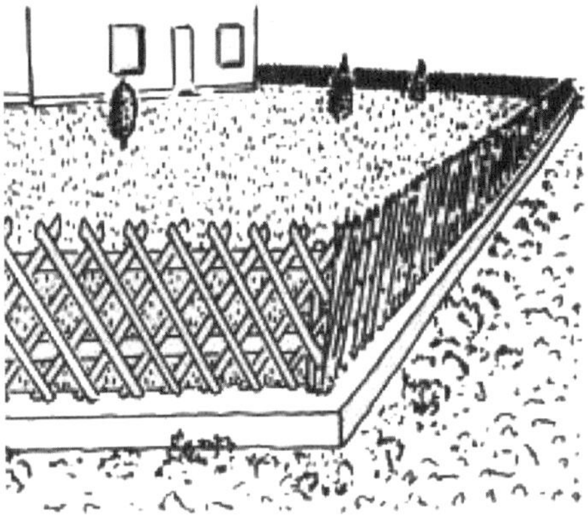

Abb. 17: Häufige einfache Vorgartenvariante

Abb. 18: Biotop für den Menschen – Kultur/Natur-Ambiente – »der schöne Garten«

In jüngster Zeit gibt es eine Rückbesinnung, Bauerngärten werden Mode, wir machen es so, wie es Karl der Große wollte, und vereinzelt kann man Wildgärten antreffen. Daneben entstehen Kreativgärten als private Miniatur-Landschaften. Das beginnt bei Gartenzwergarrangements und selbst gestylten Gebäudekonstruktionen wie Windmühlen, Burgen u.a.

Auf der anderen Seite entwickelt der holländische Maler, Kunsterzieher und selbsternannte Wanderprediger *Le Roy* eine Kreativgarten-Variante, die sich zum echten Wildgarten auswächst. – Er häuft Zivilisationsabfall in einer lockeren Weise auf einem Grundstück und überlässt die Kreativität der Natur.

Diese Wildgartenform folgt einem rein biozentrischen Konzept. Es entsteht ein Biotop *ohne* Mensch. Das im Angesicht der ökologischen Krise entwickelte Permakultur-Gartenkonzept vereinigt in sich die drei Entwicklungslinien. Als Biotop *mit* Mensch dient der Garten der Entspannung, der Ernährung, der Lust und der Arbeit des Menschen. Er ist wildgartennah, aber doch mit so viel Intensivinseln, dass er die Ernährung sicherstellen und eine Grundlage für die Auflösung der agrochemischen Industrie und der daranhängenden industriellen Landwirtschaft werden kann.

Der Garten als Ort der Sehnsucht und der Naturausbeutung

Wir sind Teilhaber in einem hochkomplexen Lebenssystem, das sich vielleicht auf nur einem einzigen Planeten im unendlichen Universum entwickelt hat. Der blaue Planet ist ein exquisites Juwel im unendlichen Universum, auch dann, wenn es in anderen entfernten Galaxien noch einmal Vergleichbares geben sollte.

Der Mensch, ein Ergebnis der biosphärischen Evolution, konnte das Lebenssystem, in das er gestellt war, nicht überschauen und die komplexen Zusammenhänge nicht verstehen. Hierin lag und liegt ein zentrales Problem, dessen Größe wir heute erst allmählich in seiner ganzen Vielfalt erkennen lernen. Eigentlich hätte der Mensch frühzeitig ein gut überschaubares Modell gebraucht, um das Lebenssystem seines Planeten verstehen zu lernen, mit anderen Worten: mit ihm, statt gegen es zu arbeiten, d.h. von Anfang an zukunftsfähig zu handeln und auch zu gärtnern. Jedoch wurden die Gärten der Menschen nicht ein Abbild der Natur, sondern ihrer Sehnsüchte, und häufig Orte extremer Naturausbeutung.

Der Garten als Ort des Daheimseins

Von jeher war der Garten ein Ort, der von einer hohen Mauer oder einem starken Zaun umgeben war. In seinem Schutz konnte sich der Verweilende furchtlos erholen. Geborgenheit und Schutz sind auch die zentralen Inhalte des lateinischen Namens für Garten: »hortus«, und des deutschen Wortes »Hort«. Mit dem Letzteren ist sogar die Bedeutung »Schatz« verbunden. Der Mensch, als Individuum schwach und verletzlich, bedarf eines Ortes der Geborgenheit. Er suchte diesen immer mehr außerhalb der Natur bzw. in einer harmonisierten Ersatz-Natur. Dabei entfremdete er sich zunehmend von dem Lebenssystem seines Planeten, sein Verhältnis zur Natur wurde dadurch ein zunehmend zerstörerisches. Letztlich gibt es aber keine Heimat für den Menschen, außer derjenigen auf dem blauen Planeten und innerhalb seines Lebenssystems. Die Träume, im Weltraum eine andere Heimat zu finden, sollten wir klar als fragwürdig erkennen. Das Lebenssystem des Planeten Erde ist und könnte auch zukünftig die Heimat des Menschen sein.

Damit der Mensch jetzt endlich, bevor es zu spät ist, das Lebenssystem seines Planeten verstehen und lieben bzw. ehren lernt, braucht er ein ihm angemessenes, besser überschaubares Modell. Wenn der Garten als seine Heimat nicht ein letztes Mal als Chance verloren gehen soll, muss dieser ein teilanaloges Abbild des Lebenssystems unseres Planeten werden, er muss gleichzeitig ein Ort des Daheimseins und Sichwohlfühlens sein. Er darf nicht Lust-, nicht Nutz-, nicht Zier- und Schmuckgarten sein und sollte doch alle diese Funktionen in einer integrierten Weise erfüllen.

Der Garten sollte ein Erfahrungsraum werden, in dem wir lernen, die menschzentrierte mit der biozentrischen/planetarischen Perspektive zu verknüpfen. Ein Ort, an dem wir Mit-Leben lernen können, die intime Heimat, in der wir uns für unsere öffentliche Heimat, unseren Planeten, vorbereiten. Die Liebe zu diesem Ort des Daheimseins sollte die Liebe zu unserem Planeten als Folge haben. Wenn dies gelingt, ist der Garten unsere Chance. Zukunftsfähiges Gärtnern als erster Schritt für zukunftsfähige Ernährung ist mehr als Gartenarbeit – es ist Zukunftsarbeit, es eröffnet eine Chance für die Menschheit.

Der verlorene Garten

Die geschichtliche Entwicklung der Gärten führte zu vielen Variationen, die in der Regel nicht als Modell, nicht zum Verstehen des Lebenssystems unseres Planeten taugten. Die Naturwissenschaften, soweit sie sich um das Verstehen dieses Lebenssystems direkt bemühten, waren bis in die jüngste Zeit zwar außerordentlich effizient im Zusammentragen von Einzelerkenntnissen und in der Entwicklung von Technologien, doch das Lebenssystem als der große Garten blieb in seinem Inneren unbegreiflich.

»Der Garten ist verwüstet, die Wege sind zertrampelt, die Reste des Inventars werden gerade verheizt, aber das Rätsel des Gartens bleibt ein Rätsel. Ob noch einmal ein Garten daraus wird, oder ob sein Ende schon begonnen hat, hängt von nichts anderem ab als davon, dass wieder Gärtner kommen, die den Garten unbegreiflich finden« (*Dahl* 1984, S. 48).

Die Verwüstung hat vielfältige Orte und Formen. In direkter gartenmörderischer Weise findet sie in der Kombination von Naturwissenschaft, Technologie und Landwirtschaft statt.

Landwirtschaft und Agrobusiness

Die Landwirtschaft macht immer häufiger negative Schlagzeilen. Die Bauern sind einen Pakt mit der chemischen Industrie eingegangen. Sie fragen bei der agrochemisch-industriellen Produktionsweise nicht mehr, was für ihre Böden, was für ihre Pflanzen und für ihre Tiere gut ist. Sie beziehen ihr Saatgut von der chemischen Industrie, immer neue Hybriden, bald nur noch gentechnologische Konstrukte, die zwar hohe Erträge liefern, aber auch für einen bestimmten Absatz chemischer Produkte ausgelegt sind. Wer von den Nahrungsmittelproduzenten (früher Bauern) sein eigenes Saatgut verwendet, muss seit 1998 hohe Abgaben an die Saatgutmonopolisten zahlen (das gilt nicht für Kleingärtner).

So nehmen die Pflanzen- und Tierproduzenten die Dünge-, die Herbizid- und Insektizidtabellen als Handlungsanweisung, um Höchsterträge zu erwirtschaften und die nach den Bedürfnissen des Marktes gestylten Produkte zu erzielen (analog verfahren sie mit pharmazeutischen Anweisungen in der Massentierhaltung). Sie sind nicht mehr selbstständige Bauern oder gar Gärtner, sie sind nur noch Ausführungsgehilfen des Agrobusiness. Ihr in früherer Zeit zwar geringere Erträge abwerfender, aber blühender und gesunder Garten ist verloren. Sie sind wesentlich an der Verwüstung unserer Mitwelt beteiligt. Sie beschleunigen die Veränderung des Lebenssystems unseres Planeten in vorderster Front. Sie führen einen direkten Krieg gegen die Natur.

Seit sich auf dem Planet Erde ein Lebenssystem etabliert hat, befindet sich dieses in einer permanenten Umgestaltung (Evolution der Bio- und Geosphäre). Bald nachdem der Mensch aufgetaucht war, wurde diese Umgestaltung beschleunigt. Er schuf sich seine Umwelt, die soziale, technologische, kulturelle Zivilisation, abgehoben von der Biosphäre und überwiegend gegen diese selbst konstruiert. Gleichzeitig erfolgte eine explosionsartige Zunahme der Bevölkerung und weniger Arten in deren Schlepptau (Rinder, Schweine, Hühner, Schafe, Pferde, Hunde, Katzen): Die Umgestaltung hat eine neue Qualität angenommen (vgl. *Kleber* 1993). Agrobusiness beschleunigt das Bevölkerungswachstum und die Zunahme der Bevölkerung macht anscheinend Agrobusiness notwendig. Beide sind der zentrale Motor für die immer rasantere Umgestaltung unseres Planeten. Die erste große Umgestaltung ist nun fast abgeschlossen. In wenigen Jahrzehnten sind die Regenwälder abgeholzt, die Bergwälder sind unübersehbar auf dem Rückzug. Städte und immer dichtere Verkehrssysteme wuchern zusammen mit Industriearealen und Mülldeponien. Für unsere Nahrungsmittelproduktion haben wir annähernd alle Merkmale der Natur eliminiert und damit die noch nicht versalzenen und versteppten Ebenen und Täler in Agrarwüsten verwandelt.

Die Entwertung des Landes

Landwirtschaft ist größtenteils noch auf das Land (Erde, Boden) angewiesen, obwohl es immer mehr Intensivanbau ohne Land im engeren Sinne gibt. Land bezeichnete früher einen sehr hohen Wert. Jetzt ist durch eine weitgehend entgleiste Subventionspolitik gerade der Wert dieses Landes degradiert. Wir haben nicht nur viel zu teure Überschüsse, sondern vor allem viel zu viel Land, der Wert sinkt weiter. Was man zu viel hat, muss man nicht schonen, kann man nicht wert halten. Land wird dann wertvoll, wenn es zur Versiegelung freigegeben wird, wenn es Stadt, Industrieareal, Autobahn oder Flugplatz wird. Wir geben am besten unsere Landwirtschaft auf und lassen uns von den Ländern der »Dritten Welt« (aus Hungerländern) ernähren. Angeblich helfen wir der sog. »Dritten Welt«, wenn wir ihre Lebensmittel abkaufen. Wir können dann bis auf eine Reihe Erholungsparks, die natürlich auch in erheblichem Maße versiegelt sein müssen, sonst kann sich der »moderne Mensch« nicht mehr erholen, den Rest unseres Landes versiegeln. Was geschähe, wenn die Dritte-Welt-Länder sich ebenfalls bis zu diesem Entwicklungsstand entwickelt hätten, bleibt ungedacht. Eine ökologisch wirtschaftende Gesellschaft muss mit diesem Sektorendenken und der Strukturwandelthese Schluss machen. Wir brauchen ein neues integratives Konzept mit einer anderen Wertigkeit von Land, einer anderen Wertigkeit für die Erzeugung unserer Nahrungsmittel (vgl. auch *U. E. von Weizsäcker* 1994).

Probleme mit unserer Ernährung

Wir in den Industrieländern waren nie so gut genährt wie heute. Uns steht alles in kaum vorstellbarer Vielfalt zur Verfügung. Lebensmittel waren prozentual zu unserem Einkommen noch nie so billig, obwohl sie doch oft schon rund um die Welt gejettet wurden, bevor sie unseren Ladentisch zieren. Das gilt in besonderem Maße für Deutschland: Sizilianische Zitronen kosten bei meinem Supermarkt in der Regel nur die Hälfte des sizilianischen Preises. Die Art der agrochemisch-industriellen Landwirtschaft ist zu einem zentralen Problem geworden. Ständig weiter geforderte Intensivierung der Pflanzen- und Tierproduktion vergiftet unser Trinkwasser, tötet unsere Böden und trägt erheblich zur Zerstörung unserer Atmosphäre bei. Dies alles geschieht nicht, weil wir dringend die Nahrungsmittel brauchten, sondern ausschließlich zur Erzeugung von Überschüssen, die uns vielfältige Kosten und weitere Probleme bringen. Der Energieverbrauch für die Erzeugung unserer Nahrungsmittel und ihre Vermarktung hat sich in geradezu wahnsinniger Weise entwickelt.

Zur Zeit der Sammler- und Jägerkultur wurden mit einer Fremdenergieeinheit mehr als 20 Nährwerteinheiten erzeugt (1:20). Heute benötigen wir im Winter bei Treibhausprodukten 600 Energieeinheiten für eine Nährwerteinheit (600:1) und bei Produkten von der Südhalbkugel mehr als 150:1; für die Fleischerzeugnisse aus der Massentierhaltung einschließlich Vermarktung und Transport 50:1.

Speisemais kann in den USA noch im Verhältnis 1:4 erzeugt werden, bis er aber in der Dose auf dem Tisch des Verbrauchers steht, ist daraus 10:1 für die USA und 15:1 für Deutschland geworden.

»Voran zur Natur« heißt weg von der Energievergeudungswirtschaft, insbesondere auch bei unserer Nahrungsmittelerzeugung, die fast ausschließlich durch Sonnenenergie erfolgen kann. Unsere Nahrungsmittel sind angereichert mit einer großen Anzahl giftiger Reststoffe, und es stellt sich die Frage, wie sich der menschliche Organismus an die schleichende Vergiftung noch anpassen kann und wann nicht mehr (wir sind mitten in einem riesigen, nur schwach kontrollierten Feldexperiment).

Nahrungsmittelallergien nehmen ständig zu, der Schutz der Verbraucher lässt zu wünschen übrig. Beispiel zur Grenzwertdiskussion: Für das Ethion wurde als Grenzwert der Weltgesundheitsorganisation (WHO) eine täglich akzeptable Dosis von 0,035 Milligramm (bei 75 Kilogramm Körpergewicht) festgesetzt. Tabelle 1 zeigt die gleichzeitig festgesetzten erlaubten Rückstandsmengen in Nahrungsmitteln. Bei den in der Tabelle zusammengestellten drei Tagesmahlzeiten ergibt sich eine Überschreitung von 800 Prozent bei nur einem Insektizid, das dort, wo es eingesetzt wird, wahrscheinlich auch noch mit dem Trinkwasser aufgenommen wird.

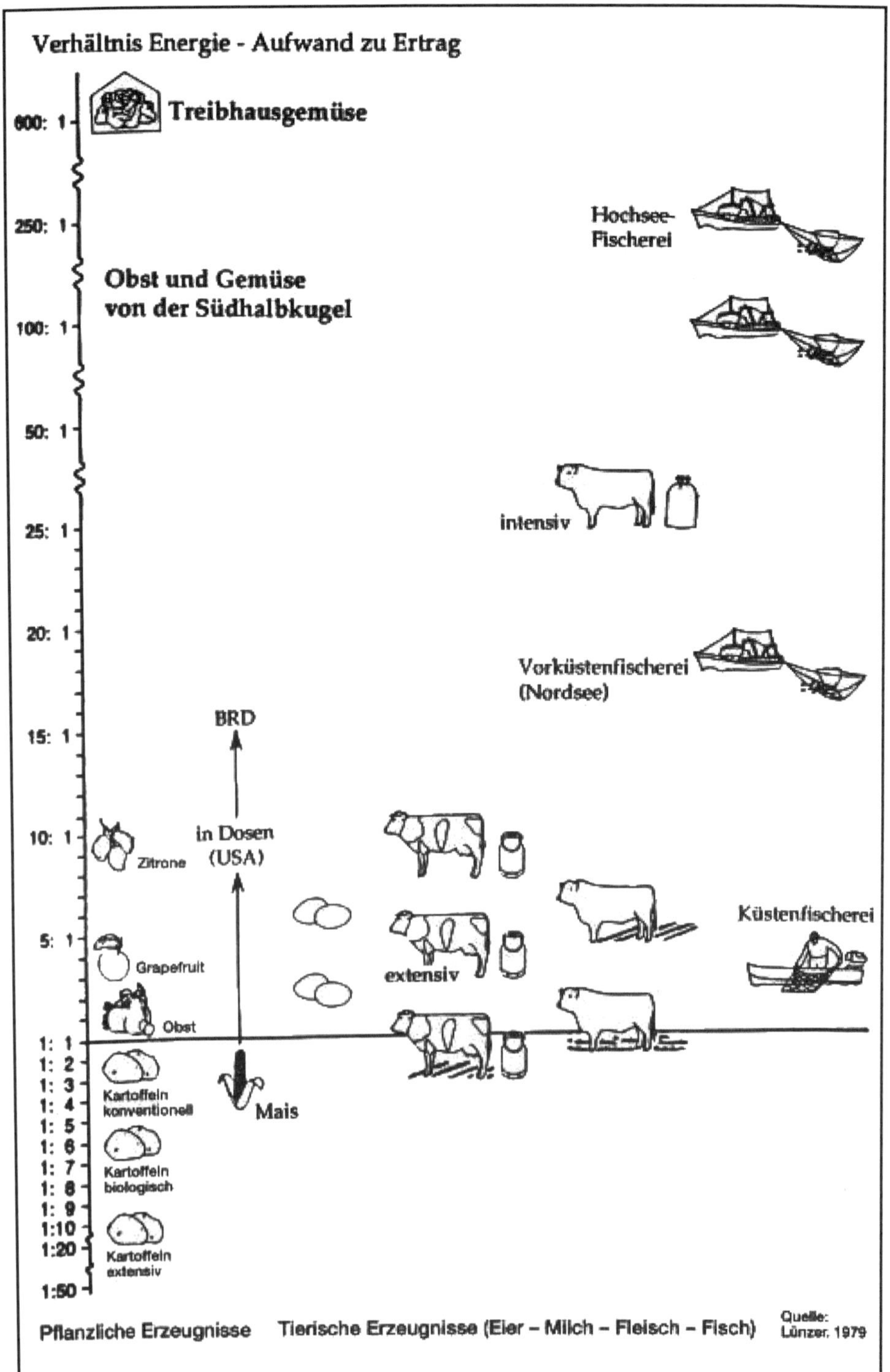

Abb. 19: Energieaufwand und Energieertrag in der Lebensmittelerzeugung

Tab. 1: Die erlaubte und mögliche tägliche Giftration, bezogen auf nur ein Insektizid

Stand: 1999

Mahlzeit	Nahrungsmittel	erlaubte Rückstandsmenge Ethion
Frühstück	100 g Orangensaft 100 g Melone 50 g Schinken	0,05 mg 0,05 mg 0,01 mg
Mittagessen	150 g Salat 50 g schw. Bohnen 150 g Früchte 150 g Fleisch	0,03 mg 0,01 mg 0,03 mg 0,03 mg
Abendbrot	100 g Fleisch 100 g Salat 150 g Obst	0,02 mg 0,02 mg 0,03 mg
	Totale Tagesaufnahme	0,27 mg

(Nach WHO-Grenzwerten sind 0,035 mg für einen Erwachsenen pro Tag ungefährlich.)

Wir haben aber eine große Anzahl von Giftstoffen gleichzeitig in unseren Nahrungsmitteln und die Wirkungen sind oft nicht nur summativ, sondern synergistisch[1].

Abb. 20: Werbung für Agrarprodukte

Die Warenästhetik steht zusammen mit der Kalorienarmut und der Konsumierbarkeit ohne Arbeit (Tiefkühl- und Mikrowellen-Kette) im Vordergrund. Was wir kaufen, sieht gut aus, ist jung und knackig. Ein weiteres Problem soll hier noch ange-

1 Synergismus heißt im biologisch-medizinischen Zusammenhang, dass der gemeinsame Effekt wesentlich größer sein wird als die Summe der zwei Einzeleffekte.

Das marktgerechte Lebensmittel:	
– groß, gleichmäßig schön	– manikürt
– lang lagerfähig, gut transportfähig	– mumifiziert
– gleich bleibend im Aroma	– verschnitten
– kalorienarm (-frei)	– light
– ohne Arbeit konsumierbar	– instant
– billig - billiger - billigst	– minderwertig
	– »künstlich«

Tab. 2: Warenästhetik und marktgerechte Lebensmittel

sprochen werden: die Budgetierung unseres Haushaltes. Die Wirtschaftspolitik unseres Landes ist seit 50 Jahren so angelegt, dass wir unter anderem über eine ständige Verringerung der Ausgaben für unsere Ernährung unseren Lebensstandard steigern. Wir zahlen heute nur noch 20 Prozent unseres durchschnittlichen Einkommens für unsere Ernährung (vor 50 Jahren 50 Prozent). Schon lange sind dafür keine gesunden Nahrungsmittel mehr zu produzieren. Wir brauchen eine andere, neue staatliche und private Budgetierung, die reale Preise für gesunde Nahrungsmittel ermöglicht. Lassen Sie sich nicht irre machen, wenn Ihnen jemand vorrechnet, was Ihr Gemüse aus Ihrem Permakultur-Garten kostet. Es ist es wert. Der Treibhaussalat ist weder seinen Preis, noch die Subventionen wert.

Verweigerte Lösungen

Die um die Landwirtschaft gruppierten Probleme sind weitreichend, sie betreffen keineswegs nur die Landwirte und unsere Ernährung. In der Sache sind einige dieser Probleme längst gelöst, die Lösungen waren nur bisher nicht durchzusetzen. Drei sachliche Lösungsansätze mit unterschiedlicher Reichweite liegen vor:

- organisch-biologische Wirtschaftsweise
- Biologisch-Dynamische Wirtschaftsweise
- Permakultur

Hans Müller (1891 bis 1988) begründete in den Zwanzigerjahren des letzten Jahrhunderts in der Schweiz ein bäuerliches Bildungswerk, aus dem dann die Freie Landbauschule für organisch-biologische Wirtschaftsweise hervorging. Zu den Grundlagen für die dort vertretene naturverträgliche Lebensmittelproduktion gehören die mikrobiologischen Arbeiten von *Hans Peter Rusch* (1905 bis 1968). Der Name der Verbandszeitschrift der organisch-biologischen Landwirtschaft weist auf die politisch zu verstehende Botschaft Müllers hin: »Kultur und Politik«. Trotzdem ist das Konzept, heute Grundlage von fünf Erzeugergemeinschaften von Bioland bis Eco Vin, auf die naturverträgliche Erzeugung von gesunden Nahrungsmitteln eingeschränkt. Einen weitergehenden Anspruch erhebt die Biologisch-Dynamische Wirtschaftsweise von *Rudolf Steiner* (1861 bis 1925). Steiner hatte aus seinem Ansatz einer umfassenden Kulturkritik eine ganzheitliche, kosmische Sicht des Lebens entwickelt, die anthroposophischen Geisteswissenschaften. Er stellte die Geisteswelt als reale Welt vor die materielle Welt und sah in den Lebensformen (Pflanze–Tier–Mensch) beide Welten integriert. Alle Lebensformen hängen von den Geistes- bzw. Bildekräften des Kosmos ab. Nur in einem ausgewogenen Durchwirken auf der Grundlage eines gesunden Bodens (vgl. *Kleber* 1993) können sich alle drei gesund entfalten. Der Mensch ist grundlegend, auch in Bezug auf seine geistigen Kräfte, auf gesunde Lebensmittel angewiesen, die Gesunderhaltung der Böden (des Landes) ist deshalb eine vordringliche Kulturaufgabe. Aus dieser ganzheitlichen Gesamtsicht konnte Steiner, ohne je Landwirtschaft praktiziert oder studiert zu haben, in acht Vorträgen die Biologisch-Dynamische Landwirtschaft einschließlich der artgerechten Tierhaltung entwickeln, die sich mit weiterhin ansteigender Tendenz rund um die Welt verbreitet. Als Gesamtlebenskonzept wäre die Biologisch-Dynamische Wirtschaftsweise geeignet, viele Probleme zu lösen. Zur allgemeinen Akzeptanz behindern diese Lösungsansätze die anthroposophische Exklusivität.

Frei jeder Exklusivität ist der grundlegend naturwissenschaftliche Ansatz der Permakultur. Als umfassendes Gesamtlebens- und noch unausgearbeitetes Bildungskonzept ist er für eine ethisch-ökologische und verantwortungsvolle Lebensweise sowie für zukunftsfähiges Gärtnern von großer Bedeutung.

Voran zur Natur

Permakultur bedeutet die harmonische Integration von Landschaft und Menschen zur Gewinnung deren Nahrung, Energie, Schutz und andere materieller und nicht materieller Bedürfnisse in einer nachhaltigen Weise (*Mollison* 1988, S. IX)

Vom Naturschutz zur Renaturierung zur neuen Natur

Die Finanzierung der letzten Naturinseln (im musealen Sinne) und singulärer Artenschutz blieben lange das zentrale Anliegen der Naturschutzverbände. Die verbliebenen und weltweit ständig verkleinerten Restinseln an Natur dürften auch bei extremem Schutz nicht ausreichen, das auf höchste Vielfalt ausgelegte Lebenssystem unseres Planeten in einem dem Menschen vorteilhaften Zustand zu erhalten. Naturschutz und »zurück zur Natur«[2] können unsere Lebensgrundlage nicht erhalten und sind keine Lösung für unsere Probleme in der Welt.

1980 erscholl ein neuer Slogan, von Australien ausgehend, über den Pazifik bzw. Indischen Ozean und Atlantik, an unsere Ohren: »Voran zur Natur«, das hoffentlich Epoche machende Motto der Permakultur. Die Botschaft ist: Wir können die Natur wiederherstellen, zwar nicht die alte, aber eine neue, in großen Bereichen analog zu dem Lebenssystem dieses Planeten.

1992, Umweltgipfel in Rio: Dort wurde die große Formel für die Lösung unserer dringlichsten Probleme in der Welt gefunden, die Agenda 21. Sie wurde von über 100 Nationen unterzeichnet. Die Zauberformel für eine menschliche Zukunft lautet: sustainable development, was entweder mit nachhaltiger oder zukunftsfähiger Entwicklung übersetzt wird.

Unser Beitrag ist das zukunftsfähige Gärtnern, ein Modell für

- ein besseres Verstehen unseres Lebenssystems und
- nachhaltige Nahrungsmittelproduktion.

2 J.J. Rousseau (1712 bis 1778) entdeckte nicht die Gefährdung der Natur, sein Thema war die Gefährlichkeit der Kultur für die Entwicklung des Menschen. Zurück zur Natur hieß für ihn: zurück zur Ehrlichkeit, Wahrheit und Unkorrumpierbarkeit. Die Natur – anscheinend unendlich vorhanden – konnte dazu als Vehikel, als Lehrsituation benutzt werden.

Grundlagen des Permakultur-Konzeptes

Im Jahre 1978 veröffentlichten *Bill Mollison* und sein Assistent *David Holmgreen* das Buch »Permaculture One« (dt.: »Permakultur – Landwirtschaft in Harmonie mit der Natur«). 1981 erhielt Mollison für die Entwicklung des Permakultur-Konzeptes den von Uexküll gestifteten Alternativen Nobelpreis.

Permakultur ist die jüngste Entwicklung der Befassung mit funktionierenden, sich selbst erhaltenden Ökosystemen. Sie setzt nicht bei den verbliebenen Naturinseln an, sondern in der zerstörten Monokulturlandschaft, und will dort Natur in ihrer Vielfalt neu etablieren. Sie errichtet dem Lebenssystem unseres Planeten analoge Lebenssystemeinheiten, die in ihrer Vernetzung zu einem zukünftigen neuen Lebenssystem unseres Planeten führen könnten. Darin wäre auch weiterhin für die Gattung Mensch ein sicherer Platz. Des Weiteren soll die Monokulturlandschaft in eine gesunde und erholsame neue Naturlandschaft verwandelt werden. Durch diesen Ansatz ist der Mensch voll in die Permakultur-Landschaft integriert. Er lebt mithilfe der Permakultur als gleichberechtigtes Lebewesen in dem neu etablierten Ökosystem – im Biotop mit Mensch.

Der Mensch leistet sich nicht länger eine Umwelt, die ausschließlich ihm zu Diensten steht, die er nutzt, ausnutzt, ausbeutet und, wenn es seiner Bequemlichkeit dient, auch zerstört. Er lebt in der Welt mit. Mitleben lernen ist daher die Aufgabe im Permakultur-Ansatz.

Grundannahmen

Permakultur ist grundsätzlich ein naturwissenschaflich-ökologisches Konzept mit einigen philosophisch-ethischen Basissätzen (vgl. *Mollison* 1988). Nach Auffassung seiner Begründer resultieren die meisten unserer Probleme in dieser Welt aus der Energievergeudungswirtschaft und unserer Lebensweise. Der fragwürdige Fortschritt unserer Technologie ist auf der Notwendigkeit begründet, immer mehr Energie zu verbrauchen und diese verkaufen zu wollen und zu müssen. Die Energieüberschusswirtschaft ist eine Hauptwurzel allen Übels. Politisch gesehen will Permakultur nicht weniger, als uns aus der Gewalt der Energiewirtschaftskonzerne befreien. Als Strategie wird dabei die konsequente Durchführung des Selbstversorgungsprinzipes eingesetzt. Permakultur beginnt generell beim einzelnen Menschen, seinem Wohnen und seiner Ernährung; sie stellt ein Bildungskonzept zur Entwicklung einer neuen, grundlegend ökologisch orientierten Persönlichkeit dar.

Die von *Mollison* (1988, S.1f.) formulierten Grundannahmen:
Erste Direktive: Die erste ethische Entscheidung ist, Verantwortung für die eigene Existenz und diejenige unserer Kinder (Urenkel) zu übernehmen.
Zweite Direktive: Das Prinzip der Kooperation; Kooperation, nicht Wettbewerb ist die einzige Basis für unser Überleben und für das existierende Lebenssystem.

Ethische Basissätze der Permakultur (*Mollison* 1988, S. 2/3):
1. *Care of the Earth: Dafür arbeiten, dass Lebenssysteme fortbestehen und wachsen.*
2. *Care of People: Dafür sorgen, dass alle Menschen das erhalten, was sie für ihre Existenz benötigen.*
3. *Setting Limits to Population and Consumption: Das Bevölkerungswachstum und den Konsum beschränken, Abfall und Verschmutzung reduzieren; für Ausgleich bei verbrauchten Mineralien sorgen (Boden verbessern).*

Die zentralen Kategorien

Jeder Mensch sollte ein *Gärtner* sein, auch wenn er nur Kräuter für seinen Quark und seine Suppe in Blumenkästen anbauen kann, weil er keine Möglichkeit für mehr hat. Gärtner sein ist ein Bewusstseinskonzept: ein Konzept der Haltung gegenüber Grundlagen des Lebenssystems unseres Planeten. Ein Gärtner sollte er sein, weil dieser am ehesten über das Umgehen mit Pflanzen, unseren Mitlebewesen, ein Verhältnis zu seiner eigenen Basis, zum Boden und der Welt gewinnen kann. Das wiederum ist Voraussetzung für ein eigenes Lebenskonzept, das im Einklang mit dem Lebenssystem unseres Planeten steht.

- Für seinen eigenen Lebensunterhalt sorgen;
- das, was man nicht selbst erzeugen kann, möglichst direkt vom Erzeuger beziehen (regionale Versorgung gegen den Transport- und Verpackungswahnsinn);
- alle nur erdenklichen Maßnahmen ergreifen (die Wohnung zu einer Sonnenfalle zu gestalten), um Energie einzusparen;
- unser köstliches Gut Trinkwasser schonen.

Neben dem Konzept Gärtner spielt das Selbstversorgerkonzept eine zentrale Rolle in der Permakultur. Auch dieses ist nicht primär ein ökonomisches Prinzip, sondern entspricht einer Haltung der Welt gegenüber. Es entspricht der Gärtnerforderung und dient mehr der Entwicklung einer naturverträglichen Weltanschauung als dem ökonomischen Effekt der Versorgung. Hier gerät Permakultur in Opposition zu bürgerlichen Idealen, es kommt zur Vorgartenproblematik.

In unserer Kultur (in der angelsächsischen zum Teil noch verstärkt) haben wir ein stereotypes Gartenkonzept entwickelt. Dabei können Permakultur-Vorgärten ästhetisch wunderschön sein: Wenn ich

- die Libanonzeder durch einen Walnuss- und die Magnolie durch einen Quittenbaum ersetze,
- Tomaten mit grünem Spargel zwischen diverse Blumen pflanze,
- Muskatellerwein entlang der Südwesthauswand,
- Schnittsalat am Rande der Beete, die eine ganz kleine Blumenwiese umrunden, pflanze, dann ergibt das ein schönes lebendiges Bild an Vielfalt. Lavendel, Rosmarin und viele andere Kräuter grünen, blühen zu Füßen des Weines. Rosen sind nicht nur eine Zierde des Vorgartens, sie dienen auch dem Wein als Kameradschaftspflanzen. Stellen Sie sich daneben Rasen, Lebensbäume und *Cotoneaster* vor. Nur Beton ist schrecklicher als *Cotoneaster*. Bürgerliche Vorgärten sind das Zeichen für Ignoranz und Unverständnis der menschlichen Situation diesem Planeten gegenüber. »Nieder mit den bürgerlichen Vorgärten« ist ein Schlachtruf der Permakultur! Permakultur ist trotz des Selbstversorgerprinzips und der Vorgartenquerelen ein globales Konzept, das nicht nur für kommende Generationen vorausschaut, sondern ständig auch die Nord-Süd-Probleme im Blick hat. Durch regionale Versorgung und saisonales Leben wird der Transportwahnsinn im Ernährungsbereich unterbunden, Energieverschwendung beendet, Hungernde in der »Dritten Welt« erhalten ihre Felder zurück, damit sie sich ernähren können.

Die Gestaltungsprinzipien

Permakultur geht vom Menschen, seiner Ernährung und seinem Wohnen (seinen Grundbedürfnissen) aus. In den Bemühungen, Wege und Transport gering zu halten,

Das integrierte Stadthaus

Dieses Schaubild fasst die wesentlichen Elemente des Integral Urban House zusammen: Die Lebensmittelproduktion, die Ausnutzung der Sonnenenergie und das Recycling von Abfällen. Der Mensch ist ein integrierter Bestandteil dieses Systems. Er nutzt, wie die Pfeile andeuten, die Sonnenenergie und die im Garten angebauten Lebensmittel, er produziert Abfall, der in das System wieder eingegeben wird und er hält das System durch seine planerische und seine Tagesarbeit aufrecht.

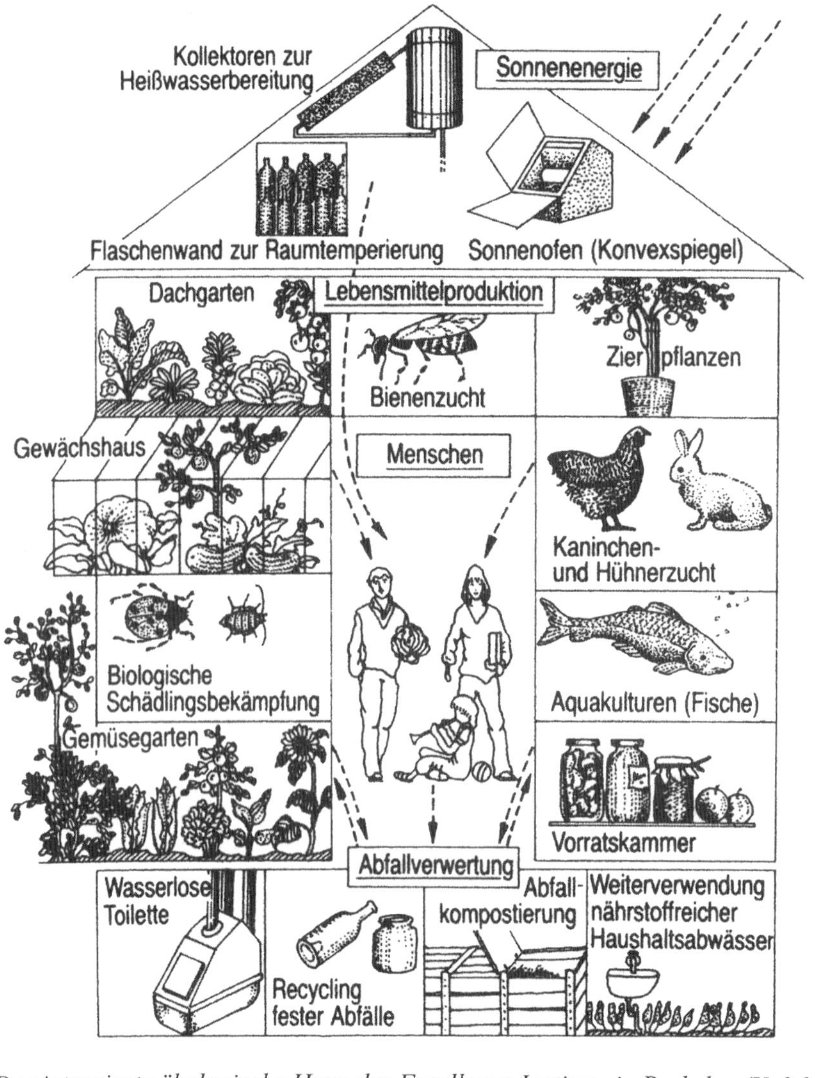

Das integrierte ökologische Haus des Farallones Institute in Berkeley (Kalifornien) zeigt die praktische Vernetzung der einzelnen »sanften Technologien« mit den baulichen und biologischen Massnahmen.

Abb. 21: Das ökologische, integrierte Stadthaus (n. Lutz 1984, S. 117)

beginnt die Gestaltung bei der Wohnung. Im meistdargestellten Beispiel einer vollen Selbstversorgungseinheit beginnt sie beim Haus, führt je nach Aufwand und täglichem Bedarf über das Gewächshaus, den Kräutergarten und die Gemüsebeete in die Tiefe eines Grundstückes. Das Permakultur-Haus ist im Idealfall ein Nullenergiehaus:

- Es nutzt passive Sonnenwärme, deshalb wird ein Anlehngewächshaus integriert; für die Energieversorgung sind Sonnenkollektoren vorhanden usw.
- Es hat eine getrennte Wasserversorgung: Regenwasser wird in einem Tank für Brauchwasser gesammelt, der Überlauf des Tanks und das Grauwasser des Haushalts sind mit einem Teich (mit einer Reihe Tümpeln) verbunden. Das Brauchwasser dient der Gartenbewässerung. Der Teich ist so angelegt, dass er zur Winterzeit die flach auftreffenden Sonnenstrahlen in das Anlehngewächshaus reflektiert und damit die passive Wärmeausnutzung erhöht.
- Das Permakultur-Haus ist mit Komposttoiletten ausgestattet, die zusammen mit organischen Küchenabfällen die Fäkalien in hochwertigen Düngekompost umsetzen.
- Bereits aus dem Gewächshaus, von Balkon oder Terrasse wird der Haushalt mit Frischkräutern, gegebenenfalls auch mit Salat und Tomaten teil- oder vollversorgt (je nach Größe).

Das Nullenergiehaus oder das integrierte ökologische Haus ist auch bereits außerhalb des Permakultur-Ansatzes von den verschiedensten ökologischen Institutionen entwickelt worden. Unter dem Etikett »Anwendung sanfter Technologien« sind viele unterschiedliche Beispiele zu finden, die sich entweder überwiegend auf die Energieversorgung direkt und ausschließlich beziehen oder die gleichzeitig Teil-Selbstversorgungseinheiten darstellen (vgl. das integrierte ökologische Haus des Farallones Instituts in Berkeley, n. *Lutz* 1984)!

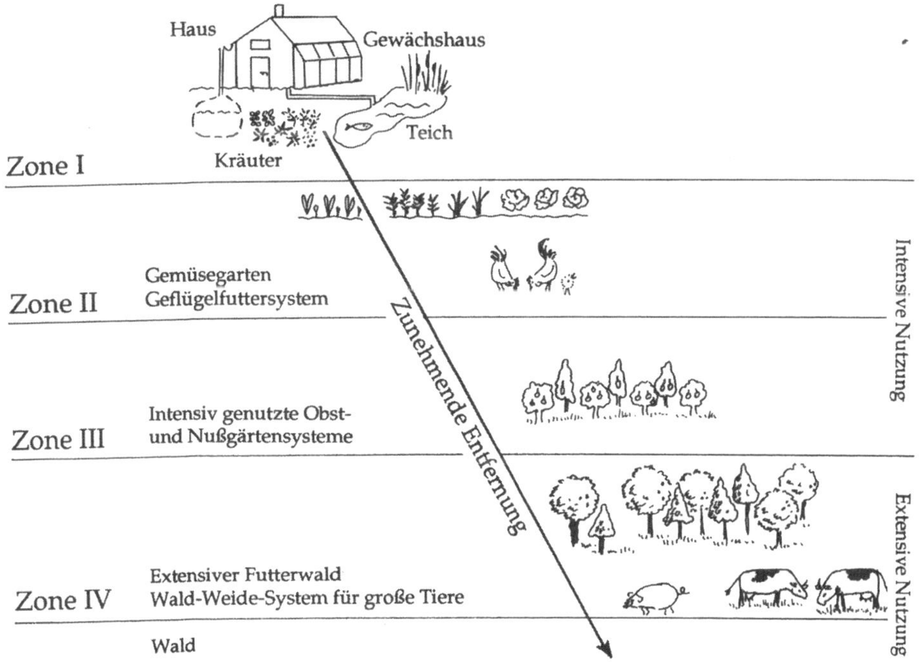

Abb. 22: Beziehungen zwischen der Intensität der Nutzung und der Entfernung

Als Grundplan für die Gestaltung einer Permakultur-Anlage dient die Aufteilung der Grundfläche in Zonen (siehe Abb. 22).

Zone I: Wohnung (Haus, Winter- bzw. Balkongarten, Kräuter, Blumen, Salate, Gewächshaus/Werkstatt, Außenwohnplatz)
Zone II: intensiv kultivierte Pflanzen, Teich, Beete, mit Obsthecken abwechselnd, einzelne Bäume am Rand, Kleintiere
Zone III: widerstandsfähige, ausdauernde Permakultur, Obstgarten und Ergänzung durch nicht ausdauernde Ackerpflanzen wie Kartoffeln, Getreide u.a.
Zone IV: Weide (Grasland und Wald), eventuell Futterpflanzen bei Viehhaltung
Zone V: unbewirtschaftete Natur (in unserem mitteleuropäischen Lebensraum Wald, Moor u.a.)

In vielen Lebensräumen ist zu beobachten, dass die Vielfalt der Flora und Fauna und die Dichte des Lebens in Randzonen zunimmt. Als Randzone wird dabei der Übergang von einem durch bestimmte Elemente, insbesondere auch Pflanzengruppen, dominierten Lebensraum zu einem anderen definiert (z.B. Gewässersaum oder Waldrand). Das Phänomen der größeren Lebensdichte in diesem Bereich wird in der Permakultur mit »Randzoneneffekt« bezeichnet. Für die Optimierung biologischer Produktion wird dieser Effekt als Gestaltungsprinzip benutzt.

Aus diesem Grund herrschen in Permakultur-Anlagen, wie auch in der Natur, geschwungene Linien vor. Anbauflächen für den Feldbau werden nicht im Karree, sondern in schmalen Bändern angelegt.

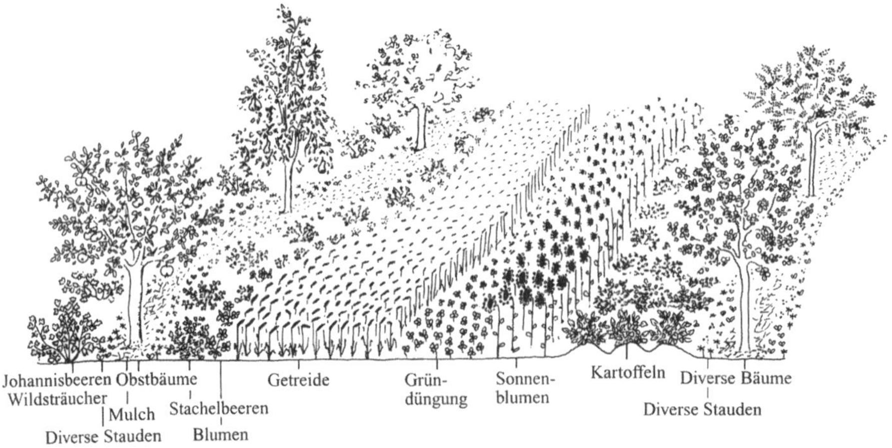

Abb. 23: Die Ausnutzung der Randzoneneffekte (nach Mollison 1988, S. 80, verändert)

Alle Komponenten eines gestalteten Permakultur-Systems sollen jeweils mehrere Funktionen erfüllen (*Multifunktionalität* als Gestaltungsprinzip). Das Paradebeispiel hierfür in der Permakultur-Literatur sind Hühner:

- Sie liefern für die menschliche Ernährung Eier und Fleisch sowie Federn zur Isolation als Schutz vor Kälte.
- Sie verwerten Abfälle und bereiten Kompost, wenn sie in einem Gehege mit Einstreu und Küchenabfällen gehalten werden.
- In Frostnächten können sie mithilfe ihrer Körperwärme ein entsprechend dimensioniertes Gewächshaus frostfrei halten.

- In einem handlichen, transportablen Gehege bearbeiten sie abgeerntete Beete durch Scharren und helfen bei der Pflanzenpflege durch Aufpicken von Schneckeneiern und Insektenlarven.

Pflanzen sollten so vergesellschaftet werden, dass sie gegenseitig ihre Gesundheit fördern, zur menschlichen Ernährung beitragen, der Insektenbalance und der Verbesserung des Bodens dienen (Prinzip der Pflanzenvergesellschaftung, vgl. Abb. 42, S. 53). Ausdauernde Pflanzen (Bäume, Hecken und Stauden) werden nach Norden oder in der vorwiegenden Windrichtung in Sichelform angeordnet, damit eine *Sonnenfalle* entsteht, in der sich ein günstigeres Kleinklima für intensivere Gartenbauanteile entwickelt (vgl. Abb. 73, S. 123).

Die folgende Umgestaltung unseres Planeten

Nachdem die erste große, für die Zukunft des Menschen sehr unvorteilhafte Umgestaltung des Planeten fast abgeschlossen ist, rufen die Permakultur-Gestalter weltweit zur zweiten großen Umgestaltung auf:

- Renaturierung der Industrieareale,
- Stopp der Verkehrswegeerweiterung und
- Auflösung der Monokulturflächen in sich weitgehend selbsterhaltende und permagärtnerisch gepflegte Ökotope mit Mensch. Die etablierte Arbeitsteilung in der Landwirtschaft wird aufgehoben (Integrierung von Land-, Obst-, Gartenbau und Tierhaltung).

Abb. 24: Landwirtschaftliche Flächen vor und nach Etablierung der Permakultur

Den Forderungen der Permakultur (Care of ... und Setting limits ...) wohnt immer die Grundkategorie der Verantwortlichkeit inne. Jeder ist immer für das verantwortlich, was er tut oder unterlässt, obwohl er es tun kann: »Handle als Einzelner, als ein mit Macht ausgestattetes Individuum, immer so, dass die Konsequenzen Deiner Handlung Deine Mitwelt nicht zerstören, sondern das Lebenssystem Deines Planeten fördern, und dass die Maxime Deiner individuellen Handlung Gesetz für alle Mitlebewesen sein kann« (vgl. auch *Kleber* 1993, S. 104). Die Konsequenzen einer solchen ethisch-ökologischen Einstellung für einen Garten und unsere Nahrungsmittelerzeugung sind vielfältig. Sie werden im Biotop mit Mensch im Einzelnen und systematisch berücksichtigt.

Der Gartenplan
(unter Berücksichtigung ethisch-ökologischer Grundzüge und der Permakultur)

Nach Permakultur-Prinzipien gestaltete und betriebene Gärten sollten bereits ein zentraler Ort jeder Schule sein und uns ein ganzes Leben lang begleiten. Für die Sicherstellung und Erhaltung unserer Lebensgrundlage, einer für uns gesunden Natur, ist es darüber hinaus notwendig, dass unsere gesamte Nahrungsmittelproduktion nach ethisch-ökologischen Grundsätzen erfolgt.

Die Komponenten eines nach Permakultur-Prinzipien betriebenen Gartens

Ein Garten ist ein Entwurf, kein fertiges System. Trotzdem braucht auch der Permakultur-Garten eine feste, ausdauernde und überdauernde Struktur, sonst kann kein teilanaloges Abbild des Lebenssystems entstehen, sondern es wird eine permanente Baustelle.

Ein solcher Gartenentwurf muss in Bezug auf den Flächenbedarf variabel sein. Im kleinsten Rahmen beginnt er mit der äußeren Wand eines Hauses und den Fensterbrettern (A). Teils widersprüchliche Anforderungen sind über ein Komponentensystem zu bewältigen. Der Garten nach ethisch-ökologischen Grundsätzen besteht aus einer Reihe von Komponenten:

A: Der Kübelgarten (zu jeder Art Wohnung passend) [Zone 0 bis 1]:
Mithilfe von bepflanzten Kübeln werden Fensterbänke, Balkon und Terrassen zu Miniaturkräuter- und Blumengärten.

Abb. 25: Miniaturkräuter- und Blumengarten

B: Der vertikale Garten (soweit ein eigenes Haus zur Verfügung steht oder die Erlaubnis vorliegt, bestehende Wände und Dächer zu begrünen)

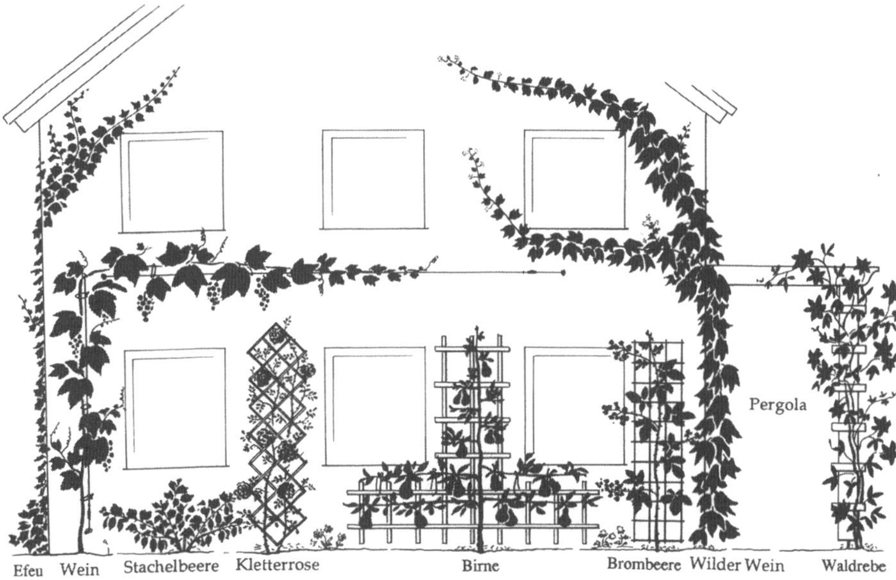

Abb. 26: Vertikaler Garten

C: Die Obstbaum-Lebens-Gemeinschaft (O-L-G) [Zone 1 bis 3]:
Im Falle einer sehr kleinen verfügbaren Fläche kann sie in einer Baumscheibe realisiert werden.

Abb. 27: Kleinste Obstbaum-Lebens-Gemeinschaft

D: Extensivbänder [Zone 4]:

In ihnen erfolgt die energieeffizienteste Nahrungsgewinnung, entweder nur Sammeln oder Anbau mit sehr geringer Pflege.

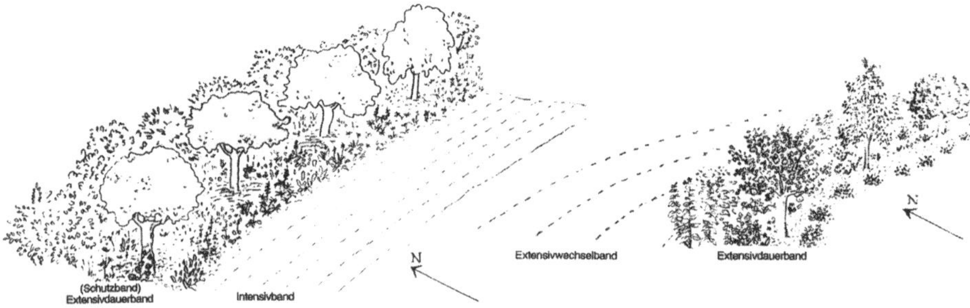

Abb. 28: Extensivbänder

E: Intensivbänder und Sonnenfalle [Zone 1 bis 2]:

Intensivbänder liegen auf der Sonnenseite vor Baumgruppen oder Hecken oder sie stellen den inneren Teil einer Sonnenfalle dar. In der kleinsten Gartenausführung handelt es sich um das sonnenseitig äußere Segment einer Baumscheibe. Intensivbänder sind pflegebedürftige Gemüsebeete, die im Sinne der Pflanzenvergesellschaftung organisiert werden.

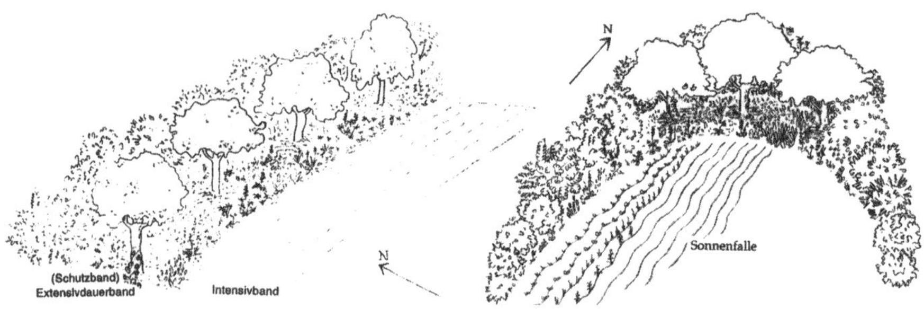

Abb. 29: Intensivbänder und Sonnenfalle

F: Wildfläche [Zone 5]:

Eine besonders wichtige Planungskomponente des Gartens unter ethisch-ökologischen Grundsätzen. Sie besteht aus Steinhaufen, Altholzhaufen, Tümpeln, Hecken oder einem beliebigen Flächenanteil, den wir verwildern lassen (Sukzessionsgarten).

Abb. 30: Wildfläche

Die Komponenten A, E und F bilden in Verbindung mit C den Garten für zukunftsfähiges Gärtnern. Sobald die Möglichkeit besteht, über A hinauszugehen, sollte F nie ganz fehlen. Auf engstem Raum lassen sich C, D, E und F in einer Einbaum- oder Zwillingsbaumscheibe integrieren.

Das Garten-Design

Ein Gartenplan beginnt mit dem Bedürfnis zu gärtnern oder dem nach Veränderung der eigenen Umgebung und der eigenen Lebensweise. Die Anlage von Repräsentativ-, Status- und Lustgärten schließen wir hier aus. Davon bleibt unbenommen, dass ein ethisch-ökologischer Garten in besonderer Weise auch Lustgarten sein kann, jedoch immer mit der Natur und im Zusammenhang mit einem Lebensstil mit der Natur, mit Lust an frischen, gesunden, natürlichen Lebensmitteln.

Auf der Orientierung an der Zukunftsfähigkeit (sustainable development) gründet die Planung der Lebenssituation und des Gartens. So steht z.B. für den Permakultur-Gärtner Energieeinsparung und ein sparsamer Wasserhaushalt im Zentrum aller Planung. Es geht immer darum, wie die lokalen Bedingungen zur Realisierung dieser Grundprinzipien genutzt werden können.

Die Planung beginnt in der Wohnung, bei den Fenstern, dem Balkon. Wenn irgend möglich, wird eine Balkonverglasung zur passiven Wärmegewinnung realisiert und werden Wassersparmaßnahmen vorgenommen. Zum Beispiel wird auch das Wasser vom Salat oder Gemüsewaschen zum Wässern von Pflanzen verwendet. Wenn kein Grundstück zur Verfügung steht, beginnt der Garten auf der Fensterbank, dem Balkon, der Terrasse – je nach Möglichkeit (s. Kübelgarten). Dazu zählt auch die Begrünung von Wänden oder eines Daches, soweit dies möglich und erlaubt ist (s. vertikaler Garten, S. 66).

Wenn ein Grundstück für einen Garten vorhanden ist, sind Fragen nach den zentralen Prinzipien planungsleitend.

Erster Grundsatz: Möglichst viel Oberflächenwasser auf dem Grundstück halten. Leider wurde dieser Grundsatz in den letzten Jahrzehnten kaum berücksichtigt. Wir sind Meister in der Wasserableitung geworden. Wir versiegeln, begradigen, betonieren aus, verrohren usw., alles, um Wasser möglichst schnell loszuwerden.

- Gibt es ein fließendes Gewässer, an dem ich partizipieren kann?
- Bilden sich in Regenperioden irgendwo Wasserlachen auf dem Grundstück?
- Wenn das Grundstück groß genug ist, könnte dort wenigstens ein Tümpel oder gar ein Teich angelegt werden?
- Kann Oberflächenwasser von einem Dach (Schuppen, Gartenhaus usw.) gesammelt werden? Solches Wasser kann auch eventuell auf der höchsten Stelle des Grundstücks gesammelt werden (Tümpel oder Behältnis), um es ohne Energieaufwand zum Wässern auf Intensivbänder zu leiten.
- Gibt es Wasseradern, kann und darf ein Brunnen angelegt werden?

Zweiter Grundsatz: Die Oberflächenbeschaffenheit und die Nachbarschaft des Grundstückes optimal nutzen.

- Ist das Gelände eben oder gibt es eine Neigung, im höchsten Falle eine Hanglage? Von der Oberflächenbeschaffenheit ausgehend, soll die Sonne als Energiespender optimal genutzt werden. Es geht darum, in tropischen Klimata besondere Schattenlagen, in unserem gemäßigten oder gar im kalten Klima besondere Sonnenlagen zu schaffen.

- Hecken und Baumpflanzungen werden als Schutz gegen Wind und ziehende Frostluft, z.B. in Tallagen, geplant und gepflanzt. Hierdurch können Kleinklimata geschaffen werden: förderlich für geschütztes, warmes Wachstum.

  Die Idealform ist die Sonnenfalle (s. Abb. 73). Stellen Sie durch Beobachtung über einige Zeit die Sonneneinfallswinkel (Süd-Nord-Achse) und die Hauptwindrichtung fest. Zu Letzterer lassen sich Pflanzen in der Nachbarschaft beobachten. In welcher Richtung neigen sich Getreidehalme auf benachbarten Feldern überwiegend, z.B. in 10 von 14 Tagen? Oder betrachten Sie ältere Bäume in der Nachbarschaft. An der Grünschattierung ihrer Rinde kann man die Seite der Hauptwindrichtung erkennen.

  Die Schutzpflanzungen von Hecken und Bäumen sollten gegen die Hauptwindrichtung geschlossen und für optimalen Sonneneinfall zwischen Südost und Südwest offen angelegt werden.

  Bei Hanglagen dürfen Bereiche für frühjahrsfrostempfindliche Pflanzen nicht nahe der Talsohle geplant werden.

Dritter Grundsatz: Durch die Anlage von Bodenwellen kann in Hanglagen Oberflächenwasser besser auf dem Grundstück gehalten werden. So können feuchtere und trocknere Zonen sowie zusätzliche geschützte Bereiche gebildet werden.

Für den in Mitteleuropa meist nicht realisierbaren Fall eines integrierten Hauses sollte dies immer ein Niedrigenergiehaus mit Anlehngewächshaus sein und zur Spiegelabstrahlung bei niedrigem Sonnenstand im Winter einen davor gelagerten Teich haben (zur Realisierung wird auf die Fachliteratur verwiesen).

Vierter Grundsatz: Bei reichlich vorhandenem Wasser wird Aquakultur oder (nach *Bill Mollison*) Polykultur im Wasser als Gartenkomponente möglich. Da wir selbst von einem sehr trockenen Sandboden leben, ohne Zugang zu fließendem Wasser und Brunnen, konnten wir persönlich damit keine Erfahrungen sammeln. Ein kleiner Tümpel als Tränke für Kleintiere und Insekten und etwas Frosch- und Erdkrötenlaich ist das Höchste, was wir realisieren konnten. Hierfür verweisen wir daher ebenfalls auf Fachliteratur. Allerdings ist festzuhalten, dass sich Planung und Realisierung eines Gartens für zukunftsfähiges Gärtnern immer nach den lokalen Bedingungen richten muss und man nicht, einem persönlichen Bedürfnis nach Wasserkulturen folgend, solche an einem nicht dafür besonders geeigneten Platz anlegen darf. Das wird leider auch innerhalb der Permakultur-Gruppe manchmal missachtet (siehe neuer Mandala-Kahummana-Garten, Abb. 31).

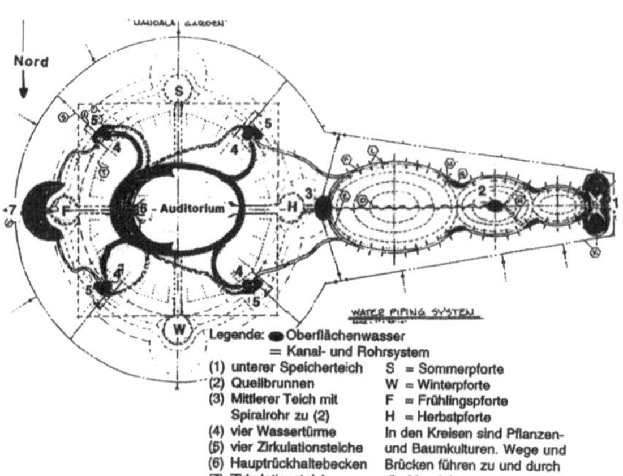

Abb. 31: Mandala-Wasserspiele-Garten

Eine Permakultur-Gruppe hatte an der Leeseite einer Pazifikinsel (das heißt sehr trockenes Klima, kein Oberflächenwasser, wenig Brunnenwasser) einen wunderbaren Mandala-Garten entworfen (s. Abb. 78, S. 126). Wegen Wasserproblemen war er aber nicht realisiert worden. Als ich 15 Jahre später wieder hinkam, hatte die zweite Generation einen neuen Plan des Wasserspiele-Gartens entworfen, obwohl sie auf die Trinkwasserleitung einer entfernten Großstadt angewiesen ist. Sicher ein alter Traum der Menschheit: Wasserspiele in der Wüste. Aber leider ist das die umgekehrte Tendenz eines zukunftsfähigen Gärtnerns.

Fünfter Grundsatz: Standort und Boden. Viele Gartenplanungen und die tradierte Gartenkultur beginnen mit Klärung der Standortfragen und Listen der Pflanzen für die verschiedenen Standorte, dann folgen Bodenuntersuchungen. Sie müssen

- sorgfältig und wiederholt an vielen verschiedenen Plätzen des Grundstücks durchgeführt werden,
- sind aufwendig, teuer und
- führen zu Empfehlungen, die unmittelbar wieder zu den Wundertüten der chemischen Industrie führen. Dies ist nach unseren Erfahrungen alles nicht notwendig. Wir haben auf einem denaturierten Grundstück mit sehr mäßigem bis armem Sandboden und geringen Lehmeinmischungen das Gärtnern begonnen. Dann haben wir systematisch den Boden durch Bearbeitung, Mulch, Mulch, Mulch und Gründüngung, gezielt mit verkomposteten Kräutern unter Hinzugabe von etwas Mist, den wir von einem Nachbarn erhielten, und Pflanzenjauchen verbessert – mit erstaunlichem Erfolg. Was den Standort betrifft, sollte man sicher in Spätfrostlagen nicht Aprikosen und Pfirsiche pflanzen. Darüber hinaus können wir empfehlen, alle Pflanzen, die überhaupt in unseren Breitengraden wachsen, zu säen und anzupflanzen, soweit dies persönlichen Wünschen entspricht. Es wird sehr schnell sichtbar, was gut gedeiht und sich durchsetzt. So erhalten Sie eine natürliche Auslese, die keineswegs durchgehend mit den Weisheiten der wissenschaftlichen Bücher übereinstimmen muss – einiges wird wahrscheinlich gut gedeihen, was nach der maßgeblichen Literatur nicht zu erwarten war, anderes weniger gut. Aber auch Pflanzen, die am Anfang ausfallen, können später nach Boden- und Kleinklimaverbesserung gut gedeihen. Viel Glück beim Experimentieren zusammen *mit* der Natur!

Arbeit und zukunftsfähiges Gärtnern

Gärtnern beginnt mit der Freude und dem Bedürfnis, etwas wachsen zu sehen und wachsen zu lassen. Zukunftsfähiges Gärtnern heißt immer auch Verantwortlichkeit für das Ganze. Bei Kübelgärten entstehen an diesem Ende Probleme – für das Leben direkt im Sinne der ausreichenden Versorgung mit Wasser. Kübelgärten, die ohne permanente Pflege im Zimmer sehr schnell zur Wüste werden, können auf einer Terrasse oder einem Balkon, der für Regen offen ist, auch lange Abschnitte allein überstehen. Wir ziehen seit Jahren auf einer Terrasse in einem Stadt-Etagenhaus Küchen- und Wildkräuter in Kübeln. Dabei gehen wir nach einem Kräutermanagement vor (selektives Jäten und teilweises Ausdünnen im Frühjahr, fast das ganze Jahr völlig sich selbst überlassen – schon notgedrungen, da wir selten zu Hause sind). Probleme aus der Verantwortlichkeit für das Ganze ergeben sich aus dem Bedarf an Düngung und Boden. Torf gehört ins Moor, nicht in den Garten. Kübelgärtner haben oft keinen Kompost. Eine Lösung besteht in Wurmkompost, mit dem auf Torf verzichtet und jeder Boden für Kübel tauglich gemacht werden kann (siehe auch Wurmkompost, S. 59).

Gärtnern wird ausgeweitet, wenn wenigstens eine kleine, nicht versiegelte Fläche zur Verfügung steht und sich das Bedürfnis nach einer Ergänzung der eigenen Diät mit etwas Frischgemüse oder Salat einstellt. Wobei hier schon angemerkt sei, dass für den Spezialisten kein kultivierter Salat an gesammelte Löwenzahnblattspitzen oder -jungpflanzen heranreicht, wobei Letztere auch vom Nährgehalt her sehr viel wertvoller sind (vgl. Tab. 67, S. 184).

Gärtnern wird zukunftsfähig, wenn wir unser Verhalten an ethisch-ökologischen Grundsätzen orientieren, Ernteteilung praktizieren, Vielfalt zulassen, auch Wildkräuter und Insekten, und das Bodenleben vielfältig fördern.

Gartenarbeit kann lästig werden, weil sie im tradierten Kulturgarten vielfältig und gehäuft dann anfällt, wenn es gerade am wenigsten passt. Gewisse Rhythmen der Natur bleiben hier zu berücksichtigen, aber dies lässt sich nach Permakultur-Prinzipien viel flexibler organisieren als bisher möglich.

Der Tu-nichts-Garten hat in der Literatur Konjunktur. Tu-nichts-Garten ist Wildnis, Wildnis ist nicht Garten. Es ist ohne Zweifel besser, mehr Wildnis und weniger makellose schöne Gärten mit Bewässerung, hoher Düngung (Kunstdüngung) und konsequentem Herbizid- und Pestizideinsatz zu haben und dies alles noch als Ziergarten. Aber um sich aus der Wildnis zu ernähren, braucht der Mensch trotz Umstellung seiner Ernährung sehr große Flächen. Um sich von einem Garten teilweise oder ganz zu ernähren, bedarf es der Arbeit. Es gibt hierzu viele missleitende und widersprüchliche Aussagen.

Bill Mollison erwähnt in einem Zusammenhang, dass er Permakultur-Gärtner geworden sei, weil er grundsätzlich faul sei und dies mit Permakultur vereinbar wäre. In einem anderen Zusammenhang betont er wiederum, dass Permakultur Knochenarbeit sei. *Robert Hart* schreibt für seinen Waldgarten, der übrigens weitgehend der Komponente C (Obstbaum-Lebens-Gemeinschaft) im Biotop mit Mensch entspricht, zunächst, dass so gut wie alle »fummeligen« Arbeiten des Gärtnerns wegfielen, selbst »Unkrautzupfen« wäre überflüssig. Später erfahren wir dann, dass er letztlich relativ viel Zeit in das Krautmanagement investiert. Täglich beim Sammeln jätet er unerwünschte Kräuter, von Zeit zu Zeit macht er auf allen vieren sogar ausgedehnte Jätexpeditionen. Eine bekannte Fernsehmoderatorin atmete endlich auf, als sie vom herkömmlichen Garten zu einem Tu-nichts-mehr-Garten wechselte, denn endlich konnte sie statt permanent zu gärtnern im Liegestuhl liegen und ihre Fingernägel pflegen. Dies stimmt ohne Frage, wenn man in seinem schönen Garten Wildnis einziehen lässt, die übrigens eine feste Gartenkomponente beim zukunftsfähigen Gärtnern ist. Aber wie ernährt man/frau sich? Aus einem Tu-nichts-Garten? Da scheint mir Skepsis angebracht. Am weitesten scheint es noch dem japanischen Philosophen-Bauern *Fukuoka* gelungen zu sein. Er hat mit dem Reisnassanbau auch außerordentlich gute Grundbedingungen. Mir scheint allerdings sein Slogan »Tu- nichts-Landwirtschaft« doch eine überspitzte Provokation des mit der Natur und gegen das Chemoagrobusiness arbeitenden Bauern zu sein. Es kann wohl tatsächlich gelesen werden als »Tu-nichts-wider-die-Natur«-Landwirtschaft.

Wir (meine Frau und ich) ernähren uns bis auf einige wenige Tierprodukte ganzjährig und voll durch unser eigenes zukunftsfähiges Gärtnern.

Wir brauchen relativ wenig Grund. Um bei einem armen Boden genügend Mulch selbst zu erzeugen, allerdings doch einen halben Hektar, wobei wir nur etwa 1.400 Quadratmeter intensiver bebauen. Unser Land liegt fünf Zugstunden von unserem Arbeitswohnsitz und ich habe im Monat nur ein verlängertes Wochenende (vier bis fünf Tage). Meine Frau packt öfter noch einmal vier Tage dazu, an denen Gartenarbeit möglich ist. Unseren Urlaub verbringen wir wie früher im Hochgebirge (immer 12 bis 14 Tage und dann zwei bis drei Tage im Garten). Wir bleiben jedenfalls nicht wegen des umfangreichen Gartenprojektes beim Garten. Die 14 Tage kommen nicht dadurch zustande, weil der Garten uns dringend brauchte (Letzteres ist nur im März und Anfang Juni der Fall), sondern weil wir uns mit Rucksäcken nur für höchstens 14 Tage mit Gemüse und Kartoffeln versorgen können. Die im Jahresdurchschnitt fünf Tage im Monat vier Hände, um zwei Personen zu ernähren (= 40 Stunden pro Person und Monat), sind reichlich mit Arbeit ausgefüllt. Davon verwenden wir ein Drittel der Arbeit für die Bodenerhaltung und -verbesserung.

Permakultur-Gärtnern funktioniert, ohne dass man ständig für den Garten zur Verfügung steht, ohne dass man auf Urlaub verzichtet, ja sogar über größere Entfernung – nicht mit Nichtstun, jedoch mit erheblich flexibleren Arbeitszeiten!

Verständigung mit Pflanzen und der Pflanzen untereinander (Kommunikation und Informationsübermittlung)

Ist es sinnvoll, mit Pflanzen zu sprechen? Verständigen sich Pflanzen untereinander? Was ist unter dem Plocher-Phänomen zu verstehen?

Wir alle finden es normal, mit Hunden, Pferden und anderen Säugetieren zu reden. Mit Insekten oder Mollusken, z.B. Schnecken, erscheint es uns eher unsinnig. Bei Pflanzen sehen wir darin eher eine besondere Extravaganz oder sind geneigt, es als einen Spleen abzutun.

Spiritualität und zukunftsfähiges Gärtnern

Es gab schon immer Einzelgänger, die mit Tieren und Pflanzen redeten, und zwar in den verschiedenen Kulturkreisen. Es war von jeher im Osten (Asien) nichts Besonderes, auch von Pflanzen als durchgeistigten Wesen zu denken.

Rudolf Steiner, unter vielem anderen auch der Begründer der Biologisch-Dynamischen Landwirtschaft und der artgerechten Tierhaltung, hatte ein kosmisches Weltverständnis. Für ihn gibt es keinen grundlegenden Unterschied zwischen Mensch, Tier und Pflanzen. Alle Lebensformen sind Körper, Seele und Geistwesen. Ob Steiner mit seiner Auffassung recht hat oder nicht, brauchen wir hier nicht zu diskutieren. Aber es steht fest, dass die Biologisch-Dynamische Landwirtschaft und ihre artgerechte Tierhaltung ein zukunftsfähiges Konzept darstellen, das mittlerweile rund um die Welt akzeptiert ist. Sein Konzept der artgerechten Tierhaltung kann auch von naturwissenschaftlich Orientierten, die seine anthroposophische Lehre verwerfen, bis heute nicht wirklich überboten werden.

Vor fast 50 Jahren ging eine erstaunliche Nachricht um die Welt: An der schottischen Atlantikküste, auf einem Stück wüsten Sandlandes in den Dünen am Rand eines Truppenübungsplatzes, wurden auf unerklärliche Weise die größten und schwersten Kohlköpfe aller Zeiten geerntet. Das Unfassbare wurde von *Dorothee Maclan* dadurch erklärt, dass sie mit den Pflanzen bzw. deren Devas (Geist der Pflanzen) spreche, Ansprache durch die Pflanzen erhalten würde und dadurch immer das tun könnte, was die Pflanzen wünschten. Sie wurde zwar belächelt, aber nicht für verrückt erklärt. Sie begründet ihr Vorgehen durch eine indische Philosophie, nach der es notwendig ist, mit den Geistern oder Seelen der Pflanzen in Kommunikation zu treten, um für deren Wachsen und Leben die günstigsten Bedingungen schaffen zu können. Das könne von Natur aus nicht jeder, aber viele könnten es lernen (vgl. *Hawken*: Der Zauber von Findhorn, 1985).

Dies war der Beginn der auch heute noch sehr interessanten Permakultur-Gemeinde von Findhorn. Mithilfe der praktizierten Spiritualität und z.B. der Düngung mit kompostiertem Tang blühte und gedieh der Garten. Wir waren 1978 in Findhorn, der Garten war randständig geworden. Gartenschläuche, Gartenwerkzeuge, Eimer und Gummistiefel lagen zwischen den Pflanzen. Sie waren relativ klein und viele schienen mir traurig auszusehen. Die Findhornleute betrieben eine alternative Apotheke, Souvenirshops und bauten gerade eine Riesenkuppelhalle aus Edelhölzern, in denen viele Hundert Menschen, Gäste aus aller Welt, transzendentale Meditation ausüben können. Nach meinem Eindruck kümmerten jetzt die Pflanzen, die Spiritualität blühte und gedieh.

Wenn Gärtner mit ihren Pflanzen reden, wenn sie ihre Pflanzen achten und sie entsprechend pfleglich behandeln, hat dies in jedem Fall günstige Effekte, es fördert das Pflanzenwachstum und -leben.

Wenn manche spirituell orientierten Permakultur-Gärtner behaupten, dass Pflanzen, die ungünstig umgepflanzt wurden, die am falschen Standort stehen, nur mühsam eine Vertrocknung abwehren können oder schwer verletzt sind, nach Hilfe rufen, dann ist das ein vermenschlichtes Bild für einen realen Zustand.

Dieses Bild bezeichnet für jeden Gärtner aber eine reale, bedenkenswerte Situation. Als bei uns einige Bäume, insbesondere Goldparmänen, wegen ungünstigen Standorts in jungen Jahren sowohl vom unpaarigen Borkenkäfer als auch vom Splintkäfer befallen wurden, habe ich dem Hilferuf folgend die ersten drei gleich selbst erlöst. Bei den nächsten dreien entschloss ich mich, sie für ein Jahr mit Chemikalien zu behandeln. Danach streichelte meine Frau noch die Stämme der Bäume, ich wohl auch, ich sah es nur anders. Darüber hinaus beschloss ich, fortan auf alle Apfelbäume mit Befall zu verzichten, meinen privaten Obstbedarf künftig mit Quitten, Mirabellen, Johannis-, Stachel- und Himbeeren zu decken. Dies war vor fünf Jahren. Ich fühle mich seit dem Entschluss gut und die Bäume anscheinend auch, ihr Erscheinungsbild verbessert sich von Jahr zu Jahr.

Jeder gute Gärtner spricht laut oder leise mit seinen Pflanzen, ob er ein spiritueller Mensch ist oder nicht, egal, ob er im Sinne Rudolf Steiners die Pflanzen als Geistwesen sieht oder an eine Pflanzenseele glaubt. Bei einem positiven Verhältnis zum Leben (Lebenssystem) denkt man zumindest achtungsvoll an andere Lebensformen. Pflanzen rufen wirklich um Hilfe, sie tun es in ihrer Weise (siehe folgendes Kapitel).

Allelopathie oder die Einwirkung der Pflanzen auf ihre Mitwelt

Pflanzen schützen sich und senden sich Signale oder Informationen. Nachdem in Ostafrika ein Naturpark aufgrund des zu großen Bevölkerungsdrucks verkleinert worden war, fand man plötzlich immer wieder verhungerte Antilopen, obwohl au- genscheinlich hinreichend Futter zur Verfügung stand. Diese Antilopenart ernährt sich überwiegend von den Blättern einer Baumart. Man fand heraus, dass diese Bäume, wenn sie einen bestimmten Prozentsatz ihres Laubes verloren haben, einen starken Bitterstoff produzieren, der dann den Rest der Blätter vor dem Gefressenwerden schützt. Bei weiteren Untersuchungen ergab sich, dass die Bäume auf Verletzungen des Stammes in gleicher Weise reagieren, ja, dass auch Nachbarbäume und sogar hundert Meter entfernt stehende diese Bitterstoffe produzieren, wenn Artgenossen in ihrer Umgebung geschlagen werden.

In jüngerer Zeit wurde die Ursache für den berühmten Selbstmord der Lemminge aufgeklärt. Wenn die Lemminge in Nordskandinavien eine hohe Überpopulation erzeugt haben, wird das Futter knapp. Das Gras, ihre Hauptnahrung, produziert immer dann, wenn es öfter im Jahr abgeweidet wird, Giftstoffe, die das Zentralnervensystem der Lemminge schwer schädigen. Die Lemminge werden »verrückt« und stürzen sich ins Meer oder einen See (vgl. hierzu *Kerner/Kerner:* Der Ruf der Rose, 1994).

In vielfältiger Weise wirken Pflanzen auf ihre Mitwelt ein, meist über Stoffwechselprodukte, nicht selten sind sie voneinander abhängig.

Der österreichische Botaniker *Molisch* (1937) nannte dieses Aufeinandereinwirken der Pflanzen Allelopathie. Die generell noch immer geheimnisvollen Wirkstoffe nannte der russische Botaniker *Tokin* (1928) Phytonzide (vgl. *Tokin* 1956). Die Bezeichnung gibt zur Kritik Anlass, weil die Wortbildung »Phytonzid« darauf hindeutet, dass es sich um für Pflanzen giftige Substanzen handelt – trotzdem hat sich die Bezeichnung für alle Wirkstoffe von Pflanzen auf Pflanzen durchgesetzt.

Der junge Molisch hatte bei häufigen Arbeiten (Umtopfen von Pflanzen) in der Gärtnerei seines Vaters festgestellt, dass von den unverletzten Wurzeln bestimmter Pflanzen stets ein kräftiger Geruch ausging. An der Universität Wien widmete er sich später der Analyse der gasförmigen Ausscheidung von Früchten und anderen Pflanzenteilen. Dabei fand er nicht nur für bestimmte Pflanzen fördernde oder störende Wirkstoffe, sondern auch, dass der Wirkstoff einer bestimmten Pflanze in hoher Dosis auf eine andere Pflanze giftig, in geringer Dosis jedoch auf das Wachstum stimulierend und die Gesundheit fördernd wirken kann. Phytonzide haben für Pflanzen zuallererst eine existenzsichernde Schutzfunktion (Abwehr von gefährdenden Organismen).

Die Allelopathie ist nur ein Sonderfall der Wirkstoffkreisläufe unseres Lebenssystems. Phytonzide spielen mittlerweile auch eine immer größere Rolle für das menschliche Gesundheitsmanagement. Am bekanntesten wurden die Antibiotika (Präparate aus den Phytonziden niederer und höherer Pflanzen). So hat sich auch bereits eine Phytonzidtherapie entwickelt. In der Diskussion über Gesundheit und Ernährung spielen die Phytonzide aufgrund zu geringen Wissens bisher noch eine sehr untergeordnete Rolle. Sie dürften jedoch den größten Beitrag der gesunden Ernährung aus biologischem Anbau erbringen. Als Beispiel seien hier nur die Inhibine genannt, die in Knoblauch, Zwiebel, Meerrettich und der Kapuzinerkresse vorhanden sind und viele Bakterien und Krankheitskeime abtöten (vgl. *Haller* 1977). Pflanzen, die in bestimmten Gesellschaften wachsen, haben einen wesentlich erhöhten Gesundheitswert. So bewirken z.B. Phytonzide der Senfpflanze einen erheblichen Anstieg des Karotingehaltes in Erbsen usw.

Eine große Rolle spielen die Phytonzide in der aktiven Pflanzenpflege (als Spritzmittel) und in der Erntesicherung bzw. Vorratshaltung. So berichtet z.B. *Tokin*, dass er mithilfe der Meerrettichphytonzide Äpfel acht Jahre aufbewahrt hätte und dass sich 40 Kilogramm Weintrauben in 3,2 Kilogramm Meerrettichraspeln wochenlang frisch gehalten hätten. Erwiesenermaßen sterben Milbenlarven, die mit einem Pulver aus Meerrettichblättern bestreut werden, in ca. 20 Minuten ab; auch Kamille hat eine sehr stark insektizide Wirkung.

Während Phythonzide bisher überwiegend für den direkten Nutzen des Menschen erforscht und erprobt wurden (Therapie, biolog. Schädlingsbekämpfung, Lagerung von Ernteprodukten), sind sie als Ordnungskräfte und Regulatoren unseres Lebenssystems, z.B. auch als Grundlage für eine Mischkulturorganisation, nur allgemein bekannt.

Dieses Einwirken und Kommunizieren der Pflanzen mit der Mitwelt ist sowohl bei der Mischkultur als auch bei der Einlagerung und Vorratshaltung unbedingt zu beachten. Es gibt darüber hinaus eine Reihe von Untersuchungen, nach denen Pflanzen auch über elektromagnetische Wellen und für uns unterschwellige Lichtsignale Informationen austauschen (vgl. *Kerner/Kerner* u.a.: Der Ruf der Rose, 1994). Von hier aus ist es nicht unwahrscheinlich, dass für uns unbewusste Ausstrahlungen des Menschen positiv oder negativ von Pflanzen wahrgenommen werden, d.h. sie reagieren darauf (siehe auch: Mischkultur, S. 130).

Die Grundlage für Wachsen und Leben

Der Boden

Im Falle einer Katastrophe wurden von jeher Hilferufe, Rettungsrufe ausgesandt – der bekannteste ist S-O-S (»Save our Souls«, wörtlich: »Rettet unsere Seelen«). Seit Jahren geht nun der Ruf rund um den Erdball »S-O-S, Save our Soils – Rettet unsere Böden«.

Unser wertvollstes Gut

Wir leben auf einem wunderbaren Planeten, der nur eine sehr dünne Haut hat, eine durchaus zerbrechliche Kruste, mit einer von innen und außen gefährdeten Atmosphäre. Das Leben bedarf des Wassers, der Luft und des fruchtbaren Bodens. Der Boden besteht aus durch physikalische und chemische Vorgänge an der Planetenoberfläche verwitterter Erde, die durch eine Unzahl von Organismen und Pflanzenresten, speziell aber durch Pflanzenwurzeln, zu einem physikalisch-chemisch-biologischen Substrat wird – der Boden lebt.

Die Böden gehören zu den wertvollsten begrenzten Gütern der Menschheit (so auch 1972 in der Europäischen Boden-Charta vom Europarat hervorgehoben). Verschmutztes Wasser, verschmutzte Luft können direkt oder indirekt durch den Boden gefiltert werden. Alle einmal freigesetzten Giftstoffe werden letztlich im Boden gesammelt und wir leben von den Böden. Unsere Böden haben eine hohe Giftfracht zu ertragen, welche das millionenfache Leben, den lebenden Boden tötet, ihn zuerst zur toten und dann zur giftigen Erde macht. Wir sollten in dieser Situation auf keinen Fall unsere Böden bei der Nahrungsmittelerzeugung noch zusätzlich vergiften und schon gar nicht unseren Garten.

Struktur

Wer seinen Boden näher kennenlernen möchte, kann einen Handtest und eine Schlämmprobe machen.

1. **Bodenart** (Feststellung mit dem Handtest):
   Mit einer Schaufel ein Stück Boden entnehmen, alle Pflanzenteile, auch Wurzeln, entfernen; die übrig bleibende Erdmasse sollte feucht sein; nimm etwas von der Erde in die Hand, presse sie kurz zusammen; öffne die Hand und vergleiche das Ergebnis mit Tab. 3.

Die Bodenart wird durch die Korngröße der Bodenpartikel bestimmt.

Sande, Kiese u.a. werden als Bodengerüst bezeichnet. Boden enthält, da er sich durch Verwitterung aus der Erdkruste bildet, einen großen Anteil mineralischer Bestandteile.

Bodenbelastung in der Bundesrepublik Deutschland im Überblick

Oganische Verbindungen	1 600 000 t/Jahr	
Chlorkohlenwasserstoffe:	200 000 t/Jahr,	davon 2/3 über die Abluft, 1/3 Wanderung durch Beton und Boden als Lösungs- und Reinigungsmittel der chemischen und metallverarbeitenden Industrie bei fehlendem Recycling.
Blei:	5 600 t/Jahr	
Cadmium:	235 t/Jahr	
NO_2:	3 100 000 t/Jahr	davon ca. 43,3 % aus Kraftwerken, 24 % aus dem Verkehr, 23,7% aus der Industrie, 9% aus Haushalt und Kleinverbrauch.
SO_2:	3 000 000 t/Jahr	
Staub:	700 000 t/Jahr	
Streusalz:	800 000 t/Jahr	
Pestizide, insgesamt:	31 560 t/Jahr	(10 kg/ha bei Intensivnutzung)
– Insektizide	2 140 t/Jahr	(ganze Welt: 1 590 000 t/Jahr)
– Fungizide	8 330 t/Jahr	(ganze Welt: 1 094 000 t/Jahr)
– Herbizide	18 090 t/Jahr	(ganze Welt: 1 590 000 t/Jahr)
– Milben-, Älchen- und Schneckenbekämpfungsmittel	3 000 t/Jahr	(ganze Welt: 297 000t/Jahr)

Radiaktivität: Cäsium 137 bei München
– Bombentest, fall out bis 28. 4. 1986: 3 500 Becquerel/m^2
– Reaktorkatastrophe am 30. 4. 1986 nach 30 Minuten Gewitterregen: 35 000 Becquerel/m^2

Gehalt des Bodens an

– Blei:	20 mg/kg Boden	(industriefern)
	2 000 mg/kg Boden	(industienah)
– Cadmium:	0,17 mg/kg Boden	(industriefern)
	bis 70 mg/kg Boden	(industrienah)
– Benzpyren:	bis 650 mg/kg Boden	(aus unvollständiger Verbrennung von Kraftstoffen, Heizöl, Kohle)
– Polychlorierte Biphenyle (PCB):	bis 100 mg/kg Boden	(Altlasten aus Klärschlämmen, Müllkomposten)

Erosion (bei Intensivnutzung):

– Maisanbau	12 t/ha und Jahr
– Hopfen- und Weinbau	bis 150 t/ha und Jahr

Abb. 32: Überblick: Bodenbelastung in den alten Bundesländern (n. Brucker 1988, S. 85)

Bodenart	Handtest	Anteil an Feinerden
Sand	rieselt durch die Finger	0 - 5 %
lehmiger Sand	krümmelt durch die Finger	5 - 20 %
sandiger Lehm	bröckelt durch die Finger	20 - 30 %
Lehm	zerbricht in der Hand	30 - 40 %
schwerer Lehm mit Tonanteilen	einzelne Risse geformt	40 - 50 %
Ton	modellierbar zu Würsten	50 %

Tab. 3: Bodenstruktur und Bodenart

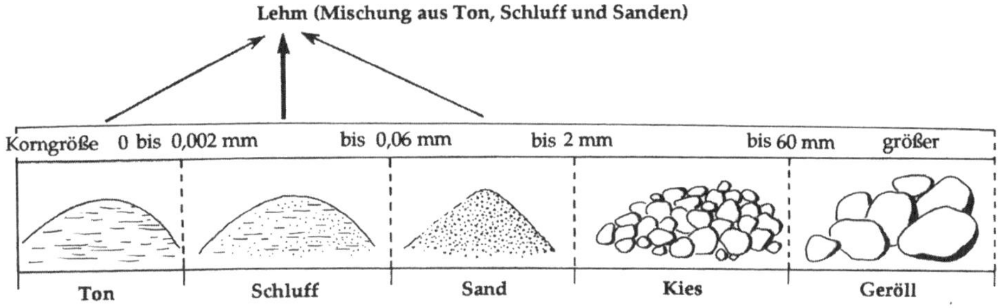

Abb. 33: Bodenarten

2. Schlämmprobe:
Nimm ein Glas; fülle eine Handvoll Gartenerde hinein; gib die dreifache Wassermenge hinzu; rühre so lange um, bis keine Klümpchen mehr vorhanden sind; warte, bis das Wasser wieder klar ist, und vergleiche das Ergebnis mit Abb. 34.

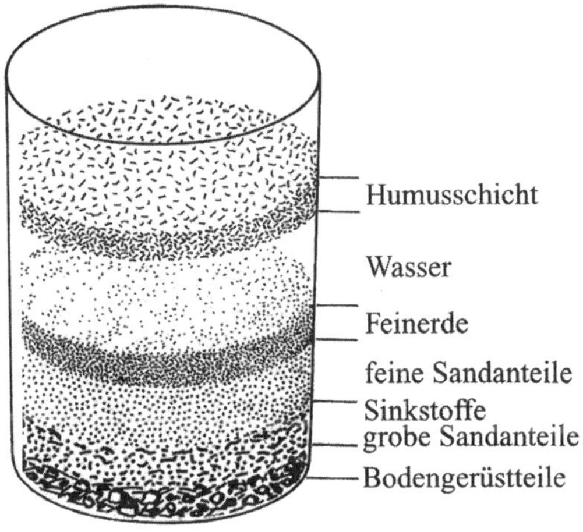

Abb. 34: Die Schlämmprobe

Der Wasserkreislauf

Der Boden speichert und filtert das Wasser. Von größter Bedeutung für das Leben ist der Wasserkreislauf, in dem der Boden eine besondere Rolle spielt.

Ist der Boden nicht ausreichend mit einer Pflanzendecke bedeckt und deshalb das Bodenleben minimal, dann fließen zwischen 80 und 100 Prozent der Niederschläge unmittelbar ab (Oberflächenrückfluss). Humus und Bodenkrume werden abgeschwemmt, der Grundwasserspiegel sinkt ab, der Boden verkarstet immer mehr. Bei dichter Pflanzendecke und guter Krümelstruktur speichert der Boden den größten Teil der Niederschläge kurzfristig und gibt sie dann allmählich als Sickerwasser über teils unterirdischen, teils zutage tretenden Rückfluss (Quelle) ab. Der Grundwasserspiegel ist dann hoch, die Haftwassermenge groß. Über das aufsteigende Kapillarwasser und direkte Verdunstung bilden sich gegebenenfalls kontinentale Kreisläufe. Das Wasser wird beim Durchgang durch den Boden (Haft- und Sickerwasser) gefiltert und steht von Natur aus als gereinigtes Grundwasser Pflanzen, Tieren und

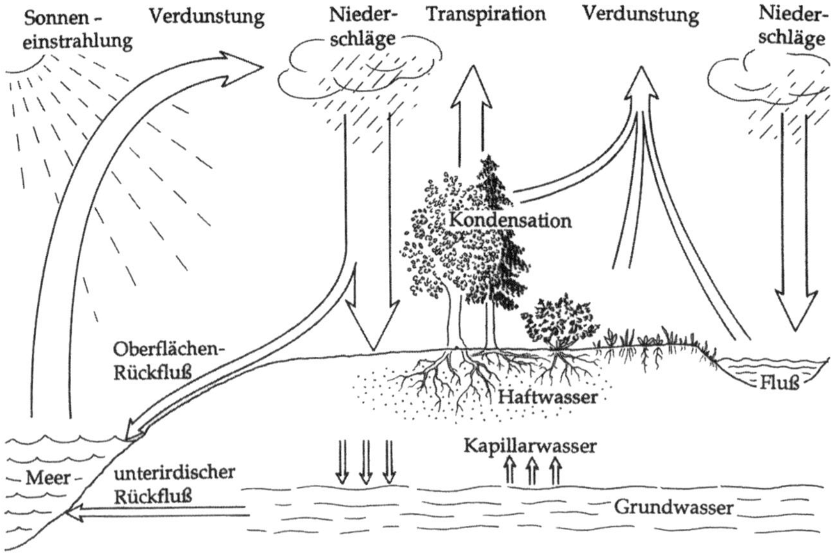

Abb. 35: Wasserkreislauf und Boden

Menschen zur Verfügung. Aufgrund des hohen Schadstoffeintrages reicht heute die Filterkapazität des Bodens vielerorts nicht mehr aus, der »Filter« wird immer mehr vergiftet. Wie unsere Böden und Pflanzen verschmutztes Wasser filtern, ist sehr interessant. Hobbybastler können mit einfachen Vorrichtungen Filterversuche vornehmen (s. Abb. 36).

3. Filterversuche:
Eine Anzahl Glasröhrchen unten mit Gaze verschließen, mit verschiedenen Bodenarten zu zwei Dritteln anfüllen und mit Wasser pur oder mit Zusätzen auffüllen. Gemessen werden: die Durchlaufzeit, die Durchlaufmenge und ggf. die Reinheit des Wassers. Zur Festellung der Filterwirkung kann auch eine Eimer-Pflanzenkläranlage gebaut werden.

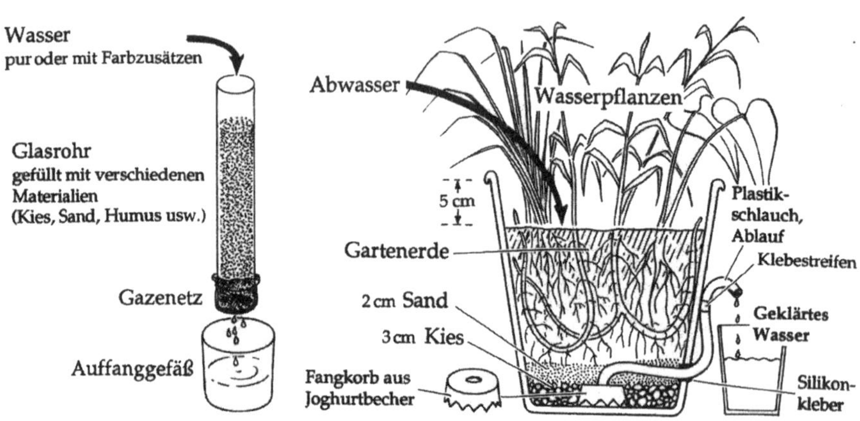

Abb. 36: Wasserklär- und -filterversuche

Immer dann, wenn ein Permakultur-Garten am Haus liegt, sollte Grauwasser teilweise oder ganz geklärt werden, um es für die Bewässerung von Pflanzen zu nutzen. Der einfachste Weg ist die Wassertrennung in hellgraues und dunkelgraues Wasser. Hellgrau ist das Wasser, das zum Waschen von Gemüse und Obst, der Hände und der Schuhe nach Gartenarbeit usw. anfällt. Hierfür ist ein eigenes – nicht zu kleines – Waschbecken zu installieren und das gebrauchte Wasser aufzufangen. Für das Händewaschen kann dabei schon einmal reine Kernseife verwendet werden, was in der Gesamtverdünnung nichts ausmacht. Dieses Wasser kann über einen kurzen Kanal mit Sand und Kiesfüllung und durch ein längliches Becken mit Binsen und ähnlichen Pflanzen in ein Auffang- und Sammelbecken bzw. einen Gießtümpel geleitet werden. Dunkelgraues Wasser muss über einen septischen Tank und mit Energiezufuhr geklärt werden und kommt nur in spezielleren Fällen infrage. Hierzu wird auf die Fachliteratur verwiesen (z.B. *Mollison* 1989 und »Tu Was« 1995).

Bodenleben

Die Krümelstruktur des Bodens ist sein zentraler gärtnerischer Wert. Sie entsteht durch Frost, mechanische Bodenpflege (Hacken) und/oder Bewurzelung und Bodenlebewesen (hier sind Regenwürmer – bis 150 Stück/pro Quadratmeter und 1.000 Kilogramm/Hektar – die bekanntesten Bodenkrümelgestalter). Die Krümelbeständigkeit wird als Bodengare bezeichnet (*Sekera* 2012). Die Bodengare ist dann optimal, wenn der Boden zur gleichen Zeit die größte Luft- und Wassermenge fassen kann (*Blanck* 1942), etwa 50 Prozent des Volumens bestehen dann aus Hohlräumen. Die Krümelstruktur bricht beim ersten heftigen Regen zusammen (der Boden verschlämmt), wenn es an Lebendverbauung fehlt.

Abb. 37: Krümelbeständigkeit durch Lebendverbauung (gesunde Vergesellschaftung von Bodenorganismen, nach Wirth 1946, S. 28)

Durch Monokultur sowie chemische Boden- und Pflanzenpflege (Düngung und Kulturpflanzenschutz) wird das Bodenleben entsozialisiert (*Sekera* 2012). Was versteht *Sekera* unter Bodensoziologie? Sie erforscht das Zusammenwirken und die Abhängigkeit einer Unzahl von Bodenorganismen untereinander. In einem hoch sozialisierten Bodenleben gibt es klare zeitliche Abfolgen. Aufgrund von Humusvorrat oder Humusgabe entwickeln sich im Frühling in dieser humosen Krümelstruktur umfangreiche Pilzkulturen (500 Kilogramm/Hektar pilzartige und Algen-Organismen sowie 700 Kilogramm/Hektar Strahlenpilze). Die Krümelstruktur ist von Pilzfäden durchzogen, die Fäden bilden eine Art Faschinenverbauung. Die Pilzflora stirbt nach kurzer Zeit wieder ab, von überallher siedeln sich an den sterbenden Pilzfäden reihenweise kugelige Bakterien an (bis 550 Kilogramm/Hektar Bakterien). Diese Bakterienkulturen werden nach einiger Zeit wiederum von anderen Organismen abgelöst, die von deren Körpersubstanz leben. In diesem feuchten humosen Boden mit Mulchauflage können pro Quadratmeter über 2.500.000 Tiere mit einem Gewicht von über 4,5 Kilogramm leben. Die schon benannten Organismen werden von einzelnen und weiteren Tieren ergänzt.

Tab. 4: Bodenlebewesen

Fadenwürmer	bis	150.000.000/m²
Beschalte Amöben	bis	100.000.000/m²
Milben	bis	120.000/m²
Springschwänze	bis	35.000/m²
Enchyträen[1]	bis	15.000/m²
Schnecken	bis	8.000/m²
Tausendfüßler	bis	1.000/m²
Fliegen-, Mückenlarven	bis	1.000/m²
Käferlarven	bis	1.000/m²
Kleine Spinnentiere	bis	800/m²
Asseln	bis	700/m²

[1] Enchyträen sind eine Familie der Klasse Gürtelwürmer, sie sind 1 Millimeter bis 5 Zentimeter lang, mit unterschiedlicher Lebensweise. Die Mehrzahl lebt allerdings im Erdboden und trägt zur Gesunderhaltung und Fruchtbarkeit des Bodens bei.

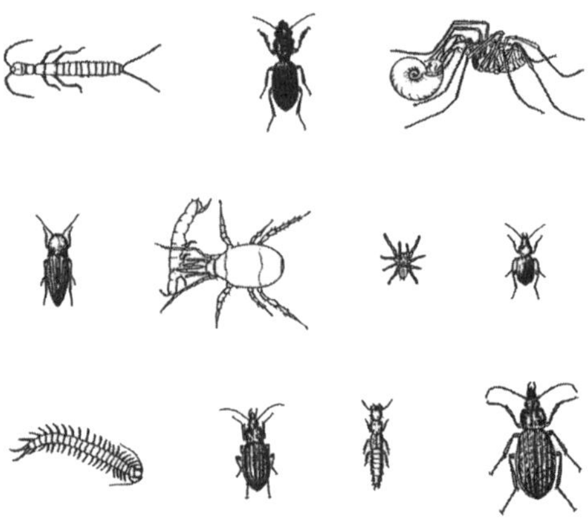

Eine besondere Bedeutung in einem Intensivband haben die Fadenwürmer (*Nematoda*), wegen ihrer schlängelnden Bewegung auch Älchen genannt. Sie dürften auch die häufigste Tierklasse der Erde sein. Der US-amerikanische Nematodenforscher *Cobb* erklärte dies so: »Wenn die gesamte Materie des Weltalls verschwände und die Fadenwürmer übrig blieben, dann wäre unsere Erde immer noch als mattschimmernde Hohlkugel aus Fadenwürmern erkennbar. Berge und Täler, Flüsse und Ozeane, Wüsten und Wälder könnte man noch an der Schicht der Fadenwürmer unterscheiden, die dort gelebt haben. Selbst die Städte wären noch sichtbar und an den Straßen ständen die Bäume noch geisterhaft dargestellt durch die an ihnen lebenden Älchen!« (zit. n. *Grzimek* 1971, S. 334)

Einige der Nematoden gehören zu den großen Plagen der Menschheit, so der schon in alten ägyptischen Urkunden erwähnte Spulwurm. Der kleinste Fadenwurm ist 0,1 Millimeter lang (*Sphaeronema minitissima*), der größte lebt als Schmarotzer in der Placenta des Pottwals und ist 8,4 Meter lang. In der Gartenerde kommen bis 10 Zentimeter lange Fadenwürmer vor, die meisten sind jedoch sehr viel kleiner, nur millimetergroß. Eine Handvoll Gartenerde enthält bis zu tausend kleinster Älchen.

Die im Boden lebenden Älchen sind Parasiten. Über eine Vegetationsperiode vermehren sich die von einer bestimmten Kulturpflanze lebenden Älchen gewaltig, doch hält sich dies meist in einem Rahmen, der die Pflanze nicht erheblich schädigt. Die Älchen verbleiben jedoch für eine längere Zeit, manche für zwei bis drei Jahre, noch im Boden, sodass bei einem Anbau der gleichen Kulturpflanze im folgenden Jahr die Erntemenge erheblich reduziert wird. Das kann so weit gehen, dass die Pflanzen dahinkümmern. Daraus leitet sich die Notwendigkeit für einen Fruchtwechsel ab. Andererseits gibt es eine Reihe Vergesellschaftungs- und Folgestrategien, bei denen die Älchenpopulation minimiert wird. An erster Stelle solcher Maßnahmen steht die Ansiedlung des Ackersenfs (speziell die Züchtung Maxi-Senf). Zwischensaaten von Ackersenf verbessern durch seine besonderen Wurzelwirkstoffe auf die Fadenwürmer die Bodenbedingungen für alle Kulturpflanzen (außer Kreuzblütlern) erheblich. Die Wurzeln des Maxi-Senfs geben Wirkstoffe ab, welche unterschiedliche Nematoden heftig anziehen, ohne dass ihnen die Pflanze dann die erwartete Nahrung bietet, woraufhin die meisten Älchen eingehen.

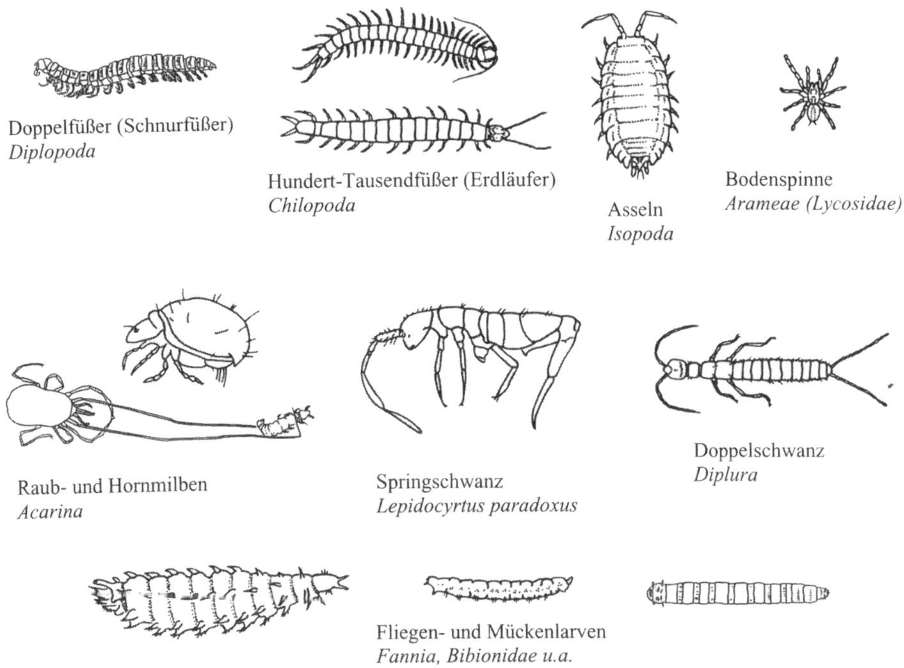

Abb. 38: Bodentierarten

Oberhalb der Bakterien, Schalenamöben und Fadenwürmer werden bei den Bodentieren meist acht Hauptgruppen unterschieden (vgl. Abb. 38).

Unter diesen gibt es eine große Zahl Pflanzenfresser, aber auch einige räuberische Arten. Sie leisten für die Gesunderhaltung des Bodens eine Reihe Funktionen, von denen die wichtigsten sind: Zerkleinern – Zerlegen (Abbauen) – Durchmischen – mit Keimen impfen.

- Die Schnurfüßer sind Pflanzenfresser, sie reichern den Boden mit Mineralien an, haben eine hohe Zerkleinerungs- und Durchmischungsleistung. Sie beimpfen organische Materialien mit Mikroorganismen und bilden in ihrem Körper Humusstoffe.

- An zweiter Stelle nach den Schnurfüßern folgen die Mückenlarven.
- An dritter Stelle sind die Hornmilben zu nennen, soweit sie Pflanzenfresser sind (*Pseudotritta* und *Hypochthonius*). Sie haben eine hohe Zerkleinerungsleistung und bei Wasservorkommen impfen sie auch organisches Material, das Gleiche gilt auch für Springschwänze und Saftkugler.
- Als vierte Arbeitsbrigade sind die Bandfüßer, Fliegenlarven und Asseln zu nennen. Alle drei sind Pflanzenfresser. Sie haben zwar nur eine geringe Zerkleinerungs-, aber eine hohe Durchmischungsleistung und impfen organisches Material mit Mikroorganismen, was die Umsetzung in Kompost sehr beschleunigt.
- Räuber sind unter den Hundertfüßlern, den Doppelschwänzen und den Milben zu finden. Hier wären aber auch noch der Pseudoskorpion (eine kleine Bodenspinne) und der Weberknecht zu nennen.

Teils im Boden, teils außerhalb leben (bzw. lebten früher) eine große Anzahl unterschiedlicher Käfer.

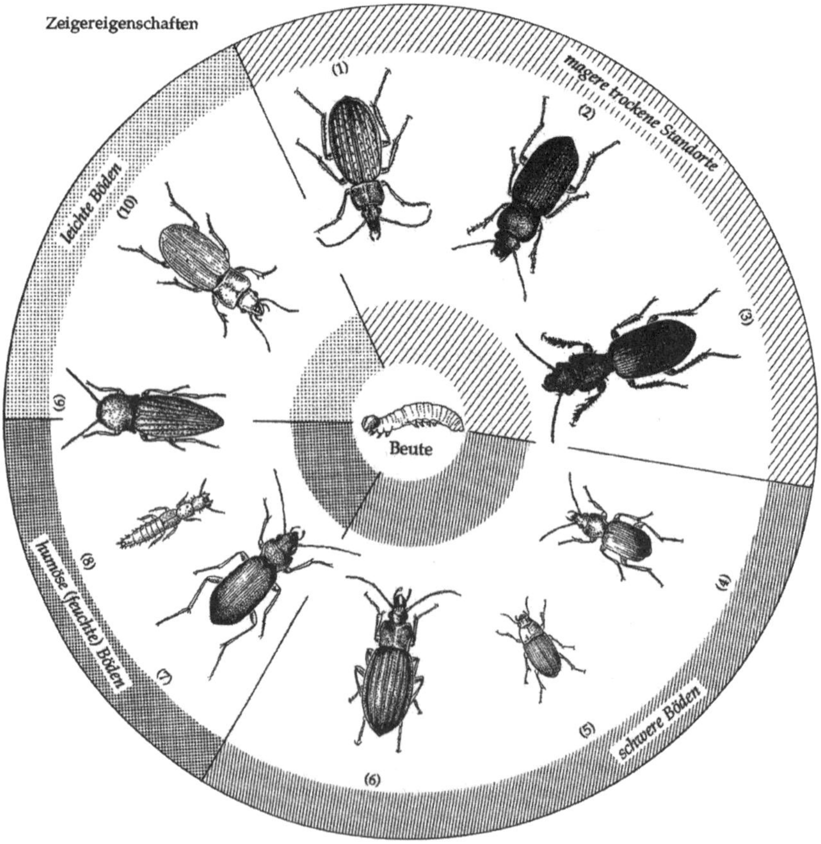

Abb. 39: Lauf- und Grabkäfer der Gärten und Feldfluren, wenn keine Insektizide eingesetzt werden.

1. **Körnerwarze** (*Carabus cancellatus*), gold-kupferfarben und grün schimmernd, Fühlergrundglied meist rot, 17 bis 32 Millimeter, geht tagsüber auf Jagd

2. **Schnellläufer** (*Harpalus rufipes*), schwarz, Flügeldecken goldgelb, behaart, 14 bis 16 Millimeter
3. **Großkopf** (*Broscus cephalotes*), schwarz, großer Kopf, Halsschild ist vorne breiter als hinten, 17 bis 22 Millimeter
4. **Putzkäfer** (*Agonum sexpunctatum*), lebhaft, an feuchten Stellen, grün, 9 Millimeter
5. **Kanalkäfer** (*Amara aenea*), messingfarbene Oberseite, sonst schwarz, 8 Millimeter
6. **Goldlaufkäfer** (*Carabus auratus*), tagaktiver Käfer, 17 bis 30 Millimeter
7. **Dammläufer** (*Nebria brevicollis*), pechschwarz, Ende der Beine und Fühler braunrot, 10 bis 13 Millimeter
8. **Kurzflügler** (Staphyliniden), jagen oft mit dem Dammläufer gemeinsam, z.B. *Othius punctulatus*, rötliche Flügeldecken und rötlicher Hinterleib, vier deutliche Punkte auf dem Halsschild, 10 bis 14 Millimeter
9. **Saatschnellkäfer** (*Agriotes lineatus*), gelb-braun, Halsschild seitlich herabgezogen, die Tiere schnellen aus der Rückenlage nach oben, 7,5 bis 10,5 Millimeter
10. **Grabkäfer** (*Pterostichus vulgaris*), meist ohne häutige Flügel, 13 bis 17 Millimeter

Die Larven aller Schnellkäfer (vgl. auch 7) werden in der Regel als Drahtwürmer bezeichnet. Sie werden von den meisten anderen Käfern vertilgt. Wenn sie trotzdem in größerer Menge auftreten, richten sie erheblichen Schaden an jüngeren Salat- und anderen Kulturpflanzen an. Eine alte Fangmethode für Drahtwürmer besteht darin, Kartoffelteile (je nach Größe der Kartoffel 1/2 bis 1/4) mit der angeschnittenen Seite neben zu schützende Kulturpflanzen in die Erde zu drücken. Die Kartoffeln werden regelmäßig (nach Möglichkeit täglich) kontrolliert und die in die Kartoffel eingewanderten Drahtwürmer abgesammelt.

Interessante Bücher zum Thema:

Für Kinder:
Schächter, M. (Hrsg.): Mittendrin – Die Erde hat kein dickes Fell, Berlin 1988
Greisenegger, I. u.a.: Umweltspürnasen – Aktivbuch »Boden«, Wien 1991

Für Erwachsene:
Forkel, J.: Boden – Ideen, Projekte, Aktivitäten, Mühlheim/Ruhr 1988
Brucker, G.: Lebensraum Boden, Stuttgart 1988 (viele Beobachtungsbeispiele); Rusch, A. P.: Bodenfruchtbarkeit, Kevelaer 2014 (grundlegendes Werk für den gesamten biologischen Landbau)

Die altbekannten großen Gärtnergehilfen sind unsere Regenwürmer. Die häufigsten Regenwurmarten unserer Breiten:

1. *Lumbricus terrestris*: Schleim farblos, keine farbigen Ringe, Hinterende des Körpers abgeplattet, weniger pigmentiert
2. *Octolasium cyaneum*: Borsten nicht eng paarweise, Färbung bläulich, Schwanzspitze gelb (lacteum: gelb-braun)

3. *Allolobophora nocturna*: Borsten eng paarweise, Färbung grau oder bräunlich, auch pigmentlos, am Vorderkörper meist sehr schmaler gelber Ring
4. *Allolobophora caliginosa*
5. *Allolobophora rosea*
6. *Allolobophora chlorotica*
7. *Dendrobaena (rubida):* kleine, gedrungene Arten (die Einheimischen nicht über sechs Zentimeter), Borsten nicht eng paarweise. Die Dendrobaena kommen selten in unserem Ackerboden vor, sie halten hohe Säuregrade (bis 3,5 pH) aus.

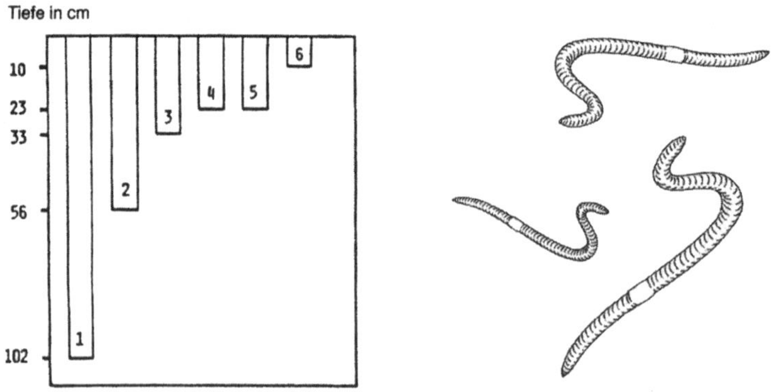

Tiefenverteilung in einer Wiese

Abb. 40: Tiefenverteilung unserer Regenwürmer

Von besonderer Bedeutung für die Kompostbereitung sind:
Eisenia foetida (Mistwurm): Körper auffällig rötlich, oft hell gelblich geringelt, Schleimabsonderung intensiv gelb. Tennessee Whiggler (poetischer Mistwurmname) werden insbesondere in der Kompostierung verwendet. Sie sammeln Schwermetalle (Cadminum, Blei, Arsen, Zink, Nickel und Kupfer) in ihrem Körper an und können so belasteten Kompost entgiften, wenn man einen Weg findet, die erwachsenen Würmer nach ihrer Eiablage aus dem Kompost auszusieben. (Für eine nähere Befassung mit Regenwürmern wird auf *Graff* 1980 verwiesen.)

Die Arbeit und Bodenveränderung durch Regenwürmer lässt sich mithilfe des vielfach in der Literatur vorgestellten Beobachtungskastens gut veranschaulichen.

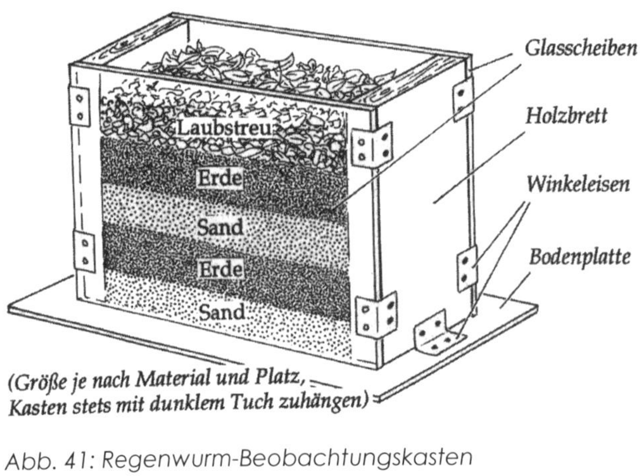

Abb. 41: Regenwurm-Beobachtungskasten

Aktive Bodenpflege

Der Boden ist Speicher, Filter, Substrat und Wurzelraum. Bodenlebewesen, vor allem Würmer, sind Wegbereiter für Pflanzenwurzeln: Die absterbenden Wurzeln der einen Pflanze bereiten den Weg für den Nachfolger.

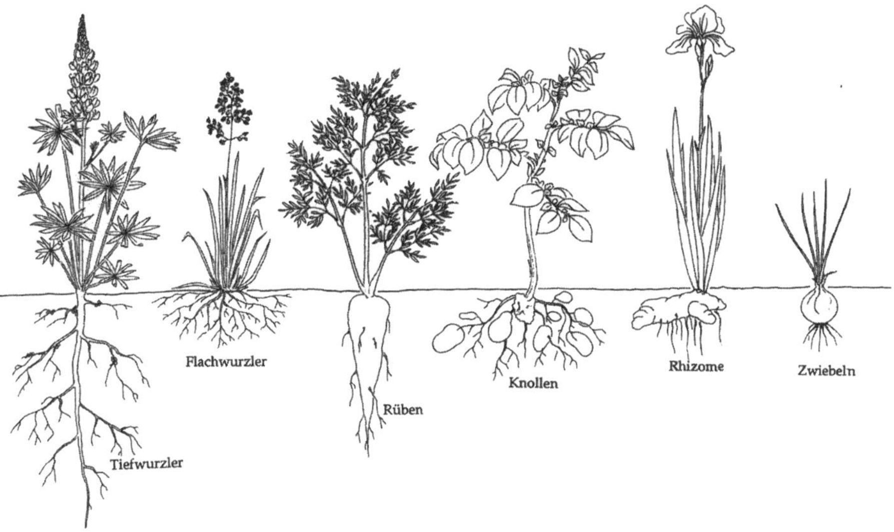

Abb. 42: Boden als Wurzelraum

Ausdauernde Pflanzen überwintern in unseren Breiten teilweise nur oder überwiegend in ihren Wurzeln (Zwiebeln, Rhizome und Knollengewächse, aber auch Flachwurzler, z.B. Gräser). Die Einjährigen, die sich nur durch Samen erhalten, liefern dagegen den ständig wichtigen Nachschub für einen Teil des Bodenlebens. Das überwiegende Nährpotenzial für das Bodenleben liegt jedoch auf dem Boden, die abgestorbenen Stengel und Blätter der Pflanzen (Mulch), und bei gärtnerischer Pflege zusätzlich im Kompost.

Für Wurzelbeobachtungen kann man den Wurmbeobachtungskasten umfunktionieren oder sich einen zweiten herstellen. Um die steinzersetzende Kraft der Wurzeln zu erkunden, kann eine Marmorabfallplatte in die Erde (Blumenkasten) eingerammt werden, sodass Wurzeln fest an ihr liegen. Nach einigen Wochen bleibt ein Wurzelätzbild auf ihr zurück.

Gründüngung

Aller Boden, insbesondere aber genutztes Land (Garten-, Ackerland) braucht ständig einen Ausgleich für die Humuszehrung. Neben Kompostgaben und Stallmistdüngung wurde hierzu in der Landwirtschaft und im Gartenbau »Gründüngung« eingeführt. Sie kann als Nach-, Zwischen-, Zwischenreihen- oder auch als Hauptkultur in einer Brachphase zur Bodenregeneration angebaut werden (vgl. Organisationskonzepte in der Mischkultur, S. 132ff.). Gründüngung ist neben Pflanzenvergesellschaftung, Mulch, Kompost und Jauchegaben eine wichtige Maßnahme der aktiven Bodenpflege. Aufgrund ihrer Funktionen unterscheidet man:

Nährstoffanreicherung (insbesondere Stickstoffsammler): Lupinen, Ackerbohnen, Erbsen, Wicken, Kleearten u.a. Mithilfe der bekannten Knöllchenbakterien sammeln die oben genannten Pflanzen Luftstickstoff, sie vermögen allerdings auch, was weniger bekannt ist, eine Reihe von Mineralien, insbesondere Phosphorsäure (vgl.

Tab. 5: Die wichtigsten Gründüngungspflanzen

Name	Saat-menge (g/m²)	Saat-zeiten (Monat)	Saat-tiefe (cm)	Über win-terung	Beispiele für Multifunktionalität		
					Tiere: - Heimstatt - Nahrung	Pflanzen: - Düngung - Wuchsstoffe	Boden: - Durchwurzelung - Umstrukturierung
Bitterlupinen **– Blaue** **– Gelbe**	20 - 25	Apr.- Anf. Sept.	3 - 4	nein		- Stickstoff-sammler	150 - 200 cm tief wurzelnd, ausgeprägte Pfahlwurzel
Ackerbohne	20 - 30	Feb.- Sept.	6 - 8	nein	– Wirtspflanze der schwarzen Bohnenlaus – Viehfutter	– Stickstoff-sammler	80 - 150 cm tief wurzelnd, wenig verzweigte Pfahlwurzel
Erbsen **– Futtererbse** **– Platterbse**	 20 - 30	 Apr.- Sept. Apr.- Sept.	 3 - 4	 nein	– Viehfutter	– Stickstoff-sammler	bis 80 cm tief wurzelnd, spindelförmige Pfahlwurzel
Wicken **– Zottelwicke** **– Winterwicke** **– Saatwicke** **– Sommerwicke**	 15 - 20 20	 Sept./Okt. Jun./Juli	 2 - 3 6 - 10	 ja nein	– Viehfutter	– Stickstoff-sammler	bis 80 cm tief wurzelnd, schwache Pfahlwurzel, viele Nebenwurzeln
Klee **– Rotklee** **– Weißklee**	 4 - 6 3 - 5	 Apr.- Sept. Apr.- Okt.	 1 - 2 0 - 1	 ja ja	– Nektarpflanze für Insekten – Viehfutter	– Stickstoff-sammler	bis 80 cm tief wurzelnd bis 50 cm tief wurzelnd
Esparsette	5 - 10	März - Aug.	1 - 2	ja	– Viehfutter	– Stickstoff-sammler	150 - 200 cm tief wurzelnd
Serradella	15 - 20	Mai - Aug.	1 - 2	ja	– Viehfutter	– Stickstoff-sammler	80 - 150 cm tief wurzelnd
Ölrettich	4 - 6	Apr.- Sept.	0 - 2	nein	– Viehfutter	– schließt Phosphat auf – Kreuzblütler nicht vor Kohl (Kohlhernie)	80 - 150 cm tief wurzelnd, viel Wurzelmasse, dadurch Humus bildend
Gelbsenf **– Sorte Maxi**	6 - 10	März - Sept.	0 - 3	nein	– Blüten sind Nektarspender für viele Insekten	– schließt Phosphat auf – Kreuzblütler nicht vor Kohl (Kohlhernie)	viel Wurzelmasse, dadurch Humus bildend, »Maxi« dient zur Entseuchung von Nematoden
Phacelia	2 - 4	März - Aug.	1 - 2	nein	– Blüten sind Nektarspender für viele Insekten (bes. Bienen)		80 cm tief wurzelnd, viel Feinwurzelmasse, dadurch Humus erzeugend
Spinat	10 - 12	März - Sept.	2 - 3	ja		– Saponinspender[1] – durch seine Oxalsäure soll er gegen Kohlhernie wirken	bis 60 cm tief wurzelnd, viel Wurzelmasse, dadurch Humus bildend
Gartenmelde	7 - 10	März - Aug.	2 - 3	nein		– Saponinspender	80 - 100 cm tief wurzelnd, viel Wurzelmasse, dadurch Humus bildend
Roggen	16 - 20	März - Nov.	3 - 4	ja	– Viehfutter	– günstig vor Wurzelgemüse	viel Wurzelmasse und Umstrukturierung der Bodenlebewesen-Population
Ringelblume	5 - 8	März - Juli	1 - 3	nein	– Blüten sind Nektarspender für Insekten		Wurzelmasse, vertreibt Nematoden

[1] Saponin ist ein Pflanzenwuchsstoff, der die Aufnahmefähigkeit der im Boden vorhandenen Nährstoffe fördert.

Könemann 1977), zu lösen. Durch die Bindung des Luftstickstoffs im Boden erzeugen die Leguminosen einen Seiteneffekt. Sie beschleunigen damit den Abbau von Zellulose- und Lignumpflanzenresten (verstärkte Humusbildung).

Durchwurzelung, Durchlüftung und Lockerung (hier werden meist Kreuzblütler gelistet): Ölrettich, Senfsaaten, Winterraps, aber auch Phacelia.

Umstrukturierung des Bodenlebens: Ringelblumen, Roggen u.a. bzw. Senf dienen nicht nur der Durchwurzelung, der Bodendeckung und der Humusanreicherung. Sie strukturieren das Bodenleben dadurch um, dass ihre Wurzelwirkstoffe in großer Zahl Älchen (Nematoden) anziehen (vgl. S. 48ff.), diese dann aber in den Senfwurzeln keine Ernährungsgrundlage finden, sodass nach Schätzungen 65 Prozent bei einer Senfsaat eingehen. In ähnlicher Weise wirken Ringelblumen. Im Intensivsegment eines Biotops mit Mensch werden – wie im übrigen Gartenbau – überwiegend zweikeimblättrige Pflanzen bevorzugt bzw. kultiviert. Dies führt zu einer einseitig überhöhten Struktur des Bodenlebens. Dem Roggen wird für diesen Umstand eine besondere Wirkung der Umstrukturierung nachgesagt – Ausgleich für eine letztlich immer unvollständige Mischkultur (vgl. *Wirth*: Verhütung vorzeitiger Bodenmüdigkeit, 1946, S. 41ff.).

Bodendeckung: Alle schnellwüchsigen Gründüngungspflanzen (insbesondere Phacelia) sind hier besonders nützlich, in gewissem Sinne erfüllen aber alle die Funktion. In einem unbedeckten und nur mäßig humosen Boden bricht bei stärkeren Regenfällen die Lebendverbauung der Krümelstruktur leicht zusammen (vgl. S. 47ff.), der Boden verschlämmt. Deshalb sollten viele Böden nicht unbedeckt in den Winter gehen. Andererseits leidet das Bodenleben erheblich unter direkter Sonneneinstrahlung. Eine ausreichende Bodenbedeckung führt hier zur Aktivierung anstelle des Absterbens, bekannt unter dem Begriff der Schattengare des Bodens. Im Sinne einer kontinuierlichen Bodendeckung sollten Beete, sobald sie abgeerntet sind, sofort wieder angesät werden.

Gründüngungspflanzen sollten, wenn möglich, nicht ausgerissen werden. Die Wurzelmasse bleibt in jedem Fall am Ort. Die Grünmasse wird bis auf eine geringe Anzahl Pflanzen, die zur Verbesserung des Blühstatus (Insekten-Balance) stehen bleiben, vor der oder in der Blüte geschnitten. Sie wird entweder flach untergeharkt, bleibt als Mulch auf dem Boden liegen oder wird verkompostet (vgl. Extensivkompost).

Einfache Untersuchungen und Beobachtungen:

- Beobachtungen des Bodenlebens und des Feuchtigkeitsgrades an ungemulchten, dünn und dick gemulchten Kleinflächen;
- Untersuchung der Knöllchenbakterien: Wurzeln von Leguminosen (z.B. Bitterlupinen) ausgraben und abspülen. Mit scharfem Messer oder Rasierklinge Knöllchen aufschneiden. Starke Stickstoffbindung ist an einer rosa Färbung zu erkennen; bei brauner Färbung sind die Knöllchenbakterien weniger aktiv, grünliche Färbung weist auf ein inaktives Knöllchen hin. Die rote Färbung stammt von Leghämoglobin, welches der Sauerstoffversorgung der Knöllchenbakterien und der Erzeugung des Bakterienenzyms Nitrogenase dient.

Mulch und Extensivkompost

Mulch ist die Kompostierung der Natur. Als Beispiel wird immer wieder das Ökotop Wald, von der Permakultur speziell der Regenwald, genannt, um naturverträgliches Wirtschaften zu lernen. Der Mischwald stellt ein sich selbst erhaltendes ökologisches System dar (jedenfalls solange der Mensch nicht unmittelbar oder mittelbar eingreift). Alles organische Material, das nicht von Tieren gefressen oder von Sammlern entnommen wird, verrottet an Ort und Stelle, es bildet eine Deckschicht über dem Boden, eine Mulchschicht. Unter gärtnerisch-pflegerischen Gesichtspunkten besteht die Möglichkeit, nicht bedeckte Bodenstellen mit organischem Material abzudecken, zu mulchen.

Funktionen des Mulchens:

1. *Intensivierung des Bodenlebens:* Humusanreicherung, teils Mineralienanreicherung und Bodenbedeckung führt zur Schattengare, überhaupt zu mehr Bodengare, weniger Verschlämmung (bessere Lebendverbauung) und macht bei intensiver Mulchung und einem sehr fortgeschrittenen Stadium Harken überflüssig.
2. *Regulation des Wasserhaushalts:* Nach ausgiebigen Regenfällen im Frühsommer oder auch einer einmaligen Bewässerung hält der Mulch den Boden lange feucht. In einer langen Trockenperiode, in der nur manchmal schwacher Regen fällt, verdunstet das Regenwasser allerdings, bevor es den Boden erreicht. Mit nur zweimaligem Bewässern können sich bei einer Mulchdecke viele Pflanzen in einer längeren Trockenperiode normal weiterentwickeln. Mulchen mit Zeitungen erstickt zwar das Wachstum von unerwünschten Kräutern, beeinträchtigt aber bei den Niederschlagsmengen in unseren Breiten durch Austrocknung das Bodenleben.
3. *Regulierung des bodennahen Klimas:* Wird im Spätherbst frisch und stark gemulcht, so dringt der Frost gegebenenfalls nur wenig in den Boden ein. Mulchen im Spätwinter wird bei früh blühenden Bäumen und Beerensträuchern dazu benutzt, die Kälte länger im Boden zu halten und die frühe Blüte um ein bis zwei Wochen hinauszuschieben, um sie besser vor Spätfrösten zu schützen.

Schleiermulch (nur ganz dünner Mulch, zweimal im Jahr ausgebracht) begünstigt das Bodenleben, insbesondere den Regenwurmbesatz (*Howard* 1980, *Langerhorst* 1986, auch *Franck* 1985). *Stout* (1971) mulcht im berühmtesten Mulchgartenbau generell 15 bis 20 Zentimeter dick (vgl. auch innerer Kreis der O-L-G, S. 89ff.). Strohmulch ist für Mulchwege (Schwarzbrache mit Mulch, S. 138) besonders angezeigt. Jungpflanzen sollten vor Juni nicht mit besonders kohlenstoffhaltigem Material gemulcht werden. Der Mulch kann nur unter Verbrauch von Stickstoff durch Bakterien umgesetzt werden, das Verhältnis von C : N (Kohlenstoff zu Stickstoff) ist hierbei bedeutsam.

Tab. 6: Kohlenstoff-Stickstoff-Verhältnis

Material	reifer Kompost	Laub	Stroh	holziges Material	Papier
C	15 bzw. 10	50	80	100	400
N	1	1	1	1	1

Je ungünstiger das Verhältnis ist (ab 30 : 1), desto weniger Umsetzung findet statt, oder die Bakterien brauchen in erheblichem Umfang zusätzlichen Stickstoff, was je nach Bodenart und Stickstoffvorrat das Wachstum der Pflanzen hemmen kann. Hier sind dann Gaben von Pflanzenjauchen angebracht.

Mulchen gilt als die intelligenteste und arbeitsfreieste Art des Gärtnerns:
R. Stout: »Mulch-Gärtnerei ohne Arbeit« (1971, 31. Aufl.)
M. Fukuoka: Die »Nichts-tun-Landwirtschaft« in: »Rückkehr zur Natur« (1985)

Diese Anschauungen sind ideologisch überhöht. Mulchen macht sehr wohl Arbeit und es stimmt nicht einmal, dass der Transport, der bei der Intensivkompostierung eine größere Rolle spielt, wegfiele. Vor Ort steht in der Regel nicht genug Mulchmaterial zur Verfügung. So ließ *Ruth Stout* pro 10 Quadratmeter Beete jährlich mindestens einen Strohballen von 25 Kilogramm anliefern. Nichtdestotrotz, Mulchen ist sehr wichtig, aber es reicht unter vielerlei Gesichtspunkten weder aus, noch lässt es sich, ohne besonders arbeitsintensiv zu werden, lückenlos durchführen.

Für die Anzucht der h-Pflanzen[3] ist bei einer Reihe von Bodenbedingungen Kompost unverzichtbar.

Extensivkompost ist eine arbeitssparende Möglichkeit, fehlendes organisches Material bei der Mulch-Misch-Kultur auszugleichen.

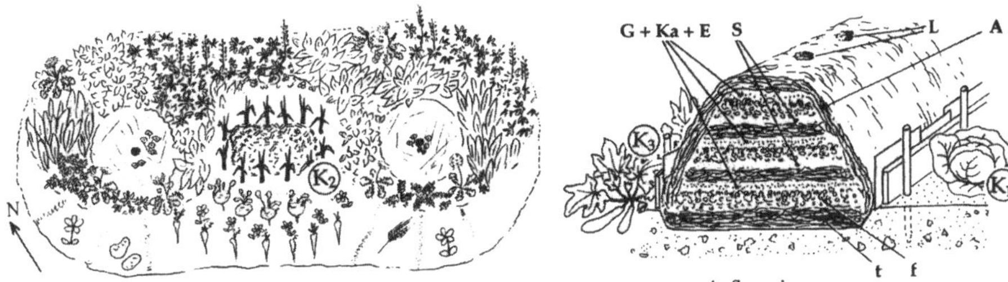

a) Extensivkompost in den Baumscheiben

b) Aufbau eines Extensivkomposthaufens

Abb. 43: Extensivkompost in der O-L-G

t =	trockenes Material (Gras- und Kräuterheu, teils auch Stroh und alte Topinamburstengel;
f =	frisches Material (Kräuter vom Jäten und Gründüngungsschnitt);
G+Ka+E =	Gesteinsmehl und Kalk dick gepudert + einige Schaufeln Erde;
S =	Humofix oder ein anderer Starter, ggf. auch nur ein Gussflanzenjauche;
G =	Abdeckung, in der Regel mit altem Grasschnitt und Kräuterheu;
L =	Luft- und Gießlöcher für verschiedene Jauchen;
K =	Komposthaufenfuß-Bepflanzung (h-Pflanzen): K_1 = Winterkohl, K_2 = Porree, K_3 = Gourgetten (Zucchinis).

Im Intensivband können die Extensivkomposthaufen der besseren Handhabbarkeit wegen an den Längsseiten mit je einer Diele, 25 bis 30 Zentimeter breit, die durch zwei in die Erde geschlagene Holzpflöcke (alte Baumpfähle können hier weiterverwendet werden) gehalten werden. Die Pflöcke überragen die Dielen mindestens noch einmal um 30 Zentimeter. Hinter die Dielen steckt man Pappkarton (zusam-

3 Beim zukunftsfähigen Gärtnern werden die Pflanzen vorweg nach ihrer Vitalität, ihrem Durchsetzungsvermögen, d.h. andersherum nach ihrem Pflegebedarf gruppiert.
1. Gruppe: s-Pflanzen, sich selbst gärtnernde Pflanzen
2. Gruppe: g-Pflanzen, mit geringem Pflegebedarf
3. Gruppe: m-Pflanzen, mit mittlerem Pflegebedarf
4. Gruppe: h-Pflanzen, mit hohem Pflegebedarf

mengefaltet), besonders praktisch sind hierfür Bananenkartons. Mit dem wachsenden Komposthaufen können die Dielen hochgezogen werden (vgl. b in der Abb. 43). Wenn aus örtlichen Gründen (geringe Beetbreite in einer E-F-O) die Extensivkomposthaufen schmaler als einen Meter sein sollen, ist diese Dielenkonstruktion notwendig.

Solche Haufen sind in der O-L-G, je nach der Organisationsstruktur, breiter im Intensivsegment: in der Regel an der Basis einen Meter, an der Krone 0,70 Zentimeter breit und ca. einen Meter hoch. Sie werden einen Spatenstich tief angelegt, die Länge ist unterschiedlich. In Wohnungsnähe werden auch Schichten von Küchenabfällen eingebracht. Je nach Material, wenn viele Quecken eingebracht werden, bleibt der Haufen zwei bis drei Jahre liegen, sonst mindestens ein Jahr. Die Abdeckung wird je nach Bedarf jährlich neu aufgebracht (soweit Material von der umgebenden Wiese vorhanden ist).

Nachdem der Haufen auf gut ein bis eineinhalb Spatenhöhen über dem Beetniveau zusammengesunken ist, wird die noch vorhandene Abdeckung für einen neuen Nachbarhaufen als Trockenmaterial verwendet. Aus dem Inneren wird bis zu 20 Prozent reife Komposterde als Anzuchterde oder für besondere Zwecke entnommen, der Rest bleibt am Ort und wird auseinandergezogen. Bei den Baumscheiben wird der Kompost am äußeren Rand des inneren Kreises vor dem neuen Mulchen aufgebracht. Diese Organisation empfiehlt sich nur bei Neuanpflanzungen oder wenn der Kompost für die Bäume angelegt wird. Der Extensivkomposthaufenplatz wird zwei bis drei Saisons für Gemüse verwendet, dann wird ein neuer Extensivkomposthaufen angesetzt. Durch dichte Komposthaufenfuß-Bepflanzung (K_1 bis K_3 in Abb. 44) im Intensivsegment mit h-Pflanzen geht über die Kompostlagerzeit nur wenig Beetfläche verloren.

Der Extensivkompost macht kaum mehr Arbeit als Mulchen, es können hier aber samende Kräuter und Quecken, die beim Jäten anfallen und für Mulch nicht taugen, mitgenutzt werden.

Grundsätzlich geht beim Kompostieren Energie verloren. *Rusch* (Bodenfruchtbarkeit, 2014) weist nachdrücklich immer wieder darauf hin, dass Humusaufbau und Pflanzenwachstum Hand in Hand gehen müssen und der Humusaufbau niemals unterbrochen werden darf, wenn die Energie im organischen Material nicht verloren gehen soll. Kompostieren kann keine Alternative für Mulchen sein, es sollte nur in gewissem Rahmen zusätzlich erfolgen. Insgesamt geht beim Extensiv- oder Raukompost weniger Energie verloren.

Intensivkompost

Die Kompostbereitung ist die Fortsetzung des Mulchens mit gärtnerischen Mitteln. Sie beflügelt seit Langem die Fantasie der Gärtner. Sie verlangt in strengem Sinne den Experten, ist zu einer Kunst geworden (*Seifert* 1971/1982). Sie erhält aber auch in Bezug auf die Herstellung der »Präparate« in der biologisch-dynamischen Landwirtschaft mystische Weihen. *R. Steiner* stellte eine Reihe guter Präparate zur Kompostbereitung und zum Pflanzenschutz her, in denen kosmische, irdische Energien, mit geistweltlichen Bildekräften durchmischt, für unsere Nahrungsmittelerzeugung nutzbar gemacht werden. Zunächst wurden diese teils ausgezeichneten Präparate als mystisch-religiöse Geheimnisse nur an Eingeweihte weitergegeben, bis *May Bruce* (o. J.) schließlich leicht verändert Rezepte veröffentlichte.

Kompost zwischen Kunst, Religion und Wissenschaft übte natürlich mit fortschreitendem Umweltbewusstsein eine steigende Anziehungskraft auf die Wirtschaft

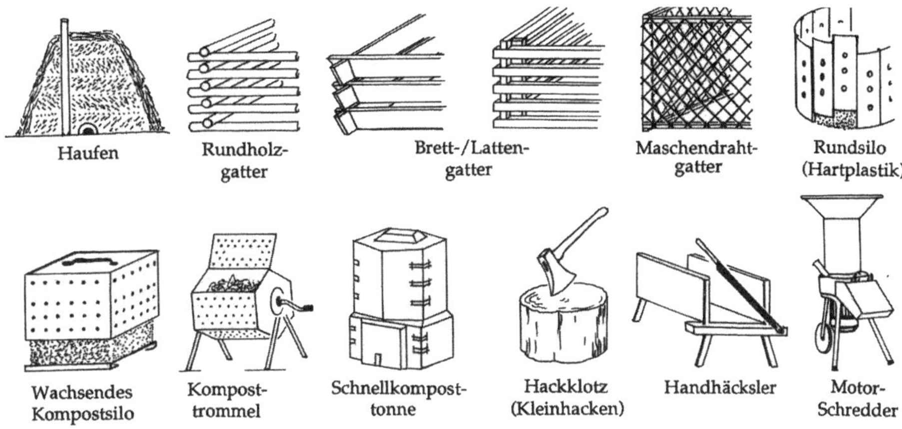

Abb. 44: Kompostbereitungsvorrichtungen

aus. So gibt es heute eine Vielzahl von siloähnlichen Vorrichtungen, vom Rundholzgatter über Kunststoffsilos bis zu Edelstahltrommeln. Vor allem aber Zerkleinerer (Häcksler oder Schredder) mit Benzin-, Diesel- und Elektromotoren oder auch für Handbetrieb – im Preis nach oben offen. Starterpräparate gibt es mittlerweile in großer Anzahl auf dem Markt. Anstelle spezieller Starter können auch Pflanzenjauchen verwendet werden.

Die einfachste Art, qualitativ hochwertigen Intensivkompost herzustellen, ist die Wurmkompostierung.

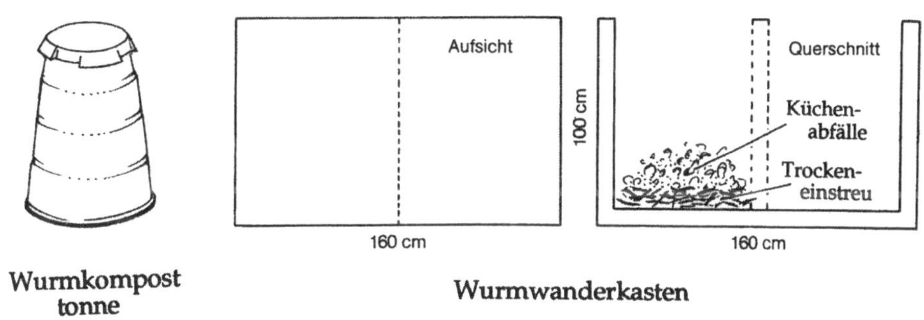

Abb. 45: Wurmkomposttonne und Wurmwanderkasten

In einer Stadtwohnung kann in der Garage oder auch im kleinsten Vorgarten noch eine Wurmkomposttonne für das Recyclen von Küchenabfällen aufgestellt werden. Bei etwas mehr Garten ist ein Wurmwanderkasten vorzuziehen. Der Kasten wird wegen der Regulierung der Temperatur (bes. für den Winter) 60 bis 70 Zentimeter tief in den Boden eingelassen und sollte beschattet sein. Er kann auch mit Backsteinen aufgemauert werden. Die Zwischenwand muss in jedem Fall aus Lochsteinen bestehen. Zu Beginn wird in den Wurmkomposter eine ca. 10 Zentimeter dicke, trockene organische Abfallschicht eingebracht. Von Zeit zu Zeit wird der eingebrachte Abfall mit Gesteinsmehl überpudert, das dient einerseits der Mineralanreicherung und andererseits der Geruchsverminderung. Eingebracht werden alle organischen Küchenabfälle (ohne Zitrusfruchtschalen, diese töten Bodenlebewesen, ja sogar Würmer ab) und zusätzlich alles, was sich für Kompost eignet: längere Kräuter, Blumen, Stroh müssen grob gehäckselt werden. Je nach Wurmbesatz und Arbeitsintensität der Würmer (hängt insbesondere von der Temperatur ab) kann Wurmkompost nach acht Wochen, in jedem Fall aber nach einem Jahr entnommen werden. Er kann als Streudünger oder zur Anzucht (1 Teil Kompost auf 3 Teile Erde) verwendet werden. Für gesunde Balkon- und Zimmerpflanzen und für einen Kübelgarten ist er unentbehrlich.

Zur Intensivkompostierung im Garten braucht man mindestens 10 Prozent der Gartenfläche (beschattet) als Kompoststatt (außer bei Schnellkompost im Silo). Grundlegend erfolgt der Aufbau wie beim Extensivkompost. Eine direkte Bepflanzung des Komposthaufens sollte entweder nur durch (nicht ausdauernde) Leguminosen erfolgen, oder es ist eine Bepflanzung des Randes mit Kürbissen, Gurken oder rankender Kapuzinerkresse zu empfehlen, die man dann auch über den Haufen ranken lassen kann.

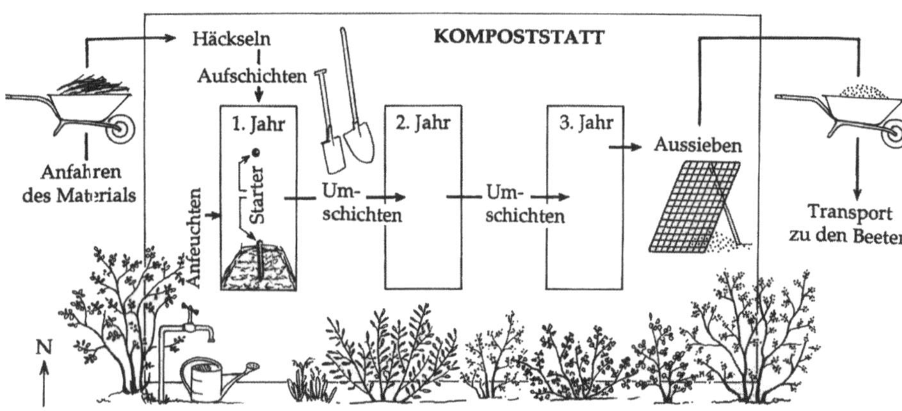

Abb. 46: Kompoststatt (Intensivkompostbereitung)

Abbildung 46 zeigt die tradierte Intensivkompostbereitung; mittlerweile wird immer mehr Schnellkompost bevorzugt. Hierzu sind Starter notwendig. Als tradierter Starter dienen eingestreute Anteile des alten, reifen Komposthaufens (Impfen des Materials). Heute gibt es viele verschiedene Starter im Handel. Das Umschichten entfällt, die Reifezeit dauert nur bis zu einem Jahr.

Kompostierregeln:

(1) Das Kompostmaterial niemals in einer Grube sammeln (ohne Luft: Fäulnis, Gestank).

(2) Keine feste Unterlage verwenden (Beton etc.); Erdanschluss zum Ein- und Auswandern von Regenwürmern.

(3) Grobes, trockenes Material (10 bis 20 Zentimeter) als unterste Schicht, dann feinere Stoffe vermischt, Grasschnitt und Küchenabfälle nur ganz dünn einstreuen (Fäulnisgefahr).

(4) Alte Komposterde oder Präparate (Starter) als Verrottungsbeschleuniger verwenden.

(5) Ausstrocknung vermeiden (Trockenstarre der Bodenlebewesen – Würmer wandern aus).
(6) Übermäßige Nässe vermeiden (Würmer wandern aus – Fäulnisgefahr).
(7) Zwiebelschalen, Kaffee-, Teesatz und Holunder sind Regenwurmförderer.
(8) Kalk- und Gesteinsmehl zwischenpudern (Anreicherung mit Mineralien).
(9) Fleisch- und Fischreste gehören nicht auf den Komposthaufen (am Grund des Kompostplatzes für das nächste Jahr in Erde eingraben).

Praktisches Kompostieren: Organische Abfälle gehören nicht in die Mülltonne (nicht in eine Müllverbrennungsanlage). Wir müssen kompostieren!

Welche Art des Kompostierens sollte in einem Permakultur-Garten realisiert werden? Hier ist, wie immer, den zentralen Grundzügen des zukunftsfähigen Gärtnerns zu folgen:
- Die Kompostierung sollte möglichst mulchnah erfolgen (keine Energieverschleuderung).
- Art der Kompostbereitung: viel Mulch, wenig Extensiv-, sehr wenig Intensivkompost
- Praktische Herstellung der gewählten Kompoststelle
- Sammlung von organischen Materialien
- Schichtung der Materialien und Pflege
- Bepflanzen und Nutzung des Komposts

Über die hier präferierte Extensivkompostierung erhalten Sie immer auch eine kleine Menge sehr reifen Komposts, Ausgaben fallen dann eigentlich keine an. Für Kübelbepflanzungen lohnt sich jedoch längerfristig eine Wurmkomposttonne.

Am Schluss der hier versuchten Annäherung an ein Verständnis für die komplexe Bedeutung des Bodens für das Lebenssystem unseres Planeten und uns selbst soll noch auf das Konzept der Zeigerpflanzen hingewiesen werden. Nach diesem Konzept gibt es eine größere Anzahl von Pflanzen, die uns anzeigen, welcher Boden bzw. welche Bodenqualität an dem betreffenden Ort vorliegen. Da es sich dabei überwiegend um Pflanzen der Ruderal- oder Segetalflora handelt, wird hierzu auf das entsprechende Kapitel »Die Wildfläche«, S. 213 verwiesen.

Biotop mit Mensch

– Mit Prinzipien der Permakultur und ethisch-ökologischen Grundsätzen gärtnern

In der menschlichen Welt ist heute kein Raum mehr für Natur, es sei denn als Ambiente für den Menschen. So ist die Ernährung des Menschen in den industriellen Bereich verwiesen. Die feste Oberfläche unseres Planeten ist aufgeteilt in versiegeltes, in fruchtbares Land und sogenannte minderwertige Flächen. Städte, Industrien und Verkehrswege sind überwiegend auf fruchtbarem Land errichtet. Der Rest des fruchtbaren Landes wird durch unsere industrielle Nahrungsmittelerzeugung denaturiert, die Böden und das Grundwasser vergiftet, auf den sog. minderwertigen Flächen, die aufgrund von Übernutzung zunehmen, etablieren sich immer breitere Wüsten- und Halbwüstengürtel. Dort werden auch Restinseln der Natur erhalten oder neu abgesteckt (Biotope ohne Mensch = Naturschutzreservate)[4].

Eine weitere Ebene der Zerstörung betrifft die Energiebilanz unseres Wirtschaftens, insbesondere auch bei unserer Nahrungsmittelerzeugung. Die Probleme liegen nicht nur beim Erzeuger, sie sind Ergebnis eines verhängisvollen Erzeuger-Verbraucher-Verbundes. Eine Lösung der Probleme wird möglich durch zukunftsfähiges Gärtnern, eine neue Art der Erzeugung unserer Lebensmittel.

Der entsprechende Erfahrungsraum für diese Lösungsebene ist der Permakultur-Garten, das »Biotop mit Mensch«, nicht nur der private, sondern auch der kommerzielle zukunftsfähige Garten.

Die Rückkehr des Gartens in den versiegelten Raum

Abb. 47: Hängende Gärten von Nebukadnezar II, irrtümlicherweise der Königin von Saba zugeschrieben (nach Du Montis 1990, S. 10)

Die Stadt, Häuser, Straßen, Plätze, Bahnen, Gewerbegebiete, Industrieflächen, Häfen und Flughäfen sind die Umwelt des zivilisierten Menschen. Pro Jahr werden in Deutschland über 36.000 Hektar (das sind wenigstens 220 Fußballfelder) an jedem Arbeitstag neu und zusätzlich zubetoniert, asphaltiert und verbaut (vgl. *Fürster* 1986; *Kleber* 1993). Die Umwelt des Menschen ist versiegelt, damit »natürlicherweise« gartenlos. Aber mit dem Beginn der Versiegelung wurden auch einzelne kleine Versuche gestartet, den Garten zurückzu-

4 Die zweite größere Abteilung des Naturschutzes, »Landschaftsschutz«, schützt nur Landschaftsfomen (Formen der Kulturlandschaft). »Biotope mit Mensch« werden dort bisher nicht zugelassen, denn sie würden tradierte Landschaftsformen verändern.

holen (siehe die »Hängenden Gärten« von Babylon, 650 v. Chr.). Ab dem 16. Jahrhundert wurden ganze Bereiche großer Gärten ganz ohne Not zu Kübelgärten, weil Exoten – insbesondere Orangenbäume – in Mode waren (s. Abb. S. 17).

Der Kübelgarten

Abb. 48: Kübelgarten am Fenster und auf der Terasse

In der Wohnung, auf dem Balkon, der Terrasse oder auch in einem versiegelten Hof, den wir nicht aufreißen dürfen, kann man mit Kübeln fast alles realisieren, was einen kleinen Garten ausmacht.

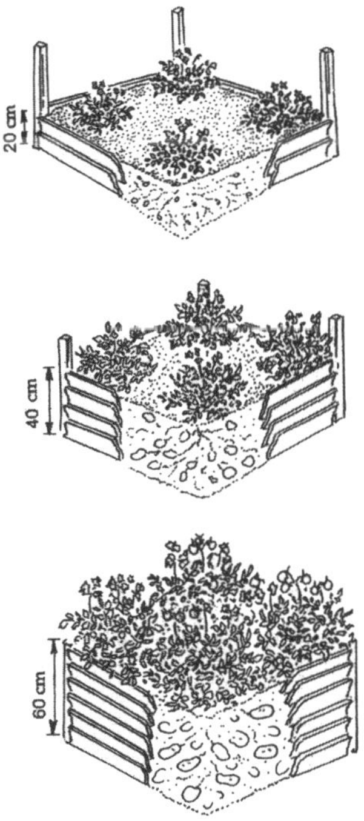

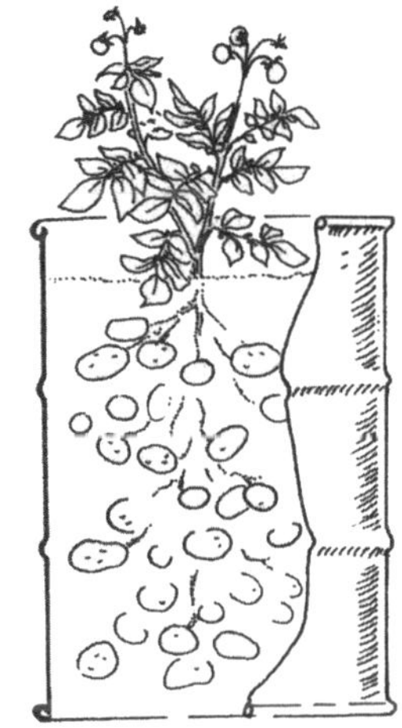

Abb. 49: Kartoffelernte auf dem Balkon – a) n. Gabriel 1987, S. 161/162; b) n. Mollison 1995, S. 106

Hier werden zwei Vorschläge vorgestellt: Die Kiste oder das Fass werden immer dann, wenn die Kartoffeln über handbreit herausgewachsen sind, weiter aufgefüllt, sodass nur die Spitzen, die Sprosszentren, herausschauen.

Der Kübelgarten bleibt jedoch ein Garten mit Krücken. Man kann nämlich in Kübeln, insbesondere wenn geerntet werden soll (auch bei Kräutern), kein System entwickeln, das den Boden selbst regeneriert oder gar verbessert. Die Kübelerde wird ausgelaugt, auch durch Drainage (Ausschwemmen).

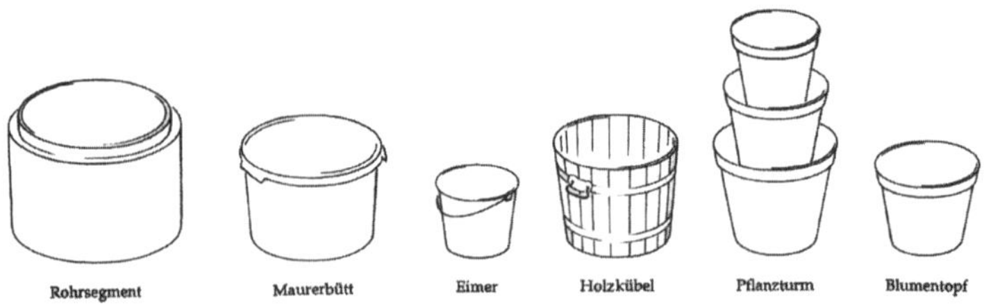

Abb. 50: Kübelbeispiele

Da beim Gärtnern nach ethisch-ökologischen Grundsätzen der Torf ins Moor gehört und die üblichen Schnelldüngungspräparate gemieden werden, stellt die Regeneration des Bodens ein Problem dar, das am besten mit Wurmkompost gelöst werden kann (vgl. Intensivkompost, S. 58). Auf Höfen können mithilfe des Stadtbauamtes oder einer Baustoffhandlung als Sponsor einige nicht zu kleine Kanalrohrelemente aufgestellt werden (vgl. auch Hochtümpel, S. 233). Als transportable Kübel können Maurerbütten genutzt werden. Selbstverständlich sind alle Holz-, Ton- und Keramikkübel bestens geeignet, wenn man sie sich leisten kann.

Um stauende Nässe zu vermeiden, sind alle Kübel mit ausreichend Abflussöffnungen zu versehen (aufbohren). Auch versiegelte Flächen, Mauern, Pfeiler, Steine können bepflanzt werden (s. Tab. 7).

Tab. 7: Dachwurz- und Steingartengewächse

Name *(lateinischer Name)* Familie	**– Standort** **– Boden**	**– Wuchs** **– Erscheinungsbild**	**Blüte** **– Zeit** **– Farbe**	**Allgemeines zur Vermehrung und Multifunktionalität**
Dachhauswurz *(Sempervivum tectorum)* Crassulaceae	– sonnig – sauer	– 10 - 20 cm hoch – kugelige Blattrosetten	– Juli bis September – altrosa	– Brutrosetten – Futterpflanze für Aurorafalter
Feldthymian, Quendel *(Thymus serpyllum)* Labiatae	– sonnig – durchlässig	– 5 - 10 cm hoch – Teppich aus dunkelgr. Blättchen	– Juli bis September – rosa Blütenköpfchen	– durch Teilung, durch Samen – Nektarpflanze für Hummeln, Bienen, Schmetterlinge
Fetthenne *(Sedum telephium)* Crassulaceae	– sonnig – steinig	– 20 - 40 cm hoch – graue dickfleischige Blätter	– Juni bis September – rosa Trugdolden	– durch Teilung, durch Samen – besonders beliebt bei Schmetterlingen und Insekten
Grasnelke *(Armeria vulgaris)* Plumbaginaceae	– sonnig – durchlässig	– 10 - 30 cm hoch – Polster aus grasähnlichen Blättern	– Juni bis September – rosa Blütenköpfchen	– durch Samen – als Trockenblume
Heidenelke *(Dianthus deltoides)* Caryophyllaceae	– sonnig – kalkhaltig	– 5 - 15 cm hoch – graue Polster	– Juni bis September – karminrot	– Samen, Stecklinge
Mauerpfeffer, scharfer *(Sedum acre)* Crassulaceae	– sonnig – kalkhaltig	– 1 - 10 cm hoch – hellgrüne Teppiche	– Juni bis Juli – viele gelbe Blütensterne	– Pflanzenstückchen wachsen leicht an – Nektarpflanze für Hummeln und andere Insekten
Polstersteinbrech *(Saxifraga burseriana)* Saxifragaceae	– sonnig bis halbschattig – kalkhaltig	– 5 - 10 cm hoch – blaugraue Kissen	– März bis April – weiß	– Stecklinge

Wir bauen unsere Kübel selbst!

Abbildung 51 soll zur Konstruktion einer Kübelform anregen. Für kleinere Kübel können auch Kartons und ein Styroporkern bzw. Holzkern verwendet werden. Dabei stellt man den Formkarton in eine Ecke an zwei Wände und stellt zwei andere schwere Kisten (ggf. mit Sand gefüllt) zur Stabilisierung davor. Wenn die Stabilisierung ungleichmäßig erfolgt, sieht der gefertigte Trog möglicherweise etwas ungleichmäßig gebeult aus.

Die vielerprobte Mischung für den Kübelleichtbeton ist:

3 Teile Sand, 2 Teile Zement und 2 Teile gesiebter Torf.

Bereits diskutierte Materialien statt Torf sind gehäckseltes Altpapier und dünne Hobel- bzw. Sägespäne.

Die drei Materialien werden gut trocken durchgemischt, dann mit Wasser portionsweise sorgfältig verrührt, bis ein knetweicher Brei vorliegt. Die Bodenfläche gleichmäßig abstampfen (ca. fünf Zentimeter dick), den Innenteil einsetzen, schichtweise ausstampfen. Insbesondere bei größeren Kübeln kann zur Stabilisierung ein aus Kaninchendraht gefertigter Korb (zwei bis drei Zentimeter kleiner als der Innenteil) eingesetzt werden. Nach zwei Tagen wird ausgeschalt und die Außenwand mit Kratzwerkzeugen endbehandelt.

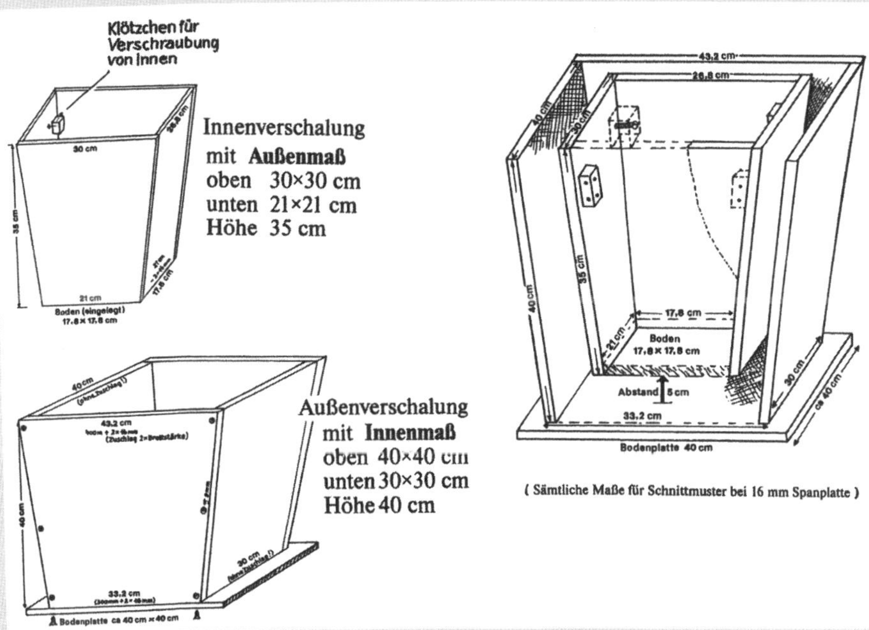

Abb. 51: Kübelform-Konstruktionszeichnung[5] (aus: *ARD Ratgeber Heim + Garten* 1989, Okt., S. 14/15)

5 Es werden hier und im Folgenden keine vollständigen Konstruktionsanleitungen geliefert. Die Aufzählung des wichtigsten Materials und eine Konstruktionsskizze sollen konkrete Anregung für eigene Konstruktionen sein.

Der vertikale Garten

Je mehr Flächen versiegelt wurden (notwendig und/oder gedankenlos), desto häufiger regte sich Unbehagen in der Bevölkerung, je weniger grün, desto mehr Zerstörung (Vandalismus). Die Zusammenhänge sind keineswegs durchgängig bewiesen, das Unbehagen keineswegs klar verstanden, aber beides hatte bereits vor fast zwei Jahrzehnten seine Auswirkungen auf die Architekten und Stadtplaner. Wettbewerbe und Förderungen sprossen allenthalben hervor, z.B. »Grün am Haus – Wohnumfeld München« oder »Mehr Grün in die Stadt«. In Kreuzberg wurden ganze Wohneinheiten berankt, beklettert und die Dächer begrünt – dabei wurden Prinzipien der Permakultur (vgl. S. 35ff.) einbezogen. In den Großstädten, im optimal versiegelten Gelände, wurde der »vertikale Garten« erfunden. Auch heute gibt es von vielen Kommunen noch Förderung für Gebäudebegrünungen. Schuppen u.a. Bauwerke im Biotop mit Mensch sollten »natürlich« eingegliedert, d.h. begrünt oder zugegrünt sein. Sie sind hierfür sehr geeignete Objekte.

Wandbegrünungen können insbesondere an Südost-, Südwest- oder Südseiten einen Ernährungsbeitrag für den Menschen leisten. In der Erdgeschossetage und an deren oberen Rand

- können Obstspaliere gepflanzt werden (entsprechende Setzlinge können aus Baumschulen bezogen werden, im Zweifelsfall kann man auch Spindelbüsche umerziehen, vgl. auch S. 226ff.),
- kann je nach örtlichen klimatischen Bedingungen Wein gezogen werden (ggf. nur als horizontale Ranke auf Etagenhöhe). In einem solchen Fall steht der Fußbereich für Stachel- und Johannisbeeren zur Verfügung (mit Halbschatten zufrieden), bei voller Sonne ggf. Obstspaliere, Brom- oder Himbeeren.

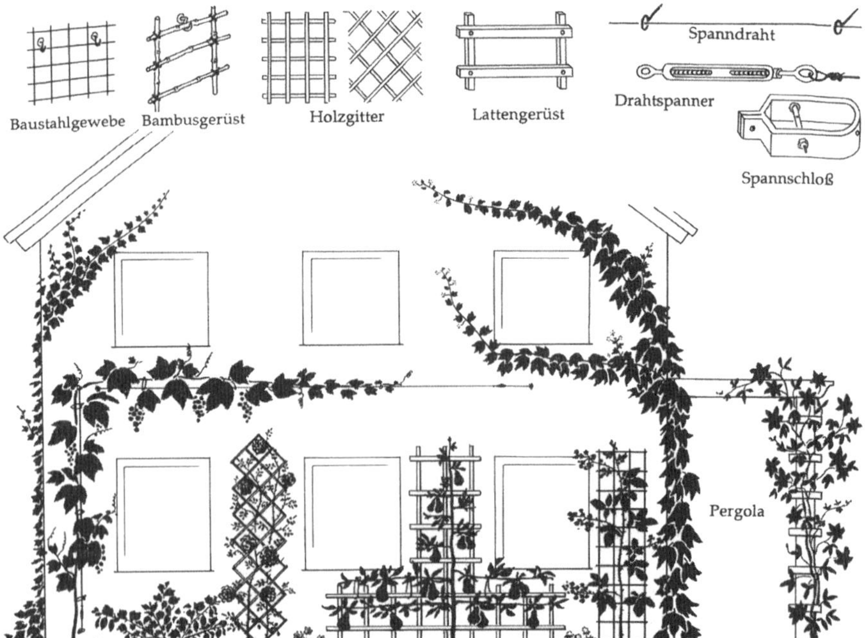

Abb. 52: Vertikaler Garten (Südwand) und Halterungen für Wandbegrünung

Bei den Kletterpflanzen unterscheidet man Schlinger, Rankpflanzen, Spreizklimmer und Haftwurzler.

Tab. 8: Pflanzen für den vertikalen Garten

Name *(lateinischer Name)* Familie	**Kletterweise**	**Höhe**	**Standort**	**– Lebensdauer** **– Pflanzenwuchs** **– Erscheinungsbild**	**Blüte** **– Zeit** **– Farbe**
Blauregen *(Wistaria sinensis)* Papilionaceae	Schlinger	6 - 10 m	sonnig, geschützt	– ausdauernd – Pflanze setzen – gefiederte Blätter	– Mai/Juni – blauviolette, duftende Blütentrauben
Geißblatt, Wald- *(Lonicera periclymenum)* Caprifoliaceae	Schlinger	3 - 6 m	halbschattig	– ausdauernd – Pflanze setzen – graugrüne, elliptische Blätter	– Mai/Juni – gelblich weiße rötliche, stark duftende Blüten
Knöterich *(Polygonum dumetorum spec.)* Polygonaceae	Schlinger	8 - 10 m	halbschattig bis sonnig, anspruchslos	– ausdauernd – Pflanze setzen – pfeilförmige Blätter, starkwüchsig	– Juni - Oktober – weiße lockere Blütenrispen
Stangenbohne	Schlinger	Beschreibung siehe Tab. 40, Seite 145			
Hundsrose	Spreizklimmer	Beschreibung siehe Tab. 27, Seite 101			
Brombeere	Spreizklimmer	Beschreibung siehe Tab. 31, Seite 105			
Kletterrose *(Rosa spec.)* Rosaceae	Spreizklimmer	2 - 5 m	sonnig	– ausdauernd – Pflanze setzen – dornig	– Juni - Oktober – verschieden gefüllt und einfach
Efeu *(Hedera helix)* Araliaceae	Haftwurzler echter Kletterer	- 20 m	halbschattig schattig	– ausdauernd – Triebe setzen – immergrün	– August - Oktober – unscheinbar, hellgrün
Wilder Wein *(Parthenocissus tricuspidata)* Vitaceae	Haftwurzler echter Kletterer	10 - 15 m	sonnig bis halbschattig	– ausdauernd – Pflanze setzen – rote Herbstfärbung	– Juli – unscheinbar, grünlich
Duftwicke *(Lathyrus odoratus)* Papiloniaceae	Ranker	- 2 m	sonnig	– einjährig – Mai Samen säen – graugrüne Blätter	– Juni - September – verschied. Farben, stark duftend
Erbse	Ranker	Beschreibung siehe Tab. 39, Seite 144			
Kapuzinerkresse	Ranker	Beschreibung siehe Tab. 20, Seite 89			
Waldrebe *(Clematis alpina)* Ranunculaceae	Ranker	3 - 8 m	halbschattig bis sonnig,	– ausdauernd – Pflanzen setzen – locker wachsend	– Mai - Juli – violettblaue Blütensterne
Weinrebe *(Vitis vinifera)* Vitaceae	Ranker	- 30 m	sonnig	– ausdauernd – resistente Kultursorte setzen – grün- oder blaufrüchtige Trauben	– Juni – unscheinbar, gelblich grün in Rispen

Das Pflanzen der Schlinger, Ranker, Spreizklimmer und Haftwurzler geschicht grundlegend wie bei den Sträuchern (vgl. S. 98). Im Allgemeinen, wenn ausreichend Platz zur Verfügung steht, werden aber Wandbepflanzungen mit einem Abstand von 0,50 bis 1,50 Meter von der Wand entfernt in einem Winkel von 30 bis 45 Grad, d.h. schräg eingepflanzt (1,50 Meter bei Wein und Jungfernrebe). An einer Begrenzungsmauer zur Straße haben wir Wein direkt an die Mauer gepflanzt, mit gutem Erfolg. Da der Boden rund um die Baugrube eines Hauses meist nicht gut ist, bedarf es für den vertikalen Garten einer erhöhten Kompostgabe (später dicht mulchen). Auf der Wetterseite dürften keine Trockenheitsprobleme entstehen. An den anderen Seiten eines Gebäudes müssen die Setzlinge in den ersten zwei Jahren öfter gewässert werden, da sie weniger Regen erhalten. Begrünte Gebäude sehen nicht nur schön aus, sie stellen auch eine gute Hausverkleidung und einen Lebensraum für viele Insekten, Spinnen u.a., Kleintiere sowie Vögel dar. In den Städten tragen die Häuser im grünen Pelz besonders viel für das Leben bei.

Die viele Meter hohen grünen Wände

- produzieren Sauerstoff,
- entziehen der Luft das überreiche Kohlendioxyd,
- binden Stäube,
- bewirken einen Temperaturausgleich,
- temperieren die Wand,
- halten in der Zeit, in der sie belaubt sind, den Schlagregen ab und vieles mehr.

Es gibt eine Reihe von Wänden mit rissigem Putz, Fugen und mit Dispersionssilikat-Anstrichen sowie Holzverkleidungen, bei denen Haftwurzler Schäden anrichten können, sonst sind sie überwiegend nützlich. In solchen Fällen sollte auf Schlinger- und Rankpflanzen ausgewichen werden.

Die Obstbaum-Lebens-Gemeinschaft (O-L-G)

*Wenn es keine Bäume mehr gibt, dann wird das Ende der Welt kommen (*Lakandon-Indianer/*Südamerika)*

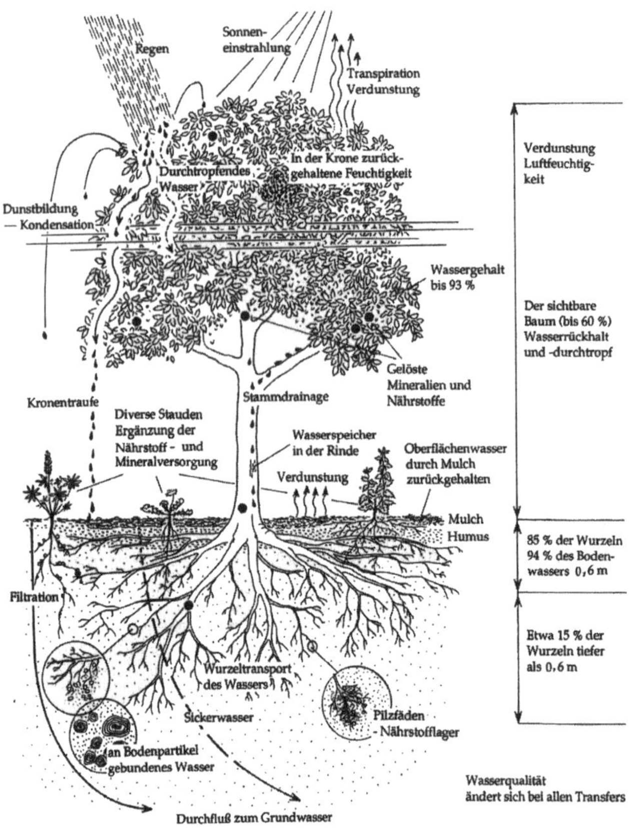

Abb. 53: Die Wechselwirkung des Baumes mit dem Lebenssystem unseres Planeten

Wie kann ein Biotop mit Mensch aussehen, wenn es die Grundbedingungen für zukunftsfähiges Gärtnern erfüllen soll?

Wir leben in einer Zone des Planeten Erde, in der die Natur walddominiert ist (Waldgürtel), also ein teilanaloges Abbild des Lebenssystems ohne Bäume nicht möglich ist. Wald ist ein Ökosystem, das im Haushalt Natur sehr effizient ist, bei dem die Partizipation des Menschen aber nicht besonders hoch ist. In einem Buchenwald ist diese Teilhabe des Menschen (außer Holz) auf einige Frühlingskräuter, Herbstpilze und auf periodische Bucheckernernten beschränkt. Die Waldränder dagegen sind die Zone, an welcher der Mensch in hohem Maße partizipieren kann. So tragen in der Randzone Bäume an der offenen Seite öfter und erheblich mehr Früchte. Hinzu kommen ernterelevante Sträucher, Stauden, Kräuter, Gräser.

Bäume

Bäume im Netzwerk des Lebens

Bäume waren für eine erd- und lebensgeschichtliche Periode unseres Planeten eine Leitkomponente (das Zeitalter der Wälder). Diese Periode war für den Menschen sehr vorteilhaft und geht allem Anschein nach in dieser Zeit zu Ende.

Der Baum hat allein aufgrund seines Wasserhaushaltes einen enorm großen Einfluß auf das Klima. Er bestimmt Klimata total (z.B. Regenwald, aber auch Wüsten). Er leistet einen großen Beitrag zur Fruchtbarkeit unserer Böden (speziell in den Tropen). Er ist Garant für Minimalisierung von Erosion (speziell in den subtropischen Gebirgen). Er beherbergt eine sehr große Artenzahl an Tieren, Insekten, trotz Wettbewerb auch anderer Pflanzen (in höchstem Maße wiederum im Regenwald). Der Baum ist nicht zuletzt und nicht ohne Grund oft ein intimer Freund im Bewusstsein und Gefühl des Menschen, was sich in der Literatur vielfältig widerspiegelt.

Bäume als konstituierendes Element des Gartens

Der zukunftsfähige Garten kann für den Menschen als »Waldrand« konzipiert werden. Grundelemente sind Bäume, Hecken (Sträucher), Staudengürtel und Kräuter (beides als Gemüse und Salat zu nutzen). Obstbäume sind die Bäume, an denen der Mensch am unmittelbarsten und umfänglichsten partizipieren kann. Das kleine Modellelement gruppiert sich deshalb um ein oder zwei Obstbäume: die Obstbaum-Lebens-Gemeinschaft (O-L-G).

Die Baumscheibe hat folgende Segmente:

- **Der innere Kreis** (Durchmesser ca. zwei Meter):
  Er wird entsprechend der Waldbodenzone gehalten, d.h. es ist eine Mulchfläche, in der z.B. als Halbschattenpflanze (Frühjahrskraut) Winterpostelein wuchert. Es handelt sich hier um eine einjährige Pflanze, die sich bei uns selbst gut aussät und die sonst häufig auftretende Vogelmiere ersetzen kann.
- **Der Staudengürtel** (Ringbreite ein bis zwei Meter):
  Im Staudengürtel erfolgt eine systematische Vergesellschaftung von ausdauernden Pflanzen, die unterschiedlichen Zwecken dienen (vgl. Multifunktionalität, S. 30). Sie können zwei- bis dreimal geschnitten werden und liefern den Mulch für den inneren Kreis. Achtung: Kleine Gruppen der Stauden müssen jeweils als Wirte für Insekten stehen bleiben, insbesondere für Hummeln.
- **Der Ergänzungsring** kann in ein Strächersegment auf der Schattenseite und ein Intensivsegment auf der Sonnenseite unterteilt werden (s. Abb. 49).
  Im Intensivsegment können immer dann, wenn nur wenig Grund zur Verfügung steht, kleine Kräuter- und Salatbeete angelegt werden, oder es können Stachelbeersträucher und Himbeeren an der Sonnenseite gepflanzt werden.

So werden die Gartenkomponenten D, E in die Komponente C integriert, die Baumscheibe wird zum Waldrandelement und zum kleinsten Biotop mit Mensch.

Über die Lebenszeit der Bäume dehnen sich die inneren zwei Segmente nach außen aus. Der Ergänzungsring wird dann entweder dem Staudengürtel angegliedert oder weiter nach außen gezogen.

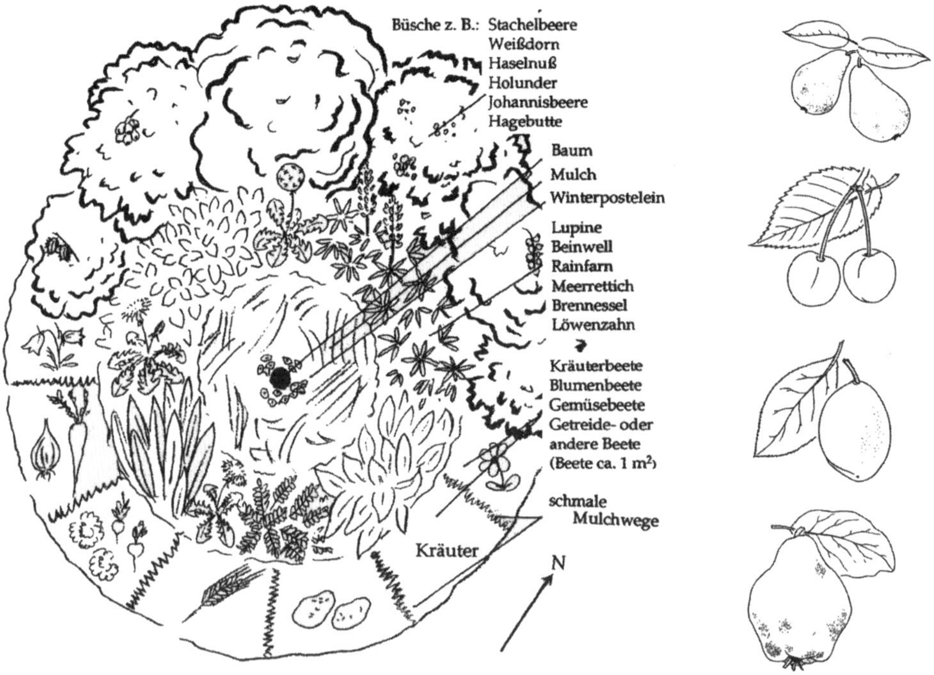

Abb. 54: Baumscheibe als Waldrandelement – kleinster Garten als Biotop mit Mensch

Wir unterscheiden folgende Obstgewächse:

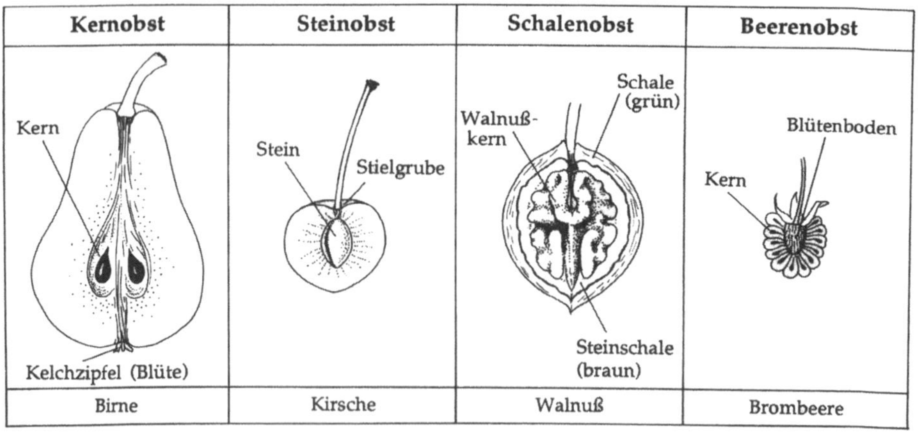

Abb. 55: Frucht-Längsschnitte durch unsere Obstarten

Kernobst: Äpfel, Birnen, Quitten
Steinobst: Pflaumen, Aprikosen, Pfirsiche, Kirschen
Schalenobst: Hasel- und Walnuss, Mandeln
Beerenobst: Johannisbeeren, Stachelbeeren, Hagebutten, Brombeeren, Himbeeren und Erdbeeren

Der Mensch nutzt jeweils unterschiedliche pflanzliche Teile der Obstfrucht.

- Beim Steinobst (Pflaumen) bildet sich die Frucht aus der Fruchtknotenwand.
- Beim Kernobst (Apfel) bildet sich das Fleisch aus dem die Samenanlage überwachsenden Blütenboden, man spricht deshalb hier auch von Scheinfrüchten.
- Bei den Pflaumen spucken wir die Samen (als Stein) aus.
- Bei Mandeln und Nüssen schätzen wir den Samen.
- Bei den Brom- und Himbeeren schließen sich eine größere Anzahl von Früchtchen zu Haufenfrüchten zusammen, welche die Form einer Beere annehmen.

Unsere Obstarten wachsen als:
Stauden: Erd-, Him-, Brombeeren
Sträucher: Johannis-, Stachelbeeren, Hagebutten
Bäume: Kernobst, Steinobst

Bei den Bäumen wurden kulturhistorisch sehr unterschiedliche Wachstumsformen auf der Grundlage verschiedener Wuchsunterlagen entwickelt. Unsere Obstarten sind veredelte Züchtungen, sie werden auf unterschiedliche, teils nur schwach, teils stark wachsende Wildhölzer (Unterlagen) aufgepfropft.

Tab. 9: Wuchsunterlagen für Obstbäume

	Apfel			**Birne**	**Pflaume**	**Kirsche**
Wuchs	**Unterlage**	**Erntebeginn**	**Pflanzabstand**	**Unterlage**	**Unterlage**	**Unterlage**
schwach ↓	M IX M 26; 27	2. - 3. Jahr	2,0 x 3,5 m	Quitte A + C (frostempfind-lich)	Pixy	$F_{12/1}$ Colt
mittel ↓	MM 106; 111 M IV; VII	3. - 4. Jahr	4,0 x 4,5 m		St. Julien Myrobalane	
stark ↓	A_2 MM 109 M I; XI	6. - 8. Jahr	6,0 x 8,0 m	Birnen-sämling	Prunus domesticus	Vogelkirsch-sämling

M (oder EM): East Malling in Kent (England) Forschungsstation, in der zuerst standardisierte Unterlagentypen erarbeitet wurden (die römischen Ziffern bezeichnen den Typ).
MM: East Malling und Merton (neuere Typen; die arabischen Ziffern bezeichnen den Typ).
A_2: Ålnarys – schwedisches Forschungsinstitut
$F_{12/1}$: aus England stammender Vogelkirschtyp

Vorarbeit:

- Ausmessen der möglichen Baumstandorte
- Entscheidung, wie viel der Fläche für Baumbepflanzung genutzt werden soll
- Beobachtung des Sonneneinfalls und des Schattenwurfs zur Mittagszeit im Gelände
- Markieren der Nord-Süd-Achse
- Erkunden der notwendigen Grenzabstände (siehe Tab. 10)

Tab. 10: Abstände für Bäume und Sträucher von Nachbargrundstücken (Beispiel: Saarland)[6]

Obstbäume	**A**	**B**
a) Kernobst (stark wachsende Unterlage): Äpfel, Birnen, Quitten, Speierling, aber auch Süßkirschen und veredelte Walnüsse	2,00 m	4,00 m
b) Kernobst (schwach wachsende Unterlage): Pflaumen, Mirabellen u.ä. (außer Süßkirschen)	1,50 m	3,00 m
c) Walnusssämlinge	4,00 m	8,00 m
Andere Bäume		
a) stark wachsende, wie: Bergahorn, Sommerlinden, Rosskastanien, Eichen, Rotbuche, Fichten u.ä.	4,00 m	6,00 m
b) schwächer wachsende, wie: Hainbuche, Vogelbeere, Weißbirke, Kiefer, Thuja, u.ä.	2,00 m	4,00 m
c) Pappelarten	4,00 m	8,00 m
Sträucher		
a) stark wachsende, wie: Haselnuss, Flieder, Rhododendron, Forsythie, Wacholder und Brombeere	1,00 m	2,00 m
b) alle übrigen Wildsträucher und Beerensträucher (außer Brombeere)	0,50 m	1,00 m
Hecken (Schnitt- und Formhecken, Knicks)		
a) über 1,50 m Höhe	0,75 m	1,50 m
b) bis 1,50 m Höhe	0,50 m	1,00 m
c) bis 1,00 m Höhe	0,25 m	1,00 m
Rebstöcke	0,50 m	1,00 m

A: Abstand vom Nachbargrundstück im bebauten Ortsteil und Bauland
B: Abstand zu Grundstücken, die landwirtschaftlichem, auch kleingärtnerischem Nutzen dienen

Allgemeines zu Apfelbäumen:
Der Apfel (*Malus silvestris*) ist ein Kernobst, das über die ganze Welt verbreitet ist (bevorzugtes Klima: gemäßigte Zonen). Er gehört zur Familie der Rosaceae. Nachweise für den Wildapfel (Holzapfel) wurden in jungsteinzeitlichen Siedlungen gefunden. Der »kultivierte« Apfel kam von den Griechen zu den Römern und wurde von diesen nördlich der Alpen verbreitet. *Karl der Große* ließ auf seinen Gütern Apfelplantagen anlegen.

6 Die für Sie gültige gesetzliche Regelung erhalten Sie durch das Ministerium für Justiz (Rechtspflege), Ref. für Öffentlichkeitsarbeit Ihres Landes.

Tab. 11: Die wichtigsten Apfelhochstammsorten Deutschlands

Apfelsorte	– Lage – Boden	– Wuchs – Erscheinungsbild	Herkunft	Frucht: – Wert – Geschmack	Frucht: – Farbe – Größe	Ernte Genussreife	Befruchter
Sommersorte, haltbar bis 8 Tage							
1. Klarapfel	– kühl – gut, feucht	– schwach bis mittelstark	Lettland, um 1830	– Tafelfrucht – säuerlich	– gelb – mittel	Juli Aug.	2., 6.
Herbstsorte, hatlbar bis 8 Wochen							
2. James Grieve	– warm, geschützt – mittelschwer, feucht	– kleine Krone	Schottland, um 1860	– Tafelfrucht – fein, würzig	– grün, rot gestreift – mittel bis groß	Sept. Okt.	3., 6.
3. Alkmene	– jede – gut	– schmale Krone	Norddeutschland, um 1930	– Tafelfrucht – süß, aromatisch	– gelbrot – mittel	Sept. Nov.	2., 6.
4. Gravensteiner	– auch geschützte Höhenlage – gut	– stark	Dänemark	– Tafelfrucht – süß, würzig	– gelb, rot gestreift – groß	Sept. Dez.	1., 2., 6.
5. (Geheimrat-) Oldenburg	– geschützt – gut	– mittelstark – gedrungen	Rheinhessen, 1897	– Tafelfrucht – säuerlich, aromatisch	– gelb, streifig, gerötet – mittel	Okt. Dez.	1., 2., 6.
Wintersorte, haltbar bis 12 Wochen							
6. Goldparmäne	– warme bis mittlere – gut	– aufrecht – kleinkronig	Frankreich, vor 1700	– Tafelfrucht – süß, würzig	– goldgelb, rot gestreift – mittel	Okt. Jan.	2., 14.
7. Rote Sternrenette	– auch raue – gut	– mittelstark gedrungen	Niederrhein, vor 1850	– Tafelfrucht – säuerlich, würzig	– rot, graue Punkte – mittel	Okt. Jan.	1., 6.
8. Gelber Edelapfel	– warme bis mittlere – leicht, feucht	– stark – breitkronig	England	– Tafel-/Wirtschaftsfrucht – säuerlich	– hellgelb – mittel bis groß	Okt. Feb.	1., 9.
9. Ananasrenette	– warme bis mittlere	– mittelstark – gedrungen	Holland	– Tafelfrucht – süß, vorzüglich	– goldgelb, orange – klein bis mittel	Okt. März	1., 6., 8., 14.
10. Gloster	– alle – tiefgründig	– stark – aufrecht – enge Krone	Unterelbe, 1951	– Tafelfrucht – mild, säuerlich	– dunkelrot, helle Punkte – mittel	Okt. März	2.
11. Kaiser Wilhelm	– mit Windschutz auch rauer – durchlässiger Lehm	– stark – breite Krone	Nordrhein, 1864	– Tafelfrucht – säuerlich, würzig	– gelb, rot – groß	Okt. März	1., 6., 8., 14.
12. Winterrambur	– auch raue – gut, feucht	– stark – breite Krone	Schweiz, vor 1800	– Wirtschaftsfrucht – säuerlich	– grüngelb, rot gestreift – bis sehr groß	Okt. März	6.
Spätwintersorte, haltbar bis 24 Wochen							
13. Boskoop	– warme bis mittlere – schwer, feucht, kalkhaltig	– stark – breite, lichte Krone	Holland, 1856	– Tafelfrucht – säuerlich, würzig	– gelb, rot – bis sehr groß	Okt. April	1., 2., 6., 10., 14.
14. Ontario	– warme bis mittlere – auch sandig, feucht	– mittelstark	Kanada, 1820	– Tafel-, Koch-, Backapfel – angenehm sauer	– gelb, rot – groß	Okt. Mai	6.
15. Bohnapfel	– auch raue, bis 1000 m – mittelschwer, feucht	– stark – steil aufrecht	Mittelrhein, alt	– Wirtschaftsfrucht – sauer	– grüngelb, rot gestreift – mittel	Okt. Mai	1., 6., 14.
16. Trierer Weinapfel	– auch raue – anspruchslos	– flache, breite Krone		– Wirtschafts-, Kelterfrucht – sauer	– rot gesprenkelt – klein bis mittel	Dez. April	6.

Es ist zu entscheiden, ob eine Sommer-, Herbst-, Winter- oder Spätwintersorte bevorzugt werden soll. In der Regel werden echte Bäume, d. h. beim Obst: Hoch- oder Halbstämme, gepflanzt. Es kann aber auch besondere Umstände geben, um zusätzlich Büsche, Spindel oder Ähnliches zu pflanzen.

Außer dem Wildapfel sind Apfelbäume nicht selbstbefruchtend, sie brauchen Pollenspender.

Tab. 12: Pollenspender bzw. Befruchter für Äpfel

(↵ = Pfeilsymbol; ↵↑ = Pfeilsymbol mit Aufwärtspfeil)

	1. Weiß. Klarapfel	2. James Grieve	3. Alkmene	4. Gravensteiner	5. Oldenburg	6. Goldparmäne	7. Rote Sternren.	8. Edelapfel	9. Ananasrenette	10. Gloster	11. Kaiser Wilhelm	12. Winterrambur	13. Roter Boskoop	14. Ontario	15. Gr. Rh. Bohnapfel	16. Rot. Trier. Weinapf.	17. Holz-, Wildapfel
1. Weiß. Klarapfel		↵↑				↵			↵↑								↵
2. James Grieve			↵↑			↵↑				↵							↵
3. Alkmene		↵↑				↵				↵							↵
4. Gravensteiner	↵	↵	↵			↵			↵	↵							↵
5. Oldenburg	↵	↵				↵											↵
6. Goldparmäne	↵↑	↵↑							↵↑					↵↑			↵
7. Rote Sternren.	↵	↵								↵				↵		↵	↵
8. Edelapfel	↵					↵↑			↵							↵↑	↵
9. Ananasrenette	↵↑					↵↑											↵
10. Gloster	↵↑	↵↑				↵											↵
11. Kaiser Wilhelm					↵	↵		↵									↵
12. Winterrambur		↵				↵	↵									↵	↵
13. Roter Boskoop	↵	↵	↵			↵			↵	↵				↵			↵
14. Ontario						↵↑			↵								↵
15. Gr. Rh. Bohnapfel	↵					↵			↵					↵			↵
16. Rot. Trier. Weinapf.						↵↑		↵↑	↵					↵			↵
17. Holz-, Wildapfel	↵	↵	↵	↵	↵	↵	↵	↵	↵	↵	↵	↵	↵	↵	↵	↵	↵↑

Wenn nur sehr wenig Raum zur Verfügung steht, kann zu einem Hochstamm im Abstand von drei bis vier Metern ein Pollenspender mit sehr schwachwüchsiger Unterlage gepflanzt werden. In diesem Zusammenhang ist auch zu erforschen, ob in der näheren Umgebung (300 Meter Radius) ein anderer möglicher Pollenspender steht.

Tierbestäubung von Blüten:
Die meistverbreitete Symbiose zwischen Pflanze und Tier ist die Tierblütigkeit (Zoidio- gamie). Blütenpflanzen nutzen außer dem Wind (Windblüter; Anemogamie) auch Tiere zur Übertragung des Pollens auf die Narbe. Form, Farbe und Duft der Blüten dienen der Anlockung. Als tierische Bestäuber dienen in unseren Breiten vor allem Insekten (Hautflügler, Zweiflügler, Schmetterlinge, Käfer u.a.): Insektenblütigkeit (Entomogamie). Die Insekten erhalten von den Pflanzen zuckerhaltige Säfte (Nektar) und Pollen als Nahrung, sie transportieren dafür Pollen des Spenders zur Narbe des Empfängers.

Allgemeines zu Birnbäumen:
Die Birne (*Pyrus communis*) gehört wie der Apfel zu den Rosaceae. Sie hat die gleiche Kulturgeschichte wie der Apfel, von der Jungsteinzeit über Griechen und Römer. Zur Zeit Karls des Großen (um 800) waren bereits mehrere Sorten in Mitteleuropa bekannt.

Tab. 13: Auswahl häufiger Birnensorten Deutschlands

Birnensorte	– Lage – Boden	– Wuchs – Erscheinungsbild	Herkunft	Frucht: – Wert – Geschmack	Frucht: – Farbe – Größe	Ernte Genussreife	Befruchter
Sommersorte (haltbar 4-6 Tage)							
1. Clapps Liebling	– bis mittlere Höhen, Windschutz – tiefgründig, humos	– mittelstark – hoch – später überhängend	USA, Massachusetts	– Tafel- und Einmachfrucht – süß, weinig	– gelb, rotbackig	Aug., Aug.	2., 4., 5., 6.
Herbstsorte (haltbar 2-4 Wochen)							
2. Gute Luise	– warmes bis mittleres Klima – tiefgründig, humos	– mittelstark – pyramidal	Frankreich, um 1788	– Tafelfrucht – süß, würzig	– gelb, rote Punkte – mittelgroß	Sept., Sept.	1., 4., 5., 6.
3. Gellerts Butterbirne	– bis mittlere Höhen – anspruchslos, weder zu feucht noch zu trocken	– sehr stark – hoch	Nordfrankreich, um 1800	– Tafelfrucht – süß, aromatisch	– gelb, braune Punkte – bis groß	Sept. Okt.	4., 5.
4. Köstliche von Charneux	– bis raue Lage, mittlere Höhen, Windschutz – tiefgründig, feucht, mittelschwer	– stark – aufrecht – Seitenäste hängend	Belgien, um 1850	– Tafel- und Einmachfrucht – süß, aromatisch	– gelb, rote Punkte – bis groß	Sept. Sept.-Okt.	1., 2., 3., 5.
5. Oberösterreichische Weinbirne	– bis raue Lage – anspruchslos	– stark – große Krone		– Most- und Dörrfrucht – süß, säuerlich	– grünbraun – mittelgroß	Sept. Sept.	1., 2., 7.
Wintersorte (haltbar 6-8 Wochen)							
6. Conference	– geschützt, mildes bis kühles Klima – nährstoffreich, mittelfeucht	– mittelstark – aufrecht	England, um 1880	– Tafelfrucht – süß, würzig	– gelb, braune Punkte – mittelgroß	Sept./ Okt., Okt./ Nov.	1., 2., 4., 5.
7. Alexander Lucas	– warm und geschützt – nährstoffreich, mittelfeucht, durchlässig	– mittelstark – aufrecht	Frankreich, um 1870	– Tafelfrucht – süß, angenehm	– gelbgrün – bis sehr groß	Okt., Nov./ Dez.	1., 2., 3., 4., 5., 6.

Es ist – wie bei den Äpfeln – zu entscheiden, ob wir eine Sommer-, Herbst- oder Wintersorte auswählen und die Notwendigkeit eines Pollenspenders in Betracht ziehen.

Tab. 14: Pollenspender bzw. Befruchter für Birnen

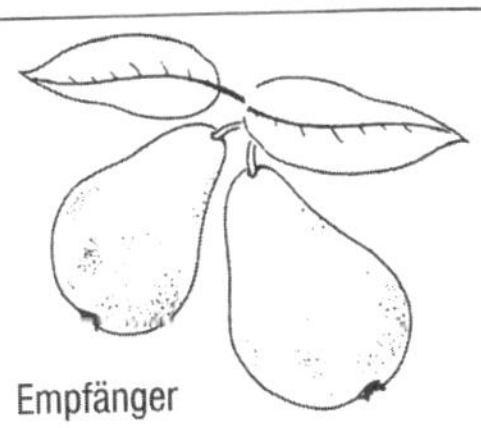

Empfänger (Muttersorte) / Spender (Pollenspender)	1. Clapps Liebling	2. Gute Luise	3. Gellerts Butterbirne	4. Köstliche v. Charneux	5. Williams Christ	6. Conférence	7. Alexander Lucas	8. Holz-, Wildbirne
1. Clapps Liebling		↲↑	↲↑	↲↑		↲↑		↲
2. Gute Luise	↲↑		↲↑	↲↑		↲		↲
3. Gellerts Butterbirne	↲↑	↲↑				↲↑		↲
4. Köstliche v. Charneux	↲↑	↲↑	↲			↲↑		↲
5. Williams Christ	↲↑		↲↑	↲↑		↲↑		↲
6. Conférence	↲↑	↲↑		↲↑				↲
7. Alexander Lucas	↲	↲				↲		↲
8. Holz-, Wildbirne	↲	↲	↲	↲	↲	↲	↲	↲↑

↲ Befruchtung nur der Muttersorte ↲↑ Gegenseitige Befruchtung von Muttersorte und Pollenspender

Ein besonders interessanter Baum, der die Magnolie aus unseren Vorgärten verdrängen könnte, ist die Quitte. Sie hat zwar kleinere, aber auch sehr schöne Blüten, sehr angenehm dunkelgrüne Blätter und zusätzlich wunderschöne gelb leuchtende Früchte, die einen Schmuck von größerer Intensität und längerer Zeitdauer als die Magnolienblüte abgeben. Hinzu kommt der vorzügliche Geruch, den die Früchte im Zimmer verbreiten, die fast exotische Konfitüre und andere Anwendungen mehr.

Allgemeines zur Quitte:
Die Quitte *(Cydonia oblonga)*, ebenfalls ein Kernobst, wurde bereits 1000 v. Chr. in Persien kultiviert. Sie kam über Armenien in den Mittelmeerraum. Im 6. Jh. vor Chr. weihten die Griechen die duftenden Früchte Aphrodite, der Liebesgöttin. Die Römer übernahmen sie als »Venusäpfel«. Die Quitte erlebte ebenfalls unter Karl dem Großen ihre Verbreitung nördlich der Alpen.

Tab. 15: Pollenspender bzw. Befruchter für Birnen

Quittensorte	– Lage – Boden	– Wuchs – Erscheinungsbild	Herkunft	Frucht: – Wert – Geschmack	Frucht: – Farbe – Größe	Ernte Genussreife	Befruchter
1. Portugisische Birnenquitte	– anspruchslos – nicht zuviel Kalk	– mittelstark – dunkelgrünes Laub	Quitte allgemein: Persien und Armenien (2. Jt. vor Chr.)	– Einkoch- und Geleefrucht – roh: bitter	– gelb, leichter Filz – sehr groß	Sept./ Okt.	selbstfruchtbar
2. Champion-Quitte	– anspruchslos	– mittelstark – dunkelgrünes Laub		– Einkoch- und Geleefrucht – roh: bitter	– gelb – mittelgroß bis groß	Sept./ Okt.	selbstfruchtbar

Allgemeines über Pflaumen (Zwetschgen, Renekloden und Mirabellen):
Pflaumen, Zwetschgen, Renekloden und Mirabellen sind Unterarten der »Hauspflaume« (*Prunus domestica*), ebenfalls zur Familie der Rosaceae gehörend. Wichtige

Tab. 16: Auswahl an Pflaumenbäumen

	– Lage – Boden	– Wuchs – Erscheinungsbild	Herkunft	Frucht: – Wert – Geschmack	Frucht: – Farbe – Größe	Ernte Genussreife	Befruchter
Zwetschgen:							
1. Wangenheims Frühzwetschge	– bis offene raue Höhenlage – nährstoffreich	– stark – Krone breitkugelig	Raum Gotha, 1837	– Tafel- und Wirtschaftsfrucht – süß, würzig	– schwarzblau, hellblau beduftet – bis groß, steinlösend	Aug./ Sept.	selbstfruchtbar
2. Hauszwetschge	– bis mittlere, nicht zu kühle Höhenlage – leicht feucht	– mittelstark – meist breite Krone	aus Kleinasien, 17. Jahrh.	– Tafel- und Wirtschaftsfrucht – süßsäuerlich, würzig	– dunkelblau, hellblau beduftet – bis groß, steinlösend	Sept./ Okt.	selbstfruchtbar
Renekloden:							
3. Oullins Reneklode	– warmes bis mittleres Klima – nährstoffreich, feucht	– stark – Krone umfangreich, kugelig	Frankreich, seit 1860 in Deutschland	– Tafel- und Einmachfrucht – süß, leicht, würzig	– grünlich, gelb, rot gefleckt, weiß beduftet – groß	Aug.	selbstfruchtbar
4. Große Grüne Reneklode	– warm, geschützt – liebt bewachsenen Boden, mittel schwer mittel feucht	– mittelstark – Krone breit, gedrungen	um 1500 aus Italien nach Frankreich	– Tafel- und Wirtschaftsfrucht – sehr süß, würzig	– grün, bläulich, weiß beduftet – groß	Sept.	2., 3., 5.
Mirabellen:							
5. Nancy-Mirabelle	– warmes Klima, geschützt – mittel schwer, mittel feucht	– mittelstark – halbkugelig, später breit	Frankreich, um 1750	– Tafel- und Wirtschaftsfrucht – sehr süß, würzig	– hellgelb, rötliche Stellen – klein, steinlösend	Aug.	selbstfruchtbar

Kulturformen kamen aus dem persischen Raum auf dem üblichen Weg (siehe Apfel) nach Mitteleuropa. Mirabellen und Renekloden kamen erst im 16. Jh. zu uns.

Die Pflaumen sind überwiegend Selbstbefruchter, nur die große grüne Reneklode braucht eine andere Reneklode, eine Hauszwetschge oder eine Mirabelle als Befruchter.

Allgemeines über Kirschen:
Wildformen (Vogelkirsche) bereicherten bereits in der Jungsteinzeit den Speiseplan. Die Süßkirsche (*Prunus avium*) und insbesondere die Sauerkirsche *(Prunus cerasus)* als Kulturformen kommen vermutlich ebenfalls aus dem vorderen Orient und erreichten auf dem bekannten Weg über die Griechen und Römer Mitteleuropa.

Tab. 17: Auswahl häufiger Kirschsorten

	– Lage – Boden	– Wuchs – Erscheinungsbild	Herkunft	Frucht: – Wert – Geschmack	Frucht: – Farbe – Größe	Ernte Genussreife	Befruchter
Süßkirschen							
1. Hedelfinger	– bis in mittlere Gebirgslagen – geringe Ansprüche	– stark, aufrecht – breitkronig	Raum Stuttgart, 19. Jahrh.	– Tafel- und Einmachfrucht – süßweinig, würzig	– schwarzrot – groß	4. Kirschwoche[1]	2., 3.
2. Schneiders späte Knorpelkirsche	– anspruchslos – nährstoffreich	– sehr stark – Krone sehr hoch und breit	Brandenburg, um 1850	– Tafel- und Einmachfrucht – süß aromatisch	– dunkelbraunrot – sehr groß	4. bis 5. Kirschwoche	1., 3.
3. Große Schwarze Knorpelkirsche	– bis mittleres Klima, geschützt – keine schweren Böden	– kräftig – Krone hoch, kugelig	sehr alte Sorte	– Tafel- und Wirtschaftsfrucht – sehr süß, aromatisch	– dunkelbraunrot bis schwarz – groß bis sehr groß	5. bis 6. Kirschwoche	1.
Sauerkirschen							
4. Ludwigs Frühe	– warm, geschützt – keine leichten Böden	– schwach – Krone mittelgroß, kugelig	Ingelheim/ Mittelrhein	– Einmachfrucht – süß, säuerlich, aromatisch	– leuchtend rot – mittelgroß	2. bis 3. Kirschwoche	selbstfruchtbar
5. Schattenmorelle	– bis mittleres Klima – nährstoffreich, eher trocken	– anfangs kräftig, später schwach – überhängend	Raum Gotha, Anfang 19. Jahrh.	– Einmachfrucht – herb, sauer, aromatisch	– schwarzrot – groß	5. bis 6. Kirschwoche	selbstfruchtbar

[1] Kirschwochen zählen ab der letzten Maiwoche (22./23. Woche). Im Durchschnitt ist in dieser Woche die früheste Kirschsorte (»Früheste der Markt«) reif.

Die Sauerkirschen sind generell selbstbefruchtend, die Süßkirschen brauchen Pollenspender.

Die generellen Pflanzabstände (Tabelle 18) werden in bestimmten Gruppierungen verkürzt. Solche verkürzten Abstände sind der Abb. 56, S. 78 zu entnehmen.

Tab. 18: Pflanzabstände der Bäume

	Hoch-stamm	**Niedrig-stamm**	**Busch**	**Spindel**	**Spalier**
Apfel	6 - 8 m	4 - 5 m	3 m	1,5 m	4,5 m
Birne	6 m		3 m	1,5 m	4,5 m
Quitte	5 m				4,5 m
Pflaume	3 - 4 m			1,8 m	3,5 m
Kirschen	4 - 5 m	3 - 4 m			5,5 m

- **Baumgruppen:** Wenn der Platz ausreicht, sind in einem Garten nach ethisch-ökologischen Grundsätzen Bäume nicht singulär oder linear in optimalen Abständen zu reihen, sondern in Gruppen zu pflanzen. Dabei können Abstände im Einzelnen wesentlich unterschritten, sollten aber zwischen den Gruppen wieder optimal eingehalten werden.

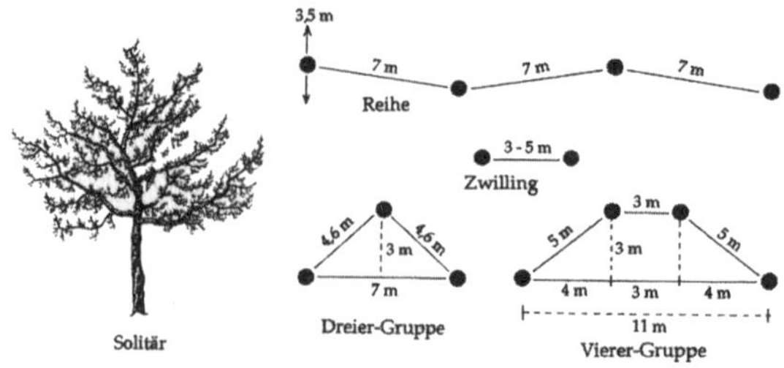

Abb. 56: Gruppenbildung für Großbaumscheiben

Bei der Gruppierung spielt die Nachbarschaft eine nicht unerhebliche Rolle.

Tab. 19: Vergesellschaftung von Bäumen (vgl. Könemann 1984)

↓ →	Apfel	Birne	Kirsche	Pflaume	Quitte	Eiche	Erle	Esche	Fichte	Lärche	Robinie	Walnuss
Apfel	(O)	+	+	+	+	+	O	–	–	+	O	(O)
Birne	+	O	+	+	+	+	+	–	–	+	±	(O)
Kirsche	+	+	O	++	+		O	–	–	+	±	(–)
Pflaume	+	+	++	O	+		O	–	–	+	±	(–)
Quitte	+	+	+	+	O		O	–	–	+	±	(–)
Eiche	+	+				O	O	(+)				–
Erle	O	+	+	+	+	+	O	O				
Esche	–	–	–	–	–	O	O	O				(–)
Fichte	–	–	–	–	–				O			– –
Lärche	+	+	+	+	+					O		O
Robinie	O	±	±	±	±						O	
Walnuss	(O)	(O)	(–)	(–)	(–)	–		(–)	– –	–		O

□ neutral, bzw. Wechselwirkungen nicht bekannt → Wirkungsrichtung
O neutral, + positive Wirkung, – negative Wirkung

Vergesellschaftung ist in natürlichen Ökosystemen zu studieren – sie ist generell für Leben auf unserem Planeten von großer Bedeutung. Wir sollten für alle Pflanzenkulturen, die wir kontrollieren oder einrichten, umfängliche pflanzensoziologische Kenntnisse haben. Bisher sind jedoch nur wenige der vielfältigen Zusammenhänge erforscht.

Über positive und negative Beziehungen zwischen hier infrage kommenden Bäumen ist einiges bekannt:

- Die Esche ist ein dominant unfreundlicher Baum, sie lässt andere Bäume in ihrer Nachbarschaft kümmern oder gar eingehen.
- Die Fichte verträgt sich nicht mit Obstbäumen.
- Der Walnussbaum hält andere auf größere Distanz.

Besondere Erfahrungen haben wir mit der Robinie (meist als Akazie bezeichnet) gemacht, die wir in großer Anzahl auf und um unser Grundstück haben. Sie gehört zwar zu den Leguminosen und wurde als solche unter Permakultur-Grundsätzen als Kameradschaftspflanze in Obstbaumanlagen empfohlen. Sie hat jedoch besondere Giftstoffe (uns nicht näher bekannt), die alle anderen Pflanzen, vom kleinen Springkraut über Wein, Nuss- und Quittenbäume u.a., stark beeinträchtigen. Abfallende Blüten, die die Robinien im Übermaß haben, verbrennen Blätter, Zweige und alle Pflanzenteile, auf die sie in feuchtem Zustand fallen. Sie haben darüber hinaus weit um sich greifende Wurzeln, die zu reichlich Sprossen führen, und sind außerordentlich vital im Wachstum (vier Meter pro Jahr sind keine Seltenheit). Dadurch nehmen sie vielen anderen Busch- und Baumformen sehr schnell den Lebensraum.

Die Walnüsse (*Juglans*) produzieren einen Stoff (Juglone), der in den Wurzeln, Zweigen und auch im Laub vorzufinden ist und über das Regenwasser in den Boden eingewaschen wird. Dieser Stoff beeinträchtigt eine Reihe von Pflanzen in ihrem Wachstum und ihrer Gesundheit (Apfelbäume, Kartoffeln, Tomaten u.a.). (*Carr* 1985, S. 325).

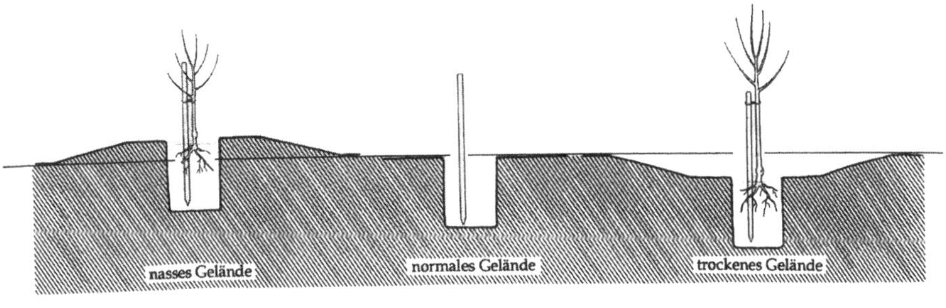

Abb. 57: Pflanzmodalitäten

Pflanzzeit: Generell sind alle frostfreien Zeiten zwischen Oktober und April für Bäume und Sträucher geeignet (Containerpflanzen können auch in der übrigen Zeit gepflanzt werden). Für Aprikose und Pfirsich werden März, April empfohlen (bei Herbstpflanzungen ergibt sich für Aprikose eine größere Ausfallquote und besondere Frostschutzmaßnahmen sind dann erforderlich). Bei den meisten Baum- und Strauchpflanzungen sind Herbstpflanzungen günstiger.

Pflanzloch: Das Pflanzen erfolgt je nach allgemeiner Bodenbeschaffenheit und Lage in Mulden oder auf leichten Erdwällen.

Bei trockenem Gelände mit mehr sandigem Boden sind flache Mulden, bei nassem Gelände mit Kleiboden flache Erdwälle vorzuziehen.

Das Pflanzloch wird mindestens doppelt so breit und mindestens 20 Zentimeter tiefer als der Wurzelstock ausgehoben. Bei sehr magerem Boden sollte zur Bodenverbesserung das Pflanzloch vergrößert werden (ca. 50 Prozent). Der Boden aus dem Pflanzloch wird dann mit Komposterde gemischt bzw. die tiefere Schicht wird durch Mutterboden aus dem benachbarten Bereich ausgetauscht (unter besonders ungünstigen Bodenbedingungen Mutterboden für die Pflanzlöcher anfahren lassen).

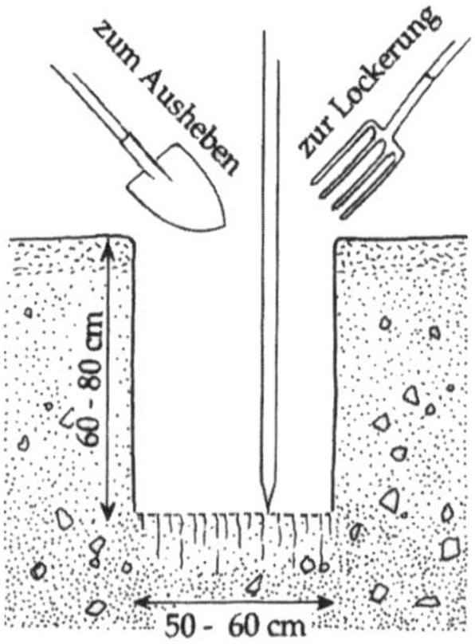

Abb. 58: Das Pflanzloch

Bodenverdichtung: Eine besondere Beachtung verdient der Umstand der Bodenverdichtung. Über den Aushub hinaus ist die Bodensohle mit einem geeigneten Werkzeug (z.B. Grabgabel) zu lockern (Gesamttiefe 60 bis 80 Zentimeter). Eine Verdichtungsschicht staut das Regenwasser im Wurzelraum und die Pflanzen beginnen zu mickern, Wurzeln faulen teilweise. Bei Trockenheit kann das Grundwasser nicht aufsteigen, was erneut zu Wachstumseinbußen oder zum Verkümmern führt.

Der Pflanzschnitt: Grundsätzlich gilt: je mehr Wurzeln, desto leichteres Anwachsen. Falsch ist deshalb ein generell radikales Einkürzen. Richtig ist, alle stärkeren Wurzeln frisch anzuschneiden. Die Schnittstelle sollte wenn möglich nach unten zeigen. Abgeknickte oder verletzte Wurzeln bis hinter die Verletzung zurückschneiden. Wurzelschnitt direkt vor dem Pflanzen bzw. vor dem Wässern (wenn vorab gewässert wird) vornehmen. Der Astschnitt erfolgt am besten nach dem Pflanzen, weil bei der Arbeit noch Knospenverletzungen auftreten können. Es darf nur ein Spitzentrieb stehen bleiben, der sog. Konkurrenztrieb ist ganz zu entfernen. Drei bis vier Seitentriebe sind für den Kronenaufbau ausreichend. Die letzte Knospe jedes Seitentriebes sollte nach außen zeigen. Die oberste Knospe des Mitteltriebes wird so gewählt, dass sie entgegengesetzt zum vorjährigen Schnitt steht. Der Schnitt wird leicht winklig, etwa 10 Millimeter oberhalb des Knospenansatzes gesetzt.

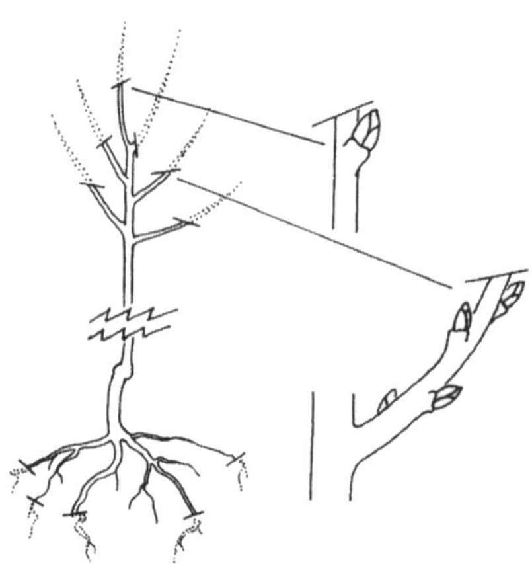
Abb. 59: Der Pflanzschnitt

Haltepfahl: Der Baum muss zum Anwurzeln Halt haben, deshalb ist zunächst ein Pflock in das Pflanzloch zu stecken. Der Pfahl endet bei Stämmen (auch Beerenobst) unterhalb des Kronenansatzes.

Nur bei Buschobst reicht der Pflock bis in die Krone. Zum Halten des Baumes wird ein Baumband aus Kokosgarn oder ähnlichem Material verwendet. Um Scheuerstellen gering zu halten, wird das Band in Form einer Acht angelegt, durch Zwischenschleifen kann der Abstand zwischen Baum und Pfahl verbreitert werden. Der

Pfahl wird immer auf der Hauptwindseite eingeschlagen, sodass starker Wind den Baum vom Pflock wegtreibt.

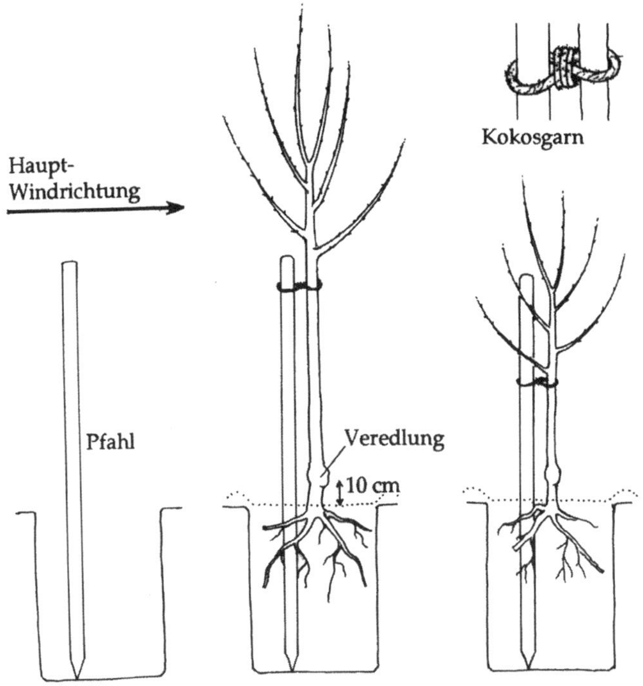

Abb. 60: Baum und Pfahl

Pflanzen: Bei ballenlosen Gehölzen wird durch kräftiges ruckartiges Schütteln beim Auffüllen die lockere Erde gut zwischen den Wurzeln verteilt, durch leichtes Hochziehen werden die Wurzeln in vertikaler Lage gehalten. Sobald das Pflanzloch bis über die Wurzeln mit Boden angefüllt ist, leicht andrücken und mit reichlich Wasser (ca. ein Eimer pro Baum) anschlämmen, das garantiert das Anwachsen. Die Veredelung muss beim Obst frei über der Erde bleiben (ca. 10 Zentimeter). Wenn die Veredlung mit Erde bedeckt wird und selbst wurzelt, beeinträchtigt dies die Ernteerträge erheblich. Bei Ballenpflanzen wird, nachdem das Pflanzloch zu zwei Dritteln aufgefüllt ist, das Ballentuch aufgeschnitten. Etwa 30 Zentimeter rund um den Baum wird ein kleiner Ringwall aufgehäufelt, sodass in der ersten Zeit Gießen effizient möglich ist.

Pflegearbeiten: Für die Bäume kommen – wie für alle anderen Pflanzengemeinschaften – folgende gärtnerische Pflegearbeiten in Anwendung:

- Pflegearbeiten, die das Wachstum und die Gesundheit fördern;
- Pflegearbeiten, die Insektenbefall und Krankheitsentwicklung minimieren.

Beide Pflegebereiche sind miteinander vernetzt, denn die Förderung der Gesundheit reduziert bereits die Anfälligkeit für Krankheiten und Befall: Kränkelnde Pflanzen werden bevorzugt und weit heftiger befallen. Alle Pflegemaßnahmen können als passive und/oder aktive Eingriffe des Menschen erfolgen.

Passive Pflegemaßnahmen bestehen, von der Planung ausgehend, in der Vorbereitung der Wachstums- und Lebensbedingung. Die Einrichtung einer O-L-G anstelle einer Obstplantage ist eine umfassende, komplexe Pflegemaßnahme. Über Vergesellschaftungsmaßnahmen werden Wachstums- und Gesundheitsbedingungen optimiert. Die Ernährung wird verbessert, in der Vielfalt des Bewuchses wird ein reiches Insektenleben mit dem Ziel einer dynamischen Balance gesichert.

In den folgenden Kapiteln werden diese passiven Pflegemaßnahmen ausführlich behandelt.

Aktive Pflegemaßnahmen (Wachstum und Gesundheit) für Bäume sind:
- Pflegeschnitt,
- Mulch-, Kompost- und Jauchegaben, ggf. Wässern,
- Wühlmausabwehr.

Zur Minimierung von Insektenbefall und Krankheiten:
- Spritzen mit Tees und Jauchen
- Abkratzen und Auskratzen
- Schlämmen gekratzter Flächen
- Anbringen von Fanggürteln bzw. Leimbändern.

Pflegeschnitt: Der Schnitt der Hoch- und Halbstämme sorgt für den Aufbau der Krone. Er ist so auszuführen, dass die Seitentriebe des jungen Obstbaumes weit nach außen führen und Licht und Luft in die Krone gelangen können. Zwischen den Astetagen muss also ausreichend Raum zur Verfügung stehen.
Zunächst unterscheidet man zwischen zwei festen Schnittmustern:
a) Quirl-Astschnitt (auch oft als klassischer Obstbaumschnitt bezeichnet)
b) Spiral-Astschnitt (natürlicher Obstbaumschnitt[7])

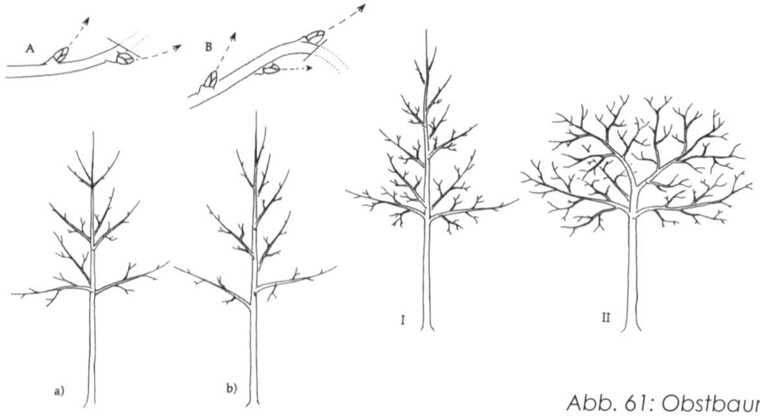

Abb. 61: Obstbaumschnittformen

a) Quirl-Astschnitt; gleichmäßige Astetagen (klassischer Obstbaumschnitt)
b) Spiralastschnitt (natürlicher Obstbaumschnitt)
A) Schnitt auf nach außen stehendes Auge (klassisch)
B) Fruchtbogenschnitt; das am höchsten Astbogenpunkt stehende Innenauge markiert die Schnittfläche.
I. Zentralkrone
II. Hohlkrone

7 Der »natürliche Obstbaumschnitt« wurde von *W. Poenicke* erarbeitet. Er ist in den Büchern: »Biologischer Obstbau und Beerenanbau«: *E. Könemann* (Vlg. Braumüller), Wien, und »Schnitt der Obstgehölze« *Hilkenbäumer*, (Biomomica) Mannheim, ausführlich dargestellt.

Der natürliche Obstbaumschnitt zeichnet sich durch spiralige Astanordnung (vgl. Abb. 61, b)) und unregelmäßige, von der Vertikalen eher abweichende Stammver- längerung, ggf. mit breiteren Licht- und Luftzonen, aus (unregelmäßige Astabstände und Fruchtbogenbildung, B)). Hohlkronen (II) werden sehr häufig für Walnussbäu- me, bei Pflaumen, seltener bei den übrigen Obstsorten angewandt. Im Obstbaum- schnitt dominierte bisher die Zentralkrone[8]. Hat man in den ersten Jahren für die gute Entwicklung der Seiten- und des Mitteltriebes gesorgt, soll man das Schneiden möglichst unterlassen (nur noch auslichten oder Fruchtbogenbildung unterstützen, s. Abb. 61). Wenn der Platz ausreicht, ist es immer interessant, neben durch Schnitt kultivierten Obstbäumen auch einen naturwüchsigen, nicht geschnittenen Obstbaum zu haben. Beim Steinobst kann es notwendig werden, Schösslinge rund um den Baum von Zeit zu Zeit auszustechen oder in kurzen Abständen zu mähen. Wegen der Schösslingsbildung sind Steinobstbaumscheiben auch nicht zu mulchen.

Wässern: In einer intakten O-L-G werden Bäume ohne Wässerung immer überleben – grundsätzlich sollte Gießen überflüssig sein. Allerdings hängt, insbesondere unter bestimmten Lage- und Bodenbedingungen, der Ernteertrag in trockenen Sommern von dem zur Verfügung stehenden Wasser ab. Wenn er maximiert werden soll, ist nach reichem Fruchtansatz in Trockenperioden zu wässern. In der Kronentraufe (s. Abb. 65, S. 97) werden ca. 50 Zentimeter tiefe Löcher geschlagen (Pflock bzw. Vierkantholz eintreiben und wieder entfernen). Diese Löcher lässt man dann mit Wasser volllaufen.

Wühlmausabwehr: Besonders Neuanpflanzungen von Obstanlagen sind durch Wühlmäuse bedroht. Ohne chemische Abwehr wird von bis zu einem Drittel Ausfall berichtet. – Es gibt eine Vielzahl von Abwehrrezepten, letztlich helfen nur Fallen. Wer Angst vor Wühlmäusen hat, lehnt Mulchen ab, da die Mäuse für den Winter mulchgeschützte Räume als Nester suchen. Bei uns gab es in einer extremen Wühlmausperiode und einer Neuanpflanzung von 60 Bäumen trotz Mulchen keinen Ausfall. Wir hatten eine Reihe von Queckensoden-Komposthaufen angelegt (Mäusezuflucht). Die Bäume »schützten« wir mit Kampfer: 20 Zentimeter vom Stamm auf der Pfahlseite (um nur wenige Wurzeln zu verletzen) gruben wir 30 Zentimeter tief je eine Filmdose mit ca. einem Gramm/Teelöffelspitze Füllung, Duftlöcher und ein 50 Zentimeter langes Stück Angelschnur (die am Pfahl festgelegt wurde) ein. Der Kampfer ist im Herbst zu erneuern. In den Folgejahren (bis zum 7. Jahr) gab es 12 Prozent Ausfälle: insgesamt drei Bäume durch Wühlmäuse, vier durch Borkenkäfer.

Ab- und Auskratzen: Mit einem Baumkratzer alte, lose und bemooste Rindenstücke vom Stamm und den Hauptästen abkratzen sowie Wunden und Risse auskratzen bzw. ausschneiden; Letztere sind dann mit Baumwachs zu verschließen. Diese Maßnahmen, die gegen bestimmte, nicht erwünschte Insekten und Gewebeparasiten gerichtet sind, reduzieren allerdings auch die Lebensmöglichkeiten für eine Reihe erwünschter Insekten. Abgesehen von der Wundbehandlung ist diese Pflegemaßnahme deshalb nicht ganz unumstritten.

Schlämmen: Wenn die Stämme gekratzt wurden, empfiehlt sich im Herbst ein Kalk- bzw. Lehmanstrich. Algenkalk wird in Schachtelhalmbrühe aufgelöst, Steinmehl oder Feinhumus kann beigegeben werden.

8 Riess, W.H.: Obstbaumschnitt in Bildern (Obst- und Gartenbauverein) München 1988, 8. Ein kleines Büchlein mit vielen zweifarbigen Abbildungen. Letztlich ist jedes Buch zum Obstbaumschnitt hilfreich.

Die weiße Fläche
- reflektiert die Frühlings- oder Spätwintersonne,
- vermeidet ein zu frühes, zu starkes Aufwärmen der Rinde,
- zu frühen, zu starken Saftauftrieb und
- die sonst entstehende Rissebildung bei Spätfrösten.

Die Schlämme kann auch aus Lehm, Wurmkompost und Schachtelhalmbrühe angesetzt werden.

Fanggürtel: Im September oder Anfang Oktober können Leimbänder um die Apfelbäume gelegt werden, um das Aufsteigen der Frostspannerweibchen zu erschweren oder gar zu verhindern. Fanggürtel werden allerdings auch zu Fallen für viele erwünschte Insekten, sie sind deshalb umstritten und nur bei sehr hohem Frostspannerbefall anzuwenden. Immer dann, wenn eine große Ernte heranreifte oder ein Baum oder Strauch durch ungünstige Witterung (z.B. Hagelschlag) geschwächt wurde, ist eine besondere Pflege angebracht. Für diesen Fall oder auch bei starkem Insektenbefall und dem Auftreten von Krankheiten s. Kapitel »Unbalancen«, S. 165 und Rezepturen für Gieß- und Spritzmittel, Tab. 64, S. 176.

Ernte: In einem nach ethisch-ökologischen Grundsätzen geführten Garten gilt die Ernteteilung (vgl. S. 179):
- ein Teil für die Bodenfruchtbarkeit (bei den Bäumen die Blätter plus Staudenmulch plus gelegentlicher Grasmulch)
- ein Teil für die Mitlebewesen
- ein Teil für die Ernährung des Menschen

Die Gewichtung der Teile versucht der Mensch beim zukunftsfähigen Gärtnern fair zu bestimmen. Manchmal lassen sich die Mitbewerber jedoch nicht auf Teilung ein (Schneckenplage im Gemüsegarten oder der Einfall großer Starenschwärme vor der Kirschernte). Bei wenig teilungsbereiten Vögeln gibt es eine Reihe mechanischer Abwehrversuche, von der Vogelscheuche bis zum Schutznetz über Bäume und Beerensträucher. Die Erntezeit ist bei verschiedenen Obstarten und deren Varianten sehr unterschiedlich (vgl. Tab. 11 bis 17, S. 73ff.).

Verwertung der Ernteerträge:
- Frischverzehr
- Entsaften
- Tee
- Kuchenauflage oder Omeletteinlage bzw. Knödeleinlage (s. Zwetschgen- knödel)
- Kompotte und Einmischung in Gemüse
- Verarbeitung zu Konfitüren oder Marmeladen
- Einwecken (für Kompotte oder Kuchen)
- Einlagerung für späteren Verbrauch (insbesondere bei Äpfeln)
- Trocknen/Dörren für vielfältigen Verbrauch
- Vergären oder Brennen

In Fällen von Intensivbändern im engeren Baumbereich und bei der Absicht, das Obst einzuwecken oder länger zu lagern, sind spätreife Arten meist von Vorteil (nach Abernten der Intensivbänder). Äpfel und Birnen haben den Vorteil, dass sie weitgehend mit Pflückstange und Pflücksack geerntet werden können (Vermeiden von Unfallgefahr bei der Baumbesteigung und dem Leiternpflücken). Kurz vor der Ernte wird der Staudengürtel abgesichelt und der Schnittanfall am Baumstamm zwecks späterer Verteilung im inneren Kreis aufgehäuft. Soweit die Ernte durch Abschütteln geschieht, besonders bei Pflaumen, ist es vorteilhaft, alte Tücher (ausrangierte Bettwäsche) auszulegen.

Die Quitte hat einen besonderen Stellenwert beim zukunftsfähigen Gärtnern. Sie ist nicht nur ein dekorativer Baum, sie zeichnet sich darüber hinaus durch besondere Pflegeleichtheit aus und ist vollständig für vier Ernährungsbereiche zu verwerten.

Quitten sind relativ anspruchslos in Bezug auf die Bodenqualität und sehr resistent gegen Krankheiten und Insektenbefall, was zu einer besonderen Qualität und guten Ernteerträgen führt.

Zur Verwertung:
Die getrockneten Quittenschalen ergeben einen vorzüglichen Tee, auch dann, wenn man ihre Schalen mit getrockneten Apfelschalen mischt. Nach dem Schälen vierteilen und die Kernhäuser entfernen (zunächst aufsammeln für Saftherstellung).

Das Quittenfleisch entsaften. Dieser Saft wird entweder zu einer vorzüglichen Konfitüre weiterverarbeitet oder als Quittennektar in Flaschen gefüllt. Zur Saftbereitung kann dieser Nektar bis zum dreifachen Volumen mit Wasser verdünnt werden. Das entsaftete Fleisch kann dann als Quittenmus eingekocht werden (Achtung: die Gläser etwas weniger hoch füllen als bei anderem Obst). Das Quittenmus kann vielfältig verwendet werden für Desserts, Chutneys u.a. Nach unserer Erfahrung ist es halb gefroren eine vorzügliche Zwischenmahlzeit an heißen Sommernachmittagen. Die Halblitergläser einfach für ca. drei Stunden ins Gefrierfach stellen, je nach Geschmack eventuell etwas Quittennektar darübergießen. Das Glas kurz in heißes Wasser stellen, stülpen und fertig ist das Halbgefrorene.

Rezepte zur Verwertung der Ernteerträge (Auswahl):
Obst ist nicht nur zum Frischverzehr und für Saft geeignet. Die verschiedenen Obstsorten können vielfältig als Auflage oder Einlage zum Backen verwendet werden. Obst wird bei uns zu Hauptgerichten meist nur als Nachtisch gereicht. Als Hauptbeilage zu Fleisch oder vegetarischen Gerichten kennen wir es fast nur als tropische Variante (z.B. Ananas).

Aus diesem Grund stellen wir hier eine Auswahl alter Rezepte für eine Verwertung einheimischen Obstes als Hauptbeilage zu Gerichten vor. Für ein saisonales Leben und eine regionale Lebensmittelversorgung ist diese Ausweitung unserer Obstverwertung bedeutsam.

(1) Apfel mit Bohnen (3 bis 4 Personen)
Zutaten: *250 g weiße Bohnen (oder andere Trockenbohnen), 400 g Äpfel, 50 g Margarine, 25 g Zucker, Salz, gemahlener Zimt, abgeriebene Zitronenschale (unbehandelt!) zum Abschmecken.*
Zubereitung: *Die Bohnen waschen, spülen und über Nacht in kaltem Wasser einweichen, in demselben Wasser kochen. Die Äpfel waschen, schälen, entkernen, in*

*Stückchen schneiden und mit etwas Zucker, Zimt und der abgeriebenen Zitronenschale in Fett dünsten, bis sie gar sind. Die Bohnen dazugeben, mit Salz abschmecken und noch einmal 30 Min. auf kleiner Flamme kochen (*Wirkowski *1988, S. 92).*

(2) Himmel und Erde (4 bis 6 Personen)

Zutaten: *1000 g Kartoffeln, 1/4 l Milch, 50 g Butter, 1000 g Äpfel, Salz, Zucker, Pfeffer, etwas Muskat, 2 Zwiebeln, 500 g Blutwurst, Butter zum Braten.*

Zubereitung: *Die Kartoffeln gut waschen, mit der Schale kochen, abpellen und noch heiß durch die Kartoffelpresse drücken oder stampfen. Die Äpfel in Viertel schneiden, das Kerngehäuse entfernen und die Apfelstücke mit wenig Wasser und Zucker nach Geschmack garen. Durch ein Sieb streichen und mit einem Schneebesen unter die Quetschkartoffeln ziehen. Mit Pfeffer, Salz und etwas Muskat abschmecken, in einer vorgewärmten Schüssel bergartig anrichten. Die Blutwurst in 1 cm dicke Scheiben schneiden und in heißer Butter von beiden Seiten anbraten, um den Kartoffelberg legen. Die Zwiebeln in Ringe schneiden, in der Butter goldbraun rösten und darüberfüllen (*Kelter *1971, S. 68).*

(3) Westfälischer Weißkohl (4 Personen)

Zutaten: *1 Kohlkopf (ca. 2000 g), 250 g eingeweichte Trockenpflaumen, 4 bis 5 Zwiebeln, 4 EL Schmalz (oder Margarine), etwa 1 EL Kümmel, 1 EL Essig, 1 Prise Zucker, Pfeffer, Salz, 1 bis 2 Kartoffeln.*

Zubereitung: *Den Kohlkopf säubern, den Strunk ausstechen und die äußeren Blätter entfernen. Den Kohl in Streifen schneiden oder grob hobeln. Das Schmalz in eine feuerfeste Form oder in einen Topf geben und erhitzen. Die Zwiebeln fein hacken und in Schmalz glasig braten. Anschließend abwechselnd den geschnittenen Kohl, die eingeweichten Pflaumen – halbiert und ohne Kerne – einfüllen und die Gewürze zufügen. Knapp 1/2 l heißes Wasser darübergießen. Die Form verschließen und das Gericht bei schwacher Hitze etwa 30 bis 40 Min. dünsten. Zum Schluss rohe geriebene Kartoffeln unter den Kohl mischen und noch 10 Min. dünsten lassen (*Kelter *1971, S. 80).*

(4) Birnen, Bohnen und Speck (2 Personen)

Zutaten: *500 g Kartoffeln, 250 g durchwachsenen Räucherspeck, 500 g frische grüne Bohnen, 500 g kleine Kochbirnen, Salz und Pfeffer, gehackte Petersilie.*

Zubereitung: *Kartoffeln kochen und schälen. Bohnen mit dem Räucherspeck ebenfalls in wenig leicht gesalzenem Wasser gar kochen, pfeffern und für die letzten 10 Min. die Birnen hinzugeben. Zuerst die Bohnen in die Mitte einer vorgewärmten Platte geben, mit den Kartoffeln umlegen, Speckscheiben und Birnen abwechselnd daraufbetten und mit viel fein gehackter Petersilie überstreuen (*Bibulus *1977, S. 73).*

(5) Spinat auf Aprikosen (4 Personen)

Zutaten: *1000 g Spinat, 250 g frische Aprikosen oder getrocknete, eingeweichte Aprikosen, etwas Fett, Salz, Pfeffer.*

Zubereitung: *Die Aprikosen entkernen und in Stücke schneiden. Spinat waschen und 5 Min. in kochendem Wasser blanchieren, abtropfen, grob hacken. In einer Pfanne Fett erhitzen, den Spinat dazugeben und eventuell etwas von der Spinatbrühe hinzufügen. Die Aprikosenstücke unterrühren, mit Salz und Pfeffer würzen und einige Minuten dünsten (Hausrezept).*

Es muss nicht immer Ketchup sein!

Wir bereiten unser eigenes Chutney zu! Chutney ist eine Soßenbeilage, die in vielen Obstvarianten und Gewürzmischungen zubereitet werden kann. Je nach Geschmacksrichtung kann man sie als Soßenzugabe zu fast allen Gerichten verwenden, wie sonst Ketchup.

Die Zubereitung folgt einem Grundrahmen: Obst, Zwiebel, Zucker, Essig, Salz und – je nach eigenem Wunsch – unterschiedlichen Gewürzbeigaben (Knoblauch und/oder Rosinen werden häufiger hinzugegeben).

Beispiele (Hausrezepte):

(1) Quitten-Chutney
600 g Quitten, 400 g Äpfel
(evtl. 500 g Quitten + 300 g Äpfel u. Birnen),
300 g Zwiebeln,
400 g Zucker,
1/4 l Weinessig,
1 TL Salz,
3 Knoblauchzehen,
1/2 TL Kreuzkümmel,
1/2 TL Zimt,
1/2 TL gemahlener Koriander,
1 Tasse Apfelsaft

(2) Zwetschgen-Chutney
1000 g reife Zwetschgen
(evtl. 600 g Zwetschgen + 400 g Renekloden),
300 g Zwiebeln,
200 g Zucker + 250 g Sultaninen,
1/4 Rotweinessig,
1 TL Salz,
5 cm Zimtstange,
1 Messerspitze Kardamompulver,
1 TL Ingwerpulver,
1 TL Piment

(3) Holunder-Chutney
1000 g Holunderbeeren, zerpflückt,
300 bis 500 g Zwiebeln,
300 bis 500 g Zucker,
1/4 bis 1/2 l Essig,
1 TL Salz,
1/4 TL Cayennepfeffer,
1 TL gemahlener Ingwer,
1 TL Gewürzmischung (Piment, Pfeffer, u.a.),
1 TL Senfkörner

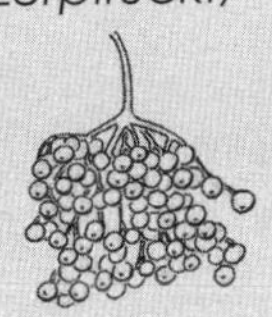

(4) Apfel-Chutney
1000 g Äpfel,
100 g Zwiebeln,
500 g Zucker,
1/2 l Essig,
1 EL Salz,
3 Knoblauchzehen,
100 g abgezogene Mandeln,
1 Pfefferschote,
2 TL Senfkörner, gemahlen

Beispiel der Zubereitung: Apfel-Quitten-Chutney:
Die Quitten abreiben, zusammen mit den Äpfeln von den Kerngehäusen befreien. In Würfel schneiden, Zwiebel schälen und grob hacken. Zusammen mit den Quitten- und Apfelwürfeln in einen Topf geben, den Saft zugießen. Gewürze, Zucker und Essig unterrühren und zugedeckt bei mittlerer Hitze zwei Stunden einköcheln lassen. Von Zeit zu Zeit umrühren. Noch heiß in vorbereitete Gläser füllen! – Passt gut zu Wild, Geflügel, Ragouts und zum Aufmischen von Soßen.

Das Apfelfest (Herbstfest II)

Stehen Obstbäume zur Verfügung, kann zur Erntezeit ein »Apfelfest«, ggf. mit Basar, veranstaltet werden.

Das Apfelfest ist eine Party aus Anlass der Apfelernte, bei der neben diversen Getränken Leckerbissen aus Äpfeln gereicht werden.

(1) Westfälische Apfelstütchen (8 Stück)
Zutaten für den Teig: *250 g Mehl, 20 g Hefe, knapp 1/8 l warme Milch, 1 Prise Salz, 60 g Butter, 60 g Zucker, 1 Eigelb, 2 EL Wasser, 8 mittelgroße mürbe Äpfel, 200 g Rosinen, 2 bis 3 EL Puderzucker, etwas Butter (zum Fetten des Backbleches).*
Zubereitung: *Aus den oben angegebenen Zutaten einen Hefeteig bereiten und an einem warmen, zugfreien Ort gut gehen lassen. Die Äpfel schälen und das Kerngehäuse vorsichtig entfernen. Die Rosinen gut waschen, abtropfen lassen, mit Puderzucker gut vermischen! Den Teig auf bemehltem Brett dünn ausrollen. Aus den Äpfeln entsprechend große Quadrate ausradeln, die Äpfel auf die Teigstücke setzen und die ausgehöhlten Apfelmitten dicht mit Rosinen füllen. Die Teigecken kreuzweise über dem Apfel zusammenfassen, gut andrücken und mit dem mit Wasser verrührten Eigelb bepinseln. Auf ein gefettetes Backblech setzen und bei guter Hitze im vorgeheizten Ofen in etwa 35 Min. ausbacken (*Kelter *1971, S. 89).*

(2) Apfelsuppe (4 bis 6 Personen)
Zutaten: *500 g Äpfel, einige Korinthen, eine kleine Zimtstange oder 1 bis 2 Blättchen Pfefferminze, Sago oder Kartoffelmehl zum Andicken.*
Zubereitung: *Die Äpfel schälen, die Kerngehäuse entfernen (Schalen und Kerngehäuse aufheben für Apfeltee). Das Fruchtfleisch in kleine Stücke schneiden, in 2 l Wasser mit den Gewürzen und Korinthen mürbe kochen. Dann die Suppe mit Sago oder Kartoffelmehl andicken. Warm oder kalt mit einfachen Keksen oder Zwieback servieren (*Baum *1981, S. 108).*

(3) Apfelsalat (2 Personen)
Zutaten: *2 große Äpfel, 1 Gemüsezwiebel, 150 g Sahnejoghurt, Saft 1/2 Zitrone, 1 Prise Zucker, etwas Meersalz, fein gehackte Petersilie.*
Zubereitung: *Zwiebel schälen und in kleine Würfel schneiden. Äpfel vierteln, Kerngehäuse entfernen und in kleine Scheiben schneiden. Aus Joghurt und Gewürzen eine Soße herstellen. Zwiebelwürfel, Apfelscheibchen und die Soße gut vermischen (*Neuform *1989, S. 6).*

(4) Apfeltraum (4 bis 6 Personen)
Zutaten: *600 g Äpfel, Zitronensaft, 1/8 l Schlagsahne, 1/2 TL Zimt, 1 TL Kakaopulver.*
Zubereitung: *Äpfel schälen, entkernen und in Viertel schneiden. Mit sehr wenig Wasser und etwas Zitronensaft dünsten. Durchsieben und abkühlen lassen. Das Mus mit Zitrone und Zimt würzen. Die steif geschlagene Sahne unter das Mus ziehen. In Teller füllen und mit etwas Schokoladenpulver bestreuen (*Neuform *1989, S. 6).*

(5) Äpfel mit Bratwurst (4 Personen)
Zutaten: *4 Bratwürste, etwa 50 g Butter, 750 g Äpfel, 125 g Rosinen, 2 EL Zucker, 1/2 TL gemahlenen Zimt, 1/2 Glas Weißwein, 1/2 l Wasser.*
Zubereitung: *Die Bratwürste in einem flachen Topf mit Deckel in heißer Butter anbraten. Die Äpfel schälen, das Kerngehäuse ausstechen und das Fruchtfleisch in Spalten schneiden. Die Apfelspalten mit den Rosinen, Zucker und Zimt auf die Bratwürste geben. Den Wein und das Wasser zufügen und den Topf verschließen. Das Gericht etwa 20 Min. schmoren lassen, dann alles vorsichtig umrühren. Zu Kartoffelbrei servieren (Hausrezept).*

(6) Apfeltee
Zutaten: *Apfelschalen (auch getrocknet für den Winter) und Kerngehäuse, 1 bis 2 Blättchen Pfefferminze oder ein Zweiglein Dost oder einige Blättchen Melisse oder etwas Zitronenthymian, Zucker nach Geschmack.*
Zubereitung: *Apfelschalen, Kerngehäuse und Gewürzkraut mit kochendem Wasser übergießen. 10 Min. ziehen lassen. Abgießen und warm oder kalt servieren. Quittenschalen eignen sich dafür vorzüglich; auch Apfel und Quitte gemischt (Hausrezept).*

(7) Apfelkrensoße
Zutaten: *2 bis 3 Äpfel, 2 bis 3 EL Essig, 1 Stück Kren (Meerrettich), 1 Prise Salz, Zucker nach Geschmack.*
Zubereitung: *Die Äpfel schälen, in wenig Wasser weich kochen und durch ein Sieb drücken. Den Kren in den Essig reiben, mit dem Apfelbrei vermischen und abschmecken (statt die Äpfel zu kochen, kann man sie auch nur fein gerieben verwenden). Zu Würstchen oder Sandwich servieren (*Froidl *1965, S. 37).*

Der innere Kreis

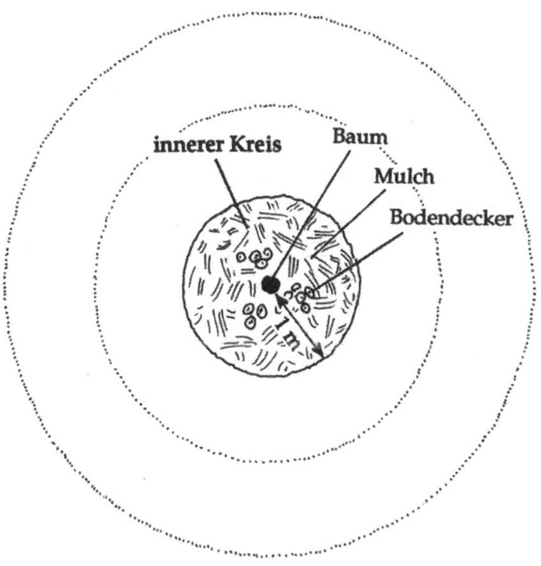

Abb. 62: Innerer Kreis

Die Baumscheibe wird zu Beginn dick mit Stroh oder anderem eventuell schon angerotteten Mulchmaterial abgedeckt (gemulcht). Damit soll für den Baum eine gute Bodengare[9], ausreichend Feuchte für das Überstehen erster Trockenperioden und Unterdrückung des Wachstums von Gräsern und konkurrierenden Pflanzen sichergestellt werden. Es wird eine Startbedingung geschaffen, die derjenigen ähnlich ist, wie sie unter Waldbedingungen für den Baumnachwuchs besteht.

Später werden Kräuter und Grasschnitt aufgebracht. In den ersten Jahren kann diese Mulchschicht im Oktober zur Seite geräumt werden, um nicht Wühlmauswinternester im Bereich der Baumwurzeln zu begünstigen (vgl. S. 83). Steinobst wegen Schösslingsentwicklung nicht mulchen.

Einsäen und Einpflanzen: In der Nähe des Stammes kann ein wenig Winterpostelein eingesät werden, indem dafür der Mulch an dieser Stelle etwas auseinanderge-

9 Bodengare bezeichnet den Idealzustand des Bodens, bei dem er zur gleichen Zeit die größte Luft- und Wassermenge zu fassen vermag. Sie wird durch Mulchen, vielfältige Durchwurzelung und reichhaltiges Bodenleben erzeugt oder stabilisiert (vgl. S. 46)

zogen wird. Winterpostelein sät sich dann selbst weiter aus. Gundelrebe und Vogelmiere werden, wenn sie auftreten, geduldet bzw. Gundelrebe kann auch in zwei bis drei Exemplaren eingebracht werden.

Am Rand des inneren Kreises können u.a. Primeln und Schwertlinien eingepflanzt werden. Sie gelten zusammen mit einer Reihe Stauden als Vitamin- und Saponinspender (Wachstumsanreger für Obstgehölze, vgl. *Wirth* 1948).

Tab. 20: Pflanzen im inneren Kreis

Name *(lateinischer Name)* Familie andere Namen	**bevorzugter Standort** **Boden**	**Lebensdauer** **Wuchs** **Erscheinungsbild**	**Blüte** **Vermehrung**	**Beispiele für Multifunktionalität**		
				Mensch	**Tiere: Heimstatt Nahrung**	**Pflanzen Boden**
Winterportulak *(Montia perfoliata)* Portulaceae Winterpostelein Kubaspinat	– halbschattig, anspruchslos – eher feucht	(einjährig) – 10 - 20 cm – büschelig wachsend, fleischige, tütenförmige Blätter, frosthart	– Mai-Juni – weiß – klein, büschelförmig – sät sich selbst sehr stark aus	– Salat – Spinat		– Bodendecker
Gundelrebe *(Glechoma hederacea)* Lamiaceae Gundermann	– sonnig bis schattig – anspruchslos	(ausdauernd) – 10 - 20 cm – kriechende, an den Knoten wurzelnde Stengel, Blättchen nierenförmig, rundlich	– April-Juni – violette Lippenblüten – stark durch Ausläufer	– Beigabe zu Salaten	– Hummeln, Bienen	– Bodendecker
Vogelmiere *(Stellaria media)* Caryophyllaceae Sternmiere	– sonnig bis schattig – anspruchslos	(einjährig) – 8 - 30 cm – reich verzweigt mit vielen kleinen Blättchen, frosthart	– das ganze Jahr – weiße, kleine Sternblüten – verbreitet sich durch ganzjährigen Samenfall	– Salat – Spinat	– Falter: Schwarzer Bär, Graubär – Jungtriebe und Samen als Futter für Hühner und junge Gänse	– Bodendecker
Kapuzinerkresse *(Tropaeolum majus)* Tropaeolaceae Salatblume Kanarienvögelchen	– halbschattig, – anspruchslos	(einjährig) – Ranken bis 2 m lang – rundliche Blätter, nicht winterhart	– Juli-Oktober – gelbe, orange und rote Blüten – süß duftend – viele Samen[1]	– Blüten/Blätter als Beigabe zum Salat – Blütenknospen als Kapern einlegen	– Falter: Großer Kohlweißling, Rapsweißling	– Bodendecker – rankend – an Obstbäumen hält sie die Blutlaus ab
Schneeglöckchen *(Galanthus nivalis)* Amaryllidaceae	– sonnig bis halbschattig – nährstoffreich	(ausdauernd) – 10 - 15 cm – Zwiebelgewächs, meist in Gruppen, lanzettliche Blätter	– Februar-März – weiß mit grün, glockenartig – durch Samen Brutzwiebeln	**leicht giftig**	– Vögel fressen diese frühen Zwiebelgewächse zu ihrer Verdauung	

[1] Sammeln und ab 15. Mai säen.

Jäten: Quecke, andere Gräser und nicht ausgesprochene Bodendecker werden zweckmäßigerweise in den ersten Jahren ausgejätet (einmal im Jahr).

Ernährungsbeitrag des inneren Kreises

z.B. Winterposteleinsalat

Zubereitung: *Winterpostelein schneiden und verlesen. Blüten und Stiele können mitverwendet werden. Das Postelein waschen und gut abtropfen. Salatsoße: Aus etwas Senf, Essig und Öl anrühren, mit Salz und Zucker würzen. Kurz vor dem Verzehr den Salat mischen (Hausrezept).*

Bauernomelett mit Gundelrebe, Gundermann (2 Personen)

Zutaten: *5 Kartoffeln, 100 g durchwachsenen Speck, 1 Zwiebel, 1 Handvoll Gundelrebe (Blätter, Triebe vor der Blüte), Salz, Pfeffer.*

Zubereitung: *Die Kartoffeln kochen, pellen, in Scheiben oder Stücke schneiden. Den Speck in Streifen, die Zwiebel in Scheiben schneiden. In einer Pfanne Speck und Zwiebel anbraten, die Kartoffeln dazugeben und weiterbraten. In der Zwischenzeit die Gundelrebe waschen und klein schneiden. Die Eier in einer Schüssel verschlagen, mit Salz und Pfeffer würzen und die geschnittene Gundelrebe unterrühren. Dieses über die Kartoffeln, den Speck und die Zwiebel in die Pfanne gießen und stocken lassen (nach* Lanska *1990).*

Der Staudenring

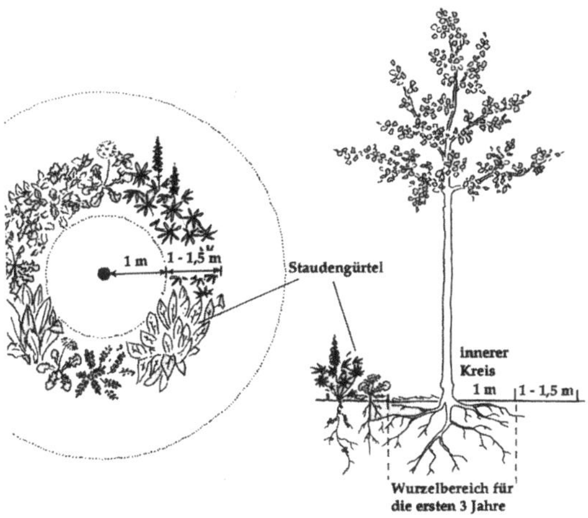

Abb. 63: Wurzelbereich des Baumes und Staudengürtel

Der Staudengürtel wird je nach örtlichen Bedingungen und Bedürfnissen oft asymmetrisch angelegt werden. Er dient in den ersten Jahren zur Bodenverbesserung (Gründüngung) und Bodenraumvorbereitung für die Wurzelausbildung des Baumes, in der folgenden Zeit zur Bewirtung von Insekten, Lieferung von Mineralstoffen für den Baum und zur Bodenverbesserung.

Pionierarbeit für die Wurzelbildung des Baumes leisten einjährige Pflanzen, die als Tiefwurzler Wurzelkanäle zurücklassen, die dann vom Baum genutzt werden können. Wenn der Baum dann seinen Wurzelraum ausdehnt, können auch Lupinen und Beinwell

Tab. 21: Pflanzen zur Wurzelbettvorbereitung

Name *(lateinischer Name)* Familie andere Namen	Menge pro m²	Saatzeit	Saattiefe	Wachstumszeit	Beispiele für Multifunktionalität		
					Mensch	Tiere: Heimstatt Nahrung	Boden
Ackerbohne *(Vicia faba minor)* Papilionaceae[1] Pferd-, Saubohne	20 - 30 g	Ende Feb. oder Aug./ Sept.	6 - 8 cm	120 - 150 Tage		– Wirtspflanze für die schwarze Bohnenlaus – Viehfutter	– 80 - 150 cm tief wurzelnd – Stickstoffsammler
Dicke Bohne *(Vicia faba major)* Papilionaceae Puffbohne	30 - 40 g	Ende Feb. oder Aug./ Anf. Sept.	6 - 8 cm	120 - 150 Tage	– zarte junge Kerne als Gemüse und Salat	– Wirtspflanze für die schwarze Bohnenlaus – Viehfutter	– 80 - 150 cm tief wurzelnd – Stickstoffsammler
Erbse *(Pisum sativum L.)* Papilionaceae	20 - 25 g	je nach Sorte ab Feb.	3 - 5 cm	je nach Sorte 60 - 100 Tage	– je nach Sorte Kern oder Schote	– Falter: Langschwänziger Bläuling	– 80 - 150 cm tief wurzelnd – Stickstoffsammler
Bitterlupine (div) *(lupinus...)* Papilionaceae	20 - 25 g	ab April bis Aug./Sept.	3 - 5 cm	120 - 150 Tage			– 150 - 200 cm tief wurzelnd – gute Aufschließung der Bodennährstoffe – Stickstoffsammler

[1] In der Regel wird in Texten zum Garten- und Landbau immer von Leguminosen (3. Ordnung) gesprochen. Zu den Leguminosen gehören: Mimosen, Caesalpinien und Papilonazeen. Zur Bodenverbesserung werden im Allgemeinen nur die Papilonazeen (Schmetterlingsblütler) herangezogen.

tiefgrundig abgestochen und übermulcht werden. Sie hinterlassen vorzügliche Wurzelkanäle, die von Baumwurzeln gerne genutzt werden.

Tab. 22: Stauden zur Pflege der Bäume (Gesunderhaltung)

Name *(lateinischer Name)* Familie andere Namen	**bevorzugter Standort Boden**	**Wuchs Erscheinungsbild**	**Blüte Vermehrung**	**Beispiele für Multifunktionalität**		
				Mensch	**Tiere: Heimstatt Nahrung**	**Pflanzen Boden**
Große Brennnessel *(Urtica dioica)* Urticaceae Nessel, Hanfnessel	– sonnig bis schattig – humos, eher nährstoffreich	– 90 - 150 cm, aufrecht wachsend – grob gesägte Blätter, ganze Pflanzen mit Brennhaaren bedeckt	– Juni - Sept., grün, unscheinbar, w. und m. getrennt – durch kriechende Wurzelstöcke, durch Samen	– Spinat – früher wurde aus den langen Fasern Tuch gewebt: »Nessel«	– Falter: Kleiner Fuchs, Tagpfauenauge, Citronenfalter, Admiral, Landkärtchen, Messingeule, Gammaeule – Marienkäfer	– guter Mulch (Stickstoff, Eisen, Silikat, Phosphat) – Jauche, Brühe, Auszug – Kompost
Beinwell *(Symphytum officinale)* Boraginaceae Comfrey besondere Art	– sonnig bis schattig – anspruchslos, eher feucht	– 50 - 150 cm, Stengel sehr wasserhaltig – Blätter und Stengel von rauen Haaren bedeckt	– Mai - Sept. creme/weiße oder violette glockenförmige Blüte – durch Wurzelstöcke, durch Samen	– Spinat als Würze zum Salat – Blätter in Frittierteig und heißem Fett ausbacken	– div. Säuger – als Viehfutter, (sehr eiweißhaltig) – Falter: Weißgefleckter Schönbär	– guter Mulch – Jauche
Lupine *(Lupinus polyphyllus)* Papilionaceae Staudenlupine	– sonnig bis halbschattig – anspruchslos	– 60 - 100 cm – dichte Büschel aus sternförmigen Blättern	– Juni - Sept., blau, weiß, rosa aufrechtstehende Traube – durch Samen, Wurzelstöcke	– Zierpflanze	– Rehe u.a. – Fasane – Hummeln, Wildbienen, Bienen	– Gründüngung – Mulch – Kompost
Rainfarn *(Tanacetum vulgare)* Compositae	– sonnig – anspruchslos	– 40 - 120 cm, dicht horstförmig, aufrecht, reich beblättert, scharf gezähnt	– Juli - Sept., gelb, schirmartigen Blütenstand, duftend – stark durch Ausläufer und Samen	– schwach giftig – früher als getrocknetes Kraut zum Vertreiben von Mücken und Motten		– hält Läuse von Obstbäumen fern – für Jauche, Brühe Tee, Auszug – Kompost
Meerrettich *(Armoracia rusticana)* Cruciferae Kren, Skorbutkraut	– sonnig bis halbschattig – nährstoffreich, tiefgründig, gleichmäßig feucht	– bis 80 cm hohe Blätter aus dicker Pfahlwurzel	– Mai - Aug., weiß, klein, lockere Traube, 120 cm hoch, duftend – Wurzelstückchen	– die Wurzel: Gemüse Beilage Würze		– zu Steinobst, soll die Kräuselkrankheit und Monilia verhindern – Brühe, Tee
Wermut *(Artemisia absinthium)* Compositae Absinth, Wurmkraut	– sonnig – anspruchslos, trocken	– 60 - 120 cm – reich verästelte, mit silbergrauen, behaarten, gefiederten Blättern besetzte Zweige	– Juli - Sept., hellgelb, unscheinbare kleine kugelige nickende Körbchen in lockeren Rispen – durch Samen	– Tee (sehr bitter) – Würze zu fettem Fleisch – Schnaps		– soll Säulchenrost verhindern bei Johannisbeeren – hemmende Wirkung auf Nachbarn – Jauche, Brühe, Tee
Löwenzahn *(Taraxacum officinale)* Compositae Pißkraut, Hundeblume	– sonnig – anspruchslos	– 10 - 30 cm – Blätter stark gezähnt, bilden eine Rosette, enthält milchigen Saft, Pfahlwurzel	– April - Juni, leuchtend gelb – stark durch Samen (werden vom Wind verweht, Pusteblume)	– Blätter als Salat – Blütenknospen ganz jung wie Rosenkohl kochen – Spinat	– Hasen, Rehe, Rinder – Falter: Brauner und Schwarzer Bär, Messingeule – Hummeln, Bienen	– fördert durch die lange Pfahlwurzel Eisen – gegen Blattchlorose – Jauche, Tee – Kompost
Fingerhut *(Digitalis purpurea)* Scrophulariaceae	– sonnig bis halbschattig – gut durchlässig, eher leicht sauer	– 30 - 125 cm – auffällige Blattrosette im 1. Jahr (2-jährig)	– Juli - Aug., rot oder weiß, Rachenblüten, aufrecht (bis 200 Stück) blühen nach oben – durch Samen	**alle Pflanzenteile sehr giftig** – in der Medizin	– Wachtelweizenscheckenfalter – Hummeln	– regt Wachstum an, vermindert Krankheitsbefall – verbessert Lagerqualität der Äpfel
Knoblauch *(Allium sativum)* Liliaceae Alterswurzel, Magenwurzel	– sonnig bis halbschattig – humos, nährstoffreich	– 30 - 80 cm hoch – Zwiebelgewächs, schmale, grasartige Blätter	– Juli - Aug., rötlichweiß, kugeliger Blütenstand – durch Zehen (Brutzwiebel)	– in der Küche als Würze – als Medizin		– beugt als Zwischenpflanzung Pilzkrankheiten vor – Jauche, Tee

Darüber hinaus sind alle Gründüngungspflanzen, insbesondere auch *Phacelia* (Böschelschön), möglich (vgl. Tab. 5, S. 54).

Im Ringbeet des Staudengürtels soll sich eine Vergesellschaftung von ausdauernden Pflanzen etablieren, die untereinander das Wachstum und die Gesundheit des Baumes fördern, ein reiches Insektenleben ermöglichen sowie einen Beitrag zur Ernährung des Menschen liefern.

Es können auch einige Lieblingsblumen der Gärtnerin/des Gärtners in den Staudengürtel aufgenommen werden. Ergänzend sind hier in jedem Fall Blütenstauden als Nahrungspflanzen für Insekten anzupflanzen. Immer wenn der nach Süden ausgerichtete äußere Sektor nicht als Intensivband genutzt wird, ist er bestens für solche Blütenpflanzen geeignet.

Tab. 23: Blütenstauden und krautige Pflanzen als Nahrungsspender für Insekten

Name *(lateinischer Name)* Familie andere Namen	**bevorzugter Standort Boden**	**Lebensdauer Wuchs Erscheinungsbild**	**Blüte Vermehrung**	**Beispiele für Multifunktionalität**		
				Mensch	**Tiere: Heimstatt Nahrung**	**Pflanzen Boden**
Taubnessel (Stengelumfassende) *(Lamium amplexicaule)* Labiatae	– sonnig bis halbschattig – anspruchslos, auch trocken	– einjährig – 15 - 30 cm – Stengel vierkantig – gekerbte herzförmige Blätter	– März - Okt., purpurrot, Lippenblüten, in Halbquirlen in Etagen – durch Samen		– Nektarpflanze, besonders im zeitigen Frühjahr für Hummeln	– guter Mulch – Kompost
Taubnessel (weiße) *(Lamium album)* Labiatae Adam und Eva	– sonnig bis halbschattig – anspruchslos, auch trocken	– ausdauernd – 30 - 60 cm – Stengel vierkantig, hohl, behaart, Blätter behaart	– Mai - Aug., weiße Lippenblüten in Scheinquirlen – durch kriechenden Wurzelstock, Samen, von Ameisen verschleppt	– Sprossen und Blätter als Gemüse, gemischt mit Brennnessel	– Hummeln Erdhummeln – Falter: Weiße Tiegermotte, Messingeule, Gammaeule, Graubär	– guter Mulch – Kompost
Wilde Möhre *(Daucus carota)* Umbelliferae	– sonnig – anspruchslos	– zweijährig – 30 - 60 cm hohes Doldengewächs – 2 - 3fach gefiederte Blätter	– Mai - Juli, weiße Blütendolde, eine schwarzrote Blüte in der Mitte (Möhrenblüte) – durch Samen		– Schwebfliegen – Käfer – Bienen etc.	
Wiesen-Salbei *(Salvia pratensis)* Labiatae	– sonnig – kalkhaltig, trocken	– ausdauernd – 30 - 50 cm – verholzende Pfahlwurzel	– Mai - Aug., dunkelblau, Lippenblüten in Scheinquirlen – durch Samen		– Hummeln, Bienen	
Schafgarbe, Gemeine *(Achillea millefolium)* Compositae Frauenkraut	– sonnig – anspruchslos, durchlässig	– ausdauernd – 15 - 30 cm – drahtige Stengel mit 2 bis 3fach gofiederten Blättchen	– Juni - Okt., weiß bis rosa, Scheindolden, duftend – stark durch Kriechtriebe und Samen	– Blätter als Würze – Blüten und Blätter als Tee	– Schwebfliegen u.a. – Falter: Schwarzer und Brauner Bär	– für Fruchtbarkeit der Beerensträucher – Auszug (enthält Kalium und Kieselsäure)
Dost (gewöhnlich) *(Origanum vulgare)* Labiatae Wilder Majoran	– sonnig – anspruchslos, trocken	– ausdauernd – 20 - 60 cm – hohe, aufrechte, verzweigte Pflanze – herber Duft	– Juli - Sept., rosa, kleine Lippenblüten in Trugdolden – über Ausläufer und Samen	– als Gewürz statt Oregano	– Bienen, Fliegen etc. – Falter: Schwarzgefleckter Bläuling	
Wegwarte *(Cichorium intybus)* Compositae	– sonnig – anspruchslos	– ausdauernd – 30 - 120 cm – sparrige, rutenförmige Äste aus dickfleischiger Wurzel	– Juli - Okt., hellblaue Büten, 4 - 5 cm Durchmesser – durch Samen	– Wurzel geröstet als Kaffeeersatz – Zuchtform: Chicoree	– Blüten sind Nektarspender für Schwebfliegen, Käfer und Wildbienen	

Auswahl von Stauden: Aus den Tabellen zum Staudengürtel (und der Tabelle Gründüngung) kann eine eigene Auswahl getroffen werden. Dabei spielt die Multifunktionalität dieser Stauden eine große Rolle (auch den Ernährungsbeitrag für den Menschen beachten).

Von zentraler Bedeutung sind:

- die Brennnessel,
- der Beinwell (Comfrey),
- die ausdauernde (vielblättrige) Lupine,
- Löwenzahn,
- Pflückkohl und Rainfarn,
- für Steinobst noch Meerrettich – diese sollten in keiner Kombination fehlen.

Die Anzahl der Stauden ist in drei Gruppen zu unterteilen:

1) sich (mit einer gewissen Wahrscheinlichkeit) selbst ansäende Stauden
2) Stauden, die als Wurzelstücke (z.B. Beinwell), als Teilpflanzstücke (z.B. Brennnessel) oder als Samen (z.B. Lupine) in der Nachbarschaft gesammelt bzw. entnommen werden können
3) Stauden, die in einer Staudengärtnerei oder im Gartencenter gekauft werden müssen

Zur Festlegung der Gruppen 1 und 2 ist eine Erkundung der Umgebung notwendig, zunächst eine einmalige, ggf. aber auch eine wiederholte (zur näheren Umgebung bzw. zu Entnahmeplätzen gehören natürlich auch Hausgärten der Nachbarn, Verwandten und Bekannten [selbstverständlich mit deren Erlaubnis]).
Da Brennnesseln dazu neigen, jede Mulchfläche zu besetzen, wird die Brennnesselinsel immer von dem inneren Kreis abgegrenzt, z.B. durch Lupinen.

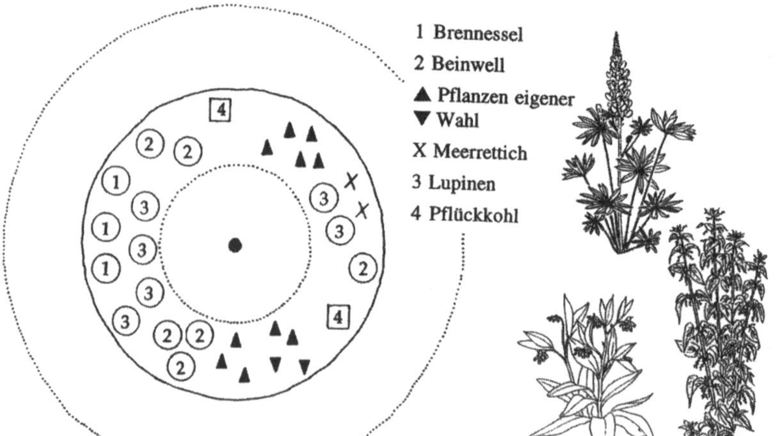

Abb. 64: Pflanzplan Staudengürtel, zeitweilig mitmulchen

Im ersten Jahr wird das Ringbeet mit Gründüngungspflanzen und Wurzelbettbereitern (einjährige Pflanzen) eingesät. Umhacken, Wurzeln auslesen, abrechen, die Samen entweder beliebig streuen und einhäckseln oder in Reihen mit ca. 15 Zentimeter Abstand gemischt oder wechselnd mit verschiedenen Pflanzensamen einsäen (zwei bis drei Zentimeter überdecken).

Einpflanzen von Stauden: Sobald Staudenmaterial zur Verfügung steht, wird dieses entsprechend dem Pflanzplan in die Gründüngung eingepflanzt. Auf das Pflanzen von Rainfarn sollte zu dieser Zeit noch verzichtet werden (erfolgt erst im 3. oder

4. Jahr). Bevor die anderen Stauden einen Bereich ausreichend besetzt haben, neigt er nämlich unter manchen Bodenbedingungen dazu, den Staudenring zu dominieren.

Beim Steinobst ist Meerrettich sehr erwünscht (s. Tab. 22). Er sollte an einer Seite am Außenrand des Staudengürtels gepflanzt werden, sodass später von außen her auch Stangen für den Küchengebrauch oder zur Pflanzenpflege oder Lagerung ausgegraben werden können.

Ausdauernde Lupinen können unmittelbar in das Ringbeet eingesät werden. Bei nur wenig Pflanzmaterial sollten Pflanzinseln gebildet werden. Soweit Stauden aus Samen gezogen werden sollen, sind diese in Kübeln oder im Saatbeet vorzuziehen. Letzteres stellt sich aber bei Brennnesseln und bei Beinwell/Comfrey als sehr schwierig dar, hier besser Wurzelstücke einpflanzen. Es ist die richtige Wahl für Pflückkohl und andere.

Jäten und Lockern: Bis zum 3. Jahr werden Quecken, andere Gräser und unerwünschte Pflanzen ausgejätet oder ausgestochen. Die Lockerung übernimmt bereits weitgehend die Durchwurzelung der Pflanzen.

Einsäen von Gründüngung und Kleesaat: Im 2. Jahr können nochmals tiefgründige Leguminosen (Erbsen, dicke Bohnen oder Bitterlupinen) eingesät werden. Da dieser Bereich nicht mehr umgegraben oder umgehackt wird, sind die Samen zu pelletieren.

Tab. 24: Kleeartige Pflanzen statt Sträucher für den äußeren Staudengürtel

Name *(lateinischer Name)* Familie andere Namen	**bevorzugter Standort Boden**	**Lebensdauer Wuchs Erscheinungsbild**	**Blüte Vermehrung**	**Beispiele für Multifunktionalität**		
				Mensch	**Tiere: Heimstatt Nahrung**	**Pflanzen Boden**
Weißklee *(Trifolium repens)* Papilionaceae	– sonnig bis halbschattig – anspruchslos	– ausdauernd – 10 - 30 cm – kriechender Stengel, der sich in Abständen bewurzelt	– Mai - Sept., weiße Einzelblüten in duftendem Blütenkopf – durch kriechende Ausläufer und Samen		– div. Säuger – Falter: Brombeer-Zipfelfalter, Hauhechelbläuling, Kurzschwänziger Bläuling – Feldhummeln – Gartenhummeln	– Bodendurchwurzelung – Stickstoffsammler
Rotklee *(Trifolium pratense)* Papilionaceae Wiesenklee	– sonnig bis halbschattig – anspruchslos	– ausdauernd – 10 - 50 cm – aufrechter Stengel	– Mai - Sept., rosarot, 30 bis 90 Einzelblüten in duftendem Blütenkopf – durch Samen	– Blüten als Beigabe zu Blattsalat	– div. Säuger – Falter: Hauhechelbläuling, Gamma eule – Bienen, Hummeln – Marienkäfer (24-Punkt) – Kleerüsselkäfer	– Bodendurchwurzelung – Stickstoffsammler
Luzerne *(Medicago sativa)* Papilionaceae Blauer Schneckenklee	– sonnig – anspruchslos	– ausdauernd – 20 - 75 cm – aufrecht, verzweigt, Blätter dreizählig	– Juni - Sept., blauviolette Schmetterlingsblüten, spitze Blütentrauben – durch Samen		– Hasen, Rehe, Rinder – Falter: Gemeiner Herzfalter, Postillion, Gammaeule – Bienen, Hummeln	– als Gründüngung – Bodendurchwurzelung – Stickstoffsammler
Hornklee, Gemeiner *(Lotus corniculatus)* Papilionaceae Hennentatze	– sonnig bis halbschattig – anspruchslos	– ausdauernd – 10 - 45 cm – aus dem Wurzelstock mehrere aufsteigende Stengel	– Mai - Sept., gelb-rötliche Schmetterlingsblüten, doldenartiger Blütenkopf – durch Samen		– Falter: Dunkler Dickkopffalter, Postillion, Tiefblauer Silberfleckbläuling, Senfweißling, Steinbrechwidderchen	– Bodendurchwurzelung – Stickstoffsammler

Pelletieren: Tonmehl + 30 Prozent Gesteinsmehl[10] werden in eine Schüssel gegeben, die Samen – gut angefeuchtet – werden als dünne Schicht auf das staubtrockene Mehl geschüttet und so lange umgerührt, bis sich die Samen umhüllt (mit einer Pelle bezogen) haben; dann über den Staudengürtel verteilen (offen liegen lassen). Das Pelletieren dient der Keimfähigkeit offen liegender Samen und verhindert Vogelfraß.

Diese Kleearten besetzen in dem äußeren Staudengürtel die offenen Räume, sammeln Stickstoff (Bodenverbesserung), blühen zu unterschiedlichen Zeiten und sind Wirts- bzw. Gastpflanzen für verschiedene Insekten.

Nachpflanzen (vor allem Rainfarn ab dem 3. Jahr): Bis der Staudengürtel voll besetzt ist, können jederzeit, wenn Wurzeln oder Wurzelstöcke zur Verfügung stehen, Stauden nachgepflanzt werden. Wurzelstöcke eingraben und gut angießen.

Ernte: Die Pflanzen des Staudengürtels dienen unterschiedlichen Funktionen und werden auch zu verschiedenen Zwecken abgeerntet, dabei wird eine Ernteteilung praktiziert. Ein Drittel von einer Reihe Pflanzen wird in jungem Zustand für Salat- und Gemüsezubereitung gesammelt (Löwenzahn, Brennnesseln, Pflückkohl u.a.), Beinwell, Brennnesseln u.a. werden zum Teil vor oder noch während der Blüte für Jauchen geerntet (s. S. 175ff.). Gegen Ende der Blühzeit werden die meisten noch stehenden Pflanzen als Mulch- oder Kompostmaterial geschnitten, einzelne bleiben zur Samenbildung stehen. Die Ernte wird zur Verbesserung des Bodens, zur Erzeugung von Jauchen, zur Ernährung des Menschen und zur Versorgung von Insekten und Kleintieren aufgeteilt (Prinzip der Nichtausbeutung).

Spezielle Pflegemaßnahmen: Von Zeit zu Zeit werden vor allem ausdauernde Lupinen so tiefgründig abgestochen, dass die Kanäle der abgestorbenen Wurzeln den Baumwurzeln zur Verfügung stehen. Löwenzahn regelmäßig für Salat oder Mulch mitteltief ausgestochen, führt zur Verdickung und Verlängerung der Löwenzahnwurzel, was für die Ernährung des Baumes vorteilhaft ist.

Ernährungsbeitrag des Staudengürtels

Z.B. Brennnesselspinat: *Junge Brennnesseln ohne Blüte sammeln (mit Gummihandschuhen); nur die Köpfe (Spitzen ca. 10 bis 12 cm lang); damit das Brennen nachlässt, möglichst einen Tag mit Wasser bespritzt in einer Plastiktüte oder einem verschließbaren Gefäß im Kühlschrank lagern, waschen, abtropfen.*
Zubereitung *(blanchieren): Hierzu viel Wasser im Topf zum Kochen bringen, Brennnesseln hineingeben, 3 Min. aufkochen, Herd abstellen. Schüssel mit kaltem Wasser bereitstellen, Brennnesseln mit Sieblöffel herausnehmen, in das kalte Wasser geben (eventuell kaltes Wasser nachfüllen). Abtropfen lassen. Etwas Butter in einem Topf auf mittlerer Flamme schmelzen. Brennnesseln dazugeben und auf kleiner Flamme 10 bis 15 Min. dünsten (mit Deckel!). Mit Salz, Muskat, Pfeffer würzen und geriebenem Parmesan servieren. Sardellenfilets können klein gehackt untergemischt werden (Hausrezept).*

---

10 Können z.B. als Bentonit im Gärtnereibedarf und in Gartenzentren in kleinen Mengen gekauft werden.

Brennnesselbratlinge (für 4 kleine Bratlinge)
Zutaten: *Eine große Handvoll Brennnesseln pflücken, 1 leicht gehäufter EL Haferflocken in etwas Milch einweichen, 1 Ei, 20 g Käse, Salz, Pfeffer, Muskat (eventuell ein Blatt Pfefferminze), Fett für die Pfanne.*
Zubereitung: *Brennnesseln vorbereiten und blanchieren wie beim Brennnesselspinat, gut ausdrücken und klein hacken. 20 g Käse grob reiben. Die überschüssige Milch von den Haferflocken abgießen und Letztere leicht ausdrücken. Den Käse, die gehackten Brennnesseln und das Ei zu den Haferflocken geben, mit Salz, Pfeffer, Muskat (eventuell einem fein gehackten Blatt Pfefferminze) würzen und alles gut vermengen. In einer Pfanne Fett erhitzen, aus der Masse Bratlinge formen und auf beiden Seiten goldbraun braten (*Helm *1980, S. 165).*

Der Ergänzungsring

Der Ergänzungsring ist das dritte Strukturelement einer Baumscheibe. Er hat an seinem Außenrand einen radialen Abstand von drei Metern (einfacher Ergänzungsring) oder vier Metern (doppelter Ergänzungsring). So liegt er bei einem jungen Baum eben außerhalb, mit weiterem Wachstum in der Kronentraufe des Baumes.

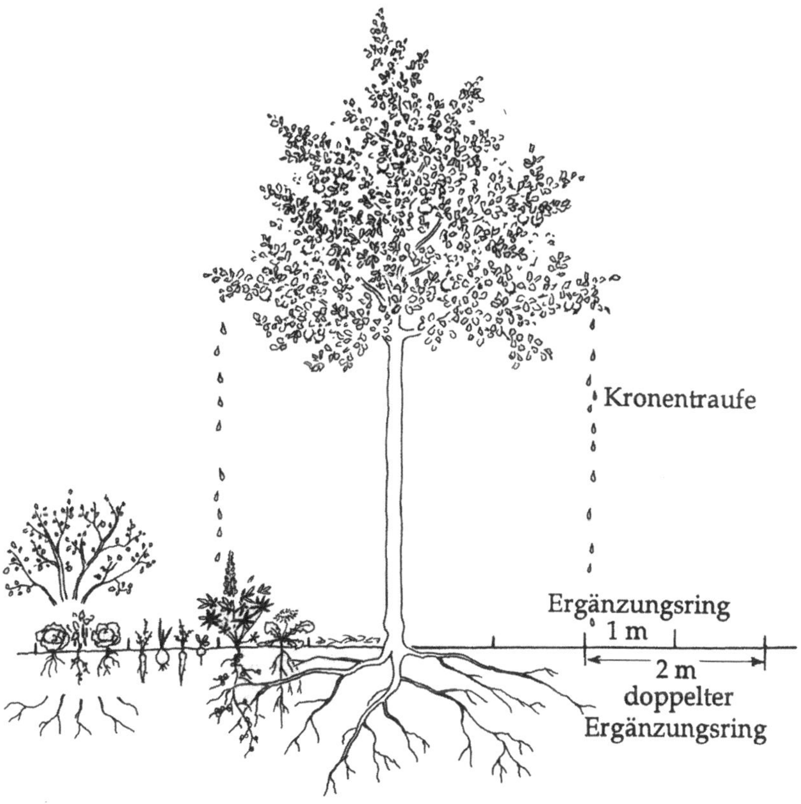

Abb. 65: Krone-Wurzelfeld und Ergänzungsring

Der Ergänzungsring, besonders der zum inneren Kreis, kann vielfältige, den Staudengürtel und das Umland (evtl. Wiese) ergänzende Funktionen übernehmen.

Ergänzt werden sollten einjährige Pflanzen, die
- zur Stabilisierung einer vielfältigen Insektenpopulation beitragen (vor allem »Blumen«),
- Boden verbessernd wirken und damit zur allgemeinen Gesundheit der O-L-G beitragen,
- Mulch für die innere Baumscheibe liefern,
- den Ernährungsbeitrag der O-L-G vergrößern.

Die praktische Arbeit im Ergänzungsring kann in verschiedener gartenbaulicher Konzeption stattfinden (extensiv und intensiv). Nur wenn das Biotop mit Mensch sehr klein sein muss, kann der der Sonne zugewandte äußere Sektor als kleines Intensivband genutzt werden. So sollte ein äußeres Segment in jedem Fall von Zeit zu Zeit gelockert und eingesät werden. Das ist immer dann zu erwägen, wenn nur wenig Grund zur Verfügung steht.

Die multifunktionale Eigenart des Ergänzungsrings kommt am besten in seiner möglichen Segmentierung zur Geltung.

Wenn der Ergänzungsring segmentiert wird, liegt es nahe, im Nordsektor ein extensives Segment mit Wildsträuchern einzurichten, wenn sonst Hecken fehlen. Bei relativ geringem Raum im Permakultur-Garten kann der meist größer konzipierte Südsektor entsprechend mit Obststräuchern bepflanzt oder als ausdauerndes Extensivband mit Topinambur, Rhabarber oder Ähnlichem bestückt werden.

Der Ergänzungsring stellt einen Bereich dar, der auch bei älterem Baumbestand noch eingeführt und zu jeder Zeit erweitert werden kann. Es ist dann ein Bereich, der von einer »Wildfläche« in eine gemäßigte Kulturfläche verwandelt wird. Deshalb ist er zunächst immer ein Pionierbereich. Hier stellt sich auch das erste Mal die Frage nach dem Einsatz von Maschinen, z.B. einer Motorhacke.

Ein Permakultur-Garten ist nicht nur ein teilanaloges Abbild des Lebenssystems unseres Planeten, er stellt auch eine zukunftsweisende Unternehmung dar: ein teilanaloges Abbild zukünftiger Nahrungsmittelerzeugung. Deshalb ist nostalgisches Verhalten völlig fehl am Platz. Insbesondere dann, wenn der Garten größer als 0,25 Hektar ist, kann man den Einsatz von Motorgeräten ernsthaft ins Auge fassen (das hat eine generell positive Modellwirkung für zukünftige gärtnerische Nahrungsmittelerzeugung).

Sträucher

Sie wurden von jeher teils als Ernährungs-, teils als Schmuck- oder Schutzkomponente in den Feld- und Gartenbau einbezogen, zusammen mit den Bäumen am Anfang der Planung und Einrichtung eines Gartens. Sie sind Teil der O-L-G, bestimmen schließlich, wo und wie Intensiv- und Extensivbänder angelegt werden können. Sie bilden im Verband Hecken und Begrenzungen und sind als Übergang zur Wildfläche zu betrachten (siehe auch »Hecken und Zäune«, S. 219). In lockerer Form, insbesondere als Obststräucher und zusammen mit entsprechenden Stauden, bilden sie ausdauernde Extensivbänder. Sie dienen der Kleinklimaverbesserung, liefern Unterkunft und Nahrung für viele Vögel, Kleinsäuger und Insekten. Damit stellen sie eine weitere wichtige Komponente für zukunftsfähiges Gärtnern dar, indem sie dynamische Balancen der Insektenpopulation begünstigen.

Für jeden Strauch lassen sich Tierarten nennen, die diesen nutzen und teilweise so eng an ihn angepasst sind, dass sie ohne ihn nicht überleben können.

Beispiele hierzu: Schneeballblattkäfer, Weidenrutengallmücke, Faulbaumbläuling, Weißdornkeulenblattwespe u.a.

Ein reges Tier- und Insektenleben wird nur durch einheimische Sträucher gesichert. Wildsträucher

- sind gegenüber den heute in Gärten häufig verwendeten Ziersträuchern (Exoten) unempfindlich und anspruchslos,
- wachsen meist gut ohne Pflege (gärtnern sich selbst!),
- sind dekorativ und abwechslungsreich,
- in der Anschaffung billig,
- sind standortgerecht,
- stecken voller Leben (im Weißdorn wurden 150 Insektenarten identifiziert [BUND 1988, S. 31]) und
- sind für zukunftsfähiges Gärtnern unentbehrlich.

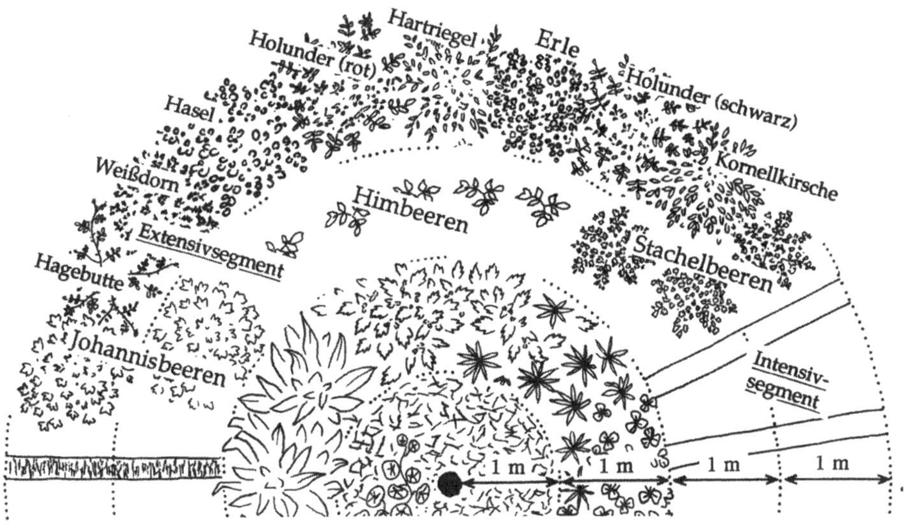

Abb. 66: Baumscheibe mit Sträuchersegment

Im Nordsektor kann, insbesondere dann, wenn nur wenig Platz zur Verfügung steht, der Ergänzungsring von Baumscheiben zum Sträuchersegment bestimmt werden.

Vermessen und Erstellen eines Pflanzplanes: Der Pflanzabstand richtet sich nach der Wuchsart der Hecke, dem Alter der Setzlinge, nach dem Standort und nicht zuletzt auch nach den Bedürfnissen des Gärtners. Dünn wachsende Arten werden dichter (0,3 bis 0,5 Meter) gepflanzt. Sollen Gruppen gebildet werden, ist Vielfalt auf kleinem Raum gewünscht und soll bald eine Heckenform erreicht werden, sind die Abstände jedenfalls noch unter einem Meter zu wählen. Auf unserem Beispielsegment (Abb. 67, S. 108) von sechs Metern Bogenlänge passen demnach sechs bis neun Sträucher. Auf dieser Basis ist der Pflanzplan zu entwickeln. Der geringere Pflanzabstand bedingt, dass manche Sträucher ineinanderwachsen und andere mit der Zeit durch dominante Sorten verdrängt werden (vgl. Abb. 103, S. 219).

Informationen zu den wichtigsten Sträuchern (zur Auswahl für ein Segment oder eine Hecke):

Ein Frühblüher in der Hecke wäre eine gute Wahl; ein zweites Kriterium ist die Anzahl der Tierarten, die den Strauch nutzen.

Die Mittelblüher stellen die weitaus größte Zahl der einheimischen Sträucher. Der Ginster ist einerseits als Leguminose ein grundlegend wünschenswerter Strauch. In manchen Gegenden Deutschlands (z.B. Saarland) ist er kaum aus einer Hecke fernzuhalten. Da er in diesen Gegenden aber auch außerordentlich vital jedes nicht in intensiver Nutzung stehende Gelände zu besiedeln versucht, empfehlen wir seine An- pflanzung nicht unbedingt in einer O-L-G. *Lesen Sie bitte auf Seite 102 weiter*

Tab. 25: Wildsträucher 1 – Frühblüher

Name *(lateinischer Name)* andere Namen	**bevorzugter Standort Boden**	**Wuchs Erscheinungsbild**	**Blüten: Zeit Farbe Art**	**Früchte: Zeit Farbe Art Größe**	**Beispiele für Multifunktionalität** *(in Klammern Anzahl der Arten)*[1] – Beispiele–		
					Mensch	**Säugetiere Vögel**	**Insekten**
Haselnuss *(Coryllus avellana)* Hasel	– bis 1000 m, halbschattig – mittelfeucht, kalkhaltig, stickstoffreich	– 2 - 5 m – buschiger Strauch	– Feb. - April – m.: gelbe hängende Kätzchen – w.: knospenähnlich	– Aug. - Okt. – rostbraun – einsamige Nüsse mit harter Schale	– Kern wohlschmeckend – roh – zum Backen etc.	– Eichhörnchen, Haselmaus, Siebenschläfer – Kleiber, Eichelhäher, Spechte	Haselblattroller, Birkenzipfelfalter, Schwarzer Haselbock u.a.
Kornelkirsche *(Cornus mas)* Gelber Hartriegel, Herlitze	– bis 1000 m, warm – leicht feucht, kalkhaltig	– 2 - 5 m – lockerer Strauch	– Feb. - April – gelb, klein, in seitenständigen Dolden	– Aug. - Okt. – rot glänzend – Steinfrüchte – 2 cm lang	– Früchte essbar – Saft, Marmelade	– (17 Arten) Haselmaus, Siebenschläfer, u.a. – (15 Arten) Kernbeißer, Dompfaff u.a.	für viele Insekten erste Nahrung im Jahr
Weiden (diverse) *(Salix...)*	– bis 2100 m, sonnig – feucht, kalkhaltig, nährstoffreich	– bis 7 m – lockerer Strauch	– Feb. - April – m. und w.: Blüten auf getrennten Büschen/ Kätzchen	– Juni - Aug. – weiße Kapseln mit weiß behaarten Samen	– ungenießbar	– (16 Arten) – Seidenschwanz, Dompfaff, Stockente u.a.	(216 Arten) Bienen, Großer Fuchs, Schillerfalter u.a.
Schlehe *(Prunus spinosa)* Schwarz-, Schlehdorn	– bis 1600 m, sonnig – feucht/trocken, kalkhaltig, anspruchslos	– 2 - 3 m – dornig, sparriger dichter Strauch	– März - Mai – weiß, vor den Blättern – duftend	– Sept. - Nov. – blau bereift – kugelige Steinfrucht – Ø 1 cm	– essbar – Marmelade, Schnaps	– (18 Arten) Feldhasen, Gelbhalsmaus u.a. – (20 Arten) Rotkehlchen u.a.	(137 Arten) Segelfalter, Zierbock, Tanzfliege u.a.
Holunder (Roter) *(Sambucus racemosa)* Trauben-, Berg-Holunder	– bis 1900 m, halbschattig – feucht/trocken, kalkarm, locker, stickstoffreich	– bis 4 m – wenig verzweigt	– April - Mai – grünlich-gelb, klein, in aufrechten Rispen	– Juli - Aug. – scharlachrot – klein, kugelig in Trauben – Ø 4 mm	– roh ungenießbar	– (5 Arten) Rötelmaus u.a. – (47 Arten) Nachtigall, Heckenbraunelle u.a.	viele Arten Schwebfliegen, Skabiosenscheckenfalter u.a.
Sanddorn *(Hippophae rhamnoides)* Seedorn, Fasanenbeere	– bis 1800 m, sonnig – feucht/trocken, kalkhaltig, sandig	– 1 - 4 m – dornig, sparriger Strauch	– April - Mai – m.: rostrot, kurz – w.: gelb-grüne Ähren	– Sept. - Dez. – orange, glänzend – Steinfrüchte – Ø 7 mm	– essbar – sehr vitaminreich – Saft, Marmelade	– (4 Arten) Baumschläfer u.a. – (16 Arten) Beeren für Hühnervögel, Fasane u.a.	einige kleine Fliegenarten
Schneeball (Wolliger) *(Viburnum lantana)* Schlinge	– bis 1400 m, sonnig – feucht/trocken, kalkhaltig, steinig	– 2 - 5 m – Triebe lang, biegsam, kompakter Strauch	– April - Juni – gelbweißlich, m. und w. Blüten in Trugdolden – duftend	– Aug. - Okt. – unreif: rot reif: schwarz - ovale Steinbeeren – Ø 8 mm	giftig	– (6 Arten) Rötelmaus u.a. – (15 Arten) Singdrossel, Kernbeißer u.a.	(17 Arten) Honigkäfer, Goldwespen, Raupenfliegen u.a.

Tab. 26: Wildsträucher 2 – Mittelblüher

Name *(lateinischer Name)* andere Namen	**bevorzugter Standort Boden**	**Wuchs Erscheinungsbild**	**Blüten: Zeit Farbe Art**	**Früchte: Zeit Farbe Art Größe**	**Beispiele für Multifunktionalität** *(in Klammern Anzahl der Arten)* [1] – Beispiele–		
					Mensch	**Säugetiere Vögel**	**Insekten**
Berberitze *(Berberis vulgaris)* Sauerdorn	– bis 2700 m, sonnig – feucht/trocken, kalkreich, anspruchslos	– 2 - 4 m – dornig, dichter Strauch	– Mai - Juni – gelbe Blütentrauben – duftend	– Aug. - Jan. – scharlachrot – walzenförmige Beeren – Ø 0,6 cm	– roh ungenießbar – Saft, Gelee, getrocknet Tee	– (7 Arten) Haselmaus – (19 Arten) Gimpel, Kernbeißer, Amsel u.a.	(viele Arten) Distelfalter, Baumhummel, Schwebfliege
Feldahorn *(Acer campestre)* Maßholder	– bis 500 m, halbschattig – feucht/trocken, anspruchslos	– 2 - 15 m – Stockausschläge, Wurzelbrut	– Mai – gelbgrün	– Sept. - Okt. – braun – geflügelte Früchte – Ø 0,7 cm	– hartes Holz für Tischler und Schnitzer	– bodennahe Nistmöglichkeit	Ahorneule u.a.
Hainbuche *(Carpinus betulus)* Hagebuche Weißbuche	– bis 900 m, halbschattig – feucht/trocken, leicht sauer, stickstoffhaltig, lehmig	– 2 - 12 m – dichtwüchsiger Strauch	– Mai - Juni – m.: rötlich w.: blaßrote hängende Kätzchen	– Okt. – braun – 8 Nusspaare übereinanderhängend – Ø 0,7 cm	– ungenießbar	– Waldmäuse – Eichelhäher	Buchenzirpe, Buchenblattwespe, Maikäfer
Hartriegel, Blutroter *(Cornus sanguinea)* Bluthartriegel	– bis 1000 m, sonnig, halbschattig – feucht/trocken, kalkhaltig, lehmig, steinig	– 2 - 4 m – buschförmig, rötliche Zweige	– Mai - Juni – weiß, 4teilig, klein, in Trugdolden	– Aug. - Okt. – blauschwarz – kugelige Steinfrüchte – Ø 0,5 cm	– ungenießbar	– (8 Arten) Wildäsungspflanze – (24 Arten) Seidenschwanz, Drossel u.a.	(32 Arten) viele kleine Fliegenarten, Faulbaumbläuling u.a.
Heckenkirsche (Rote) *(Lonicera xylosteum)* Beinholz	– bis 1600 m, halbschattig – trocken, kalkhaltig	– bis 3 m – reich verzweigt	– Mai - Juni – weiß/gelb – paarweise Lippenblüten, duftend	– Aug. - Sept. – scharlachrot – kugelige Beeren – Ø 0,6 mm	**giftig** – Holz sehr hart	– (12 Arten) – (8 Arten) – Kernbeißer, Dompfaff, Wacholderdrossel u.a.	(40 Arten) besonders für Tag- und Nachtfalter
Kreuzdorn *(Rhamnus cathartica)* Wegdorn	– bis 1600 m, sonnig – trocken, kalkhaltig, stickstoffhaltig	– 2 - 4 m – dornig, sparriger Strauch	– Mai - Juni – grünlich gelb, in Trugdolden, duftend	– Sept. - Nov. – schwarz – kugelige Steinfrucht – Ø 0,5 mm	**giftig**	– (8 Arten) Steinmarder u.a. – (19 Arten) Drosseln, Grasmücke u.a.	(45 Arten) Fliegen, Falter, Zitronenfalter u.a.
Mispel *(Mespilus germanica)* Hundsärsch	– bis 1100 m, sonnig, warm – feucht/trocken, kalk- und stickstoffhaltig	– 2 - 5 m – einzelne Dornen, Strauch bis Baum	– Mai - Juni – weiße, einzelne Scheibenblüten	– Sept. - Okt. – braun – kugelige Steinfrucht – Ø 3 cm	– essbar – säuerlich – Marmelade, Gelee, Most, Wein	– (6 Arten) – (6 Arten) Finken u.a.	Pillenwespe, Pelzbiene, Graue Fleischfliege
Schneeball (Gemeiner) *(Viburnum opulus)* Wasserschneeball	– bis 1300 m, halbschattig – feucht/trocken, kalkhaltig, humos, lehmig	– 2 - 5 m – lichter Strauch	– Mai - Juni – weiße, gelbe, fruchtbare Trugdolde, duftend	– Sept. - Feb. – rotglänzend – Steinfrüchte – Ø 0,8 cm	**giftig**	– (11 Arten) – (22 Arten) Seidenschwanz, Wacholderdrossel u.a.	(25 Arten) Schneeballblattkäfer, Blumenwanzen, Dickkopffliegen u.a.
Traubenkirsche *(Prunus padus)* Ahlkirsche	– bis 1500 m, halbschattig – feucht, stickstoffreich	– 10 - 15 m – Triebe außen hängend, Strauch bis Baum	– Mai - Juni – weiß, in lockeren Trauben, duftend	– Sept. - Okt. – rot, schwarz – Steinfrüchte – Ø 0,6 cm	– bis auf den Kern essbar – bittersüß	– (16 Arten) – (24 Arten) Singdrossel u.a.	zahlreiche Bienen, Schwebfliegen, Blumenfliegen, Birkenzipfelfalter u.a.
Weißdorn *(Crataegus monogyna)* Hagedorn	– bis 1500 m, sonnig – trocken/feucht, mager, sandig	– 3 - 8 m – dornig, dichter Strauch	– Mai - Juni – weiß – in aufrechten Dolden, stark duftend	– Sept. - Okt. – rot – ovale Scheinfrucht – 1 cm lang	– essbar – mehlig, herb säuerlich – Sirup, Marmelade	– (5 Arten) Mäuse, Hasen u.a. – (32 Arten)	(163 Arten) Sandbienen, Bienen, Obstgespinstmotte

[1] Die Angaben sind aus Zeitschriften (insbesondere: »Kraut und Rüben« und BUND) zusammengetragen; vgl. auch WITT 1989.

Tab. 27: Wildsträucher 3 – Langblüher

Name *(lateinischer Name)* andere Namen	**bevorzugter Standort Boden**	**Wuchs Erscheinungs-bild**	**Blüten: Zeit Farbe Art**	**Früchte: Zeit Farbe Art Größe**	**Beispiele für Multifunktionalität** *(in Klammern Anzahl der Arten)*[1] – Beispiele–		
					Mensch	**Säugetiere Vögel**	**Insekten**
Faulbaum *(Rhamnus frangula)* Pulverholz	– bis 1400 m, halbschattig – feucht, sauer, stickstoffarm	– 3 - 7 m hoch – dünne Krone	– Mai - Aug. – grünlich weiß, unscheinbar, in Büscheln	– Juli - Nov. – erst rot, dann schwarz – kugelige Steinfrucht – Ø 0,5 cm	**Beeren giftig** – aus dem Holz wurde Schießpulver hergestellt	– (11 Arten) – (36 Arten)	(45 Arten) Bienen, Zitronenfalter, Raupen, kleiner Eisvogel (Falter) u.a.
Holunder (Schwarzer) *(Sambucus nigra)* Holler, Eller, Flieder	– bis 1200 m, sonnig – genügend feucht, sauer, stickstoffreich	– 3 - 8 m hoch – wenig verzweigte Grundtriebe	– Juni - Aug. – gelbweiß – in schirmförmigen Trugdolden – duftend	– Aug. - Sept. – schwarz glänzend – eiförmige bis kugelige Beeren – Ø 0,5 cm	**Beeren roh giftig** – gek. Saft, Süßspeisen – Blüten ausgebacken	– (8 Arten) – (62 Arten) Mönchsgrasmücke u.a.	(15 Arten) Rosenkäfer, Blumenfliege u.a.
Hundsrose *(Rosa canina)* Hagebutte, Heideröschen	– bis 1300 m, sonnig – trocken, anspruchslos	– 3 - 5 m hoch – aufrechter Strauch, stachelig	– Mai - Juli – blaßrosa – Scheibenblüten, duftend	– Sept. - Jan. – orangerot – ovale Sammelfrüchte – bis 2,5 cm Länge	– Fruchtfleisch essbar – Sirup – Marmelade – (Germanen: heiliger Baum)	– (28 Arten) Igel, Feldhase u.a. – (27 Arten) Grünfink, Dompfaff u.a.	Nachtpfauenauge, Blattschneiderbiene, Grabwespe, Steinhummel, Rosenkäfer
Liguster *(Ligustrum) vulgare)* Rainweide	– bis 1400 m, sonnig – tocken, anpassungsfähig	– 2 - 4 m hoch – buschiger Strauch, lange grünbleibend	– Juni - Juli – gelblich weiß, klein – in aufrechten Rispen, duftend	– Aug. - Jan. – schwarz glänzend – kugelige Steinfrucht – Ø 0,6 cm	**giftig**	– (10 Arten) – (21 Arten) Mönchsgrasmücke u.a.	(21 Arten) Ligusterschwärmer, Wildbienen u.a.

[1] Die Angaben sind aus Zeitschriften (insbesondere: »Kraut und Rüben« und BUND) zusammengetragen; vgl. auch WITT 1989.

Fortsetzung von Seite 100

In der Spalte »Erscheinungsbild« ist besonders auf »dornig« oder »stachelbewehrt« zu achten, denn solche Hecken sind für Vogelnester die sichersten Schutzzonen.

An nur wenigen einheimischen Sträuchern sind nach Juni noch Blüten zu finden, jedoch auch die Früchte, die bis in den Mittwinter zu Verfügung stehen, sind ein wichtiges Auswahlkriterium. *Lesen Sie bitte auf Seite 104 weiter*

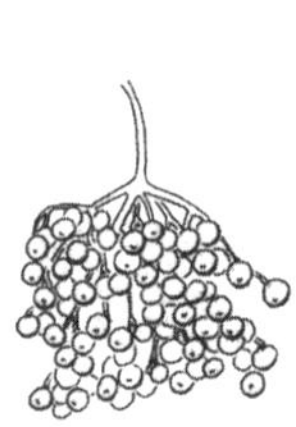

Tab. 28: Blüh- und Fruchtzeiten bei Sträuchern

	Jan.	Feb.	März	April	Mai	Juni	Juli	Aug.	Sept.	Okt.	Nov.	Dez.
Berberitze					•••••••	•••••••		0000	0000000	0000000	0000000	0000000
Faulbaum					•••••••	•••••••	••••••• 0000	••••••• 0000000	0000000	0000000	0000000	
Feldahorn				•••••••	•••••••				0000000	0000000		
Hainbuche					•••••••	•••••••			0	0000000	0	
Haselnuss		•••••	•••••••	•••••••				0000000	0000000	0000000		
Hartriegel					•••••••	•••••••		0000000	0000000	0000000		
Heckenkirsche					•••••••	•••••••		0000000	0000000			
Holunder (Rot)				•••••••	•••••••		0000000	0000000				
Holunder (Schwarz)						•••••••	•••••••	••	0000000	0000000		
Hundsrose	000000				•••••••	•••••••	•••••••	••	0000000	0000000	0000000	0000000
Kornelkirsche		•••••	•••••••	•••••••				0000000	0000000	0000000		
Kreuzdorn					•••••••	•••••••			0000000	0000000	0000000	
Liguster	0000000					•••••••	•••••••	00000	0000000	0000000	0000000	0000000
Mispel					•••••••	•••••••			0000000	0000000	00000	
Sanddorn				•••••••	•••••••				0000000	0000000	0000000	0000000
Schlehe			•••••••	•••••••					0000000	0000000	0000000	0000
Schneeball (Gemeiner)	0000000	000000			•••••••	•••••••			0000000	0000000	0000000	0000000
Schneeball (Wolliger)				•••••••	•••••••	•••••••		0000000	0000000	0000000		
Traubenkirsche					•••••••	•••••••			0000000	0000000		
Weiden ...		•••••••	•••••••	•••••••		0000000	0000000	0000000				
Weißdorn					•••••••	•••••••			0000000	0000000	0000	

•••• Zeit der Blüte 0000 Zeit der Früchte

Kriterien für eine Sträucherkombination:

- Die Blühzeit (Blühstatus – Blüten ganzjährig)
- Früchte im Mittwinter (zum Überwintern der Vögel)
- Dornenbewehrung (sichere Nistplätze)
- Anzahl der Arten, die den Strauch nutzen (evtl. getrennt nach Singvögeln und Insekten)
- Beitrag zur Ernährung des Menschen
- Je ein Strauch kann auch, wenn er bei den o.g. Kriterien nicht weit vorne liegt, aufgrund einer individuellen Vorliebe des Gärtners hinzukombiniert werden.

Fortsetzung von Seite 102

Im Biotop mit Mensch sind zusätzlich zu den Wildsträuchern auch Obststräucher in die Hecke zu kombinieren.

Aus einer großen Zahl unterschiedlichster Züchtungen werden acht Varietäten zur Auswahl gestellt.

Lesen Sie bitte auf Seite 106 weiter

Tab. 29: Stachelbeeren

Name *(lateinischer Name)* andere Namen	**bevorzugter Standort Boden**	**Wuchs Erscheinungsbild**	**Blüten: Zeit Farbe Art**	**Früchte: Zeit Farbe Art**	**Beispiele für Multifunktionalität** *(in Klammern: Anzahl der Arten bezogen auf Wildformen)*		
					Mensch	**Säugetiere Vögel**	**Insekten**
Stachelbeere *(Ribes uvacrispa)* – allgemein –	– Viertel- bis Halbschatten – kalkhaltig, durchlässig bis schwer	– bis 1 m – stacheliger Strauch oder Bäumchen	– April – gelbgrün – unscheinbar	– Juni/Juli – je Sorte unterschiedlich – ovale, säuerliche Beeren	– Saft, Marmelade, Kompott – Wein – etc.	– (5 Arten) Steinmarder, Haselmaus, Waldmaus u.a. – (14 Arten) Sumpfmeise, Sperling, Mönchsgrasmücke, Nachtigall u.a.	(36 Arten) C-Falter, Hummeln, Bienen, Stachelbeerspanner u.a.
Weißfrüchtige Sorten							
Weiße Neckartaler	– siehe allgemein	– siehe allgemein – mehltauanfällig	– siehe allgemein	– Juni – weißlich			
Weiße Triumpf	– siehe allgemein	– siehe allgemein	– siehe allgemein	– Juni/Juli – weißlich – säuerlich – ertragreich			
Gelbfrüchtige Sorten							
Hönings Früheste (alte Sorte)	– siehe allgemein	– siehe allgemein – nicht mehltauanfällig	– siehe allgemein	– Anfang bis Mitte Juni – gelb – behaart, süß			
Leuffener Gelbe	– siehe allgemein	– siehe allgemein – kräftiger Wuchs	– siehe allgemein	– Ende Juni – gelb – glatte, dünne Schale			
Grünfrüchtige Sorten							
Grüne Kugel	– siehe allgemein	– siehe allgemein – mehltauanfällig	– siehe allgemein	– Mitte bis Ende Juni – grün – ertragreich			
Lady Delamere	– siehe allgemein – auch für rauhe Lagen	– siehe allgemein – robust	– siehe allgemein	– Ende Juni – grün – ertragreich			
Rotfrüchtige Sorten							
Maiherzog	– siehe allgemein	– siehe allgemein – kräftig, aufrecht wachsend	– siehe allgemein	– Mitte Juni – rötlich-grün – ertragreich			
Rote Triumpf (alte Sorte)	– siehe allgemein	– siehe allgemein – kräftig, breit	– siehe allgemein	– Ende Juni – rötlich-grün – ertragreich			

Tab. 30: Johannisbeeren

Name (*lateinischer Name*) andere Namen	bevorzugter Standort Boden	Wuchs Erscheinungsbild	Blüten: Zeit Farbe Art	Früchte: Zeit Farbe Art	Beispiele für Multifunktionalität (*in Klammern: Anzahl der Arten bezogen auf Wildformen*)		
					Mensch	**Säugetiere Vögel**	**Insekten**
Johannisbeere (*Ribes...*) Ribisel – allgemein –	– halbschattig – keine Klimaansprüche – anspruchslos	– 1 - 2 m hoch, als Strauch und als Bäumchen (Flachwurzler)	– April – grünlich weiße Blüten – locker in hängenden Trauben	– Juni/Juli – je nach Sorte unterschiedlich – runde, säuerliche Beeren	– Saft, Gelee, Kompott – Wein – etc.	– (3 Arten) Marder, u.a. – (34 Arten) Amseln, Singdrossel u.a.	(30 Arten) C-Falter, Hummeln, Bienen u.a.
Rotfrüchtige Sorten							
Heros	– siehe allgemein – Boden eher schwer	– mittel	– siehe allgemein	– Mitte Juni, früh reifend – rot – lange Trauben, reich tragend			
Jonkeer van Tets	– siehe allgemein	– stark, aufrecht	– siehe allgemein	– Mitte Juni, früh reifend – rot – lange Trauben, reich tragend			
Rote Vierländer (alte Sorte)	– siehe allgemein	– stark, robust	– siehe allgemein	– Ende Juli, mittelfrüh reifend – rot			
Heinemanns Rote Spätlese	– siehe allgemein – Boden eher schwer	– stark, aufrecht	– siehe allgemein	– Ende Aug., spät reifend – rot – lange Trauben, reich tragend			
Weißfrüchtige Sorten							
Weiße aus Jüterborg	– siehe allgemein – Boden eher schwerer	– stark, robust	– siehe allgemein	– Ende Juli, mittelfrüh reifend – weiß – lange, gut besetzte Trauben			
Weiße Versailler	– siehe allgemein	– mittel	– siehe allgemein	– Ende Juli, mittelfrüh reifend – weiß – besonders lange Trauben			
Schwarzfrüchtige Sorten							
Silvergieters Schwarze	– siehe allgemein – Boden eher schwerer	– stark, aufrecht	– siehe allgemein	– Juli, mittelfrüh reifend – schwarz – lange Trauben, hoher Vitamin-C-Gehalt			
Rosenthals Langtraubige	– siehe allgemein	– kräftig	– siehe allgemein	– Ende Aug., spät reifend – schwarz – lange, lockere Trauben, hoher Vitamin-C-Gehalt			

Fortsetzung von Seite 104
Auch Obststräucher werden von einer Reihe von Vögeln und Insekten genutzt.

Tab. 31: Brombeeren und Himbeeren

Name *(lateinischer Name)* andere Namen	**bevorzugter Standort Boden**	**Wuchs Erscheinungsbild**	**Blüten: Zeit Farbe Art**	**Früchte: Zeit Farbe Art**	**Beispiele für Multifunktionalität** *(in Klammern: Anzahl der Arten bezogen auf Wildformen)*		
					Mensch	**Säugetiere Vögel**	**Insekten**
Brombeere *(Rubus fruticosus)* Kratzbeere – allgemein –	– sonnig, wenig Ansprüche an Klima – kalkhaltig, durchlässig	– dorniges Rankengestrüpp	– ab Juni – weiß-rosa – Blüten in Doldentrauben	– Aug.-Okt. – schwarzglänzende säuerliche Sammelfrüchte	– Saft, Gelee, Kompott – Likör, Wein – Blätter als Tee	– (7 Arten) Marder u.a. – (32 Arten)	(85 Arten) Hummeln, Bienen, Himbeerkäfer
Wilsons Frühe	– siehe allgemein	– siehe allgemein – aufrecht, bedornt	– siehe allgemein	– ab Ende Juli – sehr gut			
Theodor Reimers (alte Sorte)	– siehe allgemein	– stark wachsend – rankend, bedornt	– siehe allgemein	– ab Ende Aug. – reich tragend			
Thornless Evergreen	– siehe allgemein	– rankend – immergrün dornenlos	– siehe allgemein	– ab Mitte Aug.			
Himbeere *(Rubus idaeus)* Hohlbeere – allgemein –	– sonnig, geschützt – nährstoffreich, feucht, eher sauer	– 1 - 2 m – einzelne Ruten mit winzigen Stacheln	– Mai - Juli – weiße Blüten in nickenden Rispen	– Juni - Aug. – rote, samtartige Sammelfrüchte aus vielen Steinbeeren	– Saft, Gelee, Marmelade, Süßspeisen – Junge Blätter als Tee – Likör, Schnaps	– (20 Arten) – (39 Arten) Pirol, Mittelspecht, Hausrotschwanz u.a.	(85 Arten) Blattwespen, Rüsselkäfer, Faulbaumbläuling, Kaisermantel u.a.
Preußen (alte Sorte)	– siehe allgemein	– stark – anfällig für Rutenkrankheit	– siehe allgemein	– Mitte Juni – reich tragend			
Malling Promise	– siehe allgemein – sonnig – leicht feucht	– siehe allgemein – wenig anfällig für Rutenkrankheit	– siehe allgemein	– Anfang Juni – reich tragend			
Schönemann	– siehe allgemein	– siehe allgemein – stark, wenig krankheitsanfällig	– siehe allgemein	– Mitte Juni – reich tragend			

Brombeeren sind ohne besonderes Platzbedürfnis in der Hecke rankend zu integrieren. Bei einer nicht unmittelbar mit Obstbäumen vergesellschafteten Hecke können an der Sonnenseite Himbeeren in den Heckenrand gepflanzt werden. Im Strauchersegment besteht die Gefahr, dass die Himbeeren mit Ausläufern in die innere Baumscheibe vordringen. Über die Verträglichkeit von Himbeere und Obstbaum in einer Vergesellschaftung konnten wir keine Informationen auffinden.

In Hecken sollten generell auch Bäume eingepflanzt werden, dabei sind in einer O-L-G vor allem all diejenigen Bäume einzubeziehen, die als Kameradschaftsbäume bekannt sind. Auszuschließen sind in jedem Fall diejenigen, die typische Unverträglichkeiten aufweisen (vgl. Tab. 32, S. 107). *Seifert* ordnet den Obstbäumen Eichen, Hausbuchen, Weißdorn und Schlehdorn zu (*Seifert* 1982, S. 188). Besondere Bedeutung kommt wegen ihrer Bedeutung für Vögel und Insekten sowie ihrem Ernährungsbeitrag für den Menschen denjenigen aus Tab. 32 (S. 107) zu. Die essbare Eberesche (*Sorbus aucuparia* var. *moravica*) enthält erheblich mehr Vitamin C als Zitrusfrüchte (Zitronen des Nordens, die Sorte ´Konzentra´ ist darü-

Tab. 32: Bäume in der Hecke

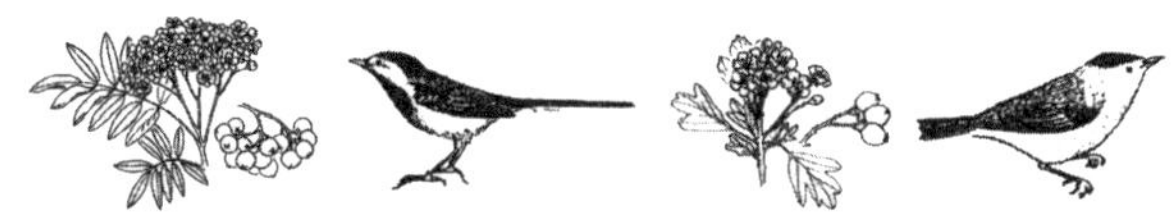

Name (*lateinischer Name*) Familie andere Namen	bevorzugter Standort Boden	Wuchs Erscheinungsbild	Blüten: Zeit Farbe Art	Früchte: Zeit Farbe Art Größe	Beispiele für Multifunktionalität		
					Mensch	**Säugetiere Vögel**	**Insekten**
Eberesche (*Sorbus aucuparia*) Rosaceae Vogelbeere, Quitschbaum	– bis 1500 m, auch rauhes Klima – anspruchslos	– bis 20 m – Baum mit lockerer Krone	– Mai - Juni – weiß – Doldenrispen	– Aug. bis Jan. – korallenrot – Steinfrucht – Ø 0,8 - 1 cm	– roh ungenießbar – gekocht bedingt brauchbar	– Bilche, u.a. – Amsel, Drossel u.a.	– Falter, Schlehenspinner
Eberesche, eßbare (*Sorbus aucuparia moravica*) Rosaceae	– sonnig – anspruchslos				– roh, getrocknet – Saft, Marmelade – Essigbereitung		
Elsbeere (*Sorbus torminalis*) Rosaceae Rührbirne	– bis 500 m, warm, sonnig – kalkreich	– bis 20 m – Baum mit ausladender Krone	– Mai - Juni – weiß – Rispen	– Sept. - Dez. – braun – ovale Steinfrucht – Ø 1,0 - 1,2 cm	– nach dem ersten Frost essbar – Marmelade		
Mehlbeere (*Sorbus aria*) Rosaceae	– bis 500 m, warm, sonnig – kalkreich, steinig	– 3 bis 15 m – Baum	– Mai – weiß – Doldenrispen	– Sept. - Dez. – rot – mehlige, trockene Scheinfrucht – Ø 1,5 cm	– essbar		
Speierling (*Sorbus domestica*) Rosaceae Sperberbaum	– bis 500 m, warm, sonnig – mineralhaltig	– bis 20 m – schwachwüchsig	– Juni – weißrosa – Doldenrispen	– Sept. - Dez. – rotgelb – birnenförmige Scheinfrüchte – Ø 2 - 3 cm	– Saft – Wein – Marmelade	– Wild	
Lärche (*Larix decidua*) Pinaceae	– bis Baumgrenze – anspruchslos	– bis 40 m – wirft die weichen Nadeln im Herbst ab	– April – m.: grün w.: rot – Windblütler	– Sept. – hellbraune Samen in 1 - 3 cm großen Zapfen	– Holz	– Eichhörnchen, Mäuse – Bergfink, Zeisig u.a.	
Schwarz-, Roterle (*Alnus glutinosa*) Betulaceae	– bis 700 m – moorig bis trocken	– bis 30 m – lockere Krone	– Feb. bis März – m.: gelb, kätzchenartig, w.: unscheinbar – Windblütler	– Sept. bis Feb. – braune Samen in schwärzlichen 1 - 2 cm großen Zapfen	– Holz		– Birkenspinner – Erlenholzwespe
Stiel-, Sommereiche (*Quercus robur*) Cupuliferae	– bis 500 m, Auenwälder – schwer	– bis 45 m – Baum, ausgreifende, unregelmäßige Krone	– Mai – m.: hängend kätzchenartig, w.: unscheinbar – Windblütler	– Sept. bis Okt. – Eicheln auf Stiel	– Rinde für Medizin – aus den Eicheln Mehl oder Kaffee-ersatz – Holz	– Schwarzwild, Eichhörnchen, Mäuse – Eichelhäher	– Falter: Eichenspinner, Eichenzipfelfalter – Gallwespen
Stein-, Wintereiche (*Quercus sessilis*) Cupuliferae	– bis 700 m, warm – leicht sauer			– 2 - 5 Eicheln zusammen, ohne Stiel			

ber hinaus reich an P). Die 'Rosia' wurde früher getrocknet wie Rosinen verwendet. Die Eberesche heißt nicht umsonst auch Vogelbeere, sie sollte in keiner Hecke fehlen.

Außer der Lärche lassen sich alle anderen Bäume der Tab. 32 auf »Stock setzen«, d. h. sie lassen sich so beschneiden, dass sie sich in die Hecke einpassen.

Die Pflanzarbeiten vollziehen sich in gleicher Weise wie bei der Baumpflanzung (S. 81). Bodenverbesserungen sind beim Pflanzen der Sträucher nicht notwendig. Bei Herbstpflanzungen braucht der Rückschnitt der Triebe nicht so radikal zu erfolgen (doppelte Länge im Vergleich zu Bäumen).

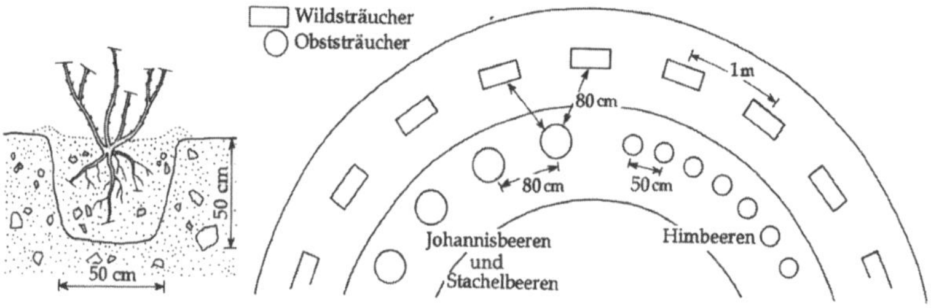

Abb. 67: Strauchpflanzung

Unterwuchs des Sträuchersegments gestalten: Auch der Unterwuchs einer Hecke kann entsprechend der Optimierung einer O-L-G gestaltet werden. Eine Reihe besonders interessanter, krautiger Pflanzen, die sich nur über sehr lange Zeiträume

Tab. 33: Stauden als Unterpflanzung und Bodendecker in der Hecke

Name *(lateinischer Name)* Familie andere Namen	**bevorzugter Standort Boden**	**Wuchs Erscheinungs-bild**	**Blüte Vermehrung**	**Beispiele für Multifunktionalität**		
				Mensch	**Tiere: Heimstatt Nahrung**	**Pflanzen Boden**
Märzveilchen *(Viola odorata)* Violaceae Marienstengel	– sonnig bis halbschattig – humos, feucht	– 5 - 10 cm – ausgebreiteter Wurzelstock mit zahlreichen Ausläufern, herzförmige Blätter	– März - April, tief violett, stark duftend – durch Ausläufer und Samen, von Ameisen verschleppt		– Nachtfalter: Große Bandeule, – Tagfalter: Perlmuttfalter, Kaisermantel, Gemeiner Scheckenfalter	– Bodendecker
Scharbockskraut *(Ranunculus ficaria)* Ranunculacea Feigwurz	– halbschattig – humos, feucht	– bis 15 cm – aus einem Wurzelstock kriechende Triebe, herzförmige Blätter	– März - Mai, leuchtend gelbe Blütensterne – durch Brutknöllchen, die in den Blattachseln wachsen	– nur junge Blättchen vor der Blüte als Würze zum Salat	– Tagfalter: Malvenwürfelfleckenfalter	– Bodendecker
Lungenkraut *(Pulmonaria officinalis)* Boraginaceae	– halbschattig – humos	– 20 - 30 cm – wollig behaarte Stengel – herzförmige Blätter mit hellen Tupfen	– März - Mai, jung rosa, über violett bis blau, an einem Stengel – durch Samen und Wurzeln		– Hummeln, bienen usw.	– Bodendecker
Waldmeister *(Asperula odorata)* Rubiaceae Maikraut	– halbschattig bis schattig – humos	– 10 - 30 cm – aufrechte, krautige Stengel mit quirlig gestellten, länglichen Blättern	– Mai - Juni, klein weiß, in Trugdolde – durch kriechende Ausläufer und Samen	– die jungen Triebe für Bowle (der aromatische Geruch verstärkt sich im Welkzustand)		– Bodendecker
Löffelkraut *(Cochlearia officinalis)* Cruciferae Skorbutkraut	– halbschattig – anspruchslos, feucht, moorig, aber auch steinig	– 15 - 30 cm – büschelige Pflanze mit wintergrünen rundlichen Blättern	– Mai - Aug., kleine weiße wohlriechende Blüten, gipfelständige Traube – durch Samen	– die Vitamin-C-haltigen Blätter über das ganze Jahr als Würze		– Bodendecker
Bärenlauch *(Allium ursinum)* Liliaceae Wilder Knoblauch	– halbschattig – humos, eher feucht	– 15 - 30 cm – zwei grundständige, gestielte, längliche Blätter wachsen aus einer Zwiebel	– April - Juni, weiße, sternartig lockere Dolde, richt stark nach Knoblauch – duch Samen, von Ameisen verschleppt	– Achtung! Verwechslung mit **giftigen** Maiglöckchen – die Blätter als Würze, Ersatz für Knoblauch		– als Pflanzenpflegemittel (Jauche), wie Knoblauch
Walderdbeere *(Fragaria vesca)* Rosaceae Hafelsbeere	– sonnig bis halbschattig – humos	– 15 cm – büschelige Pflanze mit dreigeteilten, gezähnten Blättern	– Mai - Juni, weiß – durch oberirdische Ausläufer und Samen	– Früchte sehr süß und aromatisch, frisch oder Marmelade, Kompott	– Blüten für Insekten, Früchte für Vögel und Kleinsäuger Tagfalter: Malvenwürfelfleckenfalter	– Bodendecker

auch selbst anpflanzen, können gezielt eingebracht werden. Diejenigen, für die sich der Standort einigermaßen eignet, werden sich behaupten und durchsetzen, die anderen sollten wir vergessen. Nach einigen Entwicklungsjahren kann aber ein zweiter Versuch gestartet werden, da sich die Standortbedingungen in einer O-L-G modifizieren.

Im ersten Jahr, unmittelbar nach dem Pflanzen der Sträucher, sollten analog dem Staudengürtel Bodenverbesserer (eventl. Bitterlupinen mit einer Weißkleeeinsaat) auf das Sträuchersegment gesät werden. Die Lupinen sind am besten abzusicheln, wenn sie blühen. Der Klee entwickelt sich unter den Lupinen und verhindert eine reine Vergrasung.

Im zweiten und dritten Jahr können dann Stauden aus der obigen Tabelle in den Klee eingesetzt werden (zunächst nur wenige, am besten von allen Sorten). Die standortbezogenen, durchsetzungsfähigen Arten werden sich verstärkt vermehren.

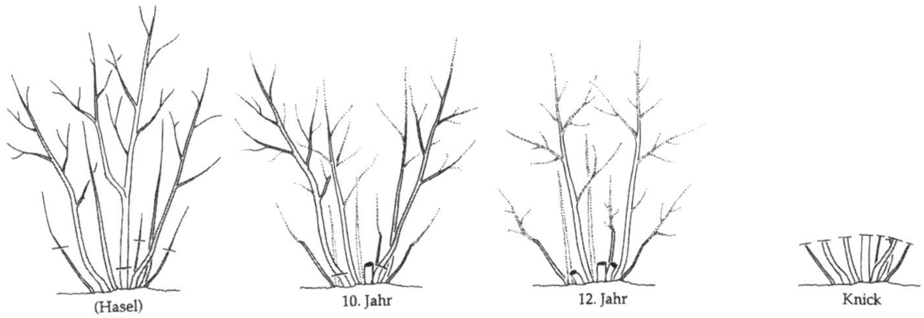

Abb. 68: Knick- und selektiver Sträucherschnitt

Pflegearbeiten:
- Unterbewuchs ergänzen
- Kräuterwuchs regulieren
- Obststräucher ausschneiden
- Bäume in der Hecke »auf Stock setzen«
- Hecke »knicken«.

Für ein Sträuchersegment oder eine Hecke gibt es kaum regelmäßige Pflegearbeiten.

Obststräucher ausschneiden: Soweit Obststräucher zugepflanzt wurden, ist bei Himbeeren ein jährliches, bei dem Rest eventuell zweijähriges Ausschneiden von Vorteil. Wir können uns aber auch dafür entscheiden, sie verwildern zu lassen. Die Wildsträucher gärtnern sich über längere Zeiträume selbst. Je nach Staudenart und Bodenbeschaffenheit kann die Neuanpflanzung in den ersten zwei Jahren leicht mit Wildkräutern überwachsen, dann reicht meist zweimaliges Niedertreten pro Jahr, um den Jungpflanzen ausreichend Licht zu sichern.

Bäume in der Hecke auf Stock setzen: Wenn Bäume, speziell Rot-(Schwarz-)Erlen eingepflanzt sind, sollte man diese ca. alle fünf Jahre auf strauchähnliches Maß zurückstutzen.

Hecke knicken (»Bäume auf Stock setzen«): Sobald die Wildsträucherhecke in einem Sträuchersegment der O-L-G in die Krone des Baumes zu wachsen beginnt (nach mehreren Jahren), ist es Zeit zu »knicken« oder zu verjüngen[11]. Das einfachste Verfahren ist das »Knicken«. Es stammt aus Schleswig-Holstein, weshalb die dort traditionellen Windschutzhecken auch Knicks heißen. In früheren Jahrhunderten knickte der Bauer jeden Winter etwa ein Zehntel seiner Windschutzhecken und gewann dabei Feuerholz. Beim Knicken werden die Sträucher 30 bis 50 Zentimeter über der Erde abgesägt.

Selektiver Strächerschnitt: Beim selektiven Sträucherschnitt wird im ersten Schnittjahr (10. Jahr) ein Teil der Hauptäste tief ausgeschnitten, jüngere, schwächere Äste zum Teil eingekürzt. Nach zwei bis drei Jahren folgt dann der Rest der älteren Äste, die jüngeren bleiben jetzt ungekürzt. Auf diese Weise wird die Hecke weniger kahl – soweit geerntet werden soll, sind die Ausfälle geringer.

Die Beschäftigung mit den Sträuchern und ihren Früchten kann auch wieder Anlass für ein soziales Ereignis (Fest) sein.

Wildfrüchtefest (Tees, Marmelade, Konfekt, Soßen usw.)

(1) Holunderblütensirup vom Schwarzen Holunder
Zutaten: *10 große aufgeblühte Blütendolden, 2 kg Zucker, 1 1/2 l Wasser, 50 g Zitronensäure, Flaschen zum Abfüllen und Verschließen mit Gummikappen oder Korken.*
Zubereitung: *Blütendolden kurz waschen und in einem Gefäß mit 1 1/2 l Wasser für 2 Tage unter gelegentlichem Umrühren stehen lassen. Dann durch ein Tuch abfiltern. Die Flüssigkeit zusammen mit dem Zucker und der Zitronensäure aufkochen, bis diese gelöst sind. Den Sirup heiß in Flaschen füllen und gleich verschließen. Zum Gebrauch je nach Geschmack mit Wasser oder Sprudelwasser verdünnen. Der Sirup ist sehr ergiebig und hält sich verschlossen bis zwei Jahre (Hausrezept).*

(2) Gebackene Holunderblüten vom Schwarzen Holunder (4 Personen)
Zutaten für den Teig: *200 g Mehl, 1 gestrichener TL Backpulver, 1 EL Zucker, 1 Ei, 1/8 l Milch, 1 EL Rum, 1 EL Öl.*
Übrige Zutaten: *10 bis 12 aufgeblühte gewaschene Blütendolden, Backfett, Zucker und Zimt.*
Zubereitung: *Aus den oben genannten Zutaten einen dickflüssigen Pfannkuchenteig bereiten und 1 Stunde stehen lassen. Fett zum schwimmenden Ausbacken erhitzen. Den Teig gut durchrühren, eine Blütendolde nach der anderen am Stiel anfassen, in den Teig tauchen und im heißen Fett goldgelb backen. Etwas abtropfen lassen, mit Zucker, gemischt mit gemahlenem Zimt, bestreuen bzw. den Zimtzucker extra reichen, heiß servieren (Hausrezept).*

(3) Fliederbeersuppe mit Klümp vom Schwarzen Holunder (4 Personen)
Zutaten für die Suppe: *1 Flasche (mind. 0,7 l) Holunderbeersaft, gleiche Menge Wasser, 1 EL Zucker, 250 bis 500 g geschälte Äpfel, entkernt und in Spalten geschnitten. Wenn man keinen fertigen Saft hat, 750 g Holunderbeeren in 1 1/2 l Wasser ca. 30 Min. kochen und durch ein Sieb passieren. Nach Geschmack süßen.*

---

11 Bei einer Solohecke erfolgt dieses nach 5 bis 15 Jahren, je nach Wachstumstempo und örtlichem Bedarf.

Zutaten für die Klümp (Grießklößchen): *1/2 l Milch, 200 g Grieß, 2 Eier, 50 g Butter, 1 Prise Salz.*
Zubereitung der Klöße: *Milch zum Kochen bringen, Salz und Butter dazugeben, Topf von der Flamme nehmen und den Grieß einrühren. Zurück auf der Flamme unter Rühren kochen, bis sich der Teig vom Topf löst. Beiseitestellen und zugedeckt abkühlen lassen.*
Zubereitung der Suppe: *In einem Topf, in dem auch die Klümp noch Platz finden, den Holunderbeersaft, Wasser, Zucker und die Apfelspalten so lange kochen, bis die Äpfel weich sind. Unterdessen die Eier unter den dicken Grießteig mischen und mit angefeuchteten Händen Klöße von 5 bis 6 cm Durchmesser drehen. Diese in die kochende Fliederbeersuppe geben, einmal aufkochen und dann 15 Min. ziehen lassen. Heiß servieren (Hausrezept).*

(4) Kornelkirschenkompott
Zutaten: *500 g Kornelkirschen, 500 g Zucker, 1/4 l Wasser, etwas Zitronensaft, 1 bis 2 TL Arrak bzw. Cognac.*
Zubereitung: *Wasser, Zucker und Zitronensaft kochen, bis der Zucker gelöst ist. Die gewaschenen Früchte dazutun und einmal aufkochen. Die Kornelkirschen herausnehmen, den Zucker kurz einkochen und den Arrak dazugeben; kochend über die Kornelkirschen gießen und kalt servieren (nach* Helm *1980).*

(5) Hagebuttenmarmelade (z.B. Hundsrose)
Zutaten: *500 g Hagebutten, 1 Tasse Wasser, Saft von 1 Zitrone, 1/2 Zimtstange, Samen aus 5 Kardamomkapseln, 150 g Honig.*
Zubereitung: *Die Hagebutten entstielen und die Blütenansätze wegschneiden. Halbieren und mit einem spitzen Messer die Kerne herauskratzen (Gummihandschuhe anziehen, da die Samenhärchen Juckreiz verursachen). Die Schalenhälften mehrmals gut waschen, bis alle Samenhärchen herausgelöst sind. Mit Wasser bedeckt über Nacht stehen lassen. Am nächsten Tag einen Teil des Wassers abgießen, die Hagebutten in einer Tasse Wasser mit dem Zitronensaft und der halben Zimtstange etwa 1/2 Stunde weich kochen. Durch ein Sieb passieren. Die Kardamomsamen im Mörser zerstoßen. Diese mit dem Honig zum Hagebuttenmark geben und alles zusammen noch einmal 10 Minuten bei schwacher Hitze kochen lassen. Heiß in Gläser füllen und sofort verschließen (*Schlechta *o. J.).*

(6) Süßer Hagebuttenauflauf (z.B. Hundsrose)
Zutaten: *Weißbrot, Butter, Hagebuttenmarmelade, Rotwein, Zucker, Zimt, mehrere Eiweiße, Puderzucker.*
Zubereitung: *Weißbrot entrinden, in dünne Scheiben schneiden und in Butter gelb backen. Die Scheiben mit Hagebuttenmarmelade bestreichen, je zwei und zwei übereinanderdecken und sie auf den Boden einer tiefen Form legen. Die Masse mit entsprechend Rotwein übergießen, den man zuvor mit Zucker und Zimt aufgekocht hat. Dann Hagebuttenmarmelade mit Puderzucker und dem festen Schnee von mehreren Eiweißen verrühren. Diese Masse über die gefüllten Weißbrotschnitten geben und den Auflauf im Rohr bei mäßiger Hitze backen. Heiß servieren (*Helm *1980).*

(7) Vogelbeerkonfekt (Eberesche)
Beim Sammeln prüft man, ob die Beeren sauer oder bitter schmecken. Man sammelt von Bäumen mit sauren Beeren.
Zutaten: *1000 g Vogelbeeren, nach dem ersten Frost gesammelt, 600 g Zucker.*

Zubereitung: *Die abgepflückten, gewaschenen Vogelbeeren 10 Min. in Wasser kochen. Abseihen und die Beeren durch ein Sieb passieren, mit dem Zucker vermischen. Auf ein mit Backpapier ausgelegtes Blech eine 1 bis 1,5 cm dicke Schicht streichen und im Ofen bei geringer Temperatur trocknen. In kleine Formen schneiden und als Konfekt servieren (nach* Koschtschejew *1990).*

(8) Schlehenlikör
Zutaten: *500 g Schlehen, nach dem ersten Frost gepflückt, 100 g Zucker, 0,5 l Weinbrand.*
Zubereitung: *Die gewaschenen, gut abgetropften Früchte mit dem Zucker und dem Weinbrand in einem Steintopf ansetzen. Eine Woche ziehen lassen, dann den Ansatz durch ein Tuch filtern und den Likör in Flaschen abfüllen. Diese noch einige Zeit stehen lassen (nach* Koschtschejew *1990).*

(9) Berberitzenpudding
Zutaten: *1/4 l ausgepressten Berberitzensaft, 1/2 l Rotwein, 250 g Zucker, Abgeriebenes einer unbehandelten Zitrone, 1/2 Stange Zimt, 100 g Kartoffelmehl oder Maizena.*
Zubereitung: *Berberitzensaft, Rotwein, Zucker und Zimtstange zusammen aufkochen lassen. Nun die Zimtstange herausnehmen, die geriebene Zitrone dazugeben, das Kartoffelmehl in etwas Wasser glatt rühren. Unter ständigem Rühren das Kartoffelmehl in die kochende Berberitzen-Rotweinflüssigkeit gießen und kochen, bis die Masse steif wird. Den Pudding in nasse Schälchen gießen und erkalten lassen. Gestürzt servieren (nach* Koschtschejew *1990).*

Extensivbänder

Extensivbänder unterscheiden sich von der Wildfläche dadurch, dass es ein Gewächsmanagement gibt. Das heißt, die Gärtnerin/der Gärtner bestimmt durch ein konsequentes Baum-, Strauch- und Kräutermanagement den Bewuchs dieser Fläche. Der »Waldgarten« von Hart entspricht einem solchen Management und auch weitgehend der O-L-G mit Extensivband (Komponente C und D).

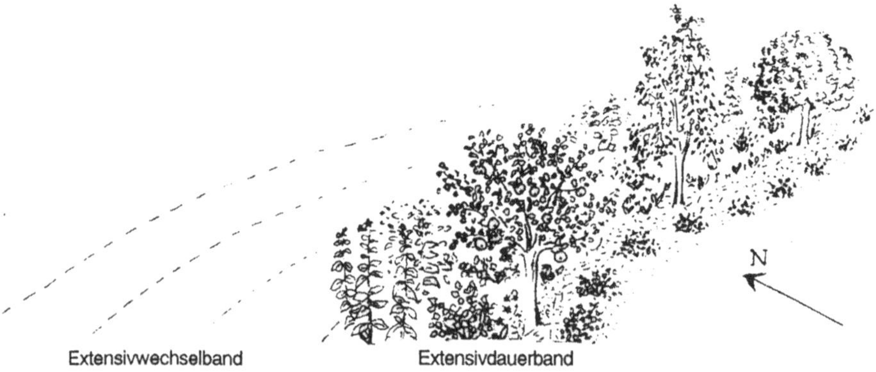

Abb. 69: Extensivbänder

Das ausdauernde Extensivband

In seiner extensiven Form besteht das Extensivband aus Sträuchern und ausdauernden Stauden. Neben Obststräuchern, Himbeeren, Erdbeeren und einer Reihe von Wildpflanzen spielt die Topinambur eine zentrale Rolle. Soweit die Knollen nicht geerntet werden sollen, kann das Kraut der Topinamburpflanze auch als Mulchmaterial für die Baumscheiben genutzt werden.

Die Topinambur hat innerhalb eines Permakultur-Gartens als eine sich selbst gärtnernde Pflanze besonderen Wert (ausdauernd, robust, resistent). Sie ist einer der wenigen Spätpollenlieferanten, liefert große Mengen Futter für Kleintiere oder große Mengen an Mulch- bzw. Kompostmaterial und ist überdies das wahrscheinlich nährstoffreichste Gemüse überhaupt. Sie kann im Winterhalbjahr teilweise die (nicht ausdauernde und empfindliche) Kartoffel und das Wintergemüse ersetzen.

Pflanzen-Steckbrief:
Topinambur (Erdsonnenrose, Erdbirne, Jerusalem-Artischocke), *Helianthus tuberosus*

Herkunft: Nordamerika
Kraut: zwei bis drei Meter hoch, frohwüchsig, kann zwei- bis dreimal im Jahr geschnitten werden
Blüte: kleine Sonnenblume (Korbblütler) – Herbst bis Spätherbst
Knolle: frosthart (bekannt seit 1590 in Bauerngärten als Knollengemüse) – kann zwischen Oktober und Mai geerntet werden

Inhaltsstoffe der Knolle:

- Inulingehalt (17 Prozent), deshalb Kartoffel der Zuckerkranken
- links drehender Fruchtzucker (Fructose u. Lävulose); Traubenzucker, Verhältnis zum Fruchtzucker 1:2 (dem Honig ähnlich)
- Kohlehydrate: 15,8 g; Eiweiße: 2,4 g; Fette: 0,49 g
- Kalium: 478 mg; Calzium: 10 mg; Phosphor: 78 mg; Magnesium: 20 mg; Eisen: 3,7 mg; Silizium: Spuren;
- Vitamine: A, B1, B6, Niacin, C (4 mg), D; Cholin und Beatin

Anwendung in der Küche:

- Rohkost (geraspelt); gekocht oder gedünstet

Vielfältige medizinische Anwendung:

- Entschlackung, Appetitzügler, zur Blutzuckersenkung, Verdauungsförderung, bei Problemen im Fettstoffwechsel

Verträglichkeit: individuell sehr unterschiedlich, manche Nutzer bedürfen einer allmählichen Gewöhnung.

Aus den Knollen wird auch Topinambur-Branntwein gebrannt.

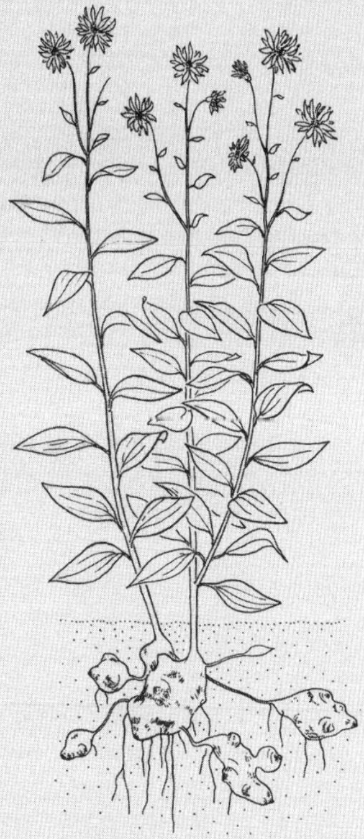

Pflanzen der Topinambur: Sie werden wie Kartoffeln, ggf. etwas enger gepflanzt.

Pflege und Ernte: Sie sind im üblichen Sinne pflegefrei. Herausreißen von Knollen im Winterhalbjahr (Ernte zwischen Oktober und Mai) und bei dieser Gelegenheit Lockern des Bodens (durch Einstechen einer Grabgabel und Rütteln oder Umhacken nach zwei bis drei Jahren) fördert das Wachstum (dickere Knollen, höheres Kraut). Die ausgereiften Stengel sind eine wichtige Komposttrockenmasse. Die Blüten werden auch als Schnittblumen verwendet.

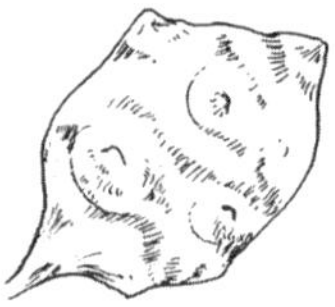

Rezepte für Topinambur

(1) Topinambur gekocht
Zutaten: *Topinambur, Salz.*
Zubereitung: *Topinambur kräftig bürsten oder ältere größere Knollen schälen, in Was- ser kochen wie Kartoffeln, abgießen und eine Prise Salz darüberstreuen (Hausrezept). Wenn man sie als Soße für Artischocken genießt, kann man sie auch als Ersatz für Artischockenböden verwenden.*

(2) Topinambur-Rohkost (1 Person)
Zutaten: *100 g Topinambur, 50 g frische Äpfel, 15 g Nüsse (Hasel- oder Walnüsse, Mandeln, Sonnenblumenkerne), etwas Zitronensaft, etwas Öl (Leinöl), geschlagene Sahne, Anis und Fenchel fein gemahlen, Schnittlauch, Petersilie oder Dill und Kerbel oder Salbei und Pimpernell fein gehackt, Salz.*
Zubereitung: *Topinambur in Wasser kräftig bürsten, ältere leicht abschaben oder schälen, in kleine Streifen schneiden oder raffeln. Zur besseren Bekömmlichkeit in leicht verdünntem Zitronensaft durchziehen lassen. Dann die Äpfel raffeln, untermischen, die zerkleinerten Nüsse und die übrigen Zutaten zufügen (*Renzenbrink *1989, S. 17).*

(3) Topinambur-Bratkartoffeln (1 Person)
Zutaten: *Je nach Größe 4 bis 6 Topinamburknollen, Fett zum Braten, Salz, Pfeffer.*
Zubereitung: *Topinamburknollen waschen und mit oder ohne Schale kochen (nicht zu weich). Abgießen und geschält oder ungeschält in Scheiben schneiden und wie Bratkartoffeln braten und würzen (Hausrezept).*

Weiteres Rezept zum Extensivband: Rotklee-und-Sauerampfer-Eintopf;
Russische Gemüsesuppe aus Wiesenklee und Sauerampfer (1 Person)
Zutaten: *2 bis 3 Kartoffeln, je 1 Handvoll junge Rotklee- und Sauerampferblätter, 1 mittlere Zwiebel, etwas Fett, 1/2 gekochtes Ei, saure Sahne, Salz, Pfeffer.*
Zubereitung: *Kartoffeln schälen, in Stücke schneiden, in kochendes Wasser geben und halb gar kochen. Die Zwiebel in kleine Würfel schneiden und in etwas Fett goldgelb braten. Den gewaschenen Rotklee und Sauerampfer klein schneiden. Salz, Pfeffer, Zwiebeln und Grünes zu den Kartoffeln geben und weiterkochen, bis die Kartoffeln gar sind. Diese eventuell etwas zerstampfen. Mit saurer Sahne verfeinern und dem klein gehackten gekochten Ei garnieren (nach* Koschschejew *1990).*

Je nach Güte des Bodens ist es vorteilhaft, das Topinamburband alle zwei bis fünf Jahre nach einer Bodenlockerung im Spätherbst dick abzumulchen. Nach einigen

Jahren Erfahrungen mit Topinambur stellen wir fest, dass der Geschmack der Knolle dann am besten ist, wenn sie generell im Oktober geerntet wird. Die Knollen werden in Eimern oder Kisten zu jeweils einer Schicht Topinambur und einer dünnen Schicht Erde gelagert (im Keller, einem nicht geheizten Nebenraum oder der Garage) und halten sich sehr gut bis im Mai. Neben auch anderen Zubereitungsarten decken sie über den Winter den größten Teil unseres Salatbedarfs (zwei- bis dreimal wöchentlich).

Eine sich weitgehend selbst gärtnernde Pflanze für den Extensivbandbereich ist der Rhabarber (s. Tab. 37, S. 143). Er bedarf einer jährlichen Lockerung, etwa 50 Zentimeter rund um den Pflanzenstock, und des Mulchs. Der Rhabarber kann vielfältig in die Ernährung einbezogen werden. Er ergibt mit wenig Aufwand viel wohlschmeckenden Saft. Außer Kompott und Kuchenbelag kann er mit anderen säurehaltigen Gemüsen als Gemüsemahlzeit kombiniert werden und die Blüten ergeben ein an sich säurefreies Gemüse.

Das extensive Hackband

Neben dem ausdauernden Extensivteil ist ein extensives Hackband zu empfehlen, das besonders auch dem Anbau von Getreide dient. Wegen der Notwendigkeit einer Fruchtfolge wird dieses Band dreigeteilt:

- Gründüngung
- Kartoffeln
- Roggen

Extensivbänder liegen gegebenenfalls sonnenabgewandt zwischen Baumgruppen oder an der Grundstückseite, die von den Nachbargrundstücken her durch einen Wald-, Baum- oder Buschrand, gegebenenfalls auch durch Gebäude nur teilbesonnt sind. Bei kleiner Fläche entfällt das extensive Hackband und die Pflanzungen werden als Fruchtfolge in die Intensivbänder mit einbezogen. Wenn eine ganze Familie ganzjährig ernährt werden soll, scheint es uns darüber hinaus notwendig, einen Teil des Kartoffelanbaus zwischen Gemüse- und Gründungsphase in das Intensivband zu integrieren.

Einrichtung eines Extensivbandes auf einem Wiesen- oder Brachlandsektor:

Roden:

a) Das Wiesen- bzw. Wildgelände mit einer Motorhacke bei nassem Boden (Herbst bis Frühjahr) dreimal durchhacken, um für die Pioniereinsaat ausreichende Tiefe zu erhalten.

b) Doppelt umgraben:
   - Die obere Grabsohle A der ersten Grabspur (Wiesensoden) wird ausgehoben und zur Seite gelegt.
   - Die untere Grabsohle B der ersten Grabspur wird auf eine Schubkarre geladen.
   - In die jetzt leere erste Grabspur werden die Grassoden der zweiten Grabspur (Gras nach unten) eingebracht.
   - Die Erde der unteren Grabsohle B der zweiten Spur wird auf die umgedrehten Grassoden in der ersten Spur gehäuft.

In gleicher Weise folgen die weiteren notwendigen Grabspuren. Größere Wurzelstöcke an der Oberfläche werden abgeharkt. Für den Fall, dass ein Wall-Sitzplatz geplant ist (vgl. »Soziale Räume«, Abb. 97, S. 211ff.), können die Wiesensoden auch komplett abgetragen und für die Sitzplatzkonstruktion verwendet werden.

Pionier-Einsaat: Eine sehr einfache Pioniersaat ist das Kartoffel-Gründüngungs-Gemisch. Die Kartoffel begünstigt durch ihre Saponine das Wachstum der Bäume.

Ende April werden die Kartoffeln entlang der ausgepflockten Linie 10 bis 15 Zentimeter tief in den durch Roden oder Mehrfachhacken vorbereiteten Ergänzungsring gesteckt. Die Kartoffeln lässt man dann mit Quecken, Gräsern, anderen Kräutern und den dazugesäten Lupinen oder Ackerbohnen bis zum Herbst wachsen (keine Pflege).

Die Ernte besteht in einem solchen Extensivanbau aus überwiegend kleinen, sehr guten Kartöffelchen und einer Menge Wurzeln und Kräutern für den Kompost. Auch wenn nur wenig Kartoffelkraut zu sehen sein sollte, ist dennoch eine Ernte von ca. 1,1 Kilogramm pro Quadratmeter (= 10,4 Tonnen/Hektar) zu erwarten. Die Kartof- feln werden mit Krail und/oder Grabgabel gerodet, die Erde gut durchgearbeitet und von Kräutern und Wurzeln gesäubert (Ende der Pionierarbeiten).

Kartoffelfest (Herbstfest I)

Hin und wieder kann die Ernte der Extensivkartoffeln zu einem Kartoffelfest genutzt werden. Außer Butterbrot und frischen Kräutern gibt es vor allem »historische Pommes frites« und »Holsteiner süße Kartoffeln« oder eine Kartoffelorgie, siehe unten.

(1) Pommes frites einmal anders: »Französische gebratene Kartoffeln«
Zutaten: *kleine Kartöffelchen, Salz, Backfett zum Fritieren.*
Zubereitung: *Man schält die kleinen Kartöffelchen rund und glatt. Dann wäscht man sie einige Male in kaltem Wasser ab, reibt sie mit einem weichen Tuch trocken, schüttelt sie mit trockenem Salz tüchtig durch und bäckt sie schwimmend in Backfett gelbbraun. Man nimmt sie mit einem Schaumlöffel aus dem Fett und lässt sie etwas abtropfen (*Roberts *1984, S. 52).*

(2) Süße Kartoffeln – »Glacierte Kartoffeln«
Zutaten: *kleine Kartöffelchen, Fett zum Braten, Salz, Zucker.*
Zubereitung: *Die kleinen Kartöffelchen waschen und mit der Schale kochen. Dann schält man sie, erhitzt das Fett in einer Kasserolle und brät die Kartöffelchen. Etwa zur Hälfte der Bratzeit, wenn sie anfangen zu bräunen, salzt man sie, dann streut man Zucker darüber und brät sie nun unter mehrmaligem Wenden goldbraun (*Roberts *1984, S. 52).*

(3) Gebackene Kümmelkartoffeln
Zutaten: *Mittelgroße, etwa gleich große Kartoffeln, Öl, Salz, Kümmel.*
Zubereitung: *Kartoffeln gut waschen und bürsten, trocken reiben und längs halbieren. Die Kartoffeln rundherum mit Öl bepinseln. Die Schnittflächen*

*mit Salz und Kümmel bestreuen und mit der Schnittfläche auf das mit Öl bestrichene Backblech nebeneinanderlegen. Im vorgeheizten Backofen (200 °C) etwa 35 Min. backen, bis sie gar sind (*Wolter *1987, S. 26).*

(4) »Kartoffelbrezeln«
Zutaten: *250 g Weizenmehl, 250 g gekochte, geriebene Kartoffeln, 1/4 l Milch (lauwarm), 1 Ei, 20 g geschmolzene Butter, 40 g Hefe, Ei zum Bestreichen, Salz, Kümmel, Mohn, Käse etc. zum Bestreuen.*
Zubereitung: *Kartoffeln in der Schale kochen, schälen und noch heiß möglichst fein reiben, auskühlen lassen. Hefe in etwas Milch auflösen. Aus Mehl, Kartoffeln, dem Rest der Milch, dem Ei, der Butter einen blasigen Teig rühren, die Hefe dazugeben und den Teig gut durchkneten. Dann formt man daraus kleine Brezeln oder Stangen bzw. Ringe usw., legt sie auf ein mit Mehl bestreutes Blech und lässt sie aufgehen. Danach bestreicht man die Brezeln mit zerklopftem Ei und bestreut sie mit gehackten Nüssen oder Sesam oder Mohn oder Kümmel etc. und backt sie im vorgeheizten Backofen goldgelb (*Roberts *1984, S. 129).*

(5) »Salzstängelchen«
Zutaten: *100 g Weizenmehl, 100 g frische weiche Butter, 100 g gekochte, geriebene Kartoffeln, Ei zum Bestreichen, Salz, Curry, Kümmel, Mohn etc. zum Bestreuen.*
Zubereitung: *Kartoffeln in der Schale kochen, noch heiß pellen und durch ein Sieb drücken bzw. fein reiben, auskühlen lassen. Aus Mehl, Butter und Kartoffeln einen Teig kneten. Diesen 2 bis 3 Stunden an der Kühle ruhen lassen. Dann 1/2 cm dick (nicht dünner) auswallen und in ca. 1 bis 1 1/2 cm breite Streifen schneiden (ca. 10 cm lang). Auf einem leicht gefetteten Backblech mit Eigelb bestreichen und mit einem Gewürz bestreut im leicht vorgewärmten Backofen bei mittlerer Hitze schön goldgelb backen (Hausrezept).*

Neben beliebigen Getränken (für Spezialisten auch Kartoffelschnaps aus dem Vorjahr) kann neuer Holundersaft und Holunderlimonade gereicht werden.

Die Kartoffeln des Extensivbandes werden auch in den Folgejahren nur nach Umhacken eingebracht und geerntet – wenn Mulch im Übermaß vorhanden ist, können sie noch abgemulcht werden. Achtung: Zunächst ist der Mulchbedarf für Intensivbänder und innere Baumscheiben sicherzustellen. In der Permakultur vielerorts empfohlen: Die Kartoffeln nur auf der Erde auszulegen und abzumulchen führt auch zum Erfolg. Nach unseren Erfahrungen ist der Geschmack der Kartoffeln aus gutem humosen Boden jedoch um einiges besser.

Der kleine Getreide- und Mehlfrüchteanbau

Die geologische Problematik der Landwirtschaft (Abschwemmen oder Verwehen des Mutterbodens) wird nirgendwo besser sichtbar als in der Getreidemonokultur-Wirtschaft. Der Pflanzengenetiker *Wes Jacksons* hat 1980 in Kansas (USA) eine Anzahl Wissenschaftler um sich geschart, um durch ausdauernde Getreidearten, die ausreichend hohe Erträge bringen, Schluss mit dem Pflügen der Prairie zu machen. Bisher züchtete die Gruppe am LAND-Institute erstaunlich widerstandsfähiges Hochleistungsgetreide, aus dem köstliches Brot gebacken werden kann. Beim Anbau liegt der Witz in der Mischung, in bestimmten Kombinationen gedeihen sie am besten.

Das ist ein wirkliches Permakultur-Unternehmen, das außer einer geringen Menge Energie zum Ernten keinerlei Fremdenergie braucht (vgl. *Weizsäcker*, 1995). Vielleicht wird in späterer Zukunft jeder Gärtner mit einem Grundstück deutlich über 1000 Qua- dratmeter ein kleines permanentes Getreidefeld haben, für Strohmulch und eigene Broterzeugung bzw. Hühnerfutter.

Es bleibt allerdings das Dresch- und Schälproblem, für das uns am zukunftsfähigen Gärtnern Interessierte eine kaum gangbare Lösung von der Permakultur-Seite geboten wird: ein Traktor mit 23 PS-Motor und eine die unterschiedlichen Körner gleichzeitig schälende und mahlende Maschine zu einem sehr hohen Kaufpreis (vgl. *Mollison* 1983, S. 103)!

Für das zukunftsfähige Gärtnern sind die uralten Mehlfrüchtepflanzen Hirse *(Planicum miliaceum L.)* und Amaranth, verwandt mit dem Grünen Fuchsschwanz *(Amaranthus lividus L. = A. blitum L.)*, von größerer Bedeutung.

Die Hirse ist uns allen aus altdeutschen Märchen bekannt. Sie wurde etwa seit Christi Geburt auch in Mitteleuropa in einer Vielzahl von Varietäten angebaut, von denen bis zum Ende des vorigen Jahrhunderts die Kolben- *(Setaria italica)* und Rispenhirse *(Planicum miliaceum)* ausschlaggebend waren. In Mitteleuropa wurde die Hirse nur als Brei gegessen, in Asien wird sie auch zu Fladenbrot gebacken. Wegen des geringen Klebergehaltes ist sie nicht zu den bei uns traditionell bekannten Broten zu verarbeiten.

Eigene Erfahrungen mit Kolbenhirse waren in zweierlei Hinsicht bisher sehr interessant. Sie wächst sehr gut auf Sandboden (nur sehr geringe Bodenansprüche) und ist anscheinend eine sehr gute Kameradschaftspflanze für Chicoree – wir hatten nie eine bessere Chicoree-Ernte als in dieser Mischkultur. Da wir jedoch bisher keinen Weg fanden, die Hirse zu schälen, konnten wir sie nur als Tierfutter verwenden.

Der Grüne Fuchsschwanz, Amaranth *(Amaranthus lividus L.)*, stammt wahrscheinlich aus dem östlichen Mittelmeerraum und wächst heute als Wildkraut in allen gemäßigten Zonen. Der als Mehlfrucht verwendete Amaranth (*Amaranthus* spp.) stammt aus Zentral- und Mittelamerika, Höhlenfunde in Mexiko weisen darauf hin, dass er zu den ältesten von Menschen kultivierten Pflanzen gehört.

In etwas wärmeren Lagen (in Süddeutschland) ist er, einmal etabliert, eine weitgehend sich selbst gärtnernde Pflanze. *Amaranthus blitum* ist seit dem klassischen Altertum als Gemüse bekannt. Zur Zeit Christi Geburt schreibt Palladinus: »Dieses Gemüse wird nicht gejätet und behackt und setzt sich, wo es einmal steht, so fest, dass man es kaum wieder vertilgen kann« (zit. n. *Körber-Grohne* 1988, S. 440). Der Grüne Fuchsschwanz wurde von Karl dem Großen in das Capitulare für Kloster- und Bauerngärten aufgenommen. In der jüngeren Zeit wurde dann der Amaranthus als Gemüse durch den Spinat verdrängt, da er keine Rosette bildet und das Verarbeiten einzelner Blätter heute nicht mehr marktgerecht ist. Darüber hinaus kommt natürlich den Körnern eine besondere Bedeutung zu. Sie sind viel leichter auszudreschen als die Hirse, müssen nicht geschält werden und haben einen guten Nährstoffnachweis.

Grundrezept für Amaranth und Quinoa:
Die Körner im Verhältnis 1:2 mit kalter Flüssigkeit (Wasser, Gemüsebrühe oder Milch, je nach weiterer Verwendung) zum Kochen aufsetzen, 20 bis 30 Minuten kochen und dann 20 Minuten nachquellen lassen. Salz oder Zucker erst am Ende beifügen.

Amaranth-Pfannkuchen
Zutaten: *150 g Amaranthkörner, 300 ml Wasser, 1 Zwiebel, klein geschnitten, 1 Zehe Knoblauch, klein geschnitten, 2 Eier, 2 EL Mehl, Salz, Pfeffer, fein gehackte Petersilie, etwas Butter, Fett für die Pfanne.*
Zubereitung: *Amaranth nach Grundrezept zubereiten, Zwiebeln und Knoblauch in etwas Butter goldgelb dünsten, mit den anderen Zutaten zu den gegarten Körnern geben. Alles gut mischen und in der Pfanne kleine Pfannkuchen auf beiden Seiten backen. Dazu schmeckt Salat.*

Amaranth-Schokoladencreme
Zutaten: *1 Tasse Amaranth, 2 Tassen Milch, 1/2 Tasse geraspelte Schokolade, 1/2 Tasse Zucker.*
Zubereitung: *Amaranth in zwei Tassen Wasser 20 Minuten kochen, die Milch und den Zucker dazugeben. Die Schokolade im Wasserbad auflösen und zu der Amaranth-Masse geben, unterrühren und weiter eindicken. Abkühlen lassen und cremig schlagen.*

Quinoa, Reismelde, Reisspinat (*Chenopodium quinoa*), die die Inkas »Nahrung der Götter« nannten, hat eine dem Amaranth ähnlich vorzügliche Ernährungsqualität. Sie war für Jahrtausende die Hauptnahrungsquelle der Andenbevölkerung und wurde, nachdem die Spanier deren Anbau verboten hatten, schließlich ganz vergessen. Nachdem die NASA die Reismelde als vorzügliche Astronautennahrung wiederentdeckt hat, ist diese außerordentlich nährstoffreiche Mehlfrucht jetzt auf den Tischen der Reichen auf der Nordhalbkugel zu finden. Quinoa-Samen gibt es in verschiedenen Varietäten bei der »Arche Noah« und eine saponinfreie Art auch beim »Dreschflegel«. Wir haben bisher keine Erfahrung im Quinoa-Anbau.

Getreideanbau ist im Sinne einer Versorgung keine Angelegenheit für den Garten. Aber es gibt vier Gründe, einen bescheidenen Anteil auch in einem Garten zu realisieren:

1) In Bezug auf das Bodenleben bedeutet der Anbau von Getreide in der Fruchtfolge eine Umstrukturierung, die u.a. im Hinblick auf die Älchenpopulation Bedeutung haben kann.
2) Für das Einmieten ist glattes, langes Stroh sehr vorteilhaft. Wir haben aus diesem Grund alle zwei bis drei Jahre ein Roggenband in unserer Planung, auch schmale Fußwege als Schwarzbrachbänder sind am besten mit Stroh belegt.
3) Bei Kleintierhaltung (Hühner, Kaninchen) kann man ohne die lästige Arbeit des Ausdreschens die Ährenbündel verwenden.
4) Ein Roggenband mit Kornrade und Klatschmohn (beide sind ohnedies bald eingebürgert) stellt ein ästhetisches Moment in einem Permakultur-Garten dar. Achtung: Die Samen der Kornrade dürfen nicht mit dem Getreide zu Mehl oder Schrot verarbeitet werden. Sie enthalten einen geruchlosen, weißen, giftig-narkotischen Saponinstoff (Anteil von ca. sieben Prozent der Gesamtsubstanz).

In der Multifunktionalität erweist sich Roggen als eine besonders nützliche Pflanze, weil sie auch auf ärmeren Böden und besonders nach Kartoffeln ohne Düngung und Pflege gut gedeiht.

Abb. 70: Roggenband nach Kartoffeln

Roggenernte-Brotfest

Ein Roggenernte-Brotfest kann den Gartenfestkalender bereichern.

Projekt: Vom Roggen und Weizen zum Brot:
Auf dem Extensivsegment wird nach der Kartoffelernte (vgl. S. 115ff.) Roggen und/oder Weizen eingesät (Klatschmohn, Kornblumen und Weißklee können als Untersaat eingebracht werden).

Nach der Getreideernte muss eine einfache Ausdreschmethode erfunden werden, danach wird »die Spreu vom Weizen« getrennt (ausblasen: bei stärkerem Wind oder mithilfe eines Ventilators). Das Mahlen des Korns kann mit althergebrachten Methoden erfolgen oder auch direkt mit einer Haushaltsmühle vorgenommen werden.

Brotbacken ist eine fundamentale kulturhistorische Errungenschaft. Es gibt Fachleute, die folgende Meinung vertreten: Die Erfindung des Brotbackens und der Weinerzeugung unterscheiden den Menschen vom Tier. Die sonst oft genannte Werkzeuganwendung sei eine gemeinsame Errungenschaft des Menschen und der höheren Tiere.

Brot und Wein spielen eine zentrale Rolle in vielen Kulturen, in der christlichen z.B. sind sie Medium für die heiligsten Sakramente. Trotzdem ist sowohl die Weinerzeugung als auch das Brotbacken ohne chemische Hilfsmittel bis heute eine sehr schwierige Aufgabe. Besonders die Roggenbrotherstellung ist für Anfänger kaum leistbar, sehr viel einfacher sind brotähnliche Backwaren aus Weizen, eventuell mit Roggeneinmischung, herzustellen.

Der Anfänger sollte dies berücksichtigen. Aus diesem Grunde werden hier nur zwei einfache Rezepte mitgeteilt. Für Fortgeschrittene wird auf das Buch *Schnitzer, J.G.:* Backen mit Vollkorn für Hausfrauen und Hobby-Bäcker (St. Georgen, o. J.), verwiesen.

Rezepte zum Brotbacken:

(1) Indische Schrotflachbrote (für 30 bis 36 Stück)
Zutaten: *300 g Weizenschrot (Typ 1700), 300 g Weizenmehl (Type 1050), 2 TL Salz, 125 g Butter, 500 g Dickmilch, zum Bestreuen Kümmel, Anis, Fenchelsamen, Mohn, grobes Salz.*
Zubereitung: *100 g Weizenschrot zur Seite stellen. Die übrigen Teigzutaten zu einem weichen Teig verkneten. Mit bemehlten Händen aus dem Teig Kugeln von etwa 4 cm Durchmesser formen, diese zu sehr dünnen Fladen ausrollen. Backbrett immer wieder mit Schrot bestreuen. Je 4 Fladen auf ein ungefettetes Backblech legen. Butterflöckchen und Gewürze darauf verteilen. Fladen bei 175 °C (Gas 2) 10 bis 15 Min. goldbraun backen. Trocken aufbewahren (*Schöner Essen, *o. J.).*

(2) Knäckebrot schwedische Art (16 Stück)
Zutaten: *125 g Weizenschrot (Typ 1700), 125 g Roggenschrot (Typ 1800), 40 g Weizenmehl (Typ 1050), 100 g Weizen, grob geschrotet, 100 g Roggen, grob geschrotet, je 1 TL Kümmel, Kümmelpulver, 1/8 l Milch, 30 g Hefe, 1 gestr. TL Vollmeersalze, Fett fürs Blech.*
Zubereitung: *Schrot, Mehl, 25 g grobes Weizen- und 25 g grobes Roggenschrot, Kümmel und Kümmelpulver mischen, eine Mulde hineindrücken. Milch mit 100 cm³ warmem Wasser mischen, Hefe darin auflösen, in die Mulde gießen, Salz auf den Rand streuen. Einen festen Teig kneten. Falls nötig, etwas Wasser zufügen. Zugedeckt 30 Min. gehen lassen. Eine Rolle formen, in 16 Teile schneiden. Kugeln formen, abdecken und noch einmal 30 Min. gehen lassen. Restlichen Schrot mischen, etwas auf die Arbeitsfläche streuen, Kugeln dünn ausrollen, immer wieder Schrot auf die Fläche streuen. Fladen mehrfach mit der Gabel einstechen. Je 4 Fladen auf einem gefetteten Blech bei 150 bis 175 °C (Gas 1 bis 2) in 15 bis 20 Min. mehr trocknen als backen. Trocken lagern (*Schöner Essen, *o. J.).*

Unter Permakultur-Gesichtspunkten ist auf die Rückzüchtung ausdauernder Getreidearten zu verweisen.

Intensivbänder und Sonnenfalle (Komponente E) (Zone 1 und 2)

*Wir bieten vereinheitlichtes Wundersaatgut an und träumen von weltweit besten Lösungen. Dabei verbreiten wir Monotonie. Und Monotonie ist gefährlich unflexibel angesichts einer Zukunft voller Überraschungen. Wie verbessert man Überlebenschancen? Durch Vielfalt (*von Weizsäcker *1992, S. 10).*

Beim kleinsten Permakultur-Garten wird der nach Süden offene Sektor einer Baumscheibe oder Zwillingsbaumscheibe als Intensivsektor genutzt.

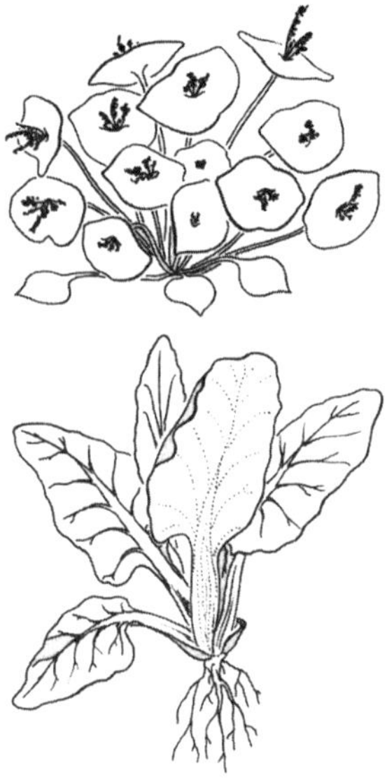

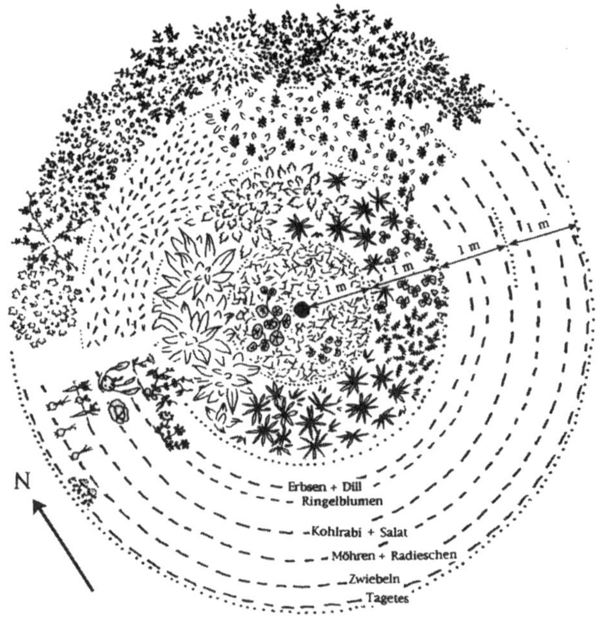

Abb. 71: Intensivsegment einer Baumscheibe

Wenn mehr Grund zur Verfügung steht und ein größeres Bedürfnis nach selbst erzeugten Lebensmitteln vorliegt, werden auf der Sonnenseite von Baumgruppen und/ oder Hecken Intensivbänder angelegt.

Abb. 72: Intensivbänder

Eine Waldlichtung, die nach Süden geöffnet ist, eine Hecke in Sichelform oder Baumgruppierungen in einer O-L-G, die nach Süden offen sind, bilden in ihrer Mitte (durch ihre Ausbuchtung) eine Fläche, die von einem schützenden Rand (Waldrand) eingefasst ist. Diese Fläche zeichnet sich durch ein für Pflanzen, Tiere und Menschen günstigeres Mikroklima aus.

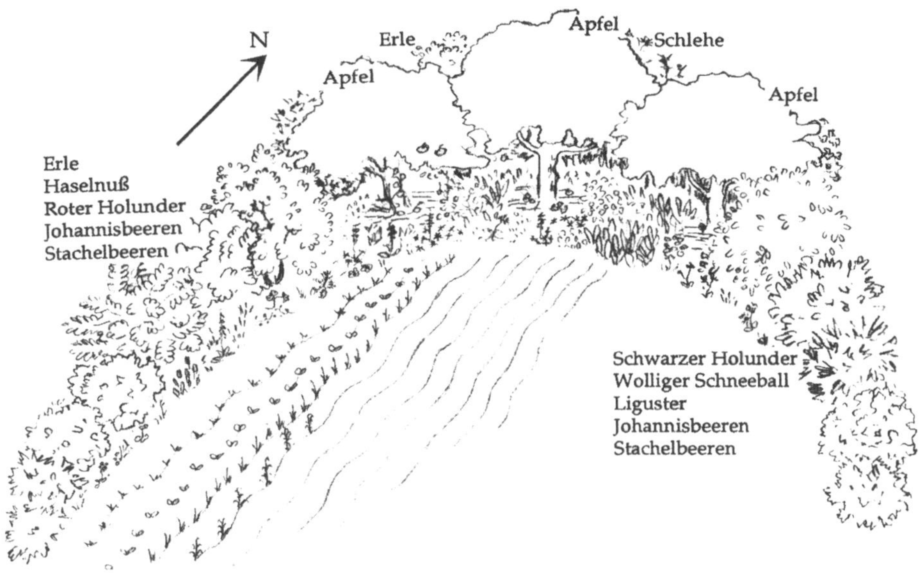

Abb. 73: Die Sonnenfalle

Solche begünstigten Flächen bilden in einer O-L-G natürliche Felder, die sich zur intensiven Nutzung für die menschliche Ernährung empfehlen.

Die Beetfrage

Die Natur kennt keine Beete, keine Felder, sehr wohl aber Gliederungen im Sinne von Lichtungen, Streifen, Randzonen, auch im Sinne einer Sonnenfalle. Die Sonnenfalle ist ein natürliches Feld oder Beet. Beete sind der Kultur eigen, sie sind deshalb auch integrativer Bestandteil von Gärten als Kulturschöpfung, erweitert werden sie zu Feldern. Das Beet ist die vom Menschen genutzte Fläche, auf der von alters her Unkräuter und Nutzkräuter unterschieden werden.

Beetformen:

- Figurenbeete, z.B. Rundbeete, Schlüsselloch- und Mandalabeete
- Hochbeete
- Hügelbeete
- erhöhte Beete
- Flachbeete
- naturanaloge Flächen

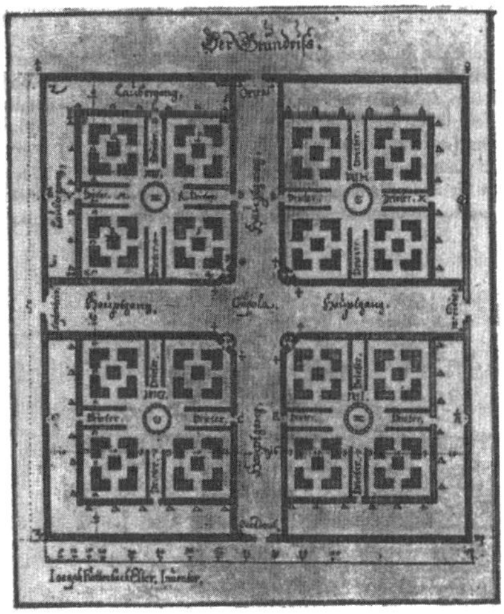

Abb. 74: Grundriss des Paradies-Gärtleins (n. Furttenberg 1663): der älteste europäische Schulgarten, der das typische Klostergartenschema zeigt.

Figurenbeete

Figurenbeete sind uns allen aus Klostergärten, absolutistischen Parks und Kuranlagen bekannt. Der Bauerngarten wird von einem Wegkreuz dominiert, hat oft im Schnittpunkt der Wege eine Rabatte oder einen Brunnen und dann vier angeschnittene Quadrate als Beete. In seiner Gesamtanlage ähnelt er dem Mandalabeet. Das magische Rund hat symbolische Bedeutung in östlichen und westlichen Gärten.

Zur Theorie des **Rundbeetes** gehört die Anschauung, dass sich Energie in Spiralen durch die lebenden Pflanzen bewegt, dabei wird die Energie zu Wachstum. In den Kreisen, die der Gärtner gestaltet, will er in Zusammenarbeit mit der Natur ein Energiesystem schaffen, aus dem er Nutzen zieht, oder er folgt ästhetischen Bedürfnissen (dekorative Natur).

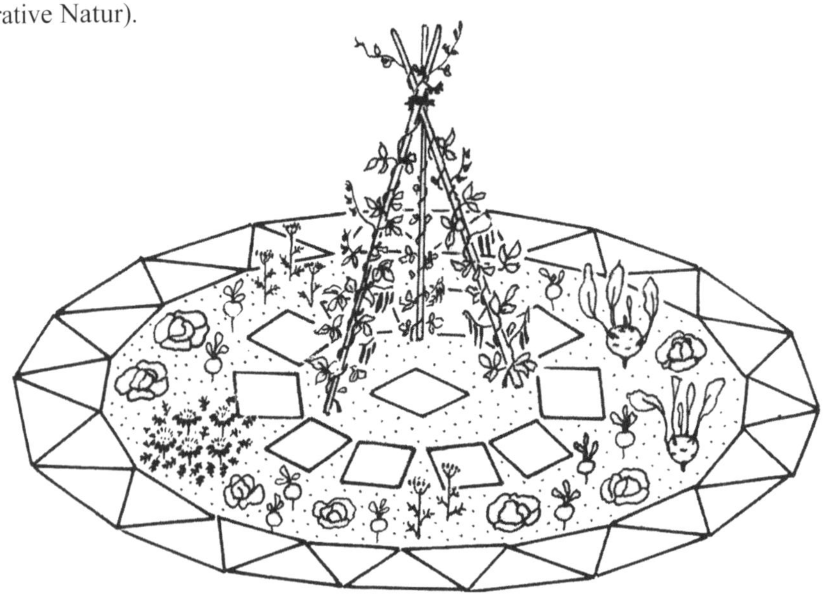

Abb. 75: Rundbeet mit Triangel-Steinplatten (nach Rodale: *Organic Gardening)*

Die Steinplatten gehören nach *Rodale* zum Steinmulchen. Sie bilden ein Rückzugsgebiet für Bodenkleinlebewesen, werden mit Urgesteinsmehl hergestellt, reichern dadurch das Rundbeet mit Mineralien an und helfen generell bei der Bodenverbesserung. Die Innenfläche soll dann mit Platten ausgelegt werden, was günstig für die Belichtung und Durchlüftung des Beetes sein soll.

Wie bei Rund-, Ring- und Kreisbeeten liegt auch der Ursprung der Spiralbeete in dem Bemühen, Erdenergieflüsse zu nutzen. Besonders beliebt wurde in den letzten Jahrzehnten die Kräuterspirale. Die Spirale ist seit dem 16. Jahrhundert (vgl. *Wimmer* 1987) eine bekannte Beetform.

Die **Kräuterspirale** ist in der Regel zwei Meter breit und einen Meter hoch. Innerhalb der Spirale gibt es variable Möglichkeiten, bezogen auf trockene, sonnige und feuchte Standorte. Auf der Höhe, trocken und sonnig, werden die ölreichen Kräuter wie Thymian, Rosmarin (Wermut), am feuchten Fuß Petersilie, Minzen, Kresse u.a gepflanzt.

Eine Kräuterspirale ist ein mögliches Kräuterbeet. Wenn der Gärtner/die Gärtnerin Spaß an einer solchen Spirale hat, sollte er/sie eine haben. Eine Kräuterspirale kann für Kleintiere Trockenmauerelemente enthalten. Unbedingt zu beachten bleibt: Kräuter gehören zwischen das Gemüse, unter die Bäume, an Hecken und Wiesenränder. Wird dies nicht beachtet und werden alle Kräuter ausschließlich in der Spirale versammelt, ist sie in einem Biotop mit Mensch unangebracht.

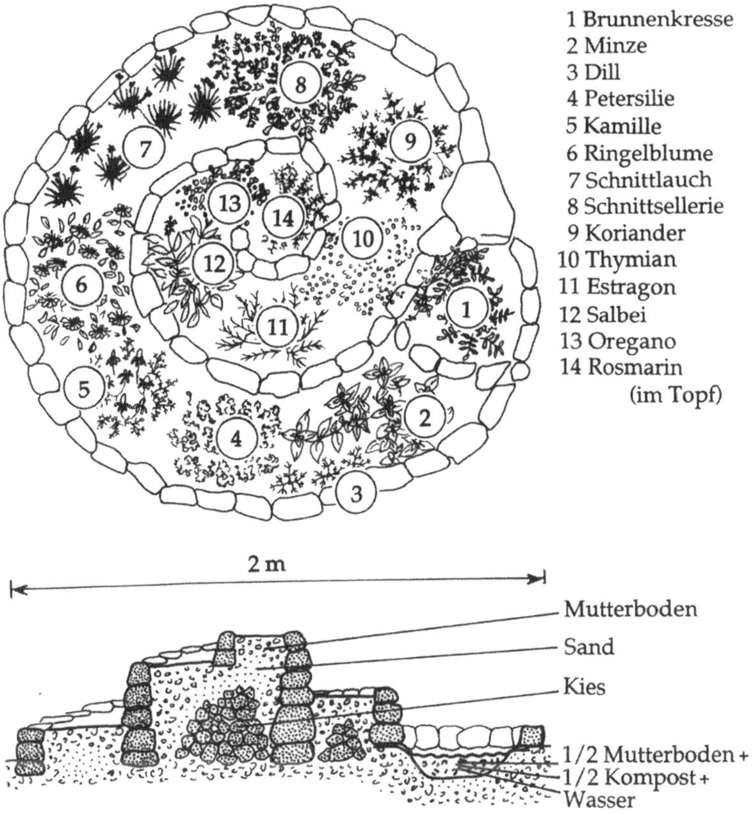

Abb. 76: Kräuterspirale (nach Mollison 1989, S. 101)

Schlüssellochbeete entsprechen alten Figurenbeeten in Klostergärten. Sie sollen andererseits optimalen Zugang zu allen Pflanzen bei minimalem Flächenverbrauch für Wege sicherstellen und werden jetzt auch wieder in der Permakultur für Mischkulturen empfohlen.

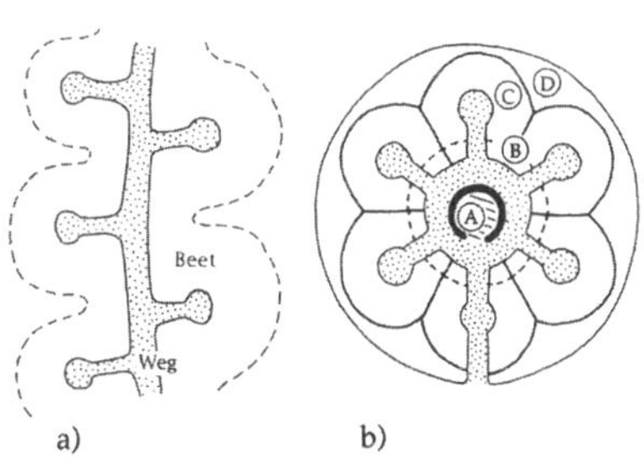

Abb. 77: Schlüssellochbeet (nach Mollison 1989)
a) einfaches Beet
b) Übergang zum Mandalabeet
A: Tomatenkreis, B: Kräuter, C: Gemüse, D: Stachel- und Johannisbeeren

Das Nonplusultra aller Figurenbeete stellt das **Mandalabeet** dar.

Mandala ist eine Form, die der buddhistischen Auffassung nach dem Geist für das Bei-sich-Sein am besten fördert. Mandalas spielen für Meditation, für das Ordnen und Ausrichten geistiger Kräfte, für das Nutzen kosmischer Energien, für die Konzentration der Erdkräfte von jeher eine große Rolle. Ein Mandalabeet oder Mandalagarten stellt eine optimale Synthese von architektonisch-ästhetischem Gestaltungswillen und einer Reihe von Permakultur- und Minifarming-Prinzipien dar (vgl. *Mollison* 1989 und *Jeavons* 1991).

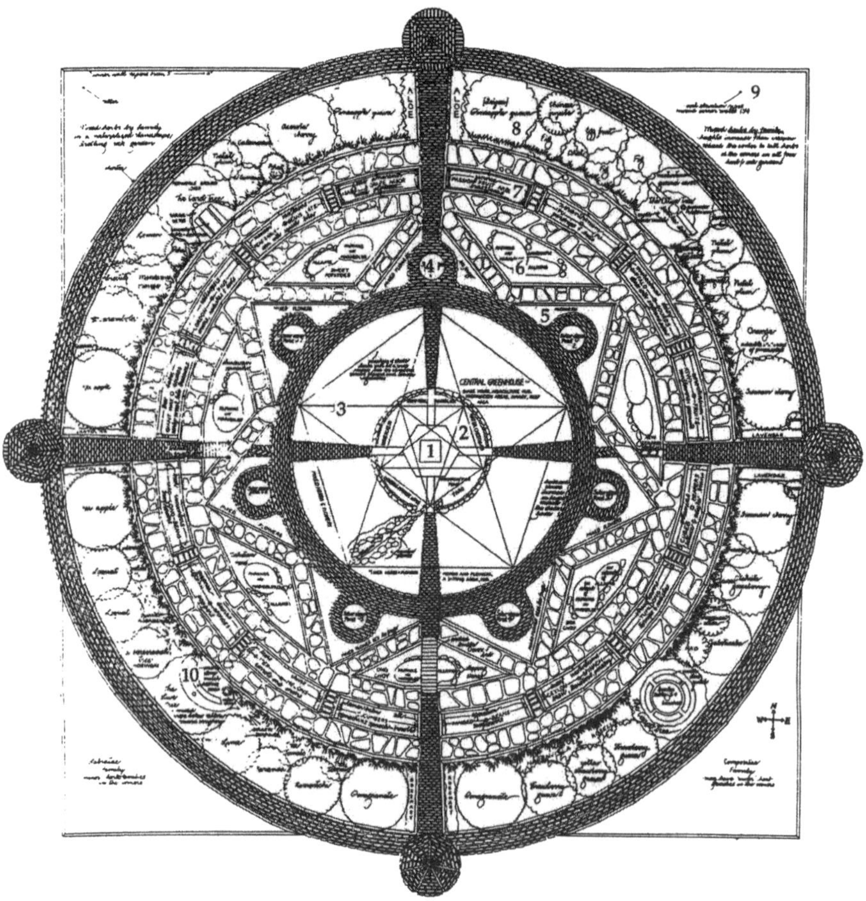

Abb. 78: Kahumana Mandala Garten, Waianae Oahu, Hawaii (nach Roberts *1982, S. 132)*

Das Mandala ist gekennzeichnet durch die Zentrierung auf eine Mitte, aus allen vier Himmelsrichtungen führen Wege als Achsen auf diese Mitte zu. Im Beispiel des Mandalagartens (Abb. 78) steht in der Mitte ein Biotophaus (1). Ringsherum liegt ein Teich (2), der nach außen flacher mit Pflanzen besetzt ist, der Fischaufzucht und auch – soweit notwendig – der Bewässerung dient. Die Sektoren außerhalb des Teiches sind Feldern und Wiesen vorbehalten (3). In jedem Sektor sind am Ringweg je zwei Solar-Algenbehälter (Fiberglaszylinder) (4) mit je zwei bis drei Quadratmetern Wasser zur intensiven Fischaufzucht (Aquakultur) aufgestellt. Diese Tanks sind umgeben von ausdauernden Stauden (5) oder sich selbst aussäenden einjährigen Pflanzen, insbesondere »Blumen«.

Gegenüber den Tank-Blumen-Flächen liegen ausdauernde Sträucher- und Staudenbeete (6). Jedes dieser Beete hat hier eine Insel mit Zwiebeln und Knoblauch und einer Vielzahl an Gemüsen.

Dann folgt ein Intensivring (7) für Gemüse mit mittlerer bis hoher gärtnerischer Pflege. Die Beete werden rigolt (60 Zentimeter tief umgegraben). In ihrer Mitte wird ein Stützzaun für Erbsen und andere stützbedürftige Gemüse angebracht.

Der äußere Ring (8) dient der Baum- und Strauchanpflanzung: auf der Nord- oder Windseite dichte Hecken und höhere Bäume, auf der Leeseite kleinere, empfindlichere Sträucher und Bäume.

Die verbleibenden Außenecken (9) sind Grasflächen vorbehalten. Im schattigen Bereich der Bäume stehen in jedem Sektor Ruhebänke (10).

Das Mandala des Gartens von Kahumana soll ein Symbol für die menschgemachte Welt sein, aber auch ein teilanaloges Modell für das Lebenssystem unseres Planeten. Es gehört zu der Bewegung »Eatable Landscapes« – essbare Landschaft, einer ökologisch orientierten Siedlungsgemeinschaft auf der Leeseite (Trockengebiet) der Hawaii-Insel Oahu.

Die Ziele der Anlage sind:

- ein Selbstversorgungssystem, bezogen auf die Ernährung der Bewohner der Siedlung von Kahumana,
- ökologische Stabilität und Bodenverbesserung,
- integriertes biologisches Schädlingsmanagement,
- minimalster Wasser- und Energie-Input von sich erneuernden Quellen,
- ein blühendes Stückchen Land im besten Sinne: Schönheit – Geistigkeit – Produktivität,
- ein zukunftsweisendes Modell für Ost und West.
- In der O-L-G ist ein großer Teil der Elemente dieses Modells in sehr einfacher und teils in umgekehrter Folge realisiert.

Hoch- und Hügelbeete

Hoch- und Hügelbeete sind die aufwendigste Form der Beetgestalt, die speziell für Behinderte oder für Pflanzen, die hohe gärtnerische Pflege verlangen (wie Spargel), und für alle Gärtner, die sie haben wollen (müssen), infrage kommen.

Für Hochbeete braucht man eine Menge Material, einen erheblichen Konstruktionsauf-

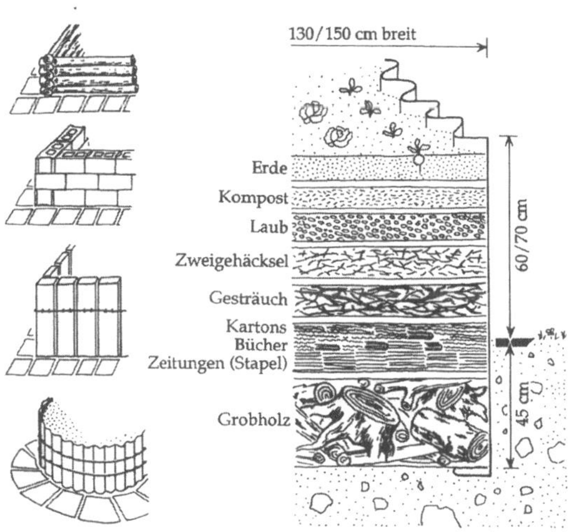

Abb. 79: Hochbeete: (a) Struktur und Füllung (b) (n. Stamm 1986, S. 28)

wand und behält im Fall lang haltender Materialien irgendwann eine Menge Müll zurück.

Das Hochbeet wird von Herbst bis Frühjahr erbaut. Materialien sind Holz (Rundholz, Bohlen, Eisenbahnschwellen), Betonsteine, Wellplatten (hoffentlich nicht aus Eternit), Aluminium- oder Stahlplatten. Die einzufüllenden Materialien sind am besten schon vorher zu sammeln, Kompost schon vorweg zu bereiten.

Außer als Behindertengarten liegt eine hochbeetähnliche Konzeption besonders dann nahe, wenn es um eine recht steile Terrassierung eines Hügels geht.

Hügelbeete sind die einfacheren Vorläufer der Hochbeete. Es gibt eine jahrtausendealte Hügelkultur, die in ihrem Ursprung aus China stammt.

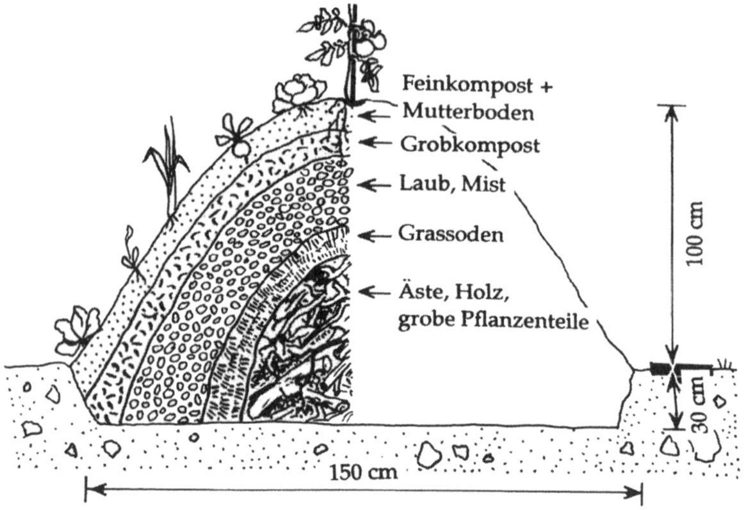

Abb. 80: Struktur und Füllung des Hügelbeetes

Das Hügelbeet wird möglichst in Nord-Süd-Richtung angelegt, die Länge sollte, je nach vorhandenem Raum, nicht unter 2,50 Meter betragen. Am besten wird der Aufbau im Spätsommer oder Herbst vorgenommen, damit sich das Beet über Winter absetzen kann. Die Hügelbeete überdauern etwa sechs Jahre und haben ihre besten Ernten im zweiten und dritten Jahr. Dann ist es geraten, zusätzlich Kompostgaben zu geben, um gleich hohe Ernten zu erzielen.

Stamm (1986) vergleicht aufgrund jahrelanger Erfahrung die Erträge von Hoch-, Hügel- und Flachbeeten und kommt als Befürworter der Hochbeete auf ein Verhältnis 3:2:1. Dabei bleibt aber unberücksichtigt, dass ungleiche Kompostgaben erfolgten. Auf das Hochbeet wird jährlich etwa 10 Zentimeter Kompost aufgebracht, hinzu kommt die Grundbeschickung, die ebenfalls pro Jahr zu mehreren Zentimetern Kompost zerfällt. Bei einem regulären Vergleich müsste das Hügelbeet ab dem zweiten Jahr ebenfalls 10 Zentimeter Kompost und das Flachbeet jährlich mindestens 12 Zentimeter Kompost erhalten.

Erhöhte Beete, Flachbeete und naturnahe Flächen

Die sogenannte Hügelkultur Chinas war nicht immer eine Hügelbeetkultur, oftmals waren es nur erhöhte Beete. Letztere sind auch aus dem Mittelalter, aus der Lombardei als »Banlatura-Kulturen« und aus Norddeutschland als »Wölbäcker«, bekannt. In beiden Fällen erfolgten Aufschüttungen aus Fluss- oder Entwässerungsgräben.

Sie dienen

- der Drainage, der besseren Durchlüftung,
- der schnelleren Erwärmung (durch die Erhöhung und die Vergrößerung der Oberfläche),
- der Nichtverdichtung des Bodens.

Der Chinese *Chan* (1985) legt seine erhöhten Beete wie folgt an:

Chan gräbt seine Beete 30 Zentimeter tief um und legt 30 Zentimeter breite befestigte Wege dazwischen. Die Erhöhung erfolgt durch beste Lockerung, nämlich durch Zugabe des Mutterbodens von der Wegesohle und Kompost. Durch zweijährige Kompostgaben werden die Beete auf ihrer Höhe gehalten.

Flachbeete sind die naturgemäßeste Form für die Bewirtschaftung einer Sonnenfalle. Nach dem Prinzip der Nichtversiegelung können Mulchwege zwischen Pflanzenreihen so angelegt werden, dass alle Pflanzen – auch die auf dem erhöhten Beet, das man nicht betreten muss – erreicht werden können.

Die Beete werden durch Mulchwege gegliedert. Sie können jährlich verändert werden. Mulchwege sind Flächen, die für das Jahr, in dem sie abgedeckt sind, eine Schwarzbrache bringen (vgl. auch S. 138). Legt man die Wege 60 Zentimeter und die Beete 120 Zentimeter breit an, so kann über die jährliche Verschiebung der Wege ein Zyklus erreicht werden, in dem jedes Halbbeet alle drei Jahre eine Ruhepause hat und der Boden durch das Abmulchen noch zusätzlich verbessert wird.

Beete sind mehr oder weniger voneinander abgegrenzte Flächen, die durch Einfassungen, feste Wege, festgelegte Reihung der Pflanzen und ggf. durch dauerhafte Stützzäune begrenzt werden. Je weniger ausgebildet und dauerhaft diese Strukturen sind, desto mehr nähern wir uns naturanalogen Flächen, die dem nicht klar begrenzten Chaosbeet (vgl. Mischkultur, S. 130) gleichen.

> Welche Beetform sollte beim zukunftsfähigen Gärtnern realisiert werden? (Hier ist wie immer den ethisch-ökologischen Grundzügen zu folgen.)
> - Der Garten sollte ein teilanaloges Abbild des Lebenssystems unseres Planeten sein.
> - Der Garten sollte ein Biotop mit Mensch sein, er sollte erheblich zur Ernährung und zum Leben des Menschen beitragen – Eatable Landscape, Gegenmodell zur industrialisierten Landwirtschaft.

Die Pflanzstruktur

Die am häufigsten angewandten Strukturierungen sind:

a) Reihenbeet: Diese tradierte Reihung entspricht vor allem der jahrhundertealten Monokulturpraxis. Sie ist unter einer Reihe von Randbedingungen pflegeleicht und tritt deshalb auch in der Mischkultur weiterhin auf.

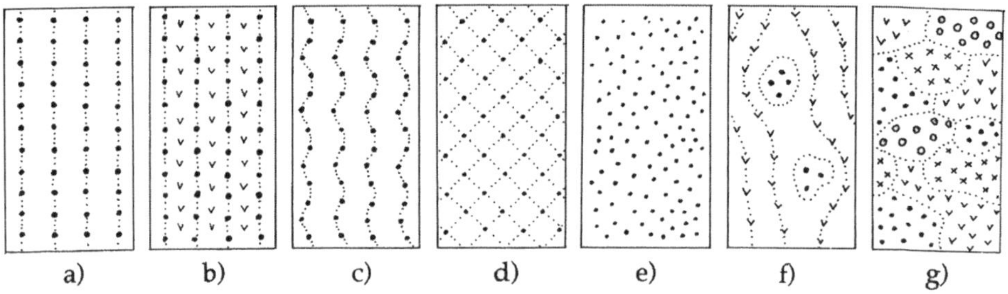

Abb. 81: Pflanzstrukturen

b) Reihenbeet mit Zwischensaat: Soweit es sich bei der Zwischensaat um Gründüngungspflanzen handelt, dient sie der Bodenverbesserung, meist ohne den Ernteertrag wesentlich zu verringern. Besteht die Zwischensaat aus bevorzugten Kameradschaftspflanzen zur Leitpflanze, kann sogar der Ertrag erhöht werden.
c) Wellenstruktur: Es werden mehr Pflanzen auf die Fläche gepflanzt, bei einigen Rahmenbedingungen wird der Ernteertrag erhöht.
d) Diagonalreihen: Die Fläche soll, bezogen auf Boden, Licht und Luft, optimal aufgeteilt, der Ernteertrag erhöht werden.
e) Von alters her wird Getreide und anderes als Flächensaat (ohne Reihung) eingebracht. In einer solchen Flächensaat wurde oft noch eine Untersaat, z.B. Klee in Gerste, eingesät. Nach Abernten der Gerste wachsen dann unmittelbar, ohne zusätzliche Arbeit, weitere Viehfutterernten heran. In gleicher Weise werden zur Ertragssteigerung auch Gemengesaaten ausgebracht. Innerhalb einer Sonnenfalle kann in bestimmte Sektoren zur Bodenverbesserung Gründüngung als Gemengesaat mit Mai- oder Herbstrüben gesät werden. Dann ist je nach Jahreszeit gleichzeitig noch eine zusätzliche reduzierte Ernte zu erwarten.
f) Inselpflanzungen: Dies ist eine geeignete Anordnung für manche Mischkulturen, besonders, wenn ausdauernde und einjährige Pflanzen in einem Beet vergesellschaftet werden sollen (vgl. auch Mandalabeet (6), S. 126).
g) Mosaik- oder Puzzlestruktur: Diese Aufteilung wird oft bei Staudenvergesellschaftung (vgl. Staudengürtel, S. 94) oder Hügelbeeten gewählt.

Durch die Anordnung der Pflanzen erhält das Beet eine innere Struktur.

Mischkultur

Historische Herleitung und Begründung

Nach dem Übergang von der Sammelernährung zum Ackerbau war auch der Schritt zur Gleichkultur der Pflanzen getan. Damit war es zur Monokultur nicht mehr weit. Bei dieser Anbauweise gab es gegenüber dem früheren Sammeln zunächst erhöhte Ernteerträge, aber nachfolgend auch Probleme:

- die allgemeine Bodenmüdigkeit
- die spezielle Bodenmüdigkeit

Die Bestrebung, das Ernten bestimmter Pflanzen in engen Arealen zu optimieren (Ackerbau), führte zum Bruch mit natürlicher Pflanzenentwicklung in Gesellschaften, d.h. mit der Methode der Natur. Der Anbau bestimmter Pflanzen auf dem jeweils gleichen Feld führte oft zu einem schnellen Rückgang der Ernteerträge (besonders stark vom tropischen Boden bekannt). Ein frühes Mittel gegen die allgemeine Bodenmüdigkeit war der Felderwechsel, den wir heute noch von Ackerbau betreibenden, indigenen Völkern in Regenwaldgebieten kennen (Abbrennen des Waldes – drei Jahre Anbau – Abbrennen einer anderen Waldfläche – Brachfallen der alten Fläche). Bei der Notwendigkeit, die gleichen Flächen weiterzubewirtschaften, wurden zur Aufhebung der allgemeinen Bodenmüdigkeit Brachjahre eingeführt. Auf dem nicht bewirtschafteten Boden stellte sich sofort eine Vergesellschaftung von Blatt- und Wurzelkräutern und Gräsern her, mit denen zusammen oft noch ausgefallener Getreidesamen aus dem Vorjahr auswuchs. Das so bewachsene Feld wurde schließlich abgeweidet – der Weideertrag war gering, der Bodenverbesserungseffekt ebenso. So kam man zur Schwarzbrache, bei der durch mehrmaliges Bearbeiten der Fläche im Brachjahr ausgewachsene Kräuter als Mulch dienten. Der Brachbau wurde zur Zweifelderwirtschaft, in der Ackerbau- mit Weidewirtschaftsphasen wechselten (statt Brache erfolgt eine Klee- und Futterpflanzen-Aussaat). Wildkrautgesellschaften des Brachbaus traten dabei zugunsten mehr oder weniger artverwandter Kulturpflanzen zurück.

Spezielle Bodenmüdigkeit wurde sehr viel später entdeckt (in unseren Regionen z.B. als Flachsmüdigkeit). Der Flachs, die bedeutendste Textilpflanze des Altertums (Leinen), wuchs in den mitteleuropäischen Regionen in einer ackerbaumäßig akzeptablen Ausprägung nicht öfter als ein Jahr an derselben Stelle. Danach war der Boden »flachsmüde«, Fruchtwechsel wurde notwendig. Daraus entwickelte sich die Dreifelderwirtschaft (später, besonders über den Zwischenfruchtbau, auch eine Fünffelderwirtschaft).

Die klassische Dreifelderwirtschaft besteht aus der Fruchtfolge von Getreide-, Hackfrucht- und Viehfutteranbau. Im letzteren Fall wird dabei die Gleichkultur aufgehoben und besonders in der Biologisch-Dynamischen Wirtschaftsweise eine systematische Pfanzenvergesellschaftung hergestellt.

Sehr viel später, in der Neuzeit, entdeckte man, dass Monokulturen nicht nur problematische Konsequenzen für das Bodenleben (Bodenmüdigkeit), sondern bei vielen Pflanzen auch für die Pflanzen selbst haben.

Zu den Extrembeispielen gehört die Arnikapflanze. Sie wächst sowohl in moosigen Wiesen der Heide als auch in eher trockeneren Gebirgswiesen und ist je nach Ort Mitglied in verschiedenen Pflanzengesellschaften. Seit alters her wurden ihre Blütenköpfe und Wurzeln vielfältig für medizinische Zwecke verwendet. Der wirksame Stoff – das Arnicin – hat auch heute eine große Bedeutung. So wuchs die Nachfrage nach Arnika immer weiter an. Zur bequemeren Gewinnung der Heilpflanze versuchte man, sie aus ihrer natürlichen Umgebung herauszulösen und als Gleichkultur anzubauen. Der Versuch misslang gründlich. Die Arnika kann entweder nicht mit ihren eigenen Artgenossen zusammen gedeihen, oder sie kann nicht ohne eine Reihe anderer Kameradschaftspflanzen existieren.

Aus solchen Beobachtungen und Erkenntnissen der biologischen Teildisziplin Pflanzensoziologie entstanden Mischkulturkonzepte. Mischkultur nutzt die »Kräfte der Kameradschaft« (*Wirth* 1948, S. 26), löst Monokulturen auf, um:

- das Bodenleben zu fördern und damit Bodenmüdigkeit vorzubeugen bzw. sie zu beseitigen,
- das Ausbreiten von Krankheiten zu verhindern und
- Insektenbefall auf ein undramatisches Niveau zu reduzieren.

Es gibt einen zweiten historischen Ansatz, wahrscheinlich in China entwickelt, der einzig auf der Optimierung der Ernteerträge (Ausbeutung der Natur) basiert. Mischkultur bedeutet in diesem Zusammenhang eigentlich nur Zwischenkultur. So zeigt eine chinesische Organisationsform, wie zwischen Weizen Bohnen gelegt werden. Etwa ein Monat vor der Weizenernte, die Bohnen sind etwa zu zwei Dritteln ausgewachsen, wird zusätzlich Baumwolle in den Weizen gesät, die dann nach dem Abernten des Weizens sehr schnell hochwächst. Diese Kulturform bedarf großer Gaben an Fest- und Flüssigdünger, um akzeptable Ernten zu bringen (vgl. *King* 1911, 2005).

Organisationskonzepte

Es gibt seit Anfang dieses Jahrhunderts eine andauernde konzeptionelle Mischkulturdiskussion in Europa. Sie bezog sich rund um die Weltkriege verstärkt auf Erntesteigerung, später auch immer mehr auf die Erhaltung und Verbesserung der Böden und die Gesundheit der Pflanzen. Dessen ungeachtet blieb bis in die Achtzigerjahre die Auswirkung auf die monokulturelle Nahrungsmittelerzeugung, d.h. unsere Landwirtschaft (Acker-, Obst- und Gartenbau), äußerst gering. Der Hauptgrund dürfte sein, dass heute ein 50-Hektar-Betrieb ein Eineinhalb-Personen-Betrieb sein »muss« – und das heißt überwiegend Monokultur. Die in vielen Varianten publizierten Organisationsformen gehen fast ausnahmslos auf zwei Organisationskonzepte zurück: A.G. Wirth: Mischkultur wahlverwandter Gemüsearten und G. Franck: Gesundheit durch Mischkultur.

(1) *Wirth* war während des Zweiten Weltkrieges Gartenbauoberinspektor in Essen. Er war Herausgeber der Reihe »Grundlagen und Fortschritte im Selbstversorger-Gartenbau«. Im Vordergrund seiner Bemühungen stand die höhere Ausbeute an Nahrungsmitteln, Steigerung der Ernten: »Höchsterträge durch Mischkultur wahlverwandter Gemüsearten«. Somit folgte er zunächst einmal dem chinesischen System des Vor-, Nach- und Zwischenfruchtbaus, zog dann aber als Optimierungsstrategie die zeitgemäßen Kenntnisse der Pflanzensoziologie, der Bodenbiologie und frühe Kenntnisse über Wirkstoffe der Pflanzen (Phytonzide) mit heran.

Tab. 34: Leit- und zugeordnete Begleitpflanzen (nach Wirth, 1946 3., S. 68ff.) (N = Stickstoffsammler; S = Saponinspender)

	Leitpflanze	Begleitpflanze
(N + S)	Stangenbohne	Kohlrabi, Feldsalat
(N)	Dicke Bohne	Blumenkohl
(N)	Buschbohne	Frühkohl
(S)	Frühkartoffel	Rosenkohl
(S)	Tomate	Porree/Lauch
	Frühmöhre	Porree/Lauch
	Schwarzwurzel	Porree/Lauch
	Porree/Lauch	Kopfsalat
	Spätmöhre	Kopfsalat
	Chicoree	Kopfsalat
	Dill	Pflücksalat
	Sellerie	Kohlrabi, Feldsalat

N: sammelt Luftstickstoff
S: gibt Saponine, Wuchsstoffe für andere Pflanzen ab

Wirth (1946/3.) legt seine Mischkultur als Beetkultur an. Jedes Beet ist so breit, dass es von beiden Seitenwegen ohne Betreten bearbeitet werden kann (Maßnahme gegen Bodenverdichtung). Er teilt die Kulturpflanzen des Gemüsegartens in Leit- und Begleitpflanzen ein.

»Die Hauptkulturpflanze bzw. jener Partner, der den größten Raum-, Kultur- und Zeitbedarf aufweist, wird als Leitpflanze, das Vor-, Zwischen- und Nachkulturgewächs aber als Begleitpflanze bezeichnet« (*Wirth* 1946, 3., S. 67). Später stellt er noch die Stickstoff sammelnden Gemüsepflanzen als bevorzugte Leitpflanzen heraus.

Ob ein Gemüse Leit- oder Begleitpflanze ist, hängt neben den vorher genannten Kriterien auch von den Absichten des Gärtners ab. So gesehen, kann letztlich jede Pflanze Leit- oder Begleitpflanze werden.

Da bei *Wirth* Haupt-, Vor-, Zwischen- und Nachkultur wichtig sind, ist neben seinem Mischkulturplan, neben der Paarbildung Leit- und Begleitpflanze, ein Pflanzenfolgeplan aufzustellen.

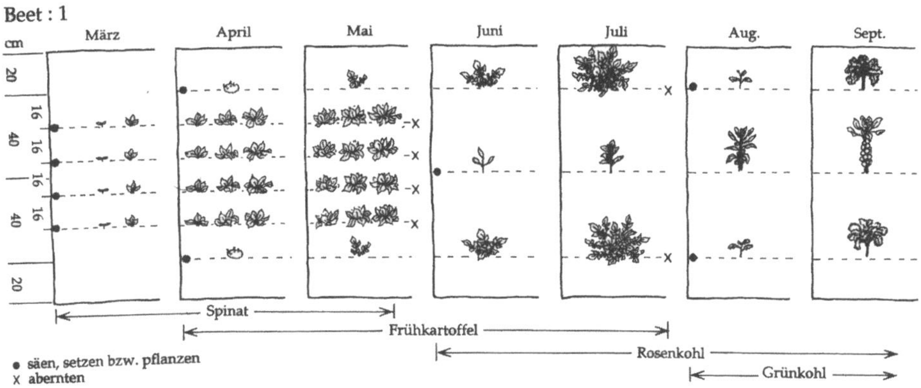

Abb. 82: Mischkulturplan (nach Wirth *1946, 3., S. 68f.)*

Als Vorfrucht wird Spinat gesät (März), dann folgt die Hauptfrucht (Frühkartoffel: April), Zwischenkultur ist Rosenkohl (Juni), Nachfrucht: Grünkohl (August). Jede der Kulturen soll mehr als eine fünfzigprozentige Ernte bringen (das wäre dann etwa eine Verdoppelung des Ertrages im Jahr).

Der Mischkulturplan ist Grundlage für die Erstellung von Fruchtfolge-Dreijahresplänen.

Tab. 35: Fruchtfolge über drei Jahre (Beet 1)
(Die Fruchtfolge ist Wirth *1946, S. 99 Beet 8 entnommen und durch* Wirth *1948, S. 46 u. 59 ergänzt).*

Beet	1. Jahr	2. Jahr	3. Jahr
1	Vorkultur: Innen: Spinat Hauptkultur: Außen: Frühkartoffeln (Leitpflanze) Zwischenkultur: Innen: Rosenkohl (Begleitpflanze) Nachkultur: Außen: Grünkohl	Hauptkultur: Innen (1 Reihe): Gurken (Leitpflanze) Zwischenkultur: Innen (2 Reihen): Kohlrabi und Kopfsalat (Begleitpflanze) Nebenkultur: Außen: Steckzwiebeln (Begleitpflanze)	Vorkultur: Außen (2 Reihen): Frühkohl (Begleitpflanze) Hauptkultur: Innen: Buschbohnen (Leitpflanze) Nachkultur: Außen: Endivien Innen: Grünkohl

(2) *Gertrud Franck* stellte die gesunde Ernährung des Menschen in den Mittelpunkt ihrer Betrachtung. Sie begründete ihr Konzept durch gärtnerische Erfahrung und jahrelange systematische Beobachtung des Wachstums der Pflanzen und der Ernten. »Bei richtiger Zusammenstellung ist deutlich eine Wachstumsförderung festzustellen, bei falscher Zusammenstellung kann Wuchshemmung beobachtet werden. Darum muss man sich merken, welche Pflanzen nicht zusammengestellt

werden dürfen. Das sind eigentlich nur wenige, z.B. Bohnen und Zwiebeln, Kohl und Zwiebeln, Blaukraut und Tomaten, Tomaten und Erbsen, Erbsen und Bohnen« (*Franck* o. J., S. 9).

Franck legte ihren Gemüsegarten als Reihenkultur an, pflanzte in der Regel gleiche Pflanzen in der Reihe. Mischkultur entsteht vor allem durch den Wechsel über die Reihen.

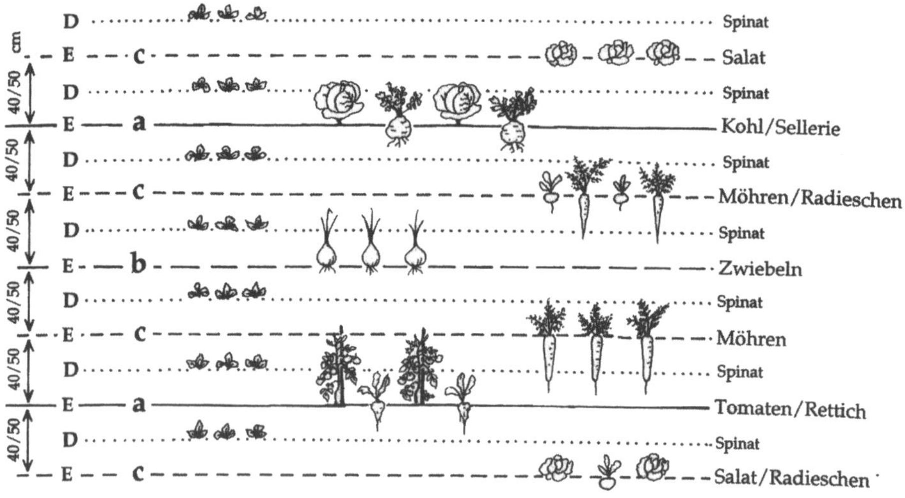

Abb. 83: Reihenfolge der Kulturen (nach Franck *o. J., S. 4)*

Die Gemüsepflanzen teilte Franck in vier Gruppen ein:

(D)Pflanzen, die ausschließlich oder überwiegend zur Gründüngung dienen (Düngereihen)

(E)Nach jeder Düngereihe (D) folgt eine Erntereihe. In den Erntereihen unterteilt sie in drei Gruppen:

a) Hauptkulturen, die in einem Abstand von 160 bis 200 Zentimetern aufeinanderfolgen: Busch- und Stangenbohnen, Erbsen, Gurken oder Zucchini, Tomaten und Sellerie, Frühkartoffel gefolgt von Grünkohl, Spätkraut oder Rosenkohl, Erdbeeren (dreijährig)[12], Tomaten.

b) Mittelkulturen; sie stehen im Abstand von 80 bis 100 Zentimetern von der a)- Reihe entfernt: Zwiebeln oder Knoblauch und Porree, Blumenkohl oder Zuckerhut und Endivien, Frühkartoffel und Sellerie.

c) Kleinkulturen; sie stehen im Abstand von 40 bis 50 Zentimeter von der a)-Reihe entfernt: Salate aller Art sowie Kohlrabi, Karotten oder Rettiche, rote Rüben (Bete) und Wurzelpetersilie.

Langerhorst (1986) hat den Mischkulturplan von Franck leicht modifiziert. Bei ihm gibt es Hauptkulturen (hohe Pflanzen), Mittelkulturen (mittelhohe Pflanzen) und Kleinkulturen (niedrige Pflanzen).

Es handelt sich dabei allerdings noch nicht um ein streng durchgehaltenes Prinzip (vgl. oben Erdbeere als a)-Pflanze). Ein breites Sortiment an helfenden Pflanzen und

12 In einem zukunftsfähigen Garten, so scheint es uns, gibt es für Erdbeeren einen angemessenen Platz. Wir pflanzen Erdbeeren generell als Bodendecker unter Obststräucher oder auf den inneren Kreis von Baumscheiben.

Abb. 84: Mischkulturreihenprofil

Kräutern wurde aufgebaut, die als Voraus-, Zwischen-, Unter-, Nachsaat oder Randbepflanzung herangezogen werden können.

Für Franck spielen Spinat und Senf eine zentrale Rolle (vgl. auch Tab. 5, S. 54). Spinat wird dazu benutzt, den Garten wie ein Linienblatt zu strukturieren. Ganz früh werden als Voraussaat die Düngereihen mit Spinat angesät (D). So gleicht die Beetfläche einem Linienblatt. Damit sind alle anderen Reihen festgelegt, sie können ohne weiteres Vermessen angesät werden. Spinat deckt früh einen Teil der Fläche ab. Vor dem Blühen abgehackt, dient er als Grünmulch, seine Wurzeln haben Teile des Bodens bereits gelockert und für nachfolgende Pflanzen vorbereitet.

Die Franck'sche Mischkultur berücksichtigt durch das jährliche Verschieben der Reihenfruchtfolge den Fruchtwechsel. Sie verzichtet auf Umgraben und propagiert den immergrünen Garten (die ununterbrochene Bodenbedeckung). »Da der erfahrene, biologisch denkende Gärtner weiß, dass das Gedeihen einer Pflanze, ihre Gesundheit und ihr Ertrag davon abhängen, wie humusreich und belebt der Boden ist, wird er zur Bodenverbesserung als Erstes den Garten dauernd bewachsen halten«[13] (*Franck* 1980, S. 37).

Vom Chaosbeet zum Intensivsegment

Pflanzen im Lebenssystem unseres Planeten leben generell in Gesellschaften und in Interaktionen mit anderen Pflanzen, Bodenorganismen und Tieren. Solche Gesellschaften sind Evolutionsergebnisse, fördernde und störende Kräfte stehen im Widerstreit. Gesellschaften bilden sich über passive Auslese und aktive Abwehr, indem sich die Tendenz etabliert, fördernde Kräfte zu maximieren und störende zu mini- mieren[14]. In vielfältiger Weise wirken Pflanzen direkt, meist aber über ihre Stoff- wechselprodukte aufeinander ein, nicht selten sind sie voneinander abhängig.

Eine Reihe regelrechter Symbiosen zwischen Pilzen und anderen Pflanzen, aber auch zwischen Bakterien und Pflanzen sind erforscht (Bakterien sind in solchen Gesellschaften oft nur Transmitter von Stoffwechselprodukten der Pflanzen).

Unverletzte Pflanzen erzeugen eine Reihe meist noch unbekannter Wirkstoffe, die sie in den Boden, in das Wasser und in die Luft absondern. Damit erzeugen sie ihr ei-

13 Soweit das Grünhalten des Bodens über den Winter nicht ausreichend gelingt, ist es insbesondere bei sandigen Böden notwendig, Wintermulch aufzubringen.

14 Es gibt viele Beispiele in der Geschichte des Lebenssystems unseres Planeten, wo diese Tendenz schwindet, wo störende Kräfte (Klimaveränderung, Überpopulation, Austrocknung, Flutung usw.) maximiert förndernde Kräfte gelöscht werden und Gesellschaften verschwinden.

genes Milieu, einander fördernde Milieus führen zu Pflanzengesellschaften (vgl. auch S. 131). Die für eine Mischkultur am längsten bekannten Phytonzide sind die Saponine und das Heteroauxin. Saponine (bedeutet: »wie Seife schäumende Stoffe«) sind bei den Pflanzen weit – aber unregelmäßig verbreitet. Viele Saponinpflanzen sind wichtige Heilpflanzen, die schon von alters her bekannt sind. Sie zählen auch zu den uralten Waschpflanzen. In den Beziehungen der Kulturpflanzen untereinander nehmen die Saponine eine Sonderstellung ein. Bisher ist nicht ausreichend bekannt, ob sie – wie andere Partnerpflanzen – über Duft- oder Flüssigausscheidungen auf andere Pflanzen wirken. Ihre wachstumsfördernde Wirkung auf die nachwachsende Pflanzengeneration oder auf Obstgehölze ist jedoch nachgewiesen.

Von den Gemüsen sind als Saponinspender besonders bekannt: Spinat, Gartenmelde, Kartoffel, Rote Bete, Stangenbohne und Tomate, darüber hinaus Primeln und Stiefmütterchen sowie die Hahnenfußgewächse, Trollblume, Pfingstrose und Rittersporn, eigenartigerweise nicht der wild wachsende scharfe Hahnenfuß (*Ranunculus acer*) (vgl. *Wirth* 1948, S. 27). Die Leguminosen (z.B. Schmetterlingsblütler) werden wegen ihrer Eigenschaft, in Zusammenarbeit mit den Knöllchenbakterien den Luftstickstoff zu binden, besonders als Gründüngung, aber auch als Partner geschätzt. Weniger beachtet wird ihr Wurzelwuchsstoff Heteroauxin. Heteroauxin gelangt durch Blatt- und Wurzelausscheidungen in den Boden, wo es speziell für Obstbaumwurzeln als Anreizstoff zu beschleunigtem Wachstum dient. Als Vitaminspender für Wachstum und Gesundheit von Pflanzen gelten Gartenschwertlilien und Gladiolen.

Die Erforschung der Phytonzid-Wirkkreise oder der Allelopathie könnte zukünftig wesentliche Grundlage für die Arbeit im Biotop mit Mensch sein. Bis heute beruht die Pflanzenvergesellschaftung der Permakultur und die Mischkultur im Biotop mit Mensch jedoch überwiegend auf Erfahrungen praktischer Art, auf Oberflächenbeobachtung.

Einfache Experimente mit Pflanzenwirkstoffen für den, der es selbst erfahren will:

In mehrere Einmachgläser auf den Boden geraspelte oder gestückelte Pflanzenteile auf etwas Erde streuen (Meerrettich oder Knoblauch oder Löwenzahnstengel, Rosenblätter oder anderes).

In einen feuchten Wattebausch, der in halber Höhe des Glases hängt, werden Kressesamen verteilt. Ein Kontrollglas enthält keine Pflanzenteile. Beobachte das Wachstum der Kresse in verschiedenen Gläsern!

Versuche mit Mikroskop zur Abwehr und Vernichtung von Protozoen, Bakterien und Pilzen!

a) Blätter von Birke, Eiche oder Schwarzen Johannisbeeren
b) Nadeln von Tanne, Fichte oder Wacholder
c) Wurzel des Meerrettichs oder Knoblauchzehen zerkleinern, reiben oder zu Brei machen!

- Einen Tropfen Wasser aus Regentonne, Tümpel oder anderen Wasserstellen unter das Mikroskop bringen!
- Frisch und fein zerkleinerte Blätter oder frisch geriebene Meerrettichwurzel oder etwas Knoblauchbrei einige Millimeter neben den Wassertropfen legen und 10 Minuten lang den Wassertropfen bzw. Protozoen in ihm beobachten! Beim Knoblauchbrei hörten bei *Tokin* (1956) die Bewegungen von Bakterien spätestens nach einer Minute auf (s. auch S. 41, Versuch von *Haller*).

Mischkultur dient nicht nur der passiven Bodenpflege und der Förderung des Pflanzenwuchses durch Phytonzide. Sie vermeidet auch die Ausbreitung von Krankheiten und den »explodierenden Befall«, wie sie für Monokultur bekannt sind. Und sie dient generell der Abwehr bestimmter Insekten und Krankheiten. Durch eingesäte Abwehrpflanzen (z.B. Tagetes und Ringelblumen) zwischen Gemüse wird die Gesundheit von Pflanzen gefördert. So pflanzt man auch Zwiebeln zu Möhren als Abwehr der Möhren- und der Zwiebelfliege.

Fruchtfolge ist in der Mischkultur weiterhin von Bedeutung, wenn auch nicht im gleichen Maße wie in der Monokultur. So ist z.B. bekannt, dass Tomaten ihr eigenes, intimes Milieu mögen. Wir sind gut beraten, wenn wir sie für längere Zeiten immer auf dem gleichen Platz anbauen. Eine besonders empfindliche Pflanze neben Flachs ist der Sellerie, der, wenn er nicht vor sich hinkümmern soll, möglichst über vier Jahre nicht wieder am gleichen Platz angebaut werden sollte. Mischkulturpläne sind deshalb gleichzeitig immer auch Fruchtfolgepläne.

Die natürlichen Pflanzgesellschaften leben auf nicht vorstrukturierten Flächen, gärtnerisch ausgedrückt, im Chaosbeet. Dies ist denn auch die Idealbeetform für Permakultur und Gärten, die gemäß Grundzügen zukunftsfähigen Gärtnerns betrieben werden. Das Chaosbeet bildet das Lebenssystem unseres Planeten am adäquatesten ab. Der Chaosbeetcharakter wird auch in der Permakultur meist wieder durch hochstrukturierte Wegemuster reduziert (vgl. Schlüsselloch- und Mandalabeet, S. 126ff.). Es bleiben nur Chaosbuchten übrig. Innerhalb der O-L-G entspricht der Staudenring weitgehend den Bedingungen eines Chaosbeetes.

In der Intensivkultur einjähriger Pflanzen hat diese Anbauform eine Reihe gärtnerischer Nachteile, z.B. fürs Mulchen, beim Jäten, für Zwischen- und Nachsaaten und nicht zuletzt beim Ernten. Sie wird jedoch vereinzelt angewandt, besonders auch in Kombination mit dem Hügelbeet.

Die Sonnenfalle ist von einem Baum- und Sträucherrand begrenzt. Nach innen folgt ein Stauden- und ein Extensivband. Im Anschluss an das Extensivband kann entweder ein Mulchband den ausdauernden extensiven Gürtel von dem Intensivsegment trennen oder die Intensivsegmente schließen sich direkt an. Es folgen Beispiele.

Das Intensivsegment der Sonnenfalle

Je nach Bedarf empfiehlt es sich, in der Mitte der Sonnenfalle an ihrem Südrand eine Sozialfläche (1) einzuplanen (s. auch S. 210ff.)[15]. Von einem erhöhten Sitzrand (2) aus gesehen liegt die gesamte Sonnenfalle dann wie eine Bühne vor den dort Versammelten. Im Sinne der Nicht- bzw. Geringstversiegelung ist nur ein dauerhafter Weg (3) anzulegen. Dies kann z.B. ein Grünweg (Weißklee und Gräser) mit Platteneinlagen sein. Am Nordwestrand liegt ein Tümpel (4), eine Baumgruppe im Nordzentrum (5), Sträucherrückraum (Schutzhecke) (6), Ergänzungshecke (7), Stauden- und Kräutergürtel (vgl. Staudenring in der O-L-G, S. 91) (8).

Die verbleibenden zwei Sektoren (9) rechts und links des ausdauernden Weges sind Intensivsegmente. Zwischen den Mischkulturflächen und dem Staudengürtel kann ein Extensivsegment für den Anbau von Kartoffeln, Roggen, aber auch *Phacelia* u.Ä. (10) eingeplant werden (vgl. auch extensives Hackband in der O-L-G, S. 112ff.).

15 Wenn eine Mehrzweckschuppenhalle als Regenunterstand geplant wird, sollte der Sozialraum zwischen den Bäumen im Waldrand realisiert werden.

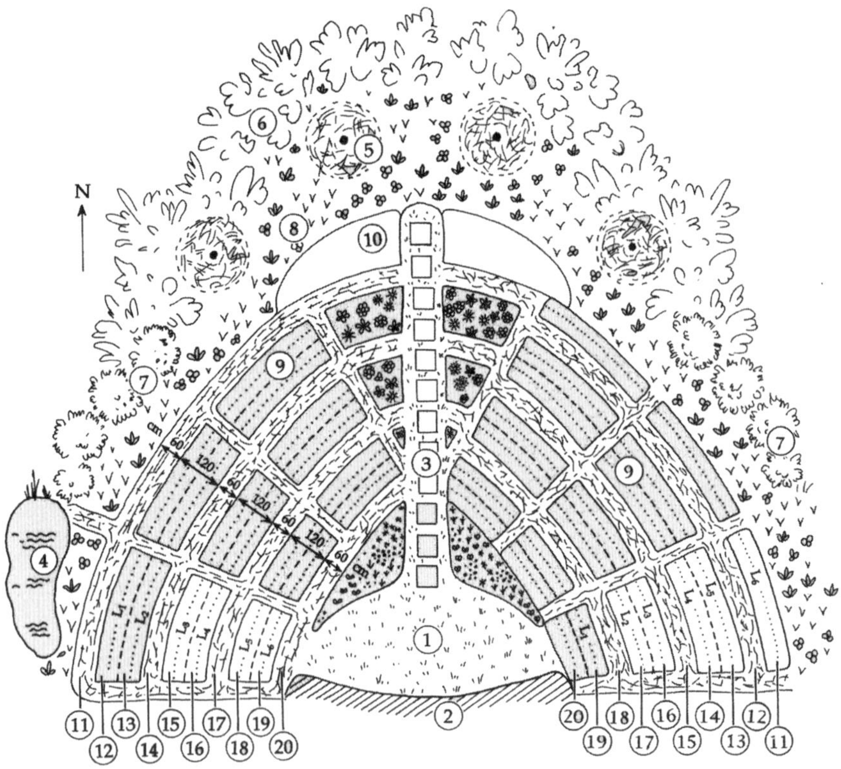

Abb. 85: Struktur des Intensivsegments in der Sonnenfalle (1 bis 10) und Schwarzbrache-Fruchtfolge-Organisationsmuster (11 bis 20)

Das Intensivsegment der Sonnenfalle entspricht in diesem Beispiel einer Beetversion. Es wird von extensiven Pflanzengesellschaften begrenzt oder eingerahmt. Es ist der Ort, an dem Mischkultur im engeren, traditionellen Sinne praktiziert wird. Es ähnelt in dieser Ausprägung – außer im Nichtversiegelungsgrundsatz – den Bauerngärten.

Beispiele der gärtnerischen Intensivbewirtschaftung einer Sonnenfalle mit Mulchbrache, Fruchtwechsel und umfassender Mischkultur, unter Vergesellschaftung der verschiedenen Gemüse untereinander sowie mit Kräutern und Blumen sind in zwei Organisationsmustern dargestellt:

a) Schwarzbrache-Fruchtfolge-Organisation (S-F-O);
b) Extensivkompost-Fruchtwechsel-Organisation (E-F-O)

In den Sektoren (9) der Abb. 85 (linke Seite) ist ein Schwarzbrache-Fruchtfolge-Organisationsmuster (a) dargestellt:

(11)	Mulchfläche: zeitweiliger Weg, gleichzeitig: Schwarzbrache
(12) + (13)	1. Mischkulturbeete (Pflanzengesellschaft 1)
(14)	Mulchfläche
(15) + (16)	2. Mischkulturbeete (Pflanzengesellschaft 2)
(17)	Mulchfläche
(18) + (19)	3. Mischkulturbeete (Pflanzengesellschaft 3)
(20)	Mulchfläche

Jedes folgende Jahr wird die Anbauorganisation um 60 Zentimeter von außen nach innen verschoben, dabei kann die jeweils gleiche Pflanzenvergesellschaftung beibehalten werden (vgl. Abb. 85, rechter Mischkultursektor (9)).

Auf diese Weise ist jedes 3. Jahr für jede Beetfläche ein Mulchbrachjahr. Gleichzeitig sind diese Mulchwege bequem, um von beiden Seiten die Beete zu pflegen, ohne sie zu betreten. Bei sechs verschiedenen Leitpflanzen L1 bis L6 erscheint bei dieser Fruchtwechsel-Organisation die gleiche Leitpflanze erst elf Jahre später wieder auf dem gleichen Wurzelraum. Bei einem etwa gleich bleibenden Erntebedarf werden beide Sektoren (9) gegenläufig bepflanzt. Damit bleibt trotz der Verjüngung der Flächen in den Sektoren die Pflanzfläche für einzelne Gemüse immer gleich. Das Letztere gilt in gleicher Weise für die Extensivkompost-Fruchtwechsel-Organisation (b).

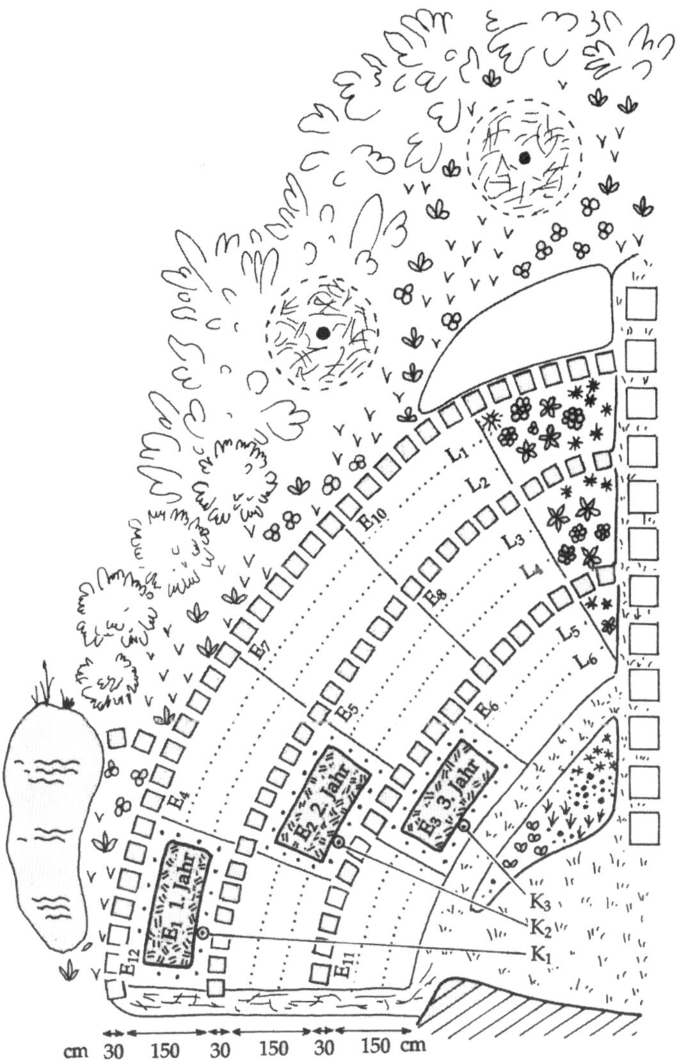

Abb. 86: E-F-O-Muster (charakterisiert durch Extensivkompost-Wirtschaft (E) und Fruchtfolge (F))

Das E-F-O-Muster hat aufgrund der Extensivkompostwirtschaft (vgl. S. 55ff.) ein verändertes Fruchtfolgeschema und eine festgelegte Beeteinteilung. Jedes Jahr wird z.B. in jedem Sektor (9) je ein Komposthaufen angelegt. Nach dem Ausbau des Systems sind von 22 Beeten immer sechs mit Extensivkomposthaufen besetzt. Rund um diese Haufen gedeihen eine Reihe Pflanzen besonders gut (K: Komposthaufenfuß-Pflanzen): Porree (K1), Sellerie (K2), Kohl (K3), Tomaten (K4), Zucchini (K5), Fenchel (K6) (vgl. Kap. »Mulch und Extensivkompost«, S. 56ff.).

Die Leitpflanzen können sowohl reihenweise als auch beetweise gewechselt werden. Alle Beete sind innerhalb von elf Jahren drei Jahre Kompostbeete (E1 bis E 12). Aufgrund der Verjüngung der Flächen besteht zwischendurch immer wieder die Möglichkeit, auch die Baumgruppe in die Extensivkompost-Wirtschaft einzubeziehen.

Auswahl eines Gemüses als Leitpflanze: Saat, Pflege und Ernte sind die Eingriffe des Menschen (Gärtners) in das Lebenssystem unseres Planeten zum Zwecke seiner Ernährung. Sie sind in gewissen Spielräumen zeitgebunden, direkt abhängig von der Gesamtwirkung Sonne – Erde. Sie werden darüber hinaus auch noch von weiter reichenden und komplexeren äußeren (kosmischen) Einflüssen berührt.

Dies ist seit dem Altertum grundlegend bekannt. Obwohl oder gerade weil es sich hier um ein nicht zu präzisierendes Wissen handelt, sind im Laufe unserer Geschichte viele Schemata entwickelt worden, die eine Nutzung solcher Kräfte anstreben oder versprechen. Der Biologisch-Dynamische Land- und Gartenbau achtet auf kosmische Rhythmen, die sich aus Mond- und Sternkonstellationen herleiten lassen. Die einzelnen Kulturpflanzen, z.B. Pflanzengruppierung B (Blattpflanzen, verwendet werden vor allem die Blätter für die Ernährung in Tab. 36), werden in den ihnen günstigen Rhythmen ausgesät, gehackt und meist auch geerntet (vgl. *Gabriel* 1986; *Thun/Thun* o. J; *Freitag-Lau & Lau*). Der nicht kundige Gärtner kann sich einen Pflanz-, Hack- und Erntezeitenkalender kaufen.

Beispiel: März 1993:
1. bis 3. Wurzel
4. und 5. Blüte
6. Blatt
7. Wurzel
8. für alle ungünstig
9. bis 11. Wurzel
12. bis 13. vormittags Blüte
13. (16.00 h) bis 14. (12.00 h) Blatt usw.

Wer ein Wurzelgemüse (z.B. Möhren) am 10.03.1993 sät, sie an Wurzeltagen im Mai (z.B. 20.05.1993 nur vormittags) jätet/hackt und sie später an einem Wurzeltag erntet, erhält nach Untersuchungen (z.B. *M. Thun* o. J.) eine reichere Ernte, eine bessere Qualität der Möhren mit einer größeren Lagerfähigkeit.

Die Pflanzen sind beim zukunftsfähigen Gärtnern nach ihrem Bedarf an Pflege eingeteilt:

s-Pflanzen: sich selbst gärtnernd; nachdem sie etabliert sind, nur absammeln, keine weiteren Pflegemaßnahmen

g-Pflanzen: geringe gärtnerische Pflege (hacken – säen – ernten)

m-Pflanzen: mittelintensive gärtnerische Pflege (hacken – säen – jäten – ernten)

h-Pflanzen: intensive gärtnerische Pflege
- h_1: (hacken, Kompostdüngung, säen, jäten, Pflanzenjauche, mulchen, ernten)
- h_2: (vorziehen, hacken, Kompostdüngung, pflanzen, wässern, Pflanzenjauche, jäten, mulchen, ernten)

Lesen Sie bitte auf Seite 142 weiter

Tab. 36: Saat-Ernte-Kalender

	Tab.	Pflanzen-gruppe		Kalender											
		A	B	Jan.	Feb.	März	April	Mai	Juni	Juli	Aug.	Sept.	Okt.	Nov.	Dez.
Bohne, (Busch-)	40	h_1	F					00	00000	00000	....	....	....		
Bohne, (Stangen-)	40	h_1	F					00	00000	....	....	....	....		
Chicoree	40	h_1	W	 XXXXX	 XXXXX	 XXXXX	00	00000					....	Wurzel	Salat[1] ....
Endivie	41	h_2	B						00000	00000		....	....	XXXXX	XXXXX
Erbse, (Mark-)	39	m	F				00000	00000	00000	....	....	....			
Erbse, (Schal-)	39	m	F		00	00000	00000		....	....	....	....			
Erbse, (Zucker-)	39	m	F				00000	00000	00000	....	....	....			
Feldsalat	38	g	B	....	....	...					00000			....	....
Fenchel, (Knollen-)	40	h_1	B			••	•••••		00000	00000		....	....		
Gurke	41	h_2	F				•••••	••000	00000	...	....	....			
Haferwurz	40	h_1	W	XXXXX		00	00000						....	....	XXXXX
Herbstrübe	39	m	W	XXXXX						00000	00000		....	....	XXXXX
Kartoffel, (Früh-)	38	g	W			•••••	•0000	00000		....	....				
Kartoffel, (Spät-)	38	g	W	XXXXX	XXXXX	XXXXX	XX	00000				...	....	XX	XXXXX
Knoblauch	39	m	W	XXXXX	XXXXX	00000 XXXXX	000 XXXXX	XXXXX			00	00000 XXXXX	000 XXXXX	XXXXX	XXXXX
Kohlrabi	41	h_2	W		•••••	•••••	00000	00000	00000	....	....	....			
Kohl, (Grün-)	41	h_2	B	....	....	...	00000	00000					....	....	....
Kohl, (Rosen-)	41	h_2	B	....	...		00000					...	....	....	....
Kohl, (Weiß-, Rot-, früh)	41	h_2	B		•••••					...	....	....	....		
Kohl, (Weiß-, Rot-, spät)	41	h_2	B	XXXXX			00000						....	XX	XXXXX
Kohl, (Wirsing-, früh)	41	h_2	B		•••••				...	....	....				
Kohl, (Wirsing-, spät)	41	h_2	B	XXXXX			00000						....	....	XXXXX
Kürbis	38	g	F	XXXXX				00000	00	...	....	....	...	XXXXX	XXXXX
Mangold, (Schnitt-)	39	m	B					00000	00000	....	....	....	....	....	
Mangold, (Stiel-)	39	m	B					00000				....	....		
Möhre, (Früh-)	39	m	W		00	00000	00000	00000	00000	....	....	....	....	....	
Möhre, (Spät-)	39	m	W	XXXXX	XXXXX	XX000	00000	00000				....	....	....	XXXXX
Pastinak	39	m	W	XXXXX	XX	00000	00000						....	....	XXXXX
Porree/Lauch	41	h_2	B	....	...•••	•••••	00000						....	....	....
Radieschen	39	m	W			00000	00000	00000	00000	00000	00000	00000	....		
Rettich	39	m	W			00000	00000	00000	00000	00000	00000	....	...		
Rote Rübe/Bete	39	m	W	XXXXX			00000	00000	00000	00000	...	....	....	XX	XXXXX
Salat, (Kopf-)	39	m	B		••	•••••	00000	00000	00000	00000	....	....	....		
Salat, (Pflück-)	39	m	B				00000	00000	00000	....	....	....			
Schwarzwurzel	40	h_1	W	....	00	00000	00000 ...						....	....	....
Sellerie, (Knollen-)	41	h_2	W	XXXXX	••••• XXXXX								....	XX	XXXXX
Spinat	38	g	B			00000	00000	00000	00000	00000	00000	00000	....	....	...
Tomate	41	h_2	F		•	•••••				...	....	....	...		
Zucchini	41	h_2	F				•••••	00000			...	....	....	XXXXX	XXXXX
Zwiebel, (Saat-)	39	m	W	XXXXX	XXXXX	00000	00000		...	....	....	XXXXX	XXXXX	XXXXX	XXXXX
Zwiebel, (Steck-)	39	m	W	XXXXX	XXXXX	00000	00000			...	....	....	XXXXX	XXXXX	XXXXX
Zwiebel, (Schalotte-)	39	m	W			00000	00000			...	....	....	XXXXX	XXXXX	XXXXX
Zwiebel, (Etagen-)	37	g	W							....	....	00000	00000		

1 Erfolgt über eine Nachkultur in Eimern in der Wohnung, s. S. 189.

Saat: drinnen: ••••• draußen: 00000 Ernte: .... Lagerung: XXXXX

A: Pflanzengruppierung nach ihrem Pflegebedarf (s: sich selbst gärtnernd; g: geringe –; m: mittlere –; h: hohe gärtnerische Pflege)

B: Pflanzengruppierung sowohl nach den verwendeten Pflanzenteilen als auch nach ihrem kosmischen Reaktionstyp (F: Frucht; B: Blatt; W: Wurzel)

Fortsetzung von Seite 140

Neben der Pflege des Bodenlebens und der Verbesserung des Bodens spielt das Kräutermanagement eine besondere Rolle, was sich immer wieder als »Jäten« bemerkbar macht (auch im Waldgarten, siehe S. 38). Nun ist dieses »Jäten« gleichzeitig auch Ernten. Generell wird Mulch und Kompostmaterial geerntet. Speziell sind aber auch viele Wildkräuter, die immer wieder versuchen, andere Gemüsepflanzen zu dominieren – natürlich auch tradierte –, für einen Ernährungsbeitrag des Menschen geeignet. Zum Beispiel Ackermelde:

Rezept für das Wildgemüse Ackermelde (Schissmelle) (2 Personen)

Zutaten: *2 große Hände voll Ackermelde, vor der Blüte gepflückt, 1 Zwiebel, klein gehackt, etwas Butter (Margarine), 1 EL Mehl, saure Sahne nach Geschmack, geriebener Käse zum Bestreuen.*

Zubereitung: *Ackermelde waschen und in kochendem Wasser 8 Min. blanchieren, abtropfen lassen und hacken (wie Spinat). In einem Topf die Zwiebel in der Butter goldgelb dünsten, die gehackte Melde und etwas Wasser dazugeben und unter gelegentlichem Rühren 15 Min. dünsten. Das Mehl darüberstäuben und unterrühren. Mit Salz, Pfeffer und Muskat würzen. Nach Geschmack saure Sahne unterziehen und mit Käse bestreuen.*

Für weitere Wildkräuter wie Franzosenkraut (Knopfkraut), Giersch, Vogelmiere u.a. s. Kapitel »Wildgemüse«, Tab. 68, S. 186.

Als Leitpflanze wird im Allgemeinen die Kulturpflanze bezeichnet, die in einer Gesellschaft den höchsten gärtnerischen Pflegebedarf hat. Andererseits sollten h-Pflanzen, wenn sie nicht gewählt wurden, auch nicht als Kameradschaftspflanzen zugefügt werden – denn hohe gärtnerische Pflege lohnt nur dann, wenn ein besonderes Interesse an der Pflanze vorliegt. Die Auswahl der Leitpflanze folgt nach völlig individuellem Interesse.

Über die folgenden Tabellen können die notwendigen und nützlichen Informationen zu diesen Pflanzen und deren Anbau zusammengetragen werden.

Tab. 37: Gemüse 1: s-Pflanzen (sammeln)

Name *(lateinischer Name)* Familie	**Gemüseart**	**Vorkultur**	**Pflanzzeit (Monat)**	**Direktsaat (Monat)**	**Reihenabstand (cm)**	**Saattiefe (cm)**	**Abstand in der Reihe (cm)**	**Erntezeit (Monat)**	**Boden**	**Allgemeines zur Vermehrung und Multifunktionalität**
Löwenzahn	B	Beschreibung: siehe Tab.: 22, Seite 91								Rezepte: siehe Seite 227
Topinambur	W	Beschreibung: siehe Seite 112								Rezepte: siehe Seite 113
Winterportulak	B	Beschreibung: siehe Tab.: 20, Seite 89								Rezepte: siehe Seite 89
Brennnessel	B	Beschreibung: siehe Tab.: 22, Seite 91								Rezepte: siehe Seite 95 ff.
Taubnessel	B	Beschreibung: siehe Tab.: 68, Seite 185								
Beinwell	B	Beschreibung: siehe Tab.: 68, Seite 185								
Pflückkohl *(Brassica oleracea acephala)* Cruciferae	B			Mai bis Juni	70	3	70	Nov. bis Feb.	XX	– vereinzeln, wenn zu dick gesät – Blätter ernten, wächst wieder nach – Blüte im 2. Jahr – kann weiter stehen für Ernte mehrerer Jahre
Rhabarber *(Rheum rhaponticum)* Polygonaceae	B		Mai oder Okt. Wurzel-stock		100		100	März bis Juni	XXX	– Stengel durch Ziehen ernten, nicht schneiden (Rest fault leicht) – Blätter als Mulch um die Pflanze legen, nie alle Stengel nehmen – Blütenstengel ausbrechen, feste Knospen als Gemüse kochen, – Jauche, Brühe, Tee
Zwiebel, Etagen- *(Allium cepa, var. viviparum)* Liliaceae	W		Sept. bis Okt.		kleine Grup-pen			Juli/ Aug.	XX	– Zwiebeln wachsen nicht in der Erde, sondern in Gruppen an den Stengel-enden – Verwendung dieser Luftzwiebel in der Küche zum Würzen – umfallende Stengel mit Brut-zwiebeln bilden neue Pflanzen-gruppen

B: Blatt-, W: Wurzelgemüse, X: magere, XX: mittlere, XXX: gute Bodenqualität (bzw. reiche Kompostgaben)

Der Dauerkohl als ausgezeichnete Gemüsepflanze (wie Winter- bzw. Grünkohl zubereiten) sollte in keinem ökologisch-pädagogischen Garten fehlen. Als zweijährige Pflanze gehört er in den Staudengürtel, an dessen Rand oder auf alle Flächen, auf denen auch ausdauernde Kräuter kultiviert werden. Da er auch im Halbschatten gedeiht, ist er besonders für den Baumscheibenbereich geeignet.

Selbst ausgesäte Pflanzen der s-Liste können mit Vorteil auch auf den Beeten als Gesellschaftspflanzen geduldet werden.

Die g-Pflanzen können extensiv gezogen (z.B. die Kartoffel im extensiven Hackband (s. S. 115ff.) oder aber auch intensiv kultiviert werden. Bei Wahl des Kürbisses sollte ebenfalls kein Beet vergeben werden. Sofern schon ein Extensivkomposthaufen (s. S. 56ff.) bei den Baumscheiben angelegt ist, kann der Kürbis an dessen Rand gepflanzt werden. Ebenso ist der Rand des Sozialraumes geeignet, wenn zum Anpflanzen ein Haufen aus ca. drei Eimern Komposterde aufgeschüttet wird. In gleicher Weise können ein oder zwei nebeneinanderliegende Maulwurfshügel durch Komposterde ergänzt und der Kürbis auf diesen in der Wiese oder in einer Sukzessionsfläche gesteckt werden. Mit dieser extensiven Anbauweise sind natürlich auch nur extensive (kleinere) Ernteerträge zu erwarten, besonders dann, wenn man es nicht mit ausgezeichneter Bodenqualität zu tun hat. Für große Kürbisernten empfiehlt sich ein bis zwei Jahre vorher eine Beetvorbereitung: Für zwei Nester eine Grube von ca. 1,50 Meter x 0,50 Meter, etwas 50 Zentimeter tief ausheben, mit ausgejäteten Kräutern und Erdeinstreuung auffüllen, wenn übrig, mit Pflanzenjauche begießen; im Spätherbst mit Boden abdecken und im folgenden Jahr Kürbisnester anlegen.

Von der klassischen Mischkultur her sind die übrigen hier genannten Pflanzen meist Vor- oder Zwischenkultur- oder Kameradschaftspflanzen (siehe z.B. Spinat als Vorkultur bei *Franck*).

Die Saat erfolgt direkt auf das Beet. Die hier aufgeführten m-Pflanzen enthalten zwei typische Zwischenpflanzen, die auch auf Wegen zwischen Steinplatten und als Zwischenreihen bei der Reihenkultur verwendet werden. Es sind dies Radieschen und Pflücksalat.

Zwiebeln sind, wenn man nicht erstklassige Bodenqualität hat, am besten nicht als Saatzwiebeln zu ziehen. Letztere bedürfen besonderer Pflege (entsprechen den h-Pflanzen). Steckzwiebeln und Scharlotten sind dagegen typische m-Pflanzen.

Die Haferwurz ist eine alte mitteleuropäische Gemüsepflanze, die durch die höher gezüchtete Schwarzwurzel ersetzt wurde. Sie ist jedoch genügsamer und widerstandsfähiger und hat im 2. Jahr eine sehr schöne Blüte. *Lesen Sie bitte auf Seite 146 weiter*

Tab. 38: Gemüse 2: g-Pflanzen (hacken, säen, ernten)

Name *(lateinischer Name)* Familie	**Gemüseart**	**Vorkultur**	**Pflanzzeit (Monat)**	**Direktsaat (Monat)**	**Reihenabstand (cm)**	**Saattiefe (cm)**	**Abstand in der Reihe (cm)**	**Erntezeit (Monat)**	**Boden**	**Allgemeines zur Vermehrung und Multifunktionalität**
Feldsalat *(Valerianella locusta)* Valerianaceae	B			Aug.	15	1	3	Nov. bis März	X	– auch als Flächensaat – sät sich selbst aus
Spinat *(Spinacia oleracea)* Chenopodiaceae	B			März bis Sept.	20	1 - 2	6	April bis Dez.	XX	– roh als Salat oder gekocht – als Gründüngung bei Mischkultur nach Franck – Saponinspender
Melde (Garten-) *(Atriplex hortensis)* Chenopodiaceae	B			März bis April	30	1 - 2	6	Mai bis Juni	X	– als Gemüse gekocht wie Spinat – als Gründüngung, Saponinspender – sät sich selbst aus
Kürbis *(Cucurbita pepo)* Cucurbitaceae	F			Mai bis Juni	120	3	90	Juli bis Okt.	XXX	– Horste von 3 Kernen legen, stärkste Pflanze stehen lassen
Kartoffel *(Solanum tuberosum)* Solanaceae										– wenn ca. 10 cm hoch, anhäufeln – oberirdische Früchte (Samen enthalten Solanin) **giftig**
– Frühkartoffel	W		Anf. April		60	10	35	Juli bis Aug.	XX	– Saponinspender – einige Kamillesamen dazusäen als Wachstumsanregung – Tagetes dazu gegen Wurzelälchen (Nematoden)
– Spätkartoffel	W		Anf. Mai		60	10	40	Sept. bis Okt.		– Pfefferminze an die Reihenenden zur Geschmacksverbesserung, auch Kümmel-Einsaat

B: Blatt-, F: Frucht-, W: Wurzelgemüse, X: magere, XX: mittlere, XXX: gute Bodenqualität (bzw. reiche Kompostgaben)

Tab. 39: Gemüse 3: m-Pflanzen (hacken, säen, jäten, ernten)

Name *(lateinischer Name)* Familie	**Gemüseart**	**Saatzeit/ Steckzeit (Monat)**	**Saattiefe (cm)**	**Reihenabstand (cm)**	**Abstand in der Reihe (cm)**	**Anspruch**	**Ernte (Monat)**	**Allgemeines zur Vermehrung und Multifunktionalität**
Erbse *(Pisum sativum)* Papilionaceae **– Markerbse** *(convar. medullare)*	F	4. - 6.	6	40/50	5	X	6. - 9.	– Saatbad (Kamille, Wermut, Tab.: 64, Seite 175) – Dilleinsaat beeinflusst die Keimung günstig – Samenkörner runzelig – zur Bodenverbesserung
– Schalerbse *(convar. sativum)*		2. - 4.	6	40/60	5			– Samenkörner rund, glatt
– Zuckererbse *(convar. axiphium)*		4. - 6.	6	40/60	5			– Hülsen werden mitgegessen
Herbstrübe *(Brassica rapa, ssp rapa)* Cruciferae	W	7. - 8.	1	30	15	XX	10. - 12.	– vereinzeln, wenn zu dicht gesät
Knoblauch *(Allium sativum)* Liliaceae	W	9. - 10. 3. - 4.	4	25	10	XX	7. - 9.	– einzelne Zehen einer Knolle setzen – zwischen Erdbeeren pflanzen gegen Schimmel – für Jauche, Tee
Mangold *(Beta vulgaris)* Chenopodiaceae **– Schnittmangold** *(var. cida)*	B	5. - 6.	2	25	15	XX	6. - 11.	– vereinzeln, wenn zu dicht gesät – Blätter nicht zu tief schneiden, wächst nach (als Spinat)
– Stielmangold *(var. flavescens)*		5.	2	30	40		9. - 10.	– äußere Stiele ernten, Herz zum Weiterwachsen stehen lassen
Möhre *(Daucus carota, ssp. sativa)* Umbelliferae **– Frühmöhre**	W	3. - 5.	1	25	6	XX	9. - 11.	– entsprechende Sorte wählen – Dilleinsaat beeinflusst die Keimung günstig – einige Radieschensamen als Markierung mitsäen – vereinzeln, wenn zu dicht gesät
– Spätmöhre		3. - 5.	1	25	6		9. - 11.	– vertreibt Zwiebelfliegen
Pastinake *(Pastinaca sativa)* Umbelliferae	W	3. - 4.	2	30	15	XX	10. - 11.	– einige Körner Mohn als Markiersaat dazusäen – vereinzeln, wenn zu dicht gesät
Radieschen *(Raphanus sativus, var. sativus)* Cruciferae	W	3. - 9.	2	20	4	X	5. - 10.	– für die Saatzeit entsprechende Sorten wählen – Kresse für das Aroma dazusäen – vereinzeln, wenn zu dicht gesät – Markiersaat
Rettich *(Raphanus sativus, var. nigra)* Cruciferae	W	3. - 8.	2	20	12	XX	5. - 9.	– für die Saatzeit entsprechende Sorten wählen – Kerbel für das Aroma dazusäen – vereinzeln, wenn zu dicht gesät – zur Bodenlockerung
Rote Rübe/Bete *(Beta vulgaris, var. conditiva)* Chonopodiaceae	W	4. - 6.	2	20	20	XX	9. - 11.	– Dilleinsaat beeinflusst die Keimung günstig – vereinzeln, wenn zu dicht gesät – ist Saponinspender
Salat *(Lactuca sativa)* Compositae **– Kopfsalat** *(var capitata)*	B	4. - 7.	1	30	25	XX	5. - 10.	– Kerbel in der Reihe als Einsaat, soll Läuse fern halten – vereinzeln oder verpflanzen, wenn zu dicht gesät
– Pflücksalat *(var. crispa)*		4. - 6.	1	20	25		5. - 9.	– die äußeren Blätter ernten, Herz zum Weiterwachsen stehen lassen
Zwiebel *(Allium cepa)* Liliaceae **– Saatzwiebel** *(var. cepa)*	W	3. - 4.	0,5	20	10	XX	7. - 8.	– einige Kamillensamen in die Reihe säen, sie fördern das Wachstum, auch Majoran ist günstig – vertreibt Möhrenfliegen – Zwiebelschalen und -Reste für Jauche und Tee – vereinzeln, wenn zu dicht gesät
– Steckzwiebel *(var. cepa)*		3. - 4.	3	20	10		7. - 9.	– Steckzwiebeln kaufen
– Schalotte *(var. ascalonicum)*		3. - 4.	3	20	15		7. - 9.	– Steckzwiebeln kaufen

B: Blatt-, F: Frucht-, W: Wurzelgemüse, X: magere, XX: mittlere, XXX: gute Bodenqualität (bzw. reiche Kompostgaben)

Tab. 40: Gemüse 4: h1-Pflanzen (hacken, Kompostdüngung, säen, jäten, ernten)

Name *(lateinischer Name)* Familie	Gemüseart	Direktsaat (Monat)	Reihenabstand (cm)	Saattiefe (cm)	Abstand in der Reihe (cm)	Erntezeit (Monat)	Boden	**Allgemeines zur Vermehrung und Multifunktionalität**
Fenchel, Knollen *(Foeniculum vulgare, var. azoricum)* Umbelliferae	B	Juni bis Juli	40	1	25	Sept. bis Okt.	XXX	– vereinzeln (wenn zu dicht gesät) – feucht halten
Chicorée *(Chichorium intybus, var. foliosum)* Compositae	W	April bis Mai	30	1	15	Okt. bis Nov.	XX	– vereinzeln (wenn zu dicht gesät) – Wurzel ausgraben (Herbst), Blätter drei Zentimeter über der Wurzel abschneiden, in Gefäße mit feuchter Erde setzen, fünfzehn Zentimeter mit Erde bedecken zum Treiben warm stellen (18 Grad Celsius)
Haferwurz *(Tragopogon porrifolius)* Compositae	W	März bis Mai	30	3	20	Okt. bis April	XX	– vereinzeln (wenn zu dicht gesät) – Wurzeln wie Schwarzwurzeln verwenden – im zweiten Jahr schöne Blüte
Schwarzwurzel *(Scorzonera hispanica)* Compositae	W	Feb. bis Mai	25	3	10	Okt. bis April	XX	– vereinzeln (wenn zu dicht gesät) – tiefgründiger Boden
Bohne *(Phaseolus vulgaris)* Papilionaceae		Mai bis Juli				Juli bis Okt.		– Stickstoffsammler – Bohnenkraut dazusäen gegen Bohnenlaus – anhäufeln
– Buschbohne *(var. nanus)*	F		50	3	40		X	Horste von fünf Bohnen legen
– Stangenbohne *(var. vulgaris)*	F		80	3	50		XX	sechs bis acht Bohnen um eine Stange legen – Saponinspender

*B: Blatt-, F: Frucht-, W: Wurzelgemüse, X: magere, XX: mittlere, XXX: gute Bodenqualität (bzw. reiche Kompostgaben)

Fortsetzung von Seite 144

Die genügsamste Pflanze der h2-Gruppe ist die Endivie. Sie braucht keine besondere Vorkultur, muss nur umgepflanzt werden, um gut zu gedeihen. Da h_2-Pflanzen ansonsten einer Vorkultur bedürfen, ist die Entscheidung, sie zu pflanzen, dann früh (spätestens im Winter) zu fällen, wenn man sie selbst vorziehen und nicht als Pflanzgut in einer Gärtnerei kaufen will.

Das Vorziehen von h-Pflanzen (Beispiel: Tomate):
Hierzu brauchen wir: eine flache Schale (sechs Zentimeter hoch), Anzuchterde, Samen, Sprüher, Pikierholz, Glasscheibe, Streichhölzer, Blumentöpfe unterschiedlicher Größe. Die Anzuchterde sollte möglichst rein und keimfrei sein. Man kann sie im Gartenhandel kaufen oder selbst herstellen.

Herstellen der Anzuchterde:
1/3 Gartenerde, 1/3 Komposterde, 1/3 Sand mischen und gut anfeuchten, in einem feuerfesten Topf zugedeckt im Backofen bei 150 Grad Celsius 30 Minuten erhitzen, abkühlen lassen und danach wieder anfeuchten. Soweit man eine flache (fünf Zenti- meter), hohe Anzuchtschale hat, ist der keimfreie Erdebedarf geringer, sonst können auch Blumentöpfe verwendet werden. Die Schale wird zu etwa 2/3 mit Erde gefüllt und pro Quadratmeter ein Samen ausgelegt, anschließend die Samen dünn mit Erde bedecken (ca. fünf Millimeter). Mit der Hand oder einem flachen Gegenstand leicht andrücken. Die Erde im Folgenden feucht halten (öfter mit einer Sprühflasche besprühen). Nach Beendigung der Aussaat wird die Schale oder der Topf mit einer

Lesen Sie bitte auf Seite 148 weiter

Tab. 41: Gemüse 5: h2-Pflanzen (vorziehen, hacken, Kompostdüngung, pflanzen, wässern, jäten, mulchen, ernten)

Name *(lateinischer Name)* Familie	**Gemüseart**	⌂ **Vorkultur (Monat)** ⊥⊥⊥⊥	**Pflanzzeit (Monat)**	**Direktsaat (Monat)**	**Reihenabstand (cm)**	**Saattiefe (cm)**	**Abstand in der Reihe (cm)**	**Erntezeit (Monat)**	**Boden**	**Besonderes**
Kohlrabi *(Brassica oleracea var. gongylodes)* Cruciferae	B	2. - 3. ⌂ 4. - 6. ⊥⊥⊥⊥	März bis Juli		30	1	25	Mai bis Sept.	XX	– tief pflanzen
Kohl *(Brassica oleracea)* Cruciferae										– tief pflanzen – anhäufeln – Kamille, Koriander, Kümmel zur Geschmacksverbesserung – Tomaten, Sellerie als Nachbarn, irritieren durch ihren Geruch den Kohlweißling – gute Nachbarn Erbsen (Stickstoffsammler), Spinat (Saponinspender), Salat, Lauch – nicht als Vor- oder Mischkultur Kreuzblütler (Senf etc.) fördert Kohlkrankheiten und -Schädlinge – für Jauche
– Grünkohl *(var. sabellica)*	B	4. - 5. ⊥⊥⊥⊥	Juni bis Aug.		45	1	45	Okt. bis März	XX	
– Rosenkohl *(var. gemmifera)*	B	4. ⊥⊥⊥⊥	Mai bis Juni		50	1	50	Sept. bis Feb.	XXX	
– Weiß-Rotkohl *(var. capitata)*										
– – früh	B	2. ⌂	April		50	1	50	Aug. bis Okt.	XXX	
– – spät	B	4. ⊥⊥⊥⊥	Mai bis Juni		50	1	50	Okt. bis Nov.	XXX	
– Wirsing *(var. sabauda)*										
– – früh	B	2. ⌂	Mai		50	1	50	Juni bis Aug.	XXX	
– – spät	B	4. ⊥⊥⊥⊥	Juni		50	1	50	Okt. bis Nov.	XXX	
Kohlrübe *(Brassica napus)* Cruciferae	W	4. - 5. ⊥⊥⊥⊥	Juli		40	1	50	Sept. bis Okt.	XX	– kann in Lücken zwischen die Kartoffeln gepflanzt werden
Endivie *(Cichorium endivia)* Compositae	B	6. - 7. ⊥⊥⊥⊥	Juli bis Aug.	Juni bis Juli	30	1	30	Sept. bis Dez.	XX	– nicht zu tief setzen – vor dem Frost mit Wurzeln in Erde in Kisten setzen, in den Keller stellen
Tomate *(Solanum lycopersicum)* Solanaceae	F	2. - 3. ⌂	Mai bis Juni		100	1	60	Juli bis Okt.	XXX	– anbinden an Stöcke – Seitentriebe ausbrechen – Ringelblumen und Tagetes zur Gesundheit der Pflanzen dazwischenpflanzen – Saponinspender – für Jauche, Auozug
Gurke *(Cucumis sativus)* Cucurbitaceae	F	4. - 5. ⌂	Mai bis Juni	5. - 6.	100	2	30	Juli bis Okt.	XXX	– windgeschützt – Horste von 3 bis 4 Samen legen – gegen Mehltau Basilikum dazupflanzen – Dill günstig für die Keimung
Zucchini *(Cucurbita pepo var. giromonitiina)* Cucurbitaceae	F	4. ⌂	Mai	5.	100	3	80	Aug. bis Okt.	XXX	– Horste von 3 Kernen legen, stärkste Pflanze stehen lassen
Porree/Lauch *(Alium porrum)* Liliaceae	B	3. ⌂ 4. ⊥⊥⊥⊥	Mai bis Juni		30	1	20	Okt. bis Feb.	XXX	– in Gräben pflanzen, nach und nach häufeln – einzelne Kamillesamen als Wachstumshilfe mitsäen
Sellerie, Knollen- *(Apium graveoleus, var. rapaceum)* Umbelliferae	W	2. ⌂	Mai bis Juni		40	1	40	Okt.	XXX	– Holzasche in die Reihe pudern – flach pflanzen – Kamille als Wachstumshilfe dazusäen

⌂ :Vorkultur im Haus, ⊥⊥⊥⊥ : Vorkultur im Freiland
B: Blatt-, F: Frucht-, W: Wurzelgemüse, X: magere, XX: mittlere, XXX: gute Bodenqualität (bzw. reiche Kompostgaben)

Fortsetzung von Seite 146
Glasscheibe abgedeckt. Zur Lüftung werden ein bis mehrere Streichhölzer zwischen Schalenrand und Glasscheibe geklemmt. Die Schale möglichst hell auf einer Fensterbank postieren. Sprühen und warten, bis die Samen aufgegangen sind. Sobald außer den zwei Keimblättern ein erstes Blatt gewachsen ist, beginnt das Umpflanzen (Pikieren).

Pikieren:
Es werden Töpfchen oder größere Schalen mit Anzuchterde gefüllt und Pflanzlöcher in ca. fünf Zentimeter Abstand oder je ein oder zwei pro Töpfchen (ca. vier Zentimeter tief – etwas tiefer als Wurzellänge) gestochen. Die kleinen Pflänzchen werden mit Daumen und Zeigefinger an einem Keimblatt gefasst, daneben ein Pikierholz einstechen und das Pflänzchen herausheben. Das Pikierholz ist ein bleistiftgroßes abgeflachtes, vorn spitz zulaufendes Hölzchen. Wenn man kein Pikierholz hat, dann kann man auch einen Bleistift verwenden. Das herausgehobene Pflänzchen wird in das Pflanzloch gesteckt, sodass die Wurzeln gut Platz haben und nicht nach oben stehen. Die feinen Würzelchen werden von der Seite angedrückt, dazu sticht man das Pikierholz in ca. 1 Zentimeter Abstand in die Erde und drückt leicht gegen das Pflänzchen und seine Wurzeln, sodass es festsitzt.

Umtopfen:
Im Folgenden wird die Erde wie bisher durch Besprühen feucht gehalten. Bei Tomaten wird dann, wenn die Pflänzchen fünf bis sechs Zentimeter hoch sind, das zweite Mal umgepflanzt. Sie werden einzeln in Töpfe (Durchmesser ca. sechs Zentimeter) gepflanzt, ca. 1 1/2 Zentimeter tief. Das dritte Umpflanzen erfolgt bei einer Höhe von 10 bis 15 Zentimetern in Töpfe mit ca. 10 Zentimetern Durchmesser. Bei den mei- sten anderen Pflanzen wird neben dem Pikieren nur einmal umgetopft.

Die Vorzucht sichert bei empfindlichen Pflanzen oder solchen aus südlicheren Breitengraden eine befriedigende Ernte in unseren Gärten. Das wiederholte Umpflanzen führt zu besonders stark ausgeprägten Wurzelballen und erzeugt einen Vitalitätsvorsprung. Es gibt mittlerweile ein bequemeres Verfahren, das allerdings auch nur einen Teil der Vorteile bringt. Man kauft Torfquelltöpfe, steckt einen Samen hinein und hält sie feucht bis zum Auspflanzen (leider ist dazu weiterer Torfabbau notwendig)[16].

Zuwahl der Gesellschafts- bzw. Kameradschaftspflanzen: Nach obiger Mischkulturtabelle können zu den gewählten Leit- geeignete Kameradschaftspflanzen zugewählt werden. Für diese Zuwahl ist auch eine sogenannte Mischkulturscheibe brauchbar.

Die Scheibe von *Bruns* ist sehr interessant und gut anzuwenden, nach Aussage anderer Autoren und unserer eigenen Beobachtungen allerdings missverständlich: Kartoffel, vergesellschaftet mit Kohl, ist günstig, mit Bohne eher ungünstig, entgegengesetzt den Aussagen der Scheibe (vgl. z.B. *Wirth* 1948). Für die Planung und Pflanzung einer Mischkultur wird ein Vergesellschaftungsplan erstellt.

Eine gute Mischkultur stellt eine Pflanzengesellschaft mit Gemüsen, Kräutern und Blumen sowie vereinzelten Wildkräutern dar. Spezielle Gründüngspflanzen werden als Vor-, Zwischen- oder Nachkultur eingesetzt. Soweit bei Kräutern die Blätter als Würz- oder Beispeise verwendet werden, erfolgt die Ernte jeweils, bevor die Pflanzen in Blüte stehen. Auch Kräuter sind vor allem nach ihrem Pflegebedarf gegliedert, s-Pflanzen (Kräuter 1 und 2). Sie sind in jedem zukunftsfähigen Garten obligatorisch.

16 Man kann aus einer Bodenkompostmischung selbst Erdpresslinge herstellen.

Tab. 42: Vergesellschaftungsmatrix der wichtigsten Gemüse[17] *(für Saat-, Wachstumszeiten, Ernte und Lagerung siehe Tab. 36, S. 141 u. Tab. 69, S. 191)*

Gemüse \ Gemüse	Bohne, (Busch-)	Bohne, (Stangen-)	Chicorée	Endivie	Erbse	Feldsalat	Fenchel, (Knollen-)	Gurke	Herbstrübe	Kartoffel	Knoblauch	Kohlrabi	Kohlsorten	Mangold	Möhre	Pastinak	Porree/Lauch	Radieschen	Rettich	Rote Bete	Kopfsalat	Schwarzwurzel	Sellerie	Spinat	Tomate	Zucchini	Zwiebel
Beschreibung in Tab.	*40*	*40*	*40*	*41*	*39*	*38*	*40*	*41*	*39*	*38*	*39*	*41*	*41*	*39*	*39*	*39*	*41*	*39*	*39*	*39*	*39*	*40*	*41*	*38*	*41*	*41*	*39*
Bohne, (Busch-)					■		■	X		X	■	X	X	X			■	X	X	X	X		X		X		■
Bohne, (Stangen-)			X	X	■	X	■	X			■	X	X				■	X	X		X		X	X		X	■
Chicorée		X													X						X				X		
Endivie		X					X						X				X										
Erbse	■	■					X		X	■	■	X	X		X		■	X	X		X				■		
Feldsalat		X										X	X				X										X
Fenchel, (Knollen)-	■	■		X	X			X													X				■		
Gurke	X	X					X				X		X					■	■	X	X		X				X
Herbstrübe		X			X									X		X					X			X	X		
Kartoffel	X				■							X	■			X				■			■	X	■		
Knoblauch	■	■			■			X					■		X					X					X		
Kohlrabi	X	X			X	X				X							X	X	X	X	X	X	X	X	X		
Kohlsorten	X	X		X	X	X		X		■	■			X			X	X	X		X		X	X	X		■
Mangold	X								X				X		X			X	X								
Möhre			X		X						X			X			X	X	X			X			X		X
Pastinak									X	X								X	X	X	X		X	X			X
Porree/Lauch	■	■		X	■	X						X	X		X					■	X	X	X		X		
Radieschen	X	X			X			■				X	X	X	X	X					X			X	X		
Rettich	X	X			X			■				X	X	X	X	X					X			X	X		
Rote Bete	X							X		■	X	X				X	■										X
Kopfsalat	X	X	X		X		X	X	X			X	X			X	X	X	X			X	X		X		X
Schwarzwurzel												X			X		X				X						X
Sellerie	X	X						X		■		X	X			X	X				X		■	X	X		
Spinat		X							X	X		X	X			X		X	X				X				
Tomate	X		X		■		■		X	■	X	X	X		X		X	X	X		X		X	X			
Zucchini		X																									X
Zwiebel	■	■				X		X					■		X	X				X	X	X				X	

X günstig ■ ungünstig □ neutral bzw. nichts bekannt

Die Kräuter 1 (ausdauernd und sich selbst gärtnernd) werden bis auf den Meerrettich als Blattkräuter zur Würze von Suppen, Soßen, Quark, Getränken, Fleischspeisen und Salaten verwendet. Sie sind gegliedert in ausschließlich roh und sowohl roh als auch gekocht oder, wie der Beifuß, nur gekocht zu verzehren.

17 Die obige Mischkulturtabelle enthält alle Gemüsepflanzen der vorangegangenen Tabellen g- bis h_2-Pflanzen. (Nach *Annelore* und *Sabine Bruns*: Mischkultur-Scheibe, München, 1995)

Vom Meerrettich verwenden wir in der Küche ausschließlich die Wurzeln (zur Pflanzenpflege auch die Blätter). Die Meerrettichwurzel ist besonders vitaminreich, allein ihr Vitamin-C-Gehalt übertrifft den der Zitrusfrüchte.

Tab. 43: Kräuter 1 – ausdauernde s-Pflanzen

Name *(lateinischer Name)* Familie andere Namen	**Allgemeines zur Pflanze:** **– Saatzeit** **– Standort** **– Pflege** **– Ernte**	**Beispiele für Multifunktionalität**		
		Mensch	**Tiere: Heimstatt Nahrung**	**Pflanzen Boden**
Baldrian *(Valeriana officinalis)* Valerianaceae Waldspeik, Katzenkraut	– Wurzelstock setzen – anspruchslos – humoser Boden – sonnig bis halbschattig – Blütenstände bis 1,30 m hoch – Blüten, einige Wurzeln im Herbst	– getrocknete Wurzeln für Tee zur Beruhigung	– Nektarpflanze für viele Insekten – Katzen berauschen sich am Duft	– Mischkultur: günstig zu Erbsen, Bohnen, Kartoffeln – Blütenauszug für Spritzungen zur besseren Blütenbildung
Bärenlauch	Beschreibung: siehe Tab. 33, Seite 107			
Beifuß *(Artemisia vulgaris)* Compositae Gänsekraut	– Wurzelstock setzen – anspruchslos – trockene Böden – sonnig (z.B. am Rand der Hecke ansiedeln) – wächst sehr stark – Blütenstengel bis 1,80 m hoch – um unkontrollierte Verbreitung zu verhindern, früh schneiden – geerntet werden die Stengel mit Blättern und Blüten, bevor diese aufgehen	– frisch oder getrocknet als Würze zu (fettem) Fleisch (Gans, Ente, Schwein)		
Gundelrebe	Beschreibung: siehe Tab. 20, Seite 89			
Löffelkraut	Beschreibung: siehe Tab. 33, Seite 107			
Meerrettich	Beschreibung: siehe Tab. 22, Seite 91			
Oregano (Dost)	Beschreibung: siehe Tab. 23, Seite 92			
Pfefferminze *(Mentha piperita)* Labiatae (viele verschiedene Arten und Geschmacksrichtungen)	– Wurzelläufer setzen – anspruchslos – feuchte Böden – halbschattig – stark wuchernd – bis 60 cm hoch – frische Blättchen laufend, vor der Blüte die ganze Pflanze ernten	– frisch als Würzkraut zu Salaten und Süßspeisen – frisch oder getrocknet als Tee	– Nektarpflanze für Hummeln	– neben Brennnesseln entwickelt sich ihr Aroma besonders – zu Kartoffeln (am Ende der Reihe), soll deren Geschmack verbessern – nicht zu Kamille
Sauerampfer *(Rumex acetosa)* Polygonaceae Säuerling	– Wurzelstock setzen – anspruchslos – feuchte Böden – sonnig bis schattig – Blütenstände bis 80 cm hoch – junge Blättchen laufend ernten	– frisch als Würzkraut für Salate, Suppen, Soßen, aufs Brot – gekocht als Gemüse	– Futterpflanze für Feuerfalter	
Schafgarbe (Gemeine-)	Beschreibung: siehe Tab. 23, Seite 92			
Scharbockskraut	Beschreibung: siehe Tab. 33, Seite 107			
Spitzwegerich *(Plantago lanceolata)* Plantaginaceae Heilwegerich	– Pflanze setzen – anspruchslos – auch trockener Boden – sonnig – Blütenstände bis 40 cm hoch – junge Blättchen laufend bis zur Blüte	– frisch als Würzkraut an Salaten und Soßen – als Tee (Kaltaufguss) mit Honig gesüßt gegen Husten	– Futterpflanze für Feuerfalter, Scheckenfalter	
Waldmeister	Beschreibung: siehe Tab. 33, Seite 108			

Tab. 44: Kräuter 2 – ein- und zweijährige s-Pflanzen

Name *(lateinischer Name)* Familie andere Namen	**Allgemeines zur Pflanze:** **– Saatzeit – Boden** **– Standort – Erscheinungsbild** **– Ernte**	**Beispiele für Multifunktionalität**		
		Mensch	**Tiere:** **Heimstatt** **Nahrung**	**Pflanzen** **Boden**
Borretsch *(Borago officinalis)* Boraginaceae Gurkenkraut Himmelstern	– ab April bis Juni, Samen gut zudecken (Dunkelkeimer), an Ort und Stelle säen – anspruchslos, durchlässiger Boden – sonnig, braucht viel Platz (50 cm x 50 cm) – ca. 80 cm, sät sich leicht selbst aus – laufend frische Blätter ernten	– frisch als Würzkraut zu Salaten, besonders zur Gurken	– Bienen und andere Insekten besuchen die blauen Blütensterne	– als Zusatz zu Jauchen – guter Mulch (Silicium, Kalium)
Dill *(Anethum graveolens)* Umbelliferae Dillsamen Gurkenkümmel	– ab April bis Juni an Ort und Stelle säen – Samen nur leicht bedecken (Lichtkeimer) – humoser, feuchter Boden – sonnig – bis 120 cm hoch – laufend frische Blättchen ernten Juni/August die Blüten- und Samenstände ernten	– frisch als Würzkraut zu Salaten, Soßen, Gemüse – die Blüten- und Samenstände zum Einlegen von Gurken	– Futterpflanze für Raupenfliegen und die Raupen des Schwalbenschwanzes (Schmetterling)	– als Markiersaat zu Möhren – beeinflusst das Keimen von Gemüsearten günstig, (Gurken, Erbsen, Bohnen, Rote Rüben, Zwiebeln)
Kerbel *(Anthriscus cerefolium)* Umbelliferae Körfel, Kuchelkraut	– ab Ende März an Ort und Stelle – anspruchslos, nicht zu trockene Böden – halbschattig (Heckenrand) – 30 bis 60 cm hoch – laufend die jungen, gefiederten Blättchen ernten, Samen für das nächste Jahr ernten	– frisch als Würzkraut zu Suppen, Salaten und Soßen	– die weißen Blütendolden sind Nektarspender für viele Insekten – Futterpflanze für Raupenfliegen	– zu Salat gesät soll er vor Läusen, Schnecken und Ameisen schützen – Radieschen und Rettich bekommen besseres Aroma
Kresse *(Lepidum sativum)* Cruciferae Gartenkresse, Pfefferkraut	– ab März an Ort und Stelle – anspruchslos, feuchte Böden – halbschattig – ca. 30 cm hoch – geschnitten wird, wenn die Pflanzen etwa 8 bis 10 cm hoch sind, Samen für das nächste Jahr ernten	– frisch als Würzkraut zu Salaten, Quark, Eierspeisen, gehackt direkt aufs Butterbrot		– nicht zu Gurken – zu Radieschen gesät beeinflussen sie gegenseitig ihr Aroma günstig – auch günstig unter Obstbäumen
Kümmel *(Carum carvi)* Umbelliferae Köm, Kämen, Kumach	– im April oder August an Ort und Stelle – feuchte, tiefgründige, kalkhaltige Böden – sonnig – ca. 80 cm hohe Blütenstände im 2. Jahr – die braunen reifen Samen (im 2. Jahr) ernten	– die Körner als Würze zu Kartoffeln, Gemüse, Brot – die Körner als Tee, magenberuhigend und gegen Blähungen	– die Doldenblüten sind Nektarspender für viele Insekten – Futterpflanze für Raupenfliegen	– zu Kohl

Wenn die oben aufgeführten Kräuter einmal in einem Garten etabliert sind, säen sie sich immer wieder selbst aus (einige Pflanzen bis zum Herbst stehen lassen). Die einzige gärtnerische Maßnahme besteht darin, dass man nicht alle, die auf verschiedenen Beeten und an Rändern auflaufen (wild wachsen), ausjäten darf.

Der Kümmel blüht erst im zweiten. Jahr, von ihm werden überwiegend die Samen als Würze verwendet.

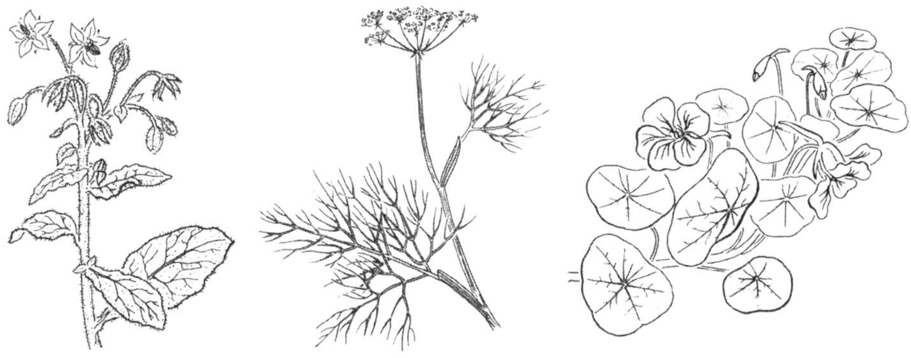

Alle Kräuter 3 sind sowohl roh als auch gekocht zu verzehren. Vom Fenchel werden Blätter und Samen verwendet. Die Fenchelsamen sind Brot- und Kuchengewürz wie auch bekömmlicher Tee.

Tab. 45: Kräuter 3 – ausdauernde g-Pflanzen (roh oder gekocht zu essen)

Name *(lateinischer Name)* Familie andere Namen	**Allgemeines zur Pflanze:** **– Saatzeit – Boden** **– Standort – Erscheinungsbild** **– Ernte**	**Beispiele für Multifunktionalität**		
		Mensch	**Tiere: Heimstatt Nahrung**	**Pflanzen Boden**
Estragon *(Artemisia dracunculus)* Compositae Dragon, Schlangenkraut	– im Frühjahr Wurzelstock setzen – humoser, leicht feuchter Boden – sonnig – bis 100 cm hoch – die jungen Triebe und Blättchen ernten	– frisch als Würzkraut (sparsam) zu Salaten, Soßen, Suppen, Fleisch – Essig zu verfeinern		– zusammen mit Liebstöckel
Fenchel *(Foeniculum vulgare)* Umbelliferae Brotsamen, Fenis	– vorgezogene Pflanze setzen – nährstoffreicher, feuchter, kalkhaltiger Boden – sonnig, warm – Blütenstände bis 200 cm hoch – die jungen Blättchen und die reifen Samen ernten	– frisch als Würzkraut zu Salaten, Fisch – Körner als Brot- und Küchengewürz – Körner als Tee gegen Blähungen, gesüßt gegen Husten	– Futterpflanze für Raupenfliegen	
Liebstöckel *(Levisticum officinale)* Umbelliferae Maggikraut	– Wurzelstock setzen – nährstoffreicher, feuchter Boden – sonnig bis halbschattig – Blütenstände bis 250 cm hoch – die jungen Blätter laufend ernten	– frisch als Würzkraut zu Suppen (starker Maggigeschmack)	– Futterpflanze für Raupenfliegen	– hemmende Wirkung auf Nachbarpflanzen – aber gut zu Estragon
Melisse *(Melissa officinalis)* Labiatae Zitronenmelisse, Bienenkraut	– vorgezogene Pflanzen oder Wurzelausläufer setzen – durchlässiger Boden – bis 60 cm hoch – die jungen Triebe und Blätter ernten	– frisch als Würzkraut (Zitronengeschmack) – getrocknet oder frisch als Tee (auch zur Beruhigung)	– Nektarpflanze für Insekten (Bienen)	
Pimpinelle *(Sanguisorba minor)* Rosaceae Bibernell, Blutkraut	– vorgezogene Pflanzen setzen, sät sich später selbst aus – anspruchslos, trockene, kalkhaltige Böden – sonnig – Blütenstände bis 80 cm hoch – laufend junge Blättchen ernten	– frisch als Würzkraut zu Salaten und Soßen (z.B. Frankfurter Grüne Soße)		
Schnittlauch *(Allium schoenoprasum)* Liliaceae Schnittling, Brislauch	– Pflanze setzen oder im April in kleinen Pulks säen, später die ganzen Pulks verpflanzen – anspruchslos, eher feuchter Boden – bis 30 cm hoch – laufend schneiden, Samen ernten zur Vermehrung	– frisch als Würzkraut		
Weinraute *(Ruta graveolens)* Rutaceae Raute	– vorgezogene Pflanzen setzen – magere, trockene, steinige, kalkhaltige Böden – sonnig – bis 70 cm hoch – junge Blättchen ernten	– frisch als Würzkraut (sehr sparsam) zu Salaten, Soßen, Fisch, Fleisch		
Winterheckenzwiebel *(Allium fristulosum)* Liliaceae Jakobszwiebel, Schlotten, ewige Zwiebel	– Pflanze setzen oder säen wie Schnittlauch – feuchter Boden – sonnig bis halbschattig – ca. 50 cm hoch (Blüten bis 70 cm) – laufend die grünen Röhrenblätter ernten, auch die kleinen Zwiebeln das ganze Jahr (auch im Winter)	– frisch als Würzkraut zu Salaten, Suppen, Soßen		– für Pflanzenjauchen

Tab. 46: Kräuter 4 – ausdauernde g- und m-Pflanzen (nur gekocht zu essen)

Name *(lateinischer Name)* Familie andere Namen	**Allgemeines zur Pflanze:** **– Saatzeit – Boden** **– Standort – Erscheinungsbild** **– Ernte**	**Beispiele für Multifunktionalität**		
		Mensch	**Tiere:** **Heimstatt** **Nahrung**	**Pflanzen** **Boden**
Bergbohnenkraut *(Satureja montana)* Labiatae Winter-, Staudenbohnen-kraut	– vorgezogene Pflanzen setzen – anspruchslos, eher trockene Böden – sonnig – bis 25 cm hoch, im Frühjahr zurückschneiden – einzelne Triebe ernten, wenn Pflanze groß genug, 2 bis 3 Ernteschnitte im Jahr	– frisch oder getrocknet als Würzkraut für Suppen, Soßen, Fisch, Fleisch, besonders Bohnen	– Nektarpflanze für Insekten	
Eberraute *(Artemisia abrotanum)* Compositae Zitronenkraut, Elfrad	– im Frühjahr Wurzelstock setzen oder im Sommer Stecklinge bewurzeln – kalkhaltige, trockene, humose Böden – sonnig – bis 100 cm hoch, im Frühjahr nur wenig zurück-schneiden – junge Triebspitzen und Blätter ernten	– frisch oder getrocknet als Würzkraut zu Soßen, Fisch, Fleisch, Süßspeisen		
Salbei *(Salvia officinalis)* Labiatae Gartensalbei, Salser	– vorgezogene Pflanzen setzen – trockene, durchlässige, kalkhaltige Böden – sonnig – bis 80 cm hoch – junge Blättchen laufend ernten	– frisch oder getrocknet als Würzkraut zu Fisch, Fleisch, Soßen – frisch oder getrocknet zu Tee zum Gurgeln bei Entzündungen im Mund	– Nektarpflanze für Insekten	– hält Läuse und Raupen ab, zu Rosen pflanzen
Ysop *(Hyssopus officinalis)* Labiatae Bienenkraut	– vorgezogene Pflanzen setzen – trockene, lockere, kalkhaltige Böden – bis 50 cm hoch – Blätter und junge Triebspitzen laufend ernten	– frisch oder getrocknet als Würzkraut zu Fisch, Fleisch, Soßen, Bohnen-gerichten	– Nektarpflanze für Insekten	
Wermut	Beschreibung: siehe Tab. 22, Seite 92			

Alle Kräuter 4 verlangen je nach Standort geringe (g) oder auch mittlere (m) gärtnerische Pflege. Sie sind ausschließlich an Kochspeisen (gekocht) zu verwenden. Der Wermut zeigt hohe Unverträglichkeit mit den meisten anderen Pflanzen – er sollte deshalb separiert in eine Beetecke zu Bäumen und Sträuchern gepflanzt werden. Zu schwarzen Johannisbeeren gesetzt, vermindert er deren Anfälligkeit gegen Säulenrost.

Tab. 47: Kräuter 5 – einjährige g- und m-Pflanzen

Name *(lateinischer Name)* Familie andere Namen	**Allgemeines zur Pflanze:** **– Saatzeit – Boden** **– Standort – Erscheinungsbild** **– Ernte**	**Beispiele für Multifunktionalität**		
		Mensch	**Tiere:** **Heimstatt** **Nahrung**	**Pflanzen** **Boden**
Bohnenkraut *(Satureja hortensis)* Labiatae Sommerbohnenkraut, Pfefferkraut	– ab 15. Mai (warmer Boden) an Ort und Stelle säen, Samen nur leicht bedecken (Lichtkeimer) – anspruchslos – sonnig – ca. 30 cm hoch – laufend junge Blättchen und Triebspitzen ernten	– frisch oder getrocknet als Würzkraut, bes. zu Bohnen – als Tee wohltuend für Magen und Darm, appetitanregend	– Nektarpflanze für Insekten	– zu Bohnen säen, hält die schwarze Bohnenlaus fern
Kapuzinerkresse	Beschreibung: siehe Tab.: 20, Seite 89			
Koriander *(Coriandrum sativum)* Umbelliferae Wanzenkraut, Schwindelkorn	– ab April an Ort und Stelle säen, Samen gut bedecken (Dunkelkeimer) – anspruchslos – sonnig warm – 30 bis 60 cm hoch – laufend die jungen Blättchen ernten, später die reifen Körner	– frisch als Würzkraut für Suppen, Soßen, Trockenbohnengerichte – Körner als Würze zu Kuchen, Lebkuchen, Brot	– Nektarpflanze für viele Insekten – Futterpflanze für Raupenfliegen	– zu Kohl
Petersilie *(Petroselinum crispum)* Umbelliferae Peterlein, Silke	– ab April mit einigen Radieschen als Markier-saat, weil lange Keimdauer (4 Wochen), an Ort und Stelle säen – nährstoffreicher, humoser, feuchter Boden – halbschattig – zweijährig, ca 100 cm hohe Blütenstände im zweiten Jahr – laufend junge Blätter ernten	– frisch als Würzkraut zu vielen Speisen	– Futterpflanze für Raupenfliegen	– nicht auf denselben Platz wiedersäen (selbstunverträglich) – zu Tomaten, Zwie-beln, Radieschen säen, Tagetes dazu gegen Nematoden

Die Kräuter 5 sind nicht ausdauernd, sie säen sich nicht selber aus. Sie werden entweder roh oder gekocht verzehrt.

Koriander wird wie Fenchel als Blatt- oder auch als Körnerwürze verwendet, Letztere ebenfalls als Backgewürz. Bei der Kapuzinerkresse gibt es sowohl eine rankende als auch eine nicht rankende Art.

Tab. 48: Kräuter 6 – ausdauernde und einjährige h-Pflanzen

Name *(lateinischer Name)* Familie andere Namen	**Allgemeines zur Pflanze:** **– Saatzeit – Boden** **– Standort – Erscheinungsbild** **– Ernte**	**Beispiele für Multifunktionalität**		
		Mensch	**Tiere: Heimstatt Nahrung**	**Pflanzen Boden**
Basilikum *(Ocimum basilicum)* Labiatae Pfefferkraut, Königskraut, Josefskraut	– auf der Fensterbank vorziehen, Samen nur leicht bedecken (Lichtkeimer), ab 15. Mai ins Freiland pflanzen – leicht sandiger Boden – sonnig warm – ca. 20 cm hoch, wächst buschig – durch Entspitzen laufend junge Blättchen und Triebe ernten	– frisch oder getrocknet als Würzkraut, besonders Tomatengerichte – als Tee gegen Blähungen oder als Appetitanreger, zum Gurgeln bei Halsschmerzen	– Blüten werden von Insekten besucht	– zur Gurkenpflanzen, um Mehltaubefall vorzubeugen – auch zu Tomaten
Majoran *(Majorana hortensis)* Labiatae Wurstkraut, Meigram, Bratenkraut	– ab Mai (warmer Boden) auf ein Saatbeet säen, Samen nur leicht bedecken (Lichtkeimer), später 3 bis 4 Pflänzchen zusammen verpflanzen – nährstoffreicher Boden – warm sonnig – bis 20 cm hoch – Triebspitzen ernten, trocknen	– frisch oder getrocknet als Würzkraut zu Hackfleisch und Kartoffelgerichten – getrocknet als Wurstgewürz		– günstig zu Zwiebeln
Rosmarin *(Rosmarinus officinalis)* Labiatae Brautkraut, Riechkraut	– Pflanze im Topf kultivieren – lockerer, durchlässiger Boden – im Sommer einen warmen sonnigen Platz im Freien, im Winter auf die Fensterbank (nicht winterhart) – bis 60 cm hoch – junge Blättchen und Triebspitzen laufend (je nach Größe der Pflanze) abernten	– frisch oder getrocknet als Würzkraut (kleine Menge) zu Fleisch, Soßen Tomatengerichten		– gut zu Salbei

Von den Kräutern mit hohem gärtnerischen Pflegebedarf (überwiegend mediterrane Pflanzen) werden hier nur die drei bekanntesten aufgezählt. Sie sollten nur bei außergewöhnlichem Interesse (nur von Fans) in einen Garten eingebracht werden.

Tees, Essenzen, Öle: Nur vom Meerrettich ist uns nicht überliefert, dass er für Tee verwendet wird, alle anderen Kräuter werden sowohl grün als meist auch getrocknet

Tab. 49: Kräuter 7 – Ergänzungsliste

Name *(lateinischer Name)* Familie andere Namen	**Allgemeines zur Pflanze**	**Beispiele für Multifunktionalität**		
		Mensch	**Tiere: Heimstatt Nahrung**	**Pflanzen Boden**
Brennessel	Beschreibung: siehe Tab. 22, Seite 92			
Johanniskraut	Beschreibung: siehe Tab. 56, Seite 160			
Kamille	Beschreibung: siehe Tab. 51, Seite 156			
Lavendel *(Lavendula augustifolia)* Labiatae	– im März Samen säen oder durch Stecklinge vermehren – trockener, kalkhaltiger Boden – sonnig – silbergraugrüne Blätter, blaue Blüten, stark duftend, bis 80 cm hoch – Blütenstengel schneiden, wenn sie zu blühen beginnen und trocknen – nach der Blüte zurückschneiden	– getrocknet als Duftkraut gegen Motten – als Zusatz ins Badewasser (ein Sträußchen Blüten mit kochendem Wasser übergießen, 10 Minuten ziehen lassen)	– Nektarpflanze für viele Insekten, auch Falter	– zu Rosen pflanzen gegen Blattläuse, vertreibt auch Ameisen
Schafgarbe, Gemeine	Beschreibung: siehe Tab. 23, Seite 93			

für Tee genutzt. Der größte Teil der aufgeführten Kräuter kann als Zusatz oder ausnahmsweise beim Waldmeister auch als Hauptbestandteil in Bowlen verwendet werden.

Ein weiterer erheblicher Gebrauchswert der Kräuter liegt in der Verwendung bei der Aromatherapie und der Herstellung von Essenzen und Ölen. Für weitere Heilzwecke werden darüber hinaus aus Wurzeln, Blättern und Blüten Salben gerührt und Tinkturen gemischt. In diesem Zusammenhang ist eine weitere Auswahl von Kräutern zu beschreiben.

Lavendel kann in die Wegrandbepflanzung eingemischt werden. Brennnessel und Kamille sind in der Regel im Staudenring von Baumscheiben vorhanden. Schafgarbe und Johanniskraut sind häufige Pflanzen in einer die O-L-G ergänzenden Wildwiese bzw. in der Wildfläche (vgl. S. 213ff.) oder sie können an Weg- und Wiesenrändern gesammelt werden.

Zwei weitverbreitete Rezepte sollen hier genannt werden, im Übrigen wird auf die Fachliteratur verwiesen:

- *B. Vonarburg:* Das Kräuterjahr (Vlg. Gräfe und Unzer), München 1983
- *M. Treben:* Gesundheit aus der Apotheke Gottes (Vlg. Ennsthaler), Steyr 1984, 15.
- *M. Pahlow:* Das große Buch der Heilpflanzen (Vlg. Gräfe und Unzer), München 1982, 6. Aufl.

Tab. 50: Kräuter- und Blütenkameraden für Gemüse

Kräuter, Blumen \ Gemüse	*Beschreibung in Tab.*	Bohne, (Busch-)	Bohne, (Stangen-)	Chicorée	Endivie	Erbse	Feldsalat	Fenchel, (Knollen-)	Gurke	Herbstrübe	Kartoffel	Knoblauch	Kohlrabi	Kohlsorten	Mangold	Möhre	Pastinak	Porree/Lauch	Radies./Rettich	Rote Rübe	Salat, (Kopf-)	Salat, (Pflück-)	Schwarzwurzel	Sellerie, (Knollen-)	Spinat	Tomate	Zucchini	Zwiebel
Beschreibung in Tab.		*40*	*40*	*40*	*41*	*39*	*38*	*40*	*41*	*39*	*38*	*39*	*41*	*41*	*39*	*39*	*39*	*41*	*39*	*39*	*39*	*39*	*40*	*41*	*38*	*41*	*41*	*39*
Baldrian*	43		X			X					X																	
Basilikum	48								X																	X		
Bohnenkraut	47	X	X		X		X													X	X	X						
Borretsch	44												X	X						X								
Dill	47	X	X			X			X	X	X			X		X				X	X	X						X
Dost*	23																											
Estragon	45								X																			
Kapuzinerkresse	20	X	X		X	X			X																	X		
Kerbel	44	X																	X		X							
Koriander	47													X														
Kresse	44															X			X		X							
Kümmel	44	X	X			X		■	X		X			X											X			
Liebstöckel*	45							■																				
Petersilie	47								X									X	X		■	■				X		X
Pfefferminze*	43										X									X	X					X		
Salbei	46	X						X																				
Kamille	51													X														X
Mohn	52																X											
Ringelblume	52					X			X				X	X												X		
Tagetes	52	X	X										X	X		X												

Über Wirkzusammenhänge zwischen anderen einjährigen Blumen und Gemüse ist bisher nichts bekannt.

☐ neutral [X] günstig ■ ungünstig

* Mehrjährige Kräuter sind nur an den Beeträndern einzustecken.

Johannisöl (n. Vonarburg, 1981):
Bei Sonnenschein gepflückte Blüten (100 g) werden locker in eine Flasche gefüllt und mit feinem Olivenöl (250 g) übergossen. Gut verschlossen wird das Fläschchen für drei bis vier Wochen in die Sonne (oder an einen besonders warmen Ort, an die Heizung) gestellt. Das Öl wird durch den Auszug des Hypericin rot gefärbt, anschließend wird es abgepresst. Das Hypericin wirkt als Lichtfilter, das Öl kann als Sonnenschutz verwendet werden. Es verhütet Verbrennungen und fördert die Bräunung. Außerdem ist es wie die Ringelblumensalbe bei Verletzungen anzuwenden.

Ringelblumensalbe (n. Vonarburg 1981):
100 g Vaseline oder Schweineschmalz oder Butter werden erwärmt (geschmolzen), 100 g frische oder getrocknete Blumenteile und einige Blätter zufügen. Im geschmolzenen Zustand eine halbe Stunde stehen lassen und das noch immer gut flüssige Fett durch ein Tuch filtern. Die Rückstände gut auspressen. Nach dem Erkalten kühl aufbewahren – hält sich ungefähr ein Jahr. Hilft bei Wunden, Prellungen, Blutergüssen, Brandwunden und Sonnenbrand. In gleicher Weise können auch andere Pflanzensalben hergestellt werden.

Blumen sind Pflanzen, die ihrer Blüten wegen gegärtnert werden. Sie stellen eine alte und grundlegend wichtige Komponente im Garten, ebenso im Biotop mit Mensch, dar (vgl. Blühstatus der O-L-G, S. 160). Sie sind auch wichtiges Element jeder Mischkultur.

Tab. 51: Blumen 1 – Blumeneinmischungen im Extensivsektor (einjährige Pflanzen)

Name *(lateinischer Name)* Familie	**– Standort – Saatzeit**	**Wuchshöhe (cm)**	**Blüte: – Zeit – Farbe**	**Allgemeines zur Multifunktionalität**
Erdrauch *(Fumaria officinalis)* Papaveraceae		10 - 30	– Mai/Okt. – rosa	– wird von Insekten besucht – wurde früher als Heilmittel verwendet
Kamille *(Matricaria chamomilla)* Compositae	– Getreidefelder	20 - 50	– Mai/Aug. – weiß, gelbe Mitte	– günstig als Zwischensaat zu Kartoffeln, Zwiebeln, Porree, Sellerie, Kohl – zur Pflanzenpflege für Tee, Auszug – Blüten frisch und getrocknet als Tee bei Magen-/Darmbeschwerden oder als Dampfbad bei Erkältungen
Klatschmohn *(Papaver rhoeas)* Papaveraceae		30 - 60	– Mai/Sept. – rot	– die rote Farbe lockt viele Insekten an, Blüten haben keinen Nektar – die winzigen Samen wurden früher als Würze für Backwaren, z.B. Brot, verwendet
Kornblume *(Centaurea cyanus)* Compositae	– zusammen mit Getreide aussäen	20 - 100	– Juni/Aug. – blau	– für Hummeln, Schmetterlinge, Bienen
Kornrade *(Agrostemma githago)* Caryophyllaceae		50 - 100	– Juni/Juli – pink	– Samen enthalten Giftstoffe, müssen aus dem Getreide ausgelesen werden, bevor es gemahlen wird

Soweit im Extensivsektor Getreide angebaut wird, sind – sofern nicht schon auf dem Grundstück vorhanden – Kamille, Klatschmohn, Kornblume und Kornrade einzusäen. Sie können natürlich auch an Rändern eingesät und in das Biotop mit Mensch eingebürgert werden. Einmal etabliert, werden sie meist zu sich selbst gärtnernden Pflanzen. Bei Kartoffelextensivanbau (vgl. S. 116) sind Erdrauch und Kamille besonders erwünscht. Kamille stimuliert in jungem Zustand das Wachstum vieler Pflanzen, weshalb sie auch im Intensivsektor häufig zugesät wird. Dort sollte sie allerdings halbwüchsig ausgejätet werden, weil die Phytonzide der reifenden Pflanzen danach ihre hemmenden Wirkungen entfalten.

Tab. 52: Blumen 2 – Blumeneinmischungen in Intensivbändern (einjährige Pflanzen)

Name *(lateinischer Name)* Familie	**– Boden – Standort**	**Saatzeit (Monat)**	**Wuchshöhe (cm)**	**Blüte: – Zeit – Farbe**	**Allgemeines zur Vermehrung und Multifunktionalität**
Kapuzinerkresse	Beschreibung: siehe Tab. 20, Seite 89				
Mohn, Blau- *(Papaver somniferum)* Papaveraceae	– anspruchslos – sonnig	März/April	50 - 100	– Juni bis Aug. – blaß violett	– auf 20 cm vereinzeln, sät sich selbst aus – Mischkultur zu Pastinaken – Blüten für Insekten – reife Körner für Kuchen und Backwaren – reife Körner als Vogelfutter für den Winter
Ringelblume *(Calendula officinalis)* Compositae	– anspruchslos – sonnig	April/Mai	30 - 50	– Juni bis Nov. – gelb, orange	– auf 25 cm vereinzeln, können umgepflanzt werden, säen selbst aus – Mischkultur zu Tomaten und überall, wo Platz ist – zur Pflanzenpflege für Jauche – zur Herstellung von Ringelblumensalbe
Sonnenblume *(Helianthus annuus)* Compositae	– nährstoff-reich – sonnig	April	50 - 200, je nach Sorte	– Juli bis Okt. – gelb	– auf 40 bis 60 cm vereinzeln (Sorte) – Insekten besuchen die Blüte – Samen zum Essen und zur Ölgewinnung – Samen als Vogelfutter für den Winter
Tagetes *(Tagetes nana)* Compositae	– anspruchslos – sonnig	März/April	10 - 60, je nach Sorte	– Juni bis Nov. – gelb, orange, rötlichbraun	– ab März in Töpfen vorkultivieren, ab Mitte Mai auf 25 cm Abstand auspflanzen – Mischkultur zu Tomaten, Kartoffeln, Petersilie, Rosen – vertreiben Wurzelälchen (Nematoden) – Samen sammeln für das nächste Jahr

Unverzichtbar sind Ringelblumen und Tagetes, wobei die Ringelblumen, einmal etabliert, zu einem sich selbst gärtnernden Element werden, sobald man sie zum Samen kommen lässt. Die Kapuzinerkresse gibt es in zwei Varianten: rankende und nicht rankende Art. Zur Einsaat im Gemüse oder als Zwischenreihe im Gemüse eignet

Tab. 53: Blumen 3 – Randpostierte Blumen (Beet-, Weg-, Sozialraum-, Baumscheibenrand) – ausdauernde Pflanzen

Name *(lateinischer Name)* Familie	**– Boden – Standort**	**Saat-, Pflanzzeit (Monat)**	**Wuchshöhe (cm)**	**Blüte: – Zeit – Farbe**	**Allgemeines zur Vermehrung und Multifunktionalität**
Akelei *(Aquilegia)* Ranunculaceae	– humusreich – halbschattig	April	30 - 70, je nach Sorte	– Mai bis Juni – viele Farben	– vereinzeln auf 30 cm, sät sich selbst aus – Samen sammeln zum Aussäen
Aster, Herbst *(Aster)* Compositae	– durchlässig – sonnig	Wurzelstock, Herbst oder Frühjahr	30 - 150, je nach Sorte	– Sept. bis Okt. – Rot- und Blautöne	– wuchert leicht – Nektarpflanze für Schmetterlinge und andere Insekten
Ehrenpreis *(Veronica)* Scrophulariaceae	– durchlässig – sonnig	Wurzelstock, Herbst oder Frühjahr	30 - 80, je nach Sorte	– Juni bis Aug. – blau, weiß, rosa	– viele verschiedene Arten, auch polsterförmige – für Insekten und Schmetterlinge
Gemswurz *(Doronicum)* Compositae	– anspruchslos – sonnig	Wurzelstock, Herbst	30 - 70, je nach Sorte	– April bis Mai – gelb	
Indianernessel *(Monarda)* Labiatae	– feucht – sonnig	Wurzelstock, Herbst oder Frühjahr	80 - 120, je nach Sorte	– Juli bis Sept. – Rottöne, weiß	– Nektarpflanze für Hummeln, Bienen, andere Insekten
Lupine, Stauden-	Beschreibung: siehe Tab. 22, Seite 91				
Pfingstrose *(Paeonia)* Ranunculaceae	– nährstoff-reich – sonnig	Wurzelstock, Herbst	60 - 80	– Mai bis Juni – rot, rosa, weiß	– braucht viel Platz, 80 - 100 cm, blüht erst im 2. oder 3. Jahr – Saponinspender
Phlox *(Phlox)* Polemoniaceae	– nährstoff-reich – sonnig	Wurzelstock, Herbst oder Frühjahr	60 - 120, je nach Sorte	– Juni bis Sept. – rot, rosa, weiß	– stark duftende Blüten – Nektarpflanze für Schmetterlinge, Hummeln und andere Insekten, auch Raupenfutter für Schmetterlinge
Rittersporn *(Delphinium)* Ranunculaceae	– nährstoff-reich – sonnig	Wurzelstock, Herbst oder Frühjahr	70 - 200, je nach Sorte	– Juni bis Juli – Blautöne, weiß	– Saponinspender
Tränendes Herz *(Dicentra)* Papaveraceae	– humusreich – halbschattig	Wurzelstock, Herbst	40 - 70	– Mai bis Juni – rosa, weiß	– zieht bereits im Sommer völlig ein (kein Laub mehr zu sehen)

sich nur die nicht rankende Art, die rankende dagegen kann an Baumscheiben oder Rändern nützlich und erfreulich sein. Kapuzinerkresse als eine südlichere Pflanze kommt zwar noch zum Samen, sät sich aber nicht selbst aus. Der Samen muss im Spätsommer abgesammelt und über Winter gelagert werden (vgl. S. 207).

Eine Reihe Blumen, insbesondere die ausdauernden Pflanzen, sind zwar für eine Mischkultur nützlich, aber nur sehr schwer in ein Mischkultursystem zu integrieren. Es sind ideale Randbepflanzungen entlang eines Hauptweges, hin und wieder am Beetrand, zusammen mit stark duftenden Kräutern am Rande der Sozialfläche usw.

Lupine, Pfingstrose u.a. wurden bereits in den Staudengürtel der O-L-G integriert, andere können in den Rändern entsprechend ihrer Blühzeit kombiniert werden und so einen Beitrag zur Insektenbalance des Biotops mit Mensch leisten. Als Beispiel für eine solche Anordnung können die Gemswurz als Früh- und die Herbstaster als Spätblüher benannt werden.

Tab. 54: Blumen 4 – Zwiebel- und Knollengewächse für Randbepflanzung oder Wieseneinpflanzungen

Name *(lateinischer Name)* Familie	**– Boden** **– Standort**	**Pflanzzeit**	**Wuchshöhe (cm)**	**Blüte:** **– Zeit** **– Farbe**	**Allgemeines zur Vermehrung und Multifunktionalität**
Blaustern *(Scilla sibirica)* Liliaceae	– humusreich – halbschattig	Zwiebeln, Herbst	10 - 20	– April bis Mai – blau	– unter Hecken und Bäumen pflanzen, breitet sich selbst weiter aus – sehr frühes Nektarangebot für Bienen
Krokus *(Crocus vernus)* Iridaceae	– anspruchslos – sonnig, halbschattig	Knollen, Herbst	10 - 15	– März bis April – weiß, lila, gelb	– wachsen auch im Rasen – Vögel picken im Frühjahr besonders gern die Knospen der gelben Krokusse
Milchstern *(Ornithogalum umbellatum)* Liliaceae	– durchlässig – sonnig, halbschattig	Zwiebeln, Herbst	20 - 40	– April bis Mai – weiß	– auch unter Hecken und Bäumen pflanzen
Narzissen, verschiedene *(Narcissus)* Amaryllidaceae	– humusreich – sonnig	Zwiebeln, Herbst	20 - 60, je nach Sorte	– März bis Mai – gelb, weiß	– auch unter Bäumen und in Grünflächen pflanzen – ihre Zwiebeln werden nicht von Mäusen gefressen
Schneeglöckchen	Beschreibung: siehe Tab. 22, Seite 91				
Schwertlilien *(Iris germanica)* Iridaceae	– durchlässig – sonnig	Wurzelsprosse, Herbst	30 - 80, je nach Sorte	– Mai bis Juni – viele Farben	– Wurzelsprosse (Rizome) flach (2 bis 3 cm) in die Erde legen, bilden leicht Samen, die gesät werden können für eigene Züchtung
Tulpen, verschiedene *(Tulipa)* Liliaceae	– nährstoff-reich – sonnig	Zwiebeln, Herbst	20 - 30, je nach Sorte	– April bis Mai – viele Farben	– nach 2 Jahren Tulpenzwiebeln, wenn das Laub abgestorben ist, aus der Erde nehmen, trocknen und kühl lagern, im Herbst neu setzen
Winterling *(Eranthis hyemalis)* Ranunculaceae	– humusreich – sonnig, halbschattig	Knollen, Herbst	5 - 7	– Feb. bis März – gelb	– unter Hecken und Bäumen pflanzen, breitet sich selbst weiter aus

Die Narzisse kann wie auch die Tulpe als g-Pflanze (mit Kellereinlagerung über Winter) gegärtnert werden oder man kann sie im Sinne einer s-Pflanze verwildern lassen.

Tab. 55: Blumen 5 – Randpostierte Blumen: zwei- und einjährige Pflanzen

Name (*lateinischer Name*) Familie	**– Boden – Standort**	**Saatzeit (Monat)**	**Wuchshöhe (cm)**	**Blüte: – Zeit – Farbe**	**Allgemeines zur Vermehrung und Multifunktionalität**
Aster, Sommer-, Schnitt- (*Callistephus chinensis*) Compositae	– nährstoffreich – sonnig	April/Mai	20 - 70, je nach Sorte	– Juli bis Okt. – weiß, rot, rosa, lila	– Pflanzen auf 15 bis 20 cm verziehen (Sorte) – Nektarpflanze für Insekten, z.B. Schwebfliegen
Bartnelke (*Dianthus barbatus*) Caryophyllaceae	– anspruchslos – sonnig	Juni	30 - 50	– Juni bis Sept. – weiß, rot, rosa	– im September an Ort und Stelle verpflanzen (20 cm Abstand), blüht im 2. Jahr – Samen sammeln für Neusaat
Fingerhut	Beschreibung: siehe Tab. 22, Seite 91				
Jungfer im Grünen (*Nigella damascena*) Ranunculaceae	– anspruchslos – sonnig	März bis Mai	20 - 40	– Juni bis Okt. – blau, rosa, weiß	– vereinzeln, wenn zu dicht gesät, sät sich selbst aus – Samen sammeln für das nächste Jahr – Samenstände schön für Trockensträuße
Königskerze (*Verbascum thapsus*) Scrophulariaceae	– anspruchslos – sonnig	Juni	80 - 200	– Juli bis Aug. – gelb	– im Herbst auf 40 cm Abstand vereinzeln, blüht im 2. Jahr, sät sich selbst aus – Nektarpflanze für viele Insekten – getrocknete Blüten als Tee bei Erkältungen
Löwenmäulchen (*Antirrhinum majus*) Scrophulariaceae	– anspruchslos – sonnig	April	20 - 80, je nach Sorte	– Juli bis Okt. – weiß, gelb, rosa, rot	– auf 20 bis 25 cm Abstand verpflanzen
Phacelia	Beschreibung: siehe Tab. 5, Seite 53				
Silberblatt (*Lunaria annua*) Cruciferae	– anspruchslos – auch schattig	Mai/Juni	40 - 80	– Mai bis Juni – lila	– im Herbst auf 20 bis 30 cm verpflanzen, blüht im 2. Jahr, sät sich selbst aus – Nektar- und Raupenfutterpflanze für Schmetterlinge – Samen für Neusaat sammeln, wenn man die trockenen Samenstände vorbereitet für Trockensträuße, dicke Deckblätter abziehen – Samenstände für Trockensträuße
Strohblume (*Helichrysum bracteatum*) Compositae	– durchlässig – sonnig	April	30 - 60	– Juli bis Okt. – gelb, rot, rosa	– auf 20 bis 30 cm Abstand verpflanzen – Blumen hängend trocknen für Trockensträuße
Wunderblume (*Mirabilis jalapa*) Nyctacinaceae	– mittlerer Anspruch – sonnig bis halbschattig	Ende April	30 - 70	– Juli bis Okt. – viele Farben	– an Ort und Stelle säen, nicht zu dicht, eventuell vereinzeln – Blüten öffnen sich an sonnigen Tagen erst abends, an trüben Tagen schon früher

Auch bei den zwei- und einjährigen Pflanzen randpostierter Blumen gibt es eine Reihe sich selbst aussäender und selbst gärtnernder Pflanzen, die sich für jeden Garten eignen. Von denjenigen mit mittlerem gärtnerischen Pflegebedarf ist hier nur die Sommeraster als eine der besonders im Bauerngarten traditionellen Blumen geeignet. In Tab. 55 wurden auch die Pflanzen aufgenommen, die sich vor allem für Trockensträuße eignen. Eine Reihe auffällig blühender Wildpflanzen, die oft auch als »Blumen« bezeichnet werden, sind für eine ausgewogene Insektenpopulation bedeutsam und sollten in jedem zukunftsfähigen Garten in der O-L-G, bei der Randbepflanzung in einer Wiesenecke oder einer Wildfläche etabliert werden.

Tab. 56: Blumen 6 – Wildpflanzen mit interessanten Blüten

Name *(lateinischer Name)* Familie	**– Boden** **– Standort**	**Saatzeit (Monat)**	**Wuchshöhe (cm)**	**Blüte:** **– Zeit** **– Farbe**	**Allgemeines zur Vermehrung und Multifunktionalität**
Baldrian *(Valeriana officinalis)* Valerianaceae	– anspruchs-los, feucht – halbschattig	April/Mai (Saatbeet)	80 - 150	– Juni bis Aug. – hellrosa	– wenn die Pflanzen groß genug sind, an Ort und Stelle pflanzen – Nektarpflanze für Insekten und Schmetterlinge – zieht durch seinen Duft Katzen an – in der Medizin wird die Wurzel verwendet – zur Pflanzenpflege Auszug
Beinwell	Beschreibung: siehe Tab. 22, Seite 92				
Glockenblume, Gemeine *(Centaurea jacea)* Compositae	– anspruchslos – sonnig	April/Mai (Saatbeet)	30 - 80	– Juni bis Okt. – purpur	– wenn die Pflanzen groß genug sind, an Ort und Stelle pflanzen, verbreitet sich selbst weiter – Nektarpflanze für Insekten und Schmetterlinge und Futterpflanze für Schmetterlingsraupen
Johanniskraut *(Hypericum perforatum)* Hypericaceae	– durchlässig – sonnig	April/Mai (Saatbeet)	30 - 80	– Juni bis Sept. – gelb	– wenn die Pflanzen groß genung sind, an Ort und Stelle pflanzen, verbreitet sich selbst weiter – Nektarpflanze für viele Insekten – Blüten verwenden für Johannisöl (bei Sonnenbrand, Brandwunden, leichten Verletzungen)
Malve *(Malva silvestris)* Malvaceae	– anspruchslos – sonnig	April/Mai	30 - 80	– Juli bis Sept. – rosa	– verbreitet sich selbst durch Samen – Samenstände sehen aus wie kleine Kuchen oder Käschen (deshalb auch Käsepappel genannt), können im grünen Zustand roh gegessen werden
Marguerite *(Chrysanthemum leucanthemum)* Compositae	– anspruchslos – sonnig	April/Mai (Saatbeet)	30 - 80	– Mai bis Nov. – weiß	– wenn die Pflanzen groß genug sind, an Ort und Stelle pflanzen, verbreitet sich selbst weiter – für viele Insekten, besonders Futterpflanze für Schwebfliegen
Nachtkerze *(Oenothera biennis)* Oenotheraceae	– anspruchslos – sonnig	April/Mai	40 - 100	– Juni bis Aug. – gelb	– an Ort und Stelle säen, vereinzeln, verbreitet sich stark selbst, blühen im 2. Jahr, Blüten öffnen sich am Abend – Nektarpflanze für viele Insekten – Wurzel kann im 1. Jahr als Gemüse (wie Schwarz-wurzel) oder geraspelt als Salat gegessen werden
Rainfarn	Beschreibung: siehe Tab. 22, Seite 92				
Schafgarbe, G.	Beschreibung: siehe Tab. 23, Seite 93				
Storchschnabel, Wiesen- *(Geranium pratense)* Geraniaceae	– humos, feucht – halbschattig	April/Mai (Saatbeet)	30 - 50	– Juni bis Aug. – blau-violett	– wenn die Pflanzen groß genug sind, an Ort und Stelle pflanzen – Nektarpflanze für Insekten
Wegwarte	Beschreibung: siehe Tab. 23, Seite 93				
Wiesensalbei	Beschreibung: siehe Tab. 23, Seite 93				

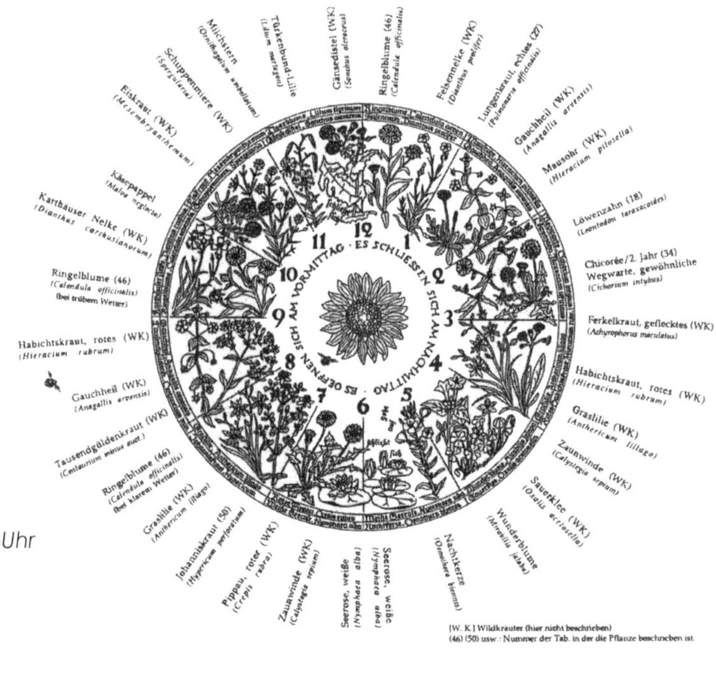

Abb. 87: Blumen-Uhr

Großes Bild: Mischkultur-Reihenbeet als Intensivband vor einer Baumgruppe: V.l.n.r. Wiese, Zuckermais, Möhren, Pastinaken mit Mohn, Steckrüben, Chicorée/Mohn, Kohl, Apfelbäume. Kleines Bild: Tagpfauenauge (Inachis io).

Brauner Pflücksalat, Pastinaken mit Mohn, Möhren – dazwischen Gurken.

Rotkohl – dazwischen Gurken, Rosenkohl/ Tagetes, Möhren, Sellerie, Stangenbohnen (Feuerbohnen).

Großes Bild: Junge Baumscheibe mit einigen Anpflanzungen. Rundum Wiese zur Mulchgewinnung. Kleines Bild: Wilde Karde (Dipsacus sylvestris).

Baumscheibe mit noch sehr dünnem Staudenring, hauptsächlich ausdauernde Lupine und kleiner Beinwell. Im inneren Kreis: Postelein und Knoblauch. Im Hintergrund: Hecke mit Wildsträuchern.

Vorn und hinten rechts: Gründüngung (gelbe Lupine), links hinten Hafer (Getreideband). In der Mitte Kohl und Zuccini, vor dem Kohl Sellerie.

Purpurote Taubnessel (Lamium pupureum) *zusammen mit der stengelumfassenden* (Lamium amplexicaule) *Taubnessel (Frühblüher), bedeutsam für den Blühstatus (Hummeln, Solitärbienen u.a.).*

Zwillingsbaumscheibe, neben Stauden auf den inneren Kreisen (hinten: Phacelia*). Vorn: Postelein und ein Pflückkohl. Im Vordergrund: Knoblauch und am rechten Rand Kartoffel (Beginn eines Hackbandes). Im Hintergrund: Gemähte und ungemähte Wiese.*

Intensivband südwestlich entlang einer Baumgruppe zur Zeit des Hauptkräutermanagements (Anfang Juni). Die Staudenringe der Bäume sind noch nicht gemäht (Mulch).

Im dritten Mausejahr sind bei uns Hermeline (Mustela erminea) *zugezogen. Im zweiten Sommer werden es vier.*

Junge Baumscheibe: Innerer Kreis, Staudenring, Hackring mit Roggen und Sträuchersegment. Am rechten Rand rückwärts ein Extensiv-Komposthaufen.

Großes Foto: Blaumeise (Parus caeruleus) *auf frisch ausgetriebenen Haselnusszweigen. (Wildsträucherhecke). Kleines Foto: Grüne Stinkwanze* (Palomena prasina).

Lilienkäfer (Lilienhähnchen) (Liliocerus).

Großes Foto: Reduziert gemähte Wildwiese zwischen Baumscheiben. Kleines Foto: Plattbauch-Libelle (Libellula depressa).

Blüte des Klatschmohns (Papaver rhoeas). *Seit der Steinzeit als Ackerwildkraut bekannt.Enthält besonders im Milchsaft ein schwach giftiges Alkaloid.*

Auch der Igel (Erinaceus europaeus) *ist ein häufiger Gast im Permakulturgarten. Er stellt leider nicht nur den Schnecken nach, sondern verspeist mit Vorliebe Blindschleichen und junge Eidechsen, die am frühen Morgen noch recht steif sind und eine leichte Beute für ihn bilden.*

Weißlinge (Pieridae) *bei der Paarung.*

Schwebfliege (Syrphidae) *auf einer Blüte des Wiesenhabichtkrautes* (Hieracium pratense). *23 Fotos: Michaela Schwarz*

So nicht länger! Agrarwüsten im mittleren Westen der USA. – Wenn es die Permakultur nicht gäbe, müsste sie umgehend erfunden werden.

Dynamische Balancen (für die Gesundheit des Systems)

*Durch alle Bemühungen um eine Lösung des Problems, wie wir gemeinsam mit den anderen Geschöpfen diese Erde bewohnen können, zieht sich ein Leitmotiv: das Bewusstsein, dass wir es hier mit lebenden Wesen zu tun haben. Es handelt sich um Populationen, die einen Druck ausüben und Gegendruck erzeugen, die sich jäh vermehren und wieder zusammenschmelzen. Die Fachleute für chemische Schädlingsbekämpfung haben diese außerordentlichen Fähigkeiten des Lebens überhaupt nicht beachtet, haben keine hochherzigen Einstellungen mitgebracht, keine Demut gegenüber den mächtigen Kräften, mit denen sie stümperhaft spielen. Die Herrschaft über die Natur ist ein Schlagwort, das man in Hochmut geprägt hat. Es stammt aus der Neandertal-Zeit der Biologie und Philosophie (*Carson *1962, S. 298).*

Befinden wir uns notwendigerweise im Krieg gegen die Natur? Muss der Gärtner, der Nahrungsmittelerzeuger, die Schlacht gegen die Schädlinge gewinnen? Kann er diese Schlacht überhaupt aufnehmen, ohne in den totalen Krieg mit der Natur einzutreten?

Den Kampf gegen die besonders beachteten unerwünschten Insekten hat nach Meinung vieler kritischer Wissenschaftler das moderne Agrarbusiness bereits verloren. Die chemische Keule tötet nicht nur unerwünschte Insekten, sondern auch deren Gegenspieler. Nach Aussagen von Biologen werden diejenigen, die wir oft voreilig Schädlinge nennen, bei diesem Verfahren schneller resistent als die sogenannten Nützlinge. Immer anfälligere Hochleistungspflanzen und immer konsequentere Monokulturen bieten extrem gute Bedingungen für die explosionsartige Ausbreitung bestimmter Insektengruppen. Deren steigende Resistenz gegen Insektizide verlangt immer stärkere und neuere Insektizide. Das schafft einen guten Markt und große Chancen für bestimmte Wirtschaftsbereiche.

Ökologisch funktionierende Systeme bedeuten dynamische Balance (nicht Gleichgewicht). Einzelne Tier- oder Pflanzenarten können erheblich überhandnehmen, es treten Schieflagen, vorübergehende Unbalancen auf, deren Pendel aber aufgrund der dann guten Bedingungen für die Gegenspieler wieder zurückschlagen, wenn nicht kontraproduktive Eingriffe (Monokulturen, empfindliche Hochleistungspflanzen und chemische Keule) durch den Menschen erfolgen. Der ökologisch-pädagogische Gärtner setzt auf dynamische Balancen, er greift nur behutsam ein (siehe »Aktive Pflanzenpflege«, S. 172ff.).

Die Blattlauskonnexion, ein Beispiel

Zur Ermutigung für Gärtnerinnen und Gärtner, ihre Insektenpopulationen zu pflegen und einen ganzjährig günstigen Blütenstatus im Garten zu fördern, soll das folgende Beispiel gebracht werden.

Es gibt mehr als 800 Blattlausarten, eine beträchtliche Vielfalt an Formen und Farben.

Bohnenblattlaus: klein, schwarz, kugelig
Johannisbeerblattlaus: gleiche Form, aber hellgrün
Erbsenblattlaus: schlank, gestreckt (vier Millimeter), mit viel längeren Fühlern

In der Regel haben Blattläuse einen Sommer- (Sw) und einen Winterwirt (Ww). Die wesentlichsten Arten in der O-L-G und auch in der Sonnenfalle sind:

- **Grüne Apfelblattlaus** (*Aphis pomi*) (auch Birnen)
- **Apfelgraslaus** (*Rhopalosiphum insertum*) (Sw: Gräser)

- **Mehlige Apfelblattlaus** (*Dysaphis plantaginae*) (Sw: Wegerich)
- **Apfelfaltenlaus** (*Dysaphis* ssp.)
- **Braune Birnenblattlaus** (*Dysaphis piri*) (Sw: Labkraut)
- **Taschengallenlaus** (Birnen) (*Anuraphis farfarae*) (Sw: diverse Kräuter)
- **Grüne Johannisbeerblattlaus** (*Aphis schneideri*)
- **Salatlaus** (*Nasonovia ribis nigri*) (Ww: Johannisbeere)
- **Schwarze Bohnenblattlaus** (*Aphis fabae*) (Ww: Pfaffenhütchen)
- **Mehlige Möhrenblattlaus** (*Semiaphis glauci*) (auch Petersilie)
- **Mehlige Kohlblattlaus** (*Brevicoryne brassicae*) (Ww: Raps usw.)
- **Wurzellaus** (*Trama troglodytes; Pemphigus bursarius*) (Salat, Karotten, Sellerie, Fenchel usw.)

Die deutschen Namen der Blattläuse suggerieren, dass sie Nahrungsspezialisten seien. Meistens reichen ihre Toleranzbereiche aber über zwei und nicht selten über mehr als drei Pflanzengruppen. Blattläuse sind allgegenwärtig, außerordentlich vital und fruchtbar.

Vermehrung: Blattläuse durchlaufen nicht den komplizierten Entwicklungszyklus der anderen Insekten (Ei, Larve, Puppe, Insekt). Sie sind während des Sommers lebend gebärend (Viviparie) – bei günstigen Temperaturen (16 bis 32 °C) sind sie frühestens nach fünf, spätestens nach 10 Tagen ausgewachsen. In dieser Entwicklungsphase sind vier Häutungen notwendig. Nur im Herbst, unter dem Einfluss abnehmender Temperaturen und Tageslängen, entstehen männliche Läuse. Sie befruchten die Weibchen und diese legen Eier in Knospenwinkel ihrer Wirtspflanze. Daraus schlüpft im Frühjahr die Stammesmutter (Fundatrix) der folgenden 20 Generationen. Ab Frühjahr sind sie lebend gebärend und folgen der Jungfernzeugung (Parthenogenese) – was die Vermehrungskapazität kolossal anhebt. *G.B. Buckton* (englischer Ameisen- und Blattlausforscher) hat errechnet, dass aus einem frühen Läuschen vom Frühjahr bis zum Herbst 17×10^{30}, in Worten: 17 Quinquillionen Blattläuse entstehen können. Wenn sich die Lebensbedingungen der Blattläuse drastisch verschlechtern (Stress), wird die nächste Generation mit Flügeln geboren, sodass sie auswandern kann.

Ernährung: Bereits kurz nach der Geburt bohren die Jungläuse ihre feinen Saugborsten in das Pflanzengewebe und saugen den Pflanzensaft. Viele Arten geben dabei ein Drüsensekret ab, das zu Verfärbungen und Wucherungen führt (z.B. rot gefärbte Aufwölbungen an Apfelblättern bei der Apfelfaltenlaus).

Schäden: Bei übermäßigem Befall werden die Pflanzen direkt geschädigt. Blattläuse übertragen aber auch Krankheiten (Viren) an den von ihnen eingerichteten Zapfstellen. Die befallenen Pflanzen verlieren bei einer Massenvermehrung ihre Vitalkraft. Durch Verformung der Blätter (verursacht von dem auf ihnen abgelagerten Honigtau, der bei feuchtwarmer Witterung von Pilzen befallen wird und dann den schwarzen Rußtaubelag bildet) werden die Möglichkeiten der Pflanzen zusätzlich eingeschränkt. Sie kümmern dahin, werden schwach und krankheitsanfällig.

Blattläuse sind Nutztiere: Sie ernähren viele andere Insekten durch Produktion von Honigtau. Da der Pflanzensaft fast immer mehr Zucker enthält, als die Blattläuse verwerten können, scheiden die Läuse den Überschuss tröpfchenweise aus (Honigtau). Er klebt auf Blättern, Früchten und nicht selten auch auf Gartenmöbeln. Der Honigtau ist eine energiereiche und beliebte Nahrung für viele Insekten. An manchen Orten soll manchmal der Bienenhonig zu zwei Dritteln aus diesem Blattlaussaft bestehen. Der Nutztiercharakter der Blattläuse in der Obhut verschiedener Ameisen dürfte allgemein bekannt sein. Von Honigtau ernähren sich folgende Insekten der Blattlauskonnexion: Schlupfwespen, Schwebfliegen, Gallmücken und Florfliegen.

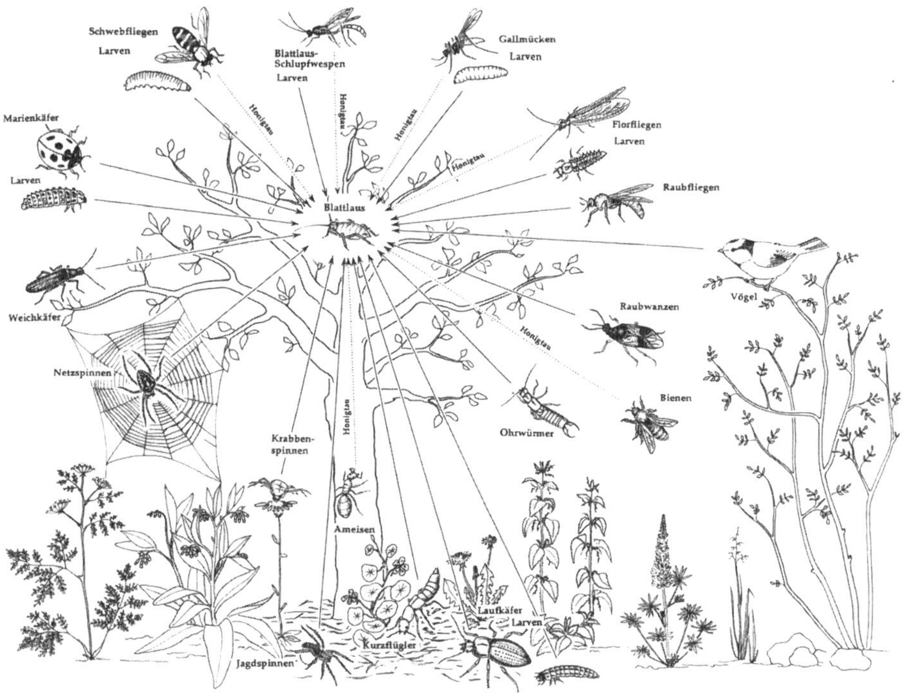

Abb. 88: Die Blattlauskonnexion (Verbindung; wer hilft wem? Und wer gegen wen?)

Blattlausfeinde: Blattläuse sind artenreich und unbegreiflich fruchtbar, sie haben deshalb auch viele Feinde, die in einer O-L-G zahlreiche Möglichkeiten zum Leben finden[18]. Ist die Blattlausdichte sehr hoch geworden, breitet sich Pilzbefall aus, was zu Epidemien führen kann.

a) **Parasiten,** die Blattläuse benutzen, sind vor allem **Schlupfwespen** (Aphidiidae, Aphelinidae). Die hochspezialisierten Blattlaus-Schlupfwespen ernähren sich in ihrem kurzen Leben (ein bis zwei Wochen) vorwiegend von Honigtau, Blütennektar und Wasser. Sie orten Blattläuse wahrscheinlich mithilfe ihrer Geruchsorgane. Die Weibchen betasten die Läuse mit ihren Fühlern und führen mit ihrer Legeröhre ein Ei in den Körper eines geeigneten Wirtstieres ein. Die ausgeschlüpfte Parasitenlarve ernährt sich zuerst von ihrer Eihülle, die im Blut der Laus zu Zellverbänden auswächst. Die lebenswichtigen Organe der Laus werden erst kurz vor der Verpuppung gefressen. Innerhalb der Blattlausmumie, die sofort nach Eintreten des Todes von der Larve am Blatt oder Stiel der Wirtspflanze befestigt wird, spinnt die Parasitenlarve ihren Puppenkokon. Schlupfwespenweibchen können in

18 Für die Herbstversorgung der Blattlausgegner sind Mais – Sonnenblumen – Topinambur von besonderer Bedeutung.

wenigen Tagen bis zu 500 Eier legen. Der Entwicklungszyklus entspricht dann dem der Blattläuse (ähnlich fruchtbar).

b) **Spezialisierte Raubinsekten:** Marienkäfer (Coccinellidae) bringen es bis auf 40 Blattläuse je Tag und Käfer. Sie legen ihre Eier in Blattlauskolonien. Bis zur Verpuppung verzehrt eine Marienkäferlarve bis zu 600 Blattläuse. Die Puppen werden meist auf der Blattoberfläche befestigt. Schon nach wenigen Tagen schlüpft die nächste Generation Käfer. Bis in den Spätsommer verzehren dann die Käfer ihre Tagesration. Die meisten Marienkäfer bringen nur eine neue Generation pro Jahr. Beim »Zweipunkt« und beim »Vierzehnpunkt« sind bei ausreichendem Futterangebot zwei oder drei Generationen möglich.
Schwebfliegen (Syrphidae) sehen mit ihrem gelb-schwarzen oder weiß-schwarzen Hinterleib Wespen ähnlich, sie sind aber harmlose Verwandte unserer Stubenfliegen. Im Schwebflug beobachten sie Blattlauskolonien. Sie legen eine der Größe der Kolonie entsprechende Anzahl Eier zwischen die Läuse. Ein Schwebfliegenweibchen kann in 14 Tagen bis zu 500 Eier ablegen. Die Fliegen ernähren sich von Pollen, Nektar und Honigtau, brauchen Doldenblütler als Wirtspflanzen. Die Larven fressen ausschließlich Blattläuse (bis zu 900 in wenigen Tagen). Die Anzahl der Generationen ist je nach Art verschieden, im Durchschnitt zwei bis vier pro Jahr. Die Larven einzelner Arten verpuppen sich im Boden, andere heften ihre tropfenförmigen Puppen an Pflanzenteile. Die Schwebfliegen sind Kunstflieger (Balzflüge und Langstrecken). Sie verbrauchen viel Energie und benötigen deshalb reichlich Nahrung, Blüten über die ganze Vegetationszeit.
Die Blattlaus-Gallmücken (Cecidomyiidae) sind nur wenige Millimeter groß und unscheinbar. Sie ernähren sich überwiegend von Honigtau und Wasser. In ihrem höchstens 14-tägigen Leben legen sie bis 60 Eier in größere Blattlauskolonien. Die orangeroten Larven sind so klein, dass sie den Blattläusen zwischen den Beinen hindurchkriechen können. Sie stechen die Läuse am Bauch oder an den Beingelenken, dabei geben sie ein Sekret ab, das die Blattlaus lähmt. Die Larven verpuppen sich im Boden. Es werden mehrere Generationen im Jahr gebildet (Blattlaus-Gallmücken werden zur sog. biologischen Schädlingsbekämpfung in Gewächshäusern verwendet.). Gallmücken sind ortsständig, sie benötigen Mulch und teilweise krümeligen Boden.

Gelegenheitsräuber:
Die **Florfliege** (*Chrysopa perla carnea*) wird aufgrund ihrer Vorliebe für Blattläuse oft zu den spezialisierten Blattlausräubern gezählt. Die Fliege selbst ernährt sich von Honigtau und Blütenpollen, andere Arten leben räuberisch. Die Larven jagen generell alle geeigneten Beutetiere. Sie bohren mit ihren relativ großen sichelförmigen Zangen Raupen und andere Beutetiere an und saugen sie aus. Sie können längere Zeit hungern, zeigen danach aber einen umso größeren Appetit. Die Larven der Gemeinen Florfliege halten sich gern in der Nähe von Blattlauskolonien auf. In den 14 Tagen bis zu ihrer Verpuppung bringen sie es bis auf 800 Blattläuse. Da die Florfliege ein für die Bedürfnisse des Menschen sehr nützliches Insekt ist, ist ihre Pflege besonders wichtig. Ihr Bestand wird vor allem durch Ahorn, Hasel oder auch Linden in einer O-L-G gesichert. Letztere beherbergen auf sie spezialisierte Blattläuse und erweitern im Frühjahr das Nahrungsangebot für die Florfliege erheblich. Je nach Art und Futterbedingungen bringen Florfliegen zwei bis vier Generationen im Jahr hervor.

Raubwanzen – Staudengürtel, Heckensegmente und Wildflächen sind besonders geeignet, eine Anzahl verschiedener Raubwanzen in der O-L-G zu beherbergen.

Die häufigste Art ist die **Blumenwanze**, sie gehört zu den stärksten Blattlausvertilgern (in der Larvenzeit bis 200, die ausgewachsenen Tiere bis 20 pro Tag; Letztere gehen sogar an milden Wintertagen auf Eierjagd).

In **Spinnen**netzen fangen sich hin und wieder fliegende Blattläuse. Einen größeren Schaden für die Blattläuse richten die Jagdspinnen an. Wenn sich Blattläuse auf der Flucht vor der Blattlaus-Schlupfwespe oder Marienkäfern zu Boden fallen lassen, werden sie, falls sie den **Jagdspinnen** entgehen, Beute der **Laufkäfer** (Carabidae) oder **Kurzflügler** (Staphylinidae). **Raubfliegen** (*Diptera*) und **Weichkäfer** (Cantharidae), Letztere werden auch Soldaten- oder Johanniskäfer genannt, jagen Läuse, sobald sie auf eine Kolonie treffen. Ihre Larven leben im Mulch des inneren Kreises und im Staudengürtel.

Ohrwürmer (Dermaptera) und **Vögel** nehmen eine besondere Gastrolle innerhalb der Blattlauskonnexion ein. Die Ohrwürmer als Allesfresser leben überwiegend in der Mulchschicht, wo sie sich von Aas, Obst-, Pflanzenresten und Pilzen ernähren. Gelegentlich nehmen sie auch Frischfleisch zu sich, womöglich von Blattläusen. Im Sommer lieben sie luftige Unterkünfte, da kommen ihnen besonders die von der Kirschblattlaus gerollten und verklebten Blätter gelegen. Diese werden für die Ohrwürmer zum »Hotel mit Vollpension«. In dieser Zeit sind die Ohrwürmer besonders nützlich, das ändert sich sofort, wenn die Läuse knapp werden. Ohrwürmer sind wichtige Komponenten in einer O-L-G, jedoch braucht man sie nicht besonders zu fördern (Mulchen reicht voll aus).

Vögel picken besonders bei der Fütterung ihrer Jungen Blattläuse, jedoch verschmähen sie auch alle blattlausvertilgenden Larven nicht. Sie schaden und helfen den Blattläusen.

Großer Helfer der Blattläuse ist die **Gelbe Wiesenameise** (*Lasius flavus*), sie do- mestiziert Blattläuse in ihrem Bau und versorgt sie mit einem Überfluss an Frischfutter. Die **Schwarzgraue Wegameise** (*Lasius niger*) bekämpft sogar die Blattlausfeinde, um ihre Nutztiere zu schützen.

Vergleichbare Wechselwirkungen wie in der Blattlauskonnexion bestehen vielfältig in einer O-L-G, z.B. bei der weißen Fliege oder den Spinnmilben.

Unbalancen

Übermäßiges Auftreten von Tieren im weitesten Sinne, besonders Insekten

Sterben unsere Wälder durch Luftverschmutzung oder durch Vergreisung aufgrund des fehlenden Nachwuchses, durch Wildverbiss? Dieser zentrale Diskussionspunkt zwischen Forstwirtschaft und Jägern erregt seit zwei Jahrzehnten die Gemüter. Einer ökologischen Lösung sind wir noch auf keinem der beiden Problemfelder näher gekommen. Bei Unbalancen in Bezug auf die meisten Wirbeltierarten sind wir auf eine gute ökologische Kooperation mit den Jägern angewiesen, denn aufgrund des Ausrottens vieler Gegenspieler haben wir bereits eine durchgängige und permanente Unbalance hergestellt. Gegen die Auswirkungen einer solchen Unbalance zugunsten von Hirschen und Hasen können wir uns im Allgemeinen durch Kaninchenzäune schützen (sind aber nur für Intensivsegmente notwendig). Eine den Gärtner besonders erregende Unbalance tritt bei Überhandnehmen von Wühlmäusen auf. In der Literatur finden wir Unmengen von Rezepten, um diesem Problem zu begegnen. Sanfte Beeinflussungen bestehen darin, den Nagern die Luft in ihren Gängen zu vermiesen: Walnuss- oder Knoblauchblätter, schwarze Johannisbeerzweige, Sonnenblumen- und Narzissenblätter gelten hierfür als geeignet. Am wenigsten Aufwand macht es allerdings, Jauchen, besonders aus Holunderblättern, in Löcher und Gänge zu gießen. Berühmt geworden ist die Wühlmausorgel: Flaschen werden schräg in die Erde eingegraben, Wind erzeugt beim Darüberstreichen einen Pfeifton, der den Wühlmäusen sehr unangenehm sein soll. Direkte Abhilfe bringt allerdings nur das Fangen in Fallen, was nicht ganz einfach zu bewerkstelligen ist. Bei einer großen Überpopulation (in ausgesprochenen Mäusejahren) helfen Bakterien und Viren für eine Regulierung (Mäusekrankheiten). Ein großer Helfer des Gärtners ist hier der Maulwurf und bei viel Glück Hermeline, die gerade bei übermäßigem Auftreten die Nester der Wühlmäuse und auch der Mäuse ausräubern. Der Maulwurf frisst auf der anderen Seite Maulwurfsgrillen, Larven, Puppen und Engerlinge sowie Nacktschnecken. Da sollten wir ihm zur Abwechslung den einen oder anderen Regenwurm gönnen und zu einem Maulwurfschützer werden (übrigens steht der Maulwurf auch unter Naturschutz). Maulwürfe fördern und Jauche gießen sind die einfachsten Maßnahmen für eine Wühlmausbegrenzung.

Unter den Vögeln haben sich in unseren Breiten besonders Stare und Amseln durch deren Vorwegernte von Beeren sowie Saatkrähen, Tauben und Ammern durch Aufpicken von Ausaat hervorgetan. In einigen Fällen helfen Vogelscheuchen und Katzengesichter, beim Obst Schutznetze. Generell sind Greifvögel zu fördern, um Unbalancen vorzubeugen. In besonderen Fällen brauchen wir die Hilfe der Jäger.

Unbalancen zugunsten von Schnecken sind ein weiteres zentrales Thema. Für dieses Problem gibt es genauso viele mehr oder weniger kreative Vorschläge wie gegen eine Wühlmausplage.

Nachdem wir einige ausgesprochene Schneckenjahre im Saarland überlebt und in Anwandlung gärtnerischer Verzweiflung fast alles versucht hatten, sind wir der Überzeugung, dass nur zwei Maßnahmen helfen:

1. so weit wie möglich die eigene Ernährung auf s-Pflanzen abstellen, da diese gegen die Vernichtung durch Schnecken gefeit sind (zu gesund und zu stark),
2. so weit man auf h-Pflanzen und einige m-Pflanzen nicht verzichten kann, diese in einer schneckenfreien Zone, die durch einen Schneckenzaun hergestellt werden kann, pflanzen.

Für Kürbisse und Stangenbohnen, die die Schnecken und wir besonders mögen, stecken wir die Kerne in ein 20 bis 30 Zentimeter breites, 10 Zentimeter eingegrabenes und 25 Zentimeter hohes Fliegendrahtzaunrund, das oben 5 bis 10 Zentimeter im Winkel von 30 Grad abstehend umgefaltet ist.

Wer hilft sonst bei übermäßigem Auftreten von Schnecken zu einer Balance? Laufkäfer, Weinberg- und Schnirkelschnecken, Asseln (wir fanden wiederholt in der näheren Umgebung von Asselnestern Schneckeneiernester, die nur noch aus Eihüllen bestanden), Maulwürfe, Scharrvögel, Igel nur begrenzt und, wo möglich, Enten[19]. Bei kleinen Flächen kann auch vorübergehend morgendliches Absammeln weiterhelfen. Das Absammeln hilft in jedem Fall in der »schneckenfreien Zone« (siehe oben). Bei größter Unbalance helfen schließlich wieder Bakterien und Viren zu einer Regulierung.

Die heftigsten und häufigsten Beschwerden – geradezu Ängste – über Unbalancen bestehen in Bezug auf eine Reihe von Insekten (das große Geschäft der Agrochemie) – als ob immer und überall die bereits biblisch überlieferten Heuschreckenplagen unsere Existenz gefährden könnten.

19 Insbesondere indische Laufenten vertilgen große Mengen halbwüchsiger Schnecken.

Tab. 57: Übermäßiges Auftreten von Insekten bei Obstbäumen und -sträuchern

Übermäßiges Auftreten von:	**Schadbild**	**besonders betroffene Pflanzen**	**Maßnahmen:** 1. natürliche Feinde 2. Vorbeugung 3. spezielle Einwirkung
Apfelwickler (Obstmade)	– Früchte sind madig und fallen ab	– Apfel, Birne, Quitte	1. Fledermäuse, Blaumeise, Spechte, Ohrwürmer, Schlupfwespe, Raupenfliegen, Raubwanzen, Laufkäfer 2. Rindenpflege, Baumanstrich 3. mit Rainfarntee, Wermutbrühe, -tee spritzen, Fallobst aufsammeln
Blattläuse **a) Apfelblattlaus**	– Blätter sind eingerollt, die Triebspitzen sind verkrüppelt, grüne oder mehlige Läuse	– Apfel, Pflaume – andere Laubgehölze	1. Marienkäfer, Schwebfliegen usw. (siehe Blattlauskonnexion) 2. Baumscheiben pflegen, lüften, mulchen, wässern 3. Farnkrautjauche, -brühe, -auszug, Rhabarberjauche, -brühe, Brennnesseljauche, -auszug, Rainfarnbrühe, Wermutjauche spritzen
b) Kirschblattlaus	– an Blättern und Trieben schwarze Läuse	– Kirsche, Pflaume, Stachelbeere	
Blattsauger	– verkrüppelte und zerstörte Blütenknospen, Blüten und Blätter, grüne Larven mit roten Augen, gelbbraune Larven	– Apfel, Birne	1. Schlupfwespen, Raubwanzen, Schwebfliegenlarven, Florfliegen, Marienkäfer, Spinnen 2. Rindenpflege, Stammanstrich 3. Rhabarberjauche spritzen
Blutlaus	– Wucherungen am Holz, braune Läuse	– Apfel, Weißdorn, Birne, Quitte	2. Kapuzinerkresse auf die Baumscheibe säen, Farnkrautjauche, -brühe spritzen
Blütenstecher	– vertrocknete, ausgefressene Blütenknospen	– Apfel, Birne	1. Schlupfwespen, Laufkäfer, Raubkäfer 2. Rindenpflege, Baumanstrich
Brombeermilbe	– Beeren sind rot-grün-schwarz gefleckt und teilweise hart	– Brombeeren	2. gut mulchen und auslichten 3. Rainfarnjauche oder Wermutbrühe, -tee spritzen
Erdbeerblütenstecher	– einzelne Blüten abgeknickt und verdorrt	– Erdbeeren	1. Schlupfwespen, Laufkäfer, Raubkäfer 2. Rainfarnjauche spritzen
Frostspanner	– Blätter und Knospen zusammengesponnen, Blätter und Früchte versponnen	– Apfel, Birne, Kirsche, Quitte	1. Vögel, Schlupfwespen, Raupenfliegen, Spinnen, Raubkäfer 2. Rindenpflege, Baumanstrich 3. Rainfarnjauche spritzen
Gespinstmotte	– dichte Gespinste mit vielen Raupen, diese fressen an den Blättern bis zum Kahlfraß	– Apfel, Birne, Kirsche, Pflaume, Weißdorn, Schlehdorn, Pfaffenhütchen	1. Vögel, Schlupfwespen, Raupenfliegen, Raubwanzen 2. Rindenpflege, Baumanstrich 3. Gespinste mit den Raupen herausschneiden
Himbeerkäfer (Larve = Himbeermaden)	– Knospen und Blüten werden durch Fressen zerstört, Maden fressen in den Beeren	– Himbeeren, Brombeeren	1. Vögel, Spitzmäuse, Igel, Schlupfwespen 3. Rainfarnjauche spritzen
Kirschfruchtfliege	– Früchte sind madig und fallen ab	– Kirsche	1. Hühner, Schlupfwespe, Raubkäfer, Laufkäfer, Spinnen 2. Baumscheibe im Frühjahr dick mulchen, damit durch das langsamere Erwärmen das Schlüpfen der Fliegen verzögert wird 3. eventuell Gelbtafeln aufhängen
Pflaumenwickler	– Früchte sind madig und fallen ab	– Pflaume, Schlehe	1. Ohrwürmer, Weichkäfer, Raubkäfer, Florfliegen, Schlupfwespe, Raupenfliegen, Spinnen 3. Fallobst einsammeln, vernichten
Pflaumensägewespe	– Früchte sind madig und fallen ab	– Pflaume	1. Vögel, Laufkäfer, Schlupfwespen, Raubwanzen, Spinnen 3. madige Früchte aufsammeln, vernichten
Spinnmilben (Rote Spinne)	– hell gesprenkelte Blätter, die vertrocknen und abfallen, auf der Unterseite winzige Milben	– Apfel, Birne, Kirsche, Pflaume – andere Laubgehölze – Johannis- und Stachelbeere – Brom- und Himbeere	1. Raubmilben, Raubwanzen, Spinnen, Schlupfwespen, Florfliegen, Marienkäfer, Gallmücken 2. Pflanzen gesund ernähren, Brennnesseljauche gießen 3. Brennnesseljauche, Knoblauchtee, Rainfarnjauche, -Brühe, Schachtelhalmbrühe spritzen
Schildlaus	– an den Ästen Verkrustungen aus schildförmigen Läusen	– Apfel, Birne, Kirsche, Pflaume – Johannis- und Stachelbeere	1. Zehrwespe, Schlupfwespen, Marienkäfer 3. Farnkrautjauche, -brühe, -auszug anwenden

(Rezepturen zur Einwirkung, siehe Tab. 64, Seite 176/177)

Generell ist es wichtig, die Gegenspieler solcher Insekten zu schonen und zu pflegen. Die besten Maßnahmen, um übermäßigen Befall zu verhindern, sind ausreichend natürliche Feinde der problematischen Art. Die allgemein vorbeugenden Maßnahmen haben meist mehrere Funktionen und können auch zu einem generellen Programm erhoben werden. Die möglichen speziellen Einwirkungen sind auf mildernde Effekte beschränkt.

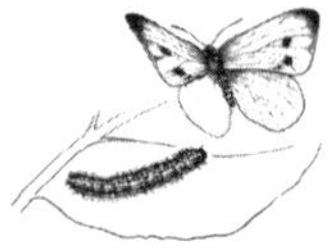

Tab. 58: Unbalancen von Nematoden und Insekten bei Gemüse

Übermäßiges Auftreten von:	**Schadbild**	**besonders betroffene Pflanzen**	**Maßnahmen:** 1. natürliche Feinde, fördern und pflegen 2. Schutz durch Nachbarpflanzen, Mischkultur 3. Vorbeugende Maßnahmen 4. spezielle Einwirkung
Älchen oder Fadenwürmer (Nematoden)	– sie saugen an den Blättern und Stengeln, diese werden gelb, sterben ab – andere leben in den Wurzeln und Knollen	– Petersilien – Möhren, Kartoffeln	2. Zwischenkultur anbauen, z.B. Tagetes, Ringelblumen, Gelbsenf »Maxi« (Samenzucht »Sperli«) 3. Fruchtfolgeorganisation
Blattläuse – grüne – schwarze – graumehlige	– sie saugen an den Blättern und beeinträchtigen dadurch das Wachstum der Pflanze und die Ernte	– an vielen Pflanzen, z.B. Salat – an dicken Bohnen, Spinat – an Kohlarten	1. Marienkäfer, Schwebfliegen usw., siehe Abb. 88, S. 162 Blattlauskonnexion 2. Mischkulturen mit Duftkräutern wie Bohnenkraut zu Bohnen, Lavendel zu Rosen 3. Dicke Bohnen sehr früh säen, sobald der Boden es erlaubt 4. Rainfarnbrühe, -tee; Brennnesseljauche, -auszug; Farnkrautbrühe, -auszug; Rhabarberjauche, -brühe; Wermutjauche spritzen und gießen
Erbsenwickler (Flugzeit: Mai/Juni)	– Fraßstellen und Maden (Larven) an den Körnern in den Schoten	– Erbsen, Bohnen	1. Fledermäuse, Laufkäfer, Schlupfwespen, Igel, Spitzmäuse 3. Erbsen sehr früh oder spät säen (dass die Blütezeit nicht mit der Flugzeit des Wicklers zusammentrifft
Erdflöhe (1,5 bis 3 mm große Käfer)	– löchrige Fraßstellen an den Blättern bis zur Skelettierung	– Kohl, Kohlrabi, Radieschen, Rettich, Herbstrüben	1. Spitzmäuse, Igel, Laufkäfer, Raubkäfer, Schlupfwespe 2. in Mischkulturen mit Salat, Spinat, Tomaten 4. Rainfarntee; Wermuttee; Kohljauche spritzen
Kartoffelkäfer (fleischrote Larven)	– Fraßstellen an den Blättern bis Kahlfraß	– Kartoffeln	1. Laufkäfer, Raupenfliegen, Kröten 4. Absammeln der Käfer und Larven
Kohlfliege (Flugzeit: ab Ende April)	– Verdickungen am Wurzelhals, in denen die Maden (Larven) leben, Pflanze welkt, stirbt ab	– Kohlgewächse, Rettich, Rüben, Senf	1. Raubkäfer, Laufkäfer, Schlupfwespen, Raubwanzen, Ohrwürmer, Spinnen 2. Mischkultur mit Tomaten 3. durch frühes oder spätes Pflanzen die Hauptflugzeit meiden, die Pflanzen tief setzen 4. Schmierseifenspritzung
Kohlweißling (Schmetterling)	– Fraßstellen an den Blättern bis Kahlfraß durch die Raupen	– Kohlarten, Kohlrabi, Rüben, Meerrettich	1. Raubkäfer, Schlupfwespen 2. Mischkultur mit Tomaten und Sellerie 4. Raupen absammeln; Tomatenblätterjauche, -auszug; Rhabarberjauche spritzen
Lauchmotte	– Fraßstellin an den Blättern, bis in den Schaft von den Maden (Larven)	– Lauch, Zwiebel	1. Schlupfwespen, Raupenfliegen, Fledermäuse, Vögel 2. Mischkultur mit Möhren oder Sellerie 4. bei ersten Freßspuren die Blätter tief abschneiden und vernichten: Rhabarberblättertee, Schachtelhalmbrühe
Möhrenfliege (Flugzeit: Ende Mai und Mitte Juni)	– die Maden (Larven) fressen in den Wurzeln; dunkle Gänge	– Möhren, selten Pastinaken	1. Schlupfwespen, Laufkäfer, Raubkäfer 2. Mischkultur mit Zwiebeln, Lauch, Schwarzwurzel 3. mit stark riechenden Kräutern mulchen, z.B. Rainfarn; die Aussaat mit Zwiebelbrühe oder Knoblauchjauche, -tee begießen
Spinnmilben	– auf der Blattunterseite ganz feines Gespinst. Sie saugen an den Blättern, diese verfärben sich, fallen ab	– Bohnen, Gurken, Kürbis, Zucchini	1. Raubmilben, Raubwanzen, Spinnen, Schlupfwespen, Florfliegen, Marienkäfer, Raubkäfer Gallmücken 3. harmonische Ernährung der Pflanzen, gut mulchen 4. Knoblauchtee spritzen, Brennnesseljauche
Zwiebelfliege (Flugzeit: ab Ende April)	– die Maden (Larven) fressen im Innern der Zwiebel, Pflanze fault	– Zwiebel, Knoblauch	1. Schlupfwespen, Raupenfliegen, Laufkäfer, Raubkäfer, Spinnen 2. Mischkulturen mit Möhren, Kamille 3. begießen mit Tees aus stark riechenden Pflanzen, z.B. Rainfarn, Möhrenblätter; Brennnesselbrühe

(Rezepturen zur Einwirkung, siehe Tab. 64, Seite 176/177)

Übermäßiges Auftreten von Bakterien, Pilzen und Viren

Bakterien, Pilze und Viren dienen einerseits zur Regulierung von Unbalancen bei Mäusen, Schnecken, Blattläusen u.a. Sie sind auf der anderen Seite maßgeblich am Recycling organischer Materialien und somit an der Bodenpflege beteiligt. Gefährdet durch Bakterien, Pilze und Viren sind:

- Monokulturen,
- an falschen Standorten stehende,
- durch Tiere oder den Menschen in ihrer Vitalkraft geschädigte,
- nicht ausreichend ernährte,
- unter Wassermangel leidende,
- überzüchtete und empfindliche Pflanzen. Sie stellen bereits in noch lebendem Zustand nicht viel mehr als ein zu recycelndes Material dar.

Im Falle einmal entstandener Unbalancen nimmt die Zahl schwacher Pflanzen erheblich zu, Pflanzenkrankheiten greifen um sich.

Bakterien sind einzellige Lebewesen, die man erst unter dem Elektronenmikroskop erkennen kann. Sie sind uns aus der Medizin als Erreger unserer Erkältungskrankheiten bekannt. Sie sind in unvorstellbaren Mengen im Lebenssystem unseres Planeten verbreitet – in der Luft, im Wasser, im Boden. Bakterien, die bei unverhältnismäßig großer Vermehrung zu Pflanzenkrankheiten führen, werden durch den Wind, das Wasser und Insekten übertragen. Sie spielen bei Pflanzenkrankheiten gegenüber den Pilzen nur eine untergeordnete Rolle. Meistens kann die äußerlich gleiche Veränderungserscheinung sowohl durch Bakterien als auch durch Pilze verursacht werden (vgl. Tab. 60). Pilze, insbesondere Hefen (Schlauchpilze), sind ähnlich häufig verbreitet wie Bakterien.

Hefen sind unentbehrliche Helfer bei vielen organischen Prozessen, auch vom Menschen vielfach genutzt (Weingärung, Brotherstellung). Sie sind Lieferanten wertvoller Eiweißverbindungen. Sie liefern auch wertvollen Dünger (Blatt- und Bodendünger). Kompost erfährt eine Verbesserung durch Pressrückstände aus Obst, insbesondere unter Zugabe von etwas Zuckerwasser, das die Hefebildung stark anregt. Eine reiche Pilzflora im Garten zeigt gute Rotteverhältnisse.

Pilze haben kein Chlorophyll, sie können nicht assimilieren. Die Urpilze bestehen aus nackten Protoplasmen (wie z.B. die Erreger der Kohlhernie, *Plasmodiophora brassicae*) und stehen den Protozoen (Urtiere) nahe. Viele Pilze gleichen diesen Mangel aus, indem sie sich eng an andere Pflanzen anschließen. Das kann zur Symbiose (Lebensgemeinschaft auf Beidseitigkeit) oder zu Parasitismus (Schmarotzertum) führen. Im letzteren Fall führt dies zu unterschiedlichen Schädigungen der Wirtspflanzen. Die Pilze werden zur Pflanze in der Pflanze, der Gärtner stellt dann bei Kulturpflanzen Pilzkrankheiten fest. Bei parasitischem Pilzbefall unterscheidet man Gefäßparasiten von Gewebeparasiten.

Gefäßparasiten: Die Pilzfäden dringen über die Wurzeln in die Leitbahnen der Pflanzen ein und verstopfen mehr und mehr deren Lebensadern (Schwarzbeinigkeit, Zwiebelfäule).

Gewebeparasiten: Die Pilzfäden dringen meistens in Blätter oder Stengel ein. Die Pilzkulturen befinden sich auf der Oberfläche von Blättern, Stengeln und Knollen oder Früchten (Echter Mehltau, Monilia, Braunfäule). In einigen Fällen (Kohlhernie, Rutenkrankheit der Himbeeren) dringen auch Gewebeparasiten vom Boden aus in die Pflanze ein.

Lesen Sie bitte auf Seite 171 weiter

Tab. 59: Unbalancen, die zu kranken Obstbäumen und -stäuchern führen (zur Pflanzenpflege bei Krankheit siehe Tab. 64, S. 176/177)

Krankheit	Schadbild	besonders betroffene Pflanzen	Maßnahmen: 1. Vorbeugung 2. spezielle Einwirkung
Feuerbrand (Bakterien)	– die Triebspitzen welken, färben sich braun, dann schwarz und krümmen sich hakenförmig	– Apfel, Birne, Weißdorn, Vogelbeere, Mehlbeere, Holzbirne, Holzapfel, Felsenbirne, Quitte	**1. muß beim Pflanzenschutzdienst (Kreisamt nachfragen) gemeldet werden**
Bakterienbrand	– an den Blättern helle Flecken, später braun, Rinde an Ästen und Stamm platzt auf, Gummifluß	– Kirsche, Pflaume	1. richtige Standortwahl, ausgewogene Ernährung (Kompost, Brennnesseljauche) 2. alle erkrankten Zweige und Äste bis in das gesunde Holz wegschneiden und verbrennen; Wunden verschließen (Baumwachs)
Blattfallkrankheit (Pilz)	– auf den Blättern viele kleine braune Punkte, Blätter rollen sich, fallen ab	– Johannisbeeren Stachelbeeren	1. Zwiebeltee, Knoblauchtee, Schachtelhalmbrühe spritzen 2. kranke Blätter einsammeln, vernichten
Gitterrost (Pilz)	– auf der Blattoberseite gelborange Flecken, auf der Blattunterseite braune Pusteln	– Birne, alle Wacholder, außer Juniperus communis, sind Zwischenwirt	1. Birnbäume zur Kräftigung mit Schachtelhalmjauche, -brühe, Farnkrautjauche, -brühe, Zwiebeljauche, -tee spritzen 2. am Wacholder erkrankte Zweige ausschneiden und verbrennen
Grauschimmel (Pilz)	– Früchte werden grau, schimmelig und faulen	– Himbeeren, Erdbeeren	1. luftigen Standort wählen, Schachtelhalmjauche, Zwiebeljauche oder -tee spritzen 2. kranke Teile entfernen und vernichten
Kräuselkrankheit (Pilz)	– blasige Stellen an den Blättern, verfärben und verformen sich	– Pfirsich	1. Kompost auf die Baumscheibe geben und gut mulchen, Schachtelhalmtee und Brennnesseljauche spritzen
Mehltau, Echter (Pilz)	– Blätter bekommen einen weißlichen, grauen Überzug, später werden die befallenen Stellen dunkel, Früchte platzen auf	– Apfel, Birne, Wein, Qitte, Stachelbeere, Erdbeere	1. natürliche Wachstumsbedingungen schaffen, zur Kräftigung mit Rainfarnjauche, -brühe, Schachtelhalmjauche, -brühe, Knoblauchjauche, -tee spritzen
Moniliafruchtfäule (Pilz)	– die Früchte bekommen Faulstellen, um die sich ringförmig Schimmelpolster bilden	– Apfel, Birne, Kirsche, Pflaume, Quitte	1. auf der Baumscheibe Gesteinsmehl einarbeiten, Schachtelhalmjauche, -brühe, Meerrettichbrühe, -tee spritzen 2. kranke Früchte aufsammeln und vernichten
Moniliaspitzendürre (Pilz)	– die Triebspitzen vertrocknen mit Blättern und Blüten	– Kirsche, selten Apfel	1. Schachtelhalmjauche, -brühe, Meerrettichbrühe, -tee spritzen 2. alle kranken Zweige bis ins gesunde Holz zurückschneiden und vernichten, Wunden verschließen (Baumwachs)
Obstbaumkrebs (Pilz)	– an Ästen und Stamm treten Wucherungen hervor	– Apfel, Birne, selten an Kirsche und Pflaume, Quitte	1. richtige Standortwahl, Rindenpflege, Baumanstrich 2. kranke Äste frühzeitig entfernen, vernichten
Rutenkrankheit (Pilz)	– Triebe bekommen rotbraune bis violette Flecken, vertrocknen schließlich	– Himbeeren	1. richtige Standortwahl, Boden feucht halten, gut mulchen, abgeerntete Ruten ausschneiden 2. ausgeschnittene Ruten vernichten
Säulenrost (Pilz)	– auf der Blattunterseite rostbrauner Belag, Blätter fallen ab	– Johannisbeeren	1. Boden gut mulchen, Wermutjauche spritzen 2. Blätter einsammeln, vernichten
Schorf (Pilz)	– Blätter und Früchte weisen braune Flecken auf, rissige Stellen an den Früchten	– Apfel, Birne, Kirsche, Quitte	1. richtige Standortwahl, Kompostgaben, große Baumscheiben, gut gemulcht, Schachtelhalmjauche spritzen
Schrotschußkrankheit (Pilz)	– an den Blättern kleine, runde, rötliche Flecken, die später ausfallen; dadurch sind die Blätter siebartig durchlöchert	– Kirsche, Pflaume	1. freier Standort, gepflegte, gemulchte Baumscheibe, zur Kräftigung öfter mit Schachtelhalmbrühe spritzen
Valsakrankheit (Pilz)	– auf der Rinde zeigen sich dunkle Punkte, aus denen später Gummifluß austritt; dann bilden sich krebsartige Wucherungen, Holz stirbt schließlich ab	– Kirsche, Pflaume	1. richtige Standortwahl, Kompostgaben, Brennnesseljauche gießen, Baumscheibe mulchen 2. kranke Äste entfernen, verbrennen, Wunden verschließen (Baumwachs)

(Rezepturen zur Einwirkung, siehe Tab. 64, Seite 176/177)

Fortsetzung von Seite 169

Unbalancen bei Pilzen entstehen leicht

- bei anfälligen (überzüchteten) sowie bei überdüngten Pflanzen;
- unter stickig engen Wachstumsbedingungen (mangelnde Belüftung), besonders in Monokulturen;
- bei feucht warmer Witterung.

Tab. 60: Unbalancen, die zu kranken Gemüsepflanzen führen

Krankheit	Schadbild	besonders betroffene Pflanzen	Maßnahmen: 1. Vorbeugende Maßnahmen 2. spezielle Einwirkung
Bakterien und Pilze			
Blattfleckenkrankheit **a) eckige (Bakterium)** **b) Brennfleckenkrankheit (Pilz)**	– eckige, abgegrenzte braune Flecken auf den Blättern – runde, geränderte Flecken auf Blättern und Früchten	– Gurke – Bohne, Erbse, Gurke, Kürbis, Zucchini	1. – auf gesundes Saatgut achten – Fruchtfolge beachten – mit Schachtelhalmbrühe spritzen 2. kranke Pflanze frühzeitig vernichten
Blattwelke **a) Tomatenwelke (Bakterium)** **b) Fusarium-Welke (Pilz)** **c) Verticillium-Welke (Pilz)**	– Blätter rollen, später stirbt die ganze Pflanze – Pflanzen welken plötzlich, sterben ab – einzelne Blätter welken, nach und nach die ganze Pflanze	– Tomate – Erbse, Gurke, Knoblauch – Erdbeere, Tomate	1. – auf gesundes Saatgut achten – Schachtelhalmbrühe oder Rainfarnauszug spritzen 2. kranke Pflanze frühzeitig vernichten
Schwarzbeinigkeit (Bakterien und Pilze)	– Pflanzen werden am Wurzelhals schwarz, fallen um und sterben – tritt vor allem bei Anzucht auf	– Kohl, Salat, Gurke, Tomate	1. – Saatgefäße rein halten – Aussaaterde keimfrei machen (siehe S. 147 ff.) – Saatgut in Kamillentee beizen – Erde und Keimlinge mit Schachtelhalmbrühe besprühen
Pilze			
Grauschimmel (Pilz)	– Blätter werden grau, schimmelig und faulen	– Bohne, Gurke, Salat, Lauch, Zwiebel, Tomate, Erdbeere	1. – luftigen Standort wählen – Erde und Pflanzen mit Schachtelhalmjauche, Zwiebeljauche oder -tee spritzen – mit Steinmehl bestäuben 2. kranke Teile entfernen und vernichten
Kohlhernie (Pilz)	– beulige Verdickungen an den Wurzeln	– Kohlgewächse, Radieschen, Rettich	1. Fruchtwechsel beachten 2. – Pflanzen vernichten – 4 bis 7 Jahre keine Kreuzblütler (Cruciferae) setzen oder säen
Kraut- und Knollenfäule oder Braunfäule (Pilz)	– braune Flecken an den Blättern und Früchten bzw. Knollen, faulen schließlich	– Tomate, Kartoffel	1. – Kartoffeln und Tomaten nie zusammen pflanzen – Schachtelhalmjauche, Knoblauchtee oder Zwiebeljauche spritzen, auch über den Boden sprühen
Mehltau, Echter (Pilz)	– auf den Blättern weiße Flecken, die sich zum geschlossenen Belag ausbreiten, Blätter sterben ab	– Gurke, Erbse, Erdbeere	1. Rainfarnjauche, -auszug, Farnkrautjauche, -brühe, Schachtelhalmjauche, -brühe, Knoblauchjauche oder -tee spritzen 2. kranke Pflanzen entfernen und vernichten
Mehltau, Falscher (Pilz)	– auf der Blattoberseite weiße, auf der Unterseite gelblich braune Flecken, Blätter sterben ab	– Gurke, Kohlarten, Erbse, Spinat, Zwiebel, Lauch, Salat, Kartoffel, Tomate	
Rost (Pilz)	– erst gelbliche, später schwarzbraune Flecken auf den Blättern	– Sellerie, Erbse, Bohne	1. Rainfarnjauche, -brühe, Farnkrautjauche, -brühe, Schachtelhalmjauche, -brühe, Knoblauchjauche oder -tee spritzen 2. kranke Teile entfernen und vernichten
Virus			
Mosaik-Krankheit	– auf den Blättern gelblich grüne Flecken, Verkrüppelungen	– Gurke, Kürbis, Zucchini, Kartoffel, Bohne, Tomate	1. Nachbarschaft mit anderen anfälligen Pflanzen meiden 2. kranke Teile entfernen und vernichten

(Rezepturen zur Einwirkung, siehe Tab. 64, Seite 176/177)

Viren sind die einfachsten, fortpflanzungsfähigen bekannten Einheiten im Lebenssystem unseres Planeten. Sie besitzen keinen eigenen Stoffwechsel und sind auf lebende Zellen als Wirte angewiesen. Im Garten ist besonders der Mosaikvirus als Krankheitserreger bekannt geworden.

Aktive Pflanzenpflege

Bei einer aktiven Pflanzenpflege unterscheiden wir

- allgemein kräftigende und wachstumsfördernde,
- bei übermäßigem Insektenbefall reduzierende,
- Krankheiten vorbeugende Maßnahmen.

Zukunftsfähiges Gärtnern lässt sich aufgrund des tieferen Verständnisses des Lebenssystems unseres Planeten auf das sich Entwickelnde ein. Gärtnerinnen/Gärtner handeln außer im Intensivsegment nur sehr behutsam und greifen auch dort nur sehr mäßig pflegerisch ein; denn sie wissen, dass jeder Eingriff vorhandene dynamische Balancen in der einen oder anderen Richtung stört.

Die aktive Pflanzenpflege beginnt bei der Vermeidung jeglicher Monokultur und bei der Pflanzenvergesellschaftung sowie der aktiven Bodenpflege. Zur Erzeugung dynamischer Balancen, besonders im Insektenbereich, gehören ebenso der ausgeglichene Blühstatus der O-L-G wie auch der der angrenzenden Wildfläche. Hecken, Stein- und Altholzhaufen als Wohnstatt für Vögel, Kleintiere und Lurche leisten einen zusätzlichen Beitrag.

Um die Gesundheit und vitale Kraft der Pflanzen mit gärtnerischen Mitteln zu steigern und damit auch Krankheiten vorzubeugen, werden neben Mineralien und Komposten Pflanzensäfte in Form von Jauchen, Brühen, Tees und Auszügen verwendet. Im Zusammenhang mit Maßnahmen zur Kräftigung und Wuchsförderung der Fruchtbildung können gleichzeitig Maßnahmen zur Vorbeugung gegen Pflanzenkrankheiten geplant und durchgeführt werden.

Speziell bei übermäßigem Insektenbefall muss ein Eingreifen gut überlegt werden. Wie man aus der Blattlauskonnexion (vgl. S. 161ff.) lernen kann, ist es sinnvoll, früh in der Vegetationszeit Pflanzen mit Blattlausbesatz zu haben (z.B. Ackerbohnen und Holunderbüsche). Frühe Läuse sind eine gute Bedingung für die Entwicklung deren Gegenspieler. Fehlen diese Pflanzen und fehlen erfolgreiche vorbeugende Maßnahmen gegen die Blattläuse, können sich Gegenspieler kaum entwickeln, eine Blattlausexplosion im Sommer wird umso wahrscheinlicher.

Pflanzen helfen Pflanzen: Sie tun es direkt über die Strukturierung des Bodenlebens, durch Ausdünstungen der Wurzeln und Blätter, d.h. durch allelopathe Pflanzenwirkstoffe (siehe auch S. 40ff.). Der Gärtner nutzt solche Möglichkeiten in genereller und konzentrierter Form, indem er aus solchen Pflanzenteilen Gieß- oder Spritzmittel herstellt.

Die auf unterschiedliche Weise ausgezogenen Wirkstoffe der Pflanzen wirken auf verschiedene Art gegen Insektenbefall oder Krankheiten. Vom Ackerschachtelhalm wird die Kieselsäure von den Pflanzen aufgenommen, dadurch wird das Zellgewebe gefestigt, Pilzfäden können dann nicht mehr so leicht in die Blätter eindringen.

Die meisten Kräuter besitzen ätherische Öle (starke Duftstoffe), die eine Reihe von Insekten abschrecken. Holunderblatt- und Tomatentriebjauchen sind typisch für solche Abschreckungsmittel. Zwiebelgewächse und Kapuzinerkresse vermögen aufgrund ihrer Wirkstoffe Bakterien und eine Reihe von Pilzen abzutöten.

Nur bei übermäßigem Befall, dann aber mehrfach mit pflanzlichen Reduzierungsmaßnahmen eingreifen.

Lesen Sie bitte auf Seite 175 weiter

Tab. 61: Mittel zur Förderung der Gesundheit von Obstbäumen, -Sträuchern und Gemüsepflanzen (Rezepturen s. Tab. 64, S. 176/177)

Förderung / Gieß- und Spritzmittel aus:	Obstbäume								Beeren				
	Apfel	Birne	Kirsche	Mirabelle	Pfirsich	Quitte	Reneklode	Zwetschge	Brombeere	Erdbeere	Himbeere	Johannisbeere	Stachelbeere
	F	F	F	F	F	F	F	F	F	F	F	F	F
Baldrian	X	X	X	X	X	X	X	X	X	X	X	X	X
Beinwell/Comfrey	●	●	●	●	●	●	●	●	●	●	●	●	●
Brennessel													
Farnkraut													
Kamille													
Kohl													
Löwenzahn	●	●	●	●	●	●	●	●	●	●	●	●	●
Meerrettich			X	X	X		X	X					
Ringelblume	●	●	●	●	●	●	●	●	●	●	●	●	●
Schachtelhalm	●	●	●	●	●	●	●	●		●		●	●
Tomate													
Wermut													

Förderung / Gieß- und Spritzmittel aus:	Gemüse																									
	Bohne	Chicorée	Endivie	Erbse	Feldsalat	Fenchel	Gurke	Herbstrübe	Kartoffel	Knoblauch	Kohlrabi	Kohlsorten	Kürbis	Mangold	Möhre	Pastinake	Porree/Lauch	Radies./Rettich	Rote Rübe	Salat	Schwarzwurzel	Sellerie	Spinat	Tomate	Zucchini	Zwiebel
	F	W	B	F	B	B	F	W	W	W	B	B	F	B	W	W	B	W	W	B	W	W	B	F	F	W
Baldrian	X			X			X						X											X	X	
Beinwell/Comfrey	●	●	●	●	●	●	●	●	X	●	●	X	●	●	●	●	●	●	●	●	●	X	●	X	●	●
Brennessel	●	●	●	●	●	●	●	●	●	●	●	●	●	●	●	●	●	●	●	●	●	●	●	●	●	●
Farnkraut	●	●	●	●	●	●	●	●	X	●	●	X	●	●	●	●	●	●	●	●	●	X	●	X	●	●
Kamille	S	●	●	S		●	●					●	●		●		●		●			●		●	●	●
Kohl	X						X		X				X									X		X		
Löwenzahn	●	●	●	●	●	●	●	●	●	●	●	●	●	●	●	●	●	●	●	●	●	●	●	●	●	●
Meerrettich																										
Ringelblume	●	●	●	●	●	●	●	●	●	●	●	X	●	●	●	●	●	●	●	●	●	●	●	X	●	●
Schachtelhalm							●				●	●	●				●		●			●		●	●	
Tomate	X						X					X					X					X		X		X
Wermut				S																						

S Saatbad, ● allgemein fördernd, X speziell; F: Frucht-, W: Wurzel-, B: Blattgemüse

Tab. 62: Übermäßiger Insektenbefall und Krankheiten bei Obstbäumen, -sträuchern und Gemüse (Rezepturen s. Tab. 64, S. 176/177)

Hoher Befall durch Insekten und Krankheiten / Befallene Kulturpflanzen		Obstbäume							Beeren					Gemüse																		
		Apfel	Birne	Kirsche	Mirabelle	Quitte	Reneklode	Zwetschge	Brombeere	Erdbeere	Himbeere	Johannisbeere	Stachelbeere	Bohne	Erbse	Gurke	Herbstrübe	Kartoffel	Knoblauch	Kohlrabi	Kohlsorten	Kürbis	Möhre	Pastinake	Porree/Lauch	Rettich	Salat	Sellerie	Spinat	Tomate	Zucchini	Zwiebel
Befall	Ählchen																	X					X									
Befall	Apfelwickler	X	X			X																										
Befall	Blattlaus	X	X	X		X		X					X	X		X	X			X	X					X	X		X			
Befall	Blattsauger	X	X																													
Befall	Blutlaus	X	X			X																										
Befall	Blütenstecher	X	X							X																						
Befall	Brombeermilbe								X																							
Befall	Erbsenwickler													X	X																	
Befall	Erdfloh																X			X	X					X						
Befall	Frostspanner	X	X	X		X																										
Befall	Gespinstmotte	X				X		X																								
Befall	Himbeerkäfer								X		X																					
Befall	Kartoffelkäfer																	X														
Befall	Kirschfruchtfliege			X																												
Befall	Kohlfliege																X				X					X						
Befall	Kohlweißling																			X	X											
Befall	Lauchmotte																								X							X
Befall	Möhrenfliege																						X	X								
Befall	Pflaumensägewespe							X																								
Befall	Pflaumenwickler							X																								
Befall	Schildlaus	X	X	X	X		X	X				X	X																			
Befall	Spinnmilbe	X	X	X					X	X	X	X	X	X		X						X									X	
Befall	Zwiebelfliege																		X													X
Krankheiten	Bakterienbrand			X				X																								
Krankheiten	Blattfallkrankheit											X	X																			
Krankheiten	Blattfleckenkrankheit													X	X	X						X									X	
Krankheiten	Blattwelke														X	X			X											X		
Krankheiten	Feuerbrand	X	X			X		X																								
Krankheiten	Gitterrost		X																													
Krankheiten	Grauschimmel									X	X			X		X									X		X			X		X
Krankheiten	Kohlhernie																				X					X						
Krankheiten	Kräuselkrankheit																															
Krankheiten	Kraut-/Knollenfäule																	X												X		
Krankheiten	Mehltau	X	X							X			X		X	X		X			X	X			X		X		X	X		X
Krankheiten	Monilia	X	X	X		X	X	X																								
Krankheiten	Mosaik-Virus													X		X		X				X								X	X	
Krankheiten	Obstbaumkrebs	X	X			X		X																								
Krankheiten	Rost							X				X		X	X													X				
Krankheiten	Rutenkrankheit										X																					
Krankheiten	Schorf	X	X	X		X		X																								
Krankheiten	Schrotschusskrankheit			X																												
Krankheiten	Schwarzbeinigkeit															X					X						X			X		
Krankheiten	Valsakrankheit			X				X																								

Aufgeführt ist nur Befall, der bei uns häufiger und schwer schädigend auftreten kann. Dieser ist dann auch nur dort aufgeführt, wo großer Schaden entstehen kann. Deshalb ist z.B. Mehltau nicht bei allen möglichen Pflanzen angegeben.

Tab. 63: Pflanzen gegen übermäßigen Insektenbefall und Krankheiten bei Obstbäumen, -sträuchern und beim Gemüse (Rezepte s. Tab. 64, S. 176/177)

spezielle Pflegemaßnahmen bei: / Gieß- und Spritzmittel aus:	A) Krankheiten															B) Übermäßiges Auftreten von Insekten														
	Blattfallkrankheit	Blattfleckenkrankheit	Blattwelke	Feuerbrand	Gitterrost	Grauschimmel	Kohlhernie	Kraut- und Knollenfäule	Kräuselkrankheit	Mehltau	Monilia	Rost	Säulenrost	Schwarzbeinigkeit	Schorf	Apfelwickler	Blattlaus	Blattsauger	Blutlaus	Blütenstecher	Brombeermilbe	Erdflöhe	Frostspanner	Himbeerkäfer	Kohlweißling	Lauchmotte	Möhrenfliege	Schildlaus	Spinnmilben	Zwiebelfliege
Brennnessel				1)													X												X	X
Farnkraut					X					X		X					X		X									X		
Kamille														X																
Knoblauch	X							X		X		X															X		X	
Kohl							X															X					X			
Meerrettich											X																			
Rainfarn			X							X		X				X	X			X	X	X	X	X					X	X
Rhabarber																	X									X				
Ringelblume																		X												
Schachtelhalm	X	X	X		X	X	X	X	X	X	X	X		X	X											X			X	
Schafgarbe												X																		
Tomate																									X					
Wermut													X			X	X				X	X								
Zwiebel	X				X	X	X																							

1) Bei folgenden Krankheiten und Befall siehe für die Gruppe A) Tab. 59/60 und für B) Tab. 57/58 zwecks spezieller Maßnahmen:

A) Bakterienbrand, Feuerbrand, Mosaik-Virus, Obstbaumkrebs, Schrotschusskrankheit, Valsakrankheit

B) Älchen, Erbsenwickler, Gespinstmotte, Kartoffelkäfer, Kirschfruchtfliege, Kohlfliege, Pflaumensägewespe, Pflaumenwickler

Fortsetzung von Seite 172

Herstellung von Gieß- und Spritzmitteln:

Jauchen:

a) **Beißende, gärende Pflanzenjauche:** Frische Kräuter, Pflanzenabfälle werden locker in ein geeignetes Gefäß (mindestens 10 Liter, nicht aus Metall) gefüllt, bis dieses zu 3/4 voll ist. Brennnesseln können ganz, andere Pflanzen sollten zerkleinert verwendet werden. Mit Regenwasser (weichem Wasser) werden die Gefäße bis fünf Zentimeter unter den Rand aufgefüllt. In besonderen Fällen können auch getrocknete Kräuter (Drogen) verwendet werden. In der Regel kommt so ein Kilogramm Frischkraut oder 150 Gramm Droge auf 10 Liter Wasser. Die so angesetzte Jauche beginnt in ein bis zwei Tagen zu gären, an der Sonne wird der Prozess beschleunigt. Nach drei Tagen ist die gärende Pflanzenjauche fertig, sie wird abgefiltert und in einer Konzentration von 1:30 oder 1:50 angewandt. (Die gärende Jauche aus Brennnesseln oder Beinwell benutzt man hauptsächlich zur Pflege und Vorbeugung gegen übermäßigen Insektenbefall.)

b) **Vergorene Pflanzenjauche:** Herstellung in der gleichen Weise wie (a). Die Jauche bleibt allerdings bei warmem Wetter mindestens 14 Tage, bei kühler Witterung drei bis vier Wochen stehen (luftdurchlässig abdecken). Die vergorene Jauche wird abgesiebt und zum Gießen in der Regel im Verhältnis 1:20 verdünnt, sie dient in dieser Verdünnung zur Düngung der Kompostbeschleunigung.

Lesen Sie bitte auf Seite 178 weiter

Tab. 64: Rezepte für die Pflanzenpflege

Kräuter	Mittel	Herstellung	Indikation – Rezeptur – Anwendung Wozu? – Wie? – Wohin? – Wann? – Wie oft?
Baldrian (Valeriana officinalis) *Tab. 56, S. 160* (eventuell als Auszug kaufen)	A	Baldrianblüten kurz abschneiden, durch den Fleischwolf drehen, ab und zu etwas Wasser zugeben, oder im Mörser mit etwas Wasser zerstampfen, Saft abpressen, in ein Fläschchen füllen	– Zur Förderung der Blüten- und Fruchtbildung: bei Tomaten, Gurken u.a. Fruchtgemüsen, bei Blumen – verdünnt 1 Tropfen auf 1 Liter Wasser – auf Pflanzen und die Erde spritzen – im Frühjahr vor der Blüte ! Nicht auf oder zu Blatt- und Wurzelgemüse (schießen in die Blüte) spritzen ! – Zur Förderung: der Blüten- und Fruchtbildung bei Obstbäumen und Beerensträuchern – verdünnt 1 Tropfen auf 1 Liter Wasser – auf die Pflanzen und die Erde spritzen – Spätherbst
Beinwell (Symphytum officinale) *Tab. 22, S. 92*	J	10 l Wasser, 1 kg (150 g)[1] Blätter	– zur Kräftigung und Versorgung der Pflanzen mit Kali: besonders für Tomaten, Sellerie, Kohl, Kartoffeln – vergoren – verdünnt 1:10 bis 1:20 – auf die Erde zu den Pflanzen gießen – Frühjahr, Sommer – bis 1mal wöchentlich – als Blattdüngung für Pflanzen allgemein – vergoren – verdünnt 1:20 – auf die Pflanzen spritzen – Frühjahr, Sommer – ein bis zweimal monatlich
Brennnessel (Urtica divica) *Tab. 22, S. 92*	J	10 l Wasser, 1 kg (150 g) Blätter, Stengel ohne Samen	– zur Förderung des Wachstums und der Kräftigung aller Pflanzen – vergoren – verdünnt 1:10 – auf die Erde zu den Pflanzen gießen – im Frühjahr, Sommer – bis einmal wöchentlich – zur Behebung von Blattchlorose (Eisenmangel): – vergoren – verdünnt 1:20 – auf die Erde zu den Pflanzen gießen – mehrmals – bei starkem Auftreten von Blattläusen, Spinnmilben, Schädlingen an Obstbäumen und Beerensträuchern – gärend – verdünnt 1:50 – auf die Pflanzen spritzen – Frühjahr
	B	2 l Wasser, 1 kg (150 g) Blätter, Stengel ohne Samen	– zur Kräftigung der Pflanzen und vorbeugend gegen Schädlings- und Krankheitsbefall – verdünnt 1:10 – auf die Pflanzen und die Erde spritzen – Frühjahr, Sommer – bis einmal wöchentlich – zur Reinigung durch Zwiebelfliegen verseuchten Boden (gegen die dort lebenden Larven und Puppen) – unverdünnt – auf die Erde gießen – Herbst
	A	10 l Wasser, 1 kg (150 g) Blätter, Stengel ohne Samen, 24 Std. einweichen, abpressen	– bei starkem Auftreten: von Blattläusen – unverdünnt – auf die Pflanzen spritzen – Frühjahr, Sommer – bis einmal wöchentlich
Farnkraut* **a) Wurmfarn (Dryopteris filix mas)** **b) Adlerfarn (Pteridium aquilinum)**	J	10 l Wasser, 5 kg (500 g) Blätter	– zur Versorgung mit Kali; Tomaten, Sellerie, Kohl, Kartoffeln – vergoren, unverdünnt – auf die Erde (auch auf den Kompost) gießen – mehrmals im Jahr – bei starkem Auftreten: von Schild- und Blutläusen an Obstbäumen – Jauche – vergoren – verdünnt 1:10 – Stamm und Äste damit abbürsten – Nachwinter
	B	10 l Wasser, 5 kg (500 g) Blätter	– bei starkem Auftreten: von Blattläusen und Schnecken – Jauche – vergoren – verdünnt 1:10 – auf die Pflanzen und Erde spritzen – Frühjahr, Sommer – vorbeugend gegen: Pilzkrankheiten, z.B. Rost, Mehltau – Jauche – vergoren – unverdünnt – auf die Pflanzen und die Erde sprizen – Frühjahr, Sommer
	A	0,5 l Wasser, 5 g getrocknete, pulverisierte Blätter 1 bis 2 Tage in einer Flasche ziehen lassen, filtern	– bei starkem Auftreten: von Schildläusen an Obstbäumen – verdünnt 1:10 – Stamm und Äste damit abbürsten – im zeitigen Frühjahr und dann: verdünnt 1:20 – auf die Pflanzen – spritzen – bei starkem Auftreten: von Läusen – verdünnt 50 Tropfen auf 5 l Wasser – auf die Pflanzen spritzen – Frühjahr,Sommer
Kamille (Matricaria chamomilla) *Tab. 51, S. 156*	T	2 l Wasser, 100 g (10 g) Blüten	– als Saatbad: für Schmetterlingsblütler, Erbsen, Bohnen usw. zur gesunden Entwicklung – Samen in ein Tuch gebunden – ein bis zwei Std. in den abgekühlten Tee legen, im Schatten abtrocknen lassen, spätestens nach 1 Tag säen
	A	2 l Wasser, 200 g (10 - 20 g) Blüten, 24 Std. ziehen lassen, abpressen	– vorbeugend gegen: Boden- und Wurzelkrankheiten, für gesundes Wachstum – verdünnt 1:5 – auf die Pflanzen und die Erde spritzen – Frühjahr, Sommer – monatlich ein- bis zweimal
Knoblauch (Allium sativum) *Tab. 39, S. 145*	J	10 l Wasser, 500 g Knoblauchzehen	– bei Auftreten: von Möhrenfliegen – vergoren – unverdünnt – auf die Pflanzen und die Erde gießen – Frühjahr – vorbeugend gegen: Pilzerkrankungen, z.B. Mehltau – vergoren – verdünnt 1:10 – auf die Erde zu den Pflanzen gießen – Frühjahr, Sommer
	T	1 l Wasser, 70 g Knoblauchzehen	– vorbeugend gegen: Pilzkrankheiten, z.B. Rost, Mehltau, Blattfallkrankheit – unverdünnt – auf die Pflanzen spritzen, Frühjahr, Sommer – bei starkem Auftreten von: Milben/Spinnmilben – verdünnt 1:5 – auf die Pflanzen und die Erde spritzen – Mai – mehrmals
Kohl (Brassica oleracea) *Tab. 41, S. 147*	J	10 l Wasser, 3 kg Kohlblätter und Abfälle	– zur Förderung des Wachstums: für Bohnen, Gurken, Kartoffeln, Kürbis, Sellerie, Tomaten, Obstbäumen – vergoren – verdünnt 1:10 – auf die Erde zu den Pflanzen gießen – Frühjahr, Sommer – bei starkem Auftreten: von Erdflöhen – vergoren – verdünnt 1:5 – auf die Erde rund um die Kohlpflanzen gießen – Frühjahr, Sommer
Löwenzahn (Taraxacum officinalis) *Tab. 16, S. 76*	J	10 l Wasser, 2 kg Blüten, Blätter, Wurzeln	– zur Förderung des Wachstums und zur Verbesserung der Früchte – Jauche – vergoren – unverdünnt – auf die Erde gießen – Frühjahr, Sommer
	T	1 l Wasser, 200 g Blüten, Blätter	

Fortsetzung auf Seite 177

Fortsetzung von Tab. 64

Kräuter	Mittel	Herstellung	Indikation – Rezeptur – Anwendung Wozu? – Wie? – Wohin? – Wann? – Wie oft?
Meerrettich **(Armoracia rusticana)** *Tab. 22, S. 92*	B	10 l Wasser, 300 g (30 g) Blätter, Wurzeln, 20 Min. kochen	– vorbeugend gegen: Moniliafruchtfäule und -spitzendürre bei Steinobst – unverdünnt – auf die Pflanzen und die Erde spritzen – Sommer, dann im folgenden Frühjahr – in die Blüte spritzen
	T	1 l Wasser, 500 g Blätter, Wurzeln, 15 Min., rühren	– vorbeugend gegen: Moniliafruchtfäule und -Spitzendürre bei Steinobst – verdünnt 1:1 – auf die Pflanzen und die Erde spritzen – Sommer, dann im folgenden Frühjahr – verdünnt 1:5 – in die Blüte spritzen
Rainfarn **(Tanacetum vultare)** *Tab. 22, S. 92*	J	10 l Wasser, 300 g (30 g) Blüten und Blätter	– bei starkem Auftreten: von Erdbeerblütenstecher, Frostspanner, Himbeerkäfer, Brombeermilbe – vorbeugend gegen: Mehltau, Rost – vergoren – unverdünnt – auf die Pflanzen spritzen – Frühjahr, Sommer
	B	10 l Wasser, 300 g (30 g) Blüten	– bei starkem Auftreten:von Läusen, Milben – vorbeugend gegen: Mehltau, Rost – vergoren – unverdünnt – auf die Pflanzen spritzen – Frühjahr, Sommer
	T	10 l Wasser, 300 g (30 g) Blüten	– vorbeugend gegen: Schädlinge an Obstbäumen, Erdflöhe, Zwiebelfliege – unverdünnt – auf die Pflanzen spritzen – Herbst, Winter
	A	1 l Wasser, 300 g (30 g) Blüten, 1 bis 2 Tage ziehen lassen, abpressen	– vorbeugend gegen: Rost, Mehltau, Bakterienkrankheiten bei Tomaten, Kartoffeln, Sellerie – verdünnt 1:2 – auf die Pflanzen spritzen – Frühjahr, Sommer – bei Befall: von Rost, Mehltau, Bakterienkrankheiten bei Tomaten, Kartoffeln, Sellerie – unverdünnt – auf die Pflanzen spritzen
Rhabarber **(Rheum rhabarbarum)** *Tab. 37, S. 143*	J	10 l Wasser, 1 kg frische Blätter	– bei starkem Auftreten: von schwarzen Läusen – vergoren – verdünnt 1:5 bis 1:10 – auf die Pflanzen gießen – Frühjahr, Sommer
	B	3 l Wasser, 500 g frische Blätter geschnitten, 30 Min. kochen	– bei starkem Auftreten: von schwarzen Läusen – unverdünnt – auf die Pflanzen spritzen – Frühjahr, Sommer – 3mal hintereinander
	T	1 l Wasser, 200 g frische Blätter geschnitten	– bei starkem Auftreten: von Lauchmotten – unverdünnt – auf die Pflanzen spritzen – Frühjahr, Sommer – 3mal wiederholen
Ringelblume **(Calendula officinalis)** *Tab. 52, S. 157*	J	10 l Wasser, 1 kg Blätter, Stengel, Blüten	– zur Förderung der Gesundheit und des Wachstums: für alle Pflanzen, besonders für Tomaten und Kohl – vergoren – verdünnt 1:10 bis 1:20 – auf die Erde zu den Pflanzen gießen – Frühjahr, Sommer – bis einmal monatlich
Schachtelhalm, Acker- **(Equisetum arvense)** sammeln oder als Droge kaufen	J	10 l Wasser, 2 kg (150 - 200 g) grüne Pflanzenteile	– vorbeugend gegen: Schorf, Rost, Mehltau, Monilia, Kräuselkrankheit, Braunfäule, Blattfleckenkrankheit, Blattwelke, Schwarzbeinigkeit, Grauschimmel, Blattfallkrankheit – Jauche – vergoren – verdünnt 1:5 bis 1:10 – auf die Pflanzen und die Erde spritzen – während des Sommers – an drei Tagen hintereinander, bei Sonnenschein!
	B	10 l Wasser, 1 - 2 kg (150 - 200 g) grüne Pflanzenteile, 1 Std. kochen,	– bei starkem Auftreten: von Spinnmilben an Obstbäumen, Bohnen, Tomaten, Gurken, von Lauchmotten – Jauche – vergoren – verdünnt 1:5 – auf die Pflanzen, bei Lauchmotten auch auf die Erde spritzen – Frühjahr, Sommer – an drei Tagen hintereinander, bei Sonnenschein!
Schafgarbe **(Achillea millefolium)** *Tab. 23, S. 93*	A	1 l Wasser, 200 g (20 g) Blüten, 24 Std. ziehen lassen, abpressen	– zur Abwehr: von Insekten und Pilzkrankheiten – verdünnt 1:10 – auf die Pflanzen und die Erde spritzen – Frühjahr, Sommer
Tomate **(Solanum lycopersicum)** *Tab. 41, S. 147*	J	10 l Wasser, 1 kg Triebe vom Ausgeizen	– zur Förderung des Wachstums: bei Tomaten, Bohnen, Gurken, Kohl, Petersilie, Porree, Sellerie, Zwiebeln – vergoren – verdünnt 1:10 bis 1:20 – auf die Erde zu den Pflanzen gießen – während der Wachstumszeit – 1mal monatlich – als Schutz gegen: Kohlweißlinge an Kohl – vergoren – verdünnt 1:1 bis 1:5 – auf die Pflanzen gießen – Juli bis Ende August – 2mal wöchentlich
	A	1 l Wasser, eine Handvoll Triebe vom Ausgeizen, gut zerstampft, 2 Std. ziehen lassen, abpressen	– als Schutz gegen: Kohlweißlinge an Kohl – unverdünnt – auf die Pflanzen spritzen – Juli bis Ende August – täglich
Wermut **(Artemisia absinthium)** *Tab. 22, S. 92*	J	10 l Wasser, 300 g (30 g) blühendes Kraut	– bei starkem Auftreten: von Läusen, Ameisen, Raupen, Säulenrost bei Johannisbeeren – vergoren – unverdünnt - auf die Pflanzen und die Erde spritzen – Frühjahr, Sommer
	B	10 l Wasser, 300 g (30 g) blühendes Kraut	– bei starkem Auftreten: von Apfelwickler (Obstmade) – verdünnt 1:3 – auf die Pflanzen spritzen – Juni/Juli (Flugzeit des Apfelwicklers) – bei starkem Auftreten: von Brombeermilben, bei Erdflöhen – verdünnt 1:2 – auf die Pflanzen spritzen – im Herbst nach dem Schnitt
	T	10 l Wasser, 300 g (30 g) blühendes Kraut	– als Saatbad: für Erbsen gegen Vogelfraß – unverdünnt – Samen zwei Std. in den abgekühlten Tee legen, dann die Erbsen im Schatten abtrocknen lassen – spätestens nach einem Tag säen
Zwiebel **(Allium cepa)** *Tab. 39, S. 145* Zwiebelschalen sammeln	J	1 l Wasser, 100 g Zwiebelschalen und -Abfälle	– vorbeugend gegen: Grauschimmel an Erdbeeren, Kraut- und Knollenfäule bei Kartoffeln, Pilzbefall an Obstbäumen – vergoren – unverdünnt 1:10 – auf die Erde zu den Pflanzen gießen – Frühjahr, Sommer – vorbeugend gegen: Blattfallkrankheit bei Beerensträuchern – vorgoren – unverdünnt – auf die Pflanzen und die Erde spritzen – Frühjahr, Sommer
	T	10 l Wasser, 75 g gehackte Zwiebeln	– vorbeugend gegen: Grauschimmel an Erdbeeren, Kraut- und Knollenfäule bei Kartoffeln, Pilzbefall an Obstbäumen, Auftreten der Möhrenfliege – unverdünnt – auf die Erde zu den Pflanzen gießen – Frühjahr, Sommer

A: Auszug, B: Brühe, J: Jauche, T: Tee
[1] (150 g) Angaben in Paranthese gelten für Drogen

Fortsetzung von Seite 175
Gießen erfolgt bei bedecktem Himmel oder abends auf den Boden rund um die Pflanzen, ohne Pflanzenteile zu übergießen. Zum Spritzen bedarf es der geringeren Konzentration 1:50, wie bei der gärenden Jauche. Jauchen werden sowohl zur Boden- als auch zur Pflanzenpflege verwendet.

Auszüge: Die Pflanzen werden zerkleinert und in Regenwasser eingeweicht, nach spätestens 24 Stunden (bevor eine Gärung einsetzt) durch ein Tuch oder Säckchen gepresst. Um früh einsetzende Gärung zu vermeiden, sind Auszüge stets im Schatten anzusetzen. Kaltwasserauszüge sind immer dann notwendig, wenn es um Stoffe geht, die durch Hitzeeinwirkung zerstört werden. In der Regel werden Auszüge nur zum Spritzen verwendet und nach unterschiedlicher Rezeptur bereitet (s. Tabelle 64, S. 176/177).

Brühen: Im Gegensatz zur Jauche und dem Auszug werden Brühen immer durch Abkochen von Pflanzen hergestellt. Das Pflanzenmaterial wird zerkleinert, in kaltes Wasser eingeweicht, nach ca. 24 Stunden aufgekocht (im Schnitt 30 Min.). Nach dem Kochen kühlt die Brühe im zugedeckten Topf ab, wird dann abgesiebt und kann in Flaschen oder nichtmetallischen Gefäßen für einige Tage aufbewahrt werden. Später ist sie wie Jauchen zu vergießen. Brühen werden als Stärkungsmittel (Blattdüngung), zur Schädlingsreduzierung und gegen Krankheiten als Spritzmittel angewendet.

Tees: Sie sind für manche Wirkstoffe und Kräuter die Zwischenlösung zwischen Kaltwasserauszug und Brühe. Die Kräuter werden zerkleinert und mit kochendem Wasser übergossen (siehe Rezeptur im Einzelnen). Den Tee zudecken, bis er ab- gekühlt ist, ziehen lassen, dann absieben. Tees werden generell als Gieß- oder Spritzmittel zur Saatbeize und Kompoststimulierung eingesetzt.

Drogen: Alle Gieß- und Spritzmittel können auch aus getrockneten Kräutern (spezielle Rezeptur) hergestellt werden. Letzteres ist in einigen Fällen bedeutsam, weil Ackerschachtelhalm und Baldrian oft nicht zum Sammeln zur Verfügung stehen.

Getrocknete Kräuter (Drogen) können im Handel bezogen werden. Soweit möglich, sollte man auf eigene (aus dem Garten) oder selbst gesammelte Kräuter zurückgreifen. Beim Sammeln ist allerdings darauf zu achten, dass niemals ein Kahlschlag hergestellt wird. Also nur dort, wo viele Pflanzen der gleichen Art stehen, höchstens 60 Prozent absammeln. Da bei Farnkraut große Mengen gebraucht werden, darf draußen nur der außerordentlich häufige Adlerfarn (*Pteridium aquilinum*) gesammelt werden.

Ernährungsbeitrag des Biotops für den Menschen

*Ich bin Leben, das leben will, inmitten von Leben, das leben will. (*Schweitzer *1934, S. 310)*

Im Biotop mit Mensch ist Ernteteilung ein Grundprinzip, d.h. alle Bereiche liefern auch Beiträge zur Ernährung des Menschen. Und auch in einem Intensivsegment dienen 20 bis 30 Prozent der organischen Produktion zur Verbesserung des Bodens (Gründüngung, Mulch). In Überschneidung mit diesem Anteil der organischen Produktion sind 20 bis 30 Prozent der Ernte Vögeln, Kleintieren, Insekten usw. vorbehalten.

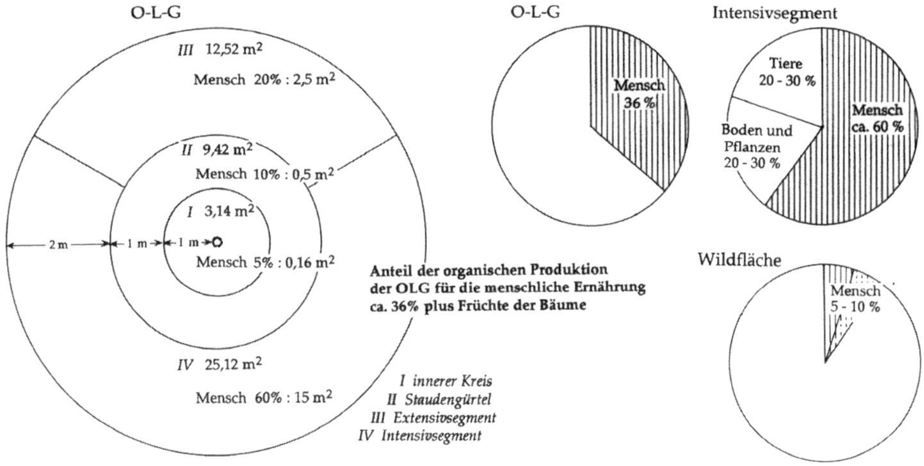

Abb. 89: Ernteteilung

So verbleiben ca. 60 Prozent der organischen Produktion eines Intensivsegments für die Ernährung des Menschen (jedenfalls vonseiten einer verantwortungsvollen Produktionsplanung). Wie wir immer wieder beobachten können, sind unsere Mitlebewesen bei übermäßigem Auftreten nicht auf Teilen eingestellt. So kann der

Tab. 65: Saisonale Ernährung aus dem zukunftsfähigen Garten

Januar	Februar	März	April	Mai	Juni
Winterfest II		Frühlingsfest			
Vogelmiere	Sauerampfer	Brennnessel	Bärlauch	Bärenklau	Bocksbart
	Scharbockskraut	Gänseblümchen	Bocksbart	Bärlauch	Brennnessel
Chicorée L	Vogelmiere	Gundelrebe	Brennnessel	Bocksbart	Franzosenkraut
Feldsalat	Weidenröschen	Hirtentäschel	Franzosenkraut	Brennnessel	Gänseblümchen
Haferwurzeln M		Knöterich (Wiesen-)	Gänseblümchen	Franzosenkraut	Giersch
Herbstrüben M	Chicorée L	Löwenzahn	Giersch	Gänseblümchen	Gundelrebe
Knoblauch L	Feldsalat	Malve (Wilde-)	Gundelrebe	Giersch	Guter Heinrich
Kohlrüben M	Haferwurzeln M	Rotklee	Guter Heinrich	Gundelrebe	Löwenzahn
Grünkohl	Herbstrüben M	Sauerampfer	Hirtentäschel	Guter Heinrich	Malve (Wilde)
Pflückkohl	Knoblauch L	Schafgarbe	Knöterich (Wiesen-)	Hirtentäschel	Melde (Acker-)
Kopfkohl	Pflückkohl	Scharbockskraut	Löwenzahn	Knöterich (Wiesen-)	Rotklee
Rosenkohl	Kürbis L	Spitzwegerich	Malve (Wilde)	Löwenzahn	Sauerampfer
Wirsingkohl	Möhren M	Taubnessel (Weiße)	Melde (Acker-)	Malve (Wilde)	Schafgarbe
Kürbis L	Pastinaken L	Vogelmiere	Rotklee	Melde (Acker)	Spitzwegerich
Möhren M	Rettiche M	Wegwarte	Sauerampfer	Rotklee	Vogelmiere
Pastinaken L	Zucchini L	Weidenröschen	Schafgarbe	Sauerampfer	Weidenröschen
Porree	Zwiebeln L		Scharbockskraut	Schafgarbe	
Rettiche M		Feldsalat	Spitzwegerich	Scharbockskraut	Erbsen
Sellerie M	Kartoffeln M	Knoblauch L	Taubnessel (Weiße)	Spitzwegerich	Kohlrabi
Schwarzwurzel M	Topinambur L	Pflückkohl	Vogelmiere	Taubnessel (weiße)	Melde (Garten-)
Zucchini L		Kürbis L	Wegwarte	Vogelmiere	Radieschen
Zwiebeln L	Apfel L	Winterpostelein	Weidenröschen	Wegwarte	Rettiche
		Zucchini L	Wiesenknopf	Weidenröschen	Salat
Kartoffeln L	Haselnüsse	Zwiebeln L		Wiesenknopf	Spinat
Topinambur L	Walnüsse		Knoblauch L		
		Kartoffeln M	Pflückkohl	Knoblauch L	Rhabarber
Apfel L			Melde (Garten-)	Melde (Garten-)	Erdbeeren
Birnen L		Haselnüsse L	Spinat	Radieschen	Holunderblüten*
		Walnüsse L	Winterpostelein	Salat	Johannisbeeren
Haselnüsse L			Zwiebeln L	Spinat	Stachelbeeren
Walnüsse				Zwiebeln	
			Kartoffeln M		
				Kartoffeln M	
			Rhabarber		
				Rhabarber	
			Haselnüsse L	Erdbeeren	
			Walnüsse L		

Juli	August	September	Oktober	November	Dezember
Sommerfest I		Sommerfest II	Herbstfest I	Herbstfest II	Winterfest I
Gänseblümchen Löwenzahn Sauerampfer Schafgarbe Spitzwegerich Vogelmiere Weidenröschen	Gänseblümchen Löwenzahn Sauerampfer Schafgarbe Vogelmiere	Gänseblümchen Löwenzahn Sauerampfer Schafgarbe Vogelmiere	Bocksbart Gänseblümchen Löwenzahn Nachtkerze Sauerampfer Schafgarbe Vogelmiere	Bocksbart Löwenzahn Nachtkerze Sauerampfer Vogelmiere	Vogelmiere
Bohnen Chicorée (Blätter) Erbsen Gurken Kohlrabi Mangold Möhren Radieschen Rettiche Salat Spinat	Bohnen Chicorée (Blätter) Erbsen Gurken Pflückkohl Knoblauch Kohlrabi Mangold Möhren Radieschen Rettiche Salat Spinat Tomaten Zucchini Zwiebeln	Bohnen Chicorée (Blätter) Endivien Fenchel Gurken Knoblauch L Kohlrabi Kohlrüben Kopfkohl Wirsingkohl Kürbis Mangold Möhren Radieschen Rettiche Salat Spinat Tomaten Zucchini Zwiebeln	Bohnen Chicorée (Blätter) Endivien Fenchel Haferwurzeln Herbstrüben Knoblauch L Kohlrabi Kohlrüben Grünkohl Pflückkohl Kopfkohl Wirsingkohl Kürbis Mangold Möhren Pastinaken Porree Rettiche Rote Rüben Spinat Sellerie Schwarzwurzeln Tomaten Zucchini Zwiebeln L	Endivie Feldsalat Haferwurzeln L Herbstrüben Knoblauch L Kohlrüben L Grünkohl Pflückkohl Kopfkohl Rosenkohl Wirsingkohl Kürbis L Mangold Möhren L Pastinaken Porree Rettiche L Rote Rüben L Sellerie L Schwarzwurzeln L Zucchini L Zwiebeln L	Chicorée L Feldsalat Haferwurzeln L Herbstrüben L Knoblauch L Kohlrüben L Grünkohl Pflückkohl Kopfkohl Rosenkohl Wirsingkohl Kürbis L Möhren L Pastinaken L Porree Rettiche L Rote Rüben L Sellerie L Schwarzwurzeln L Zucchini L Zwiebeln L
	Kartoffeln	Kartoffeln	Kartoffeln L Topinambur	Kartoffeln L Topinambur L	Kartoffeln L Topinambur L
Erdbeeren Himbeeren Holunderblüten* Johannisbeeren Stachelbeeren	Berberitzen Brombeeren Holunderbeeren* Johannisbeeren	Berberitzen Brombeeren Hagebutten Himbeeren Holunderbeeren* Kornelkirschen Trauben	Berberitzen Brombeeren Ebereschen Hagebutten Himbeeren Holunderbeeren* Kornelkirschen Mispeln	Ebereschen Hagebutten Mispeln Schlehen	
Kirschen	Apfel Mirabellen Renekloden Zwetschgen	Apfel Birnen Zwetschgen	Apfel Birnen Quitten	Apfel L Birnen L	Apfel L Birnen L
		Haselnüsse Walnüsse	Haselnüsse	Haselnüsse L Walnüsse L	Haselnüsse L Walnüsse L

☐ frisch [L] gelagert (Speisekammer, Keller) [M] Miete (in Erde gelagert)

Wildgemüse (angebaute) Gemüse Knollengemüse

Obst Nüsse Beerenfrüchte

Ernährungsbeitrag für den Menschen in manchen Bereichen und Jahren wohl auch unter 60 Prozent sinken. Dabei ist zu berücksichtigen, dass in einem solchen Konzept ohne jede Chemie die organische Produktion (der Ertrag) nachhaltig und beachtlich hoch ist – bei höchstmöglichem Ernährungs- und Gesundheitswert –, sodass der Nutzen sehr viel höher liegt, als es auf den ersten Blick erscheint.

Der Ernährungsbeitrag einer O-L-G liefert in der Vielfalt seiner Erzeugnisse bei umsichtiger Lagerung und saisonaler Lebensweise rund um das Jahr Gemüse und

Lesen Sie bitte auf Seite 182 weiter

Tab. 66: Saisonale Ernährung mit Marktgemüse

Gemüse, Salat: Was – Wann – Wo?

Gemüse/Salat Bemerkungen	Januar	Februar	März	April	Mai	Juni	Juli	August	September	Oktober	November	Dezember
Blumenkohl rund 40 % aus deutschem Anbau		F, I			F, I, B/L			NL, B/L, F			F, NL, I	
Brokkoli deutsche Anbaufläche nimmt zu					I, F			I, F			I, F	
Grüne Bohnen Stangenb. z.T. aus Gewächshaus		E, EAK, SN			E, I, EAK			I, NL, B/L			I, E, F, EAK	
Chicorée aus Treibkellern		B/L, NL			B/L, NL			B/L, NL			B/L, NL	
Chinakohl deutsche Anbaufläche nimmt zu		IS, E									IS, E	
Eissalat deutsche Anbaufläche nimmt zu		I, F, E			F, I			F, I			F, I, E	
Endivien im Winter teilweise Lagerware		I, E, F			I, F, NL			NL, I, E			I, F, E	
Erbsen wenig Importware			I		I			NL				
Feldsalat in Frostzeiten aus Frankreich		F			F, B/L			F, B/L			F	
Fenchel größtenteils Importware		I			I			I, NL			I, NL	
Grünkohl fast nur aus deutschem Anbau												
Gurken oft aus dem Gewächshaus		NL, GR, KI, E			NL, GR, RO, BG			I, B/L, F			NL, GR, E, KI	
Kartoffeln ab März aus Italien und Israel		NL, F, B/L			NL, I, F, GR			NL, I, F			NL, I, F	
Kohl fast nur aus deutschem Anbau												
Kohlrabi sommers fast nur deutsche Ware		NL, I			NL, I			NL, I			NL, I	
Kopfsalat rund 60 % Importware		NL, F, B/L, I			NL, B/L, E			NL, B/L			NL, B/L, I, F	
Möhren ab Mitte März aus Süditalien		F, I, NL, DK			F, I, NL, E			NL, I, F, B/L			F, NL, I	
Paprika aus Freiland und Gewächshaus		E, KI, I, IS			E, NL, I			NL, I, GR, RO			E, I, GR, RO	
Porree (Lauch) auch im Winter viel Lagerware		B/L, NL, I, E			B/L, NL, I, F			NL, B/L			NL, B/L, F	
Radieschen wenig Importware		I, IS, USA			NL, I			NL, I			I, IS	
Rettiche wint. Lagerung und Gewächshausware		I									I	
Rosenkohl rund 90 % aus Importware		NL, B/L							NL, B/L		NL, B/L	
Rote Bete Anbau oft für Konserven		NL			NL			NL			NL	
Schwarzwurzel in Deutschland selten angebaut		NL, B/L			NL, B/L			NL, B/L			NL, B/L	
Sellerie Frühjahr aus deutscher Gewächshausware		NL			NL			NL			NL, B/L	
Spargel Grünspargel meist aus Italien und Frankreich		F, GR, E, ME			F, NL, GR			F, NL, ZA			ZA, RA	
Spinat fast nur aus deutschem Anbau		I, NL, F			I, NL, F			NL, F, B/L			I, F	
Tomaten meistens Importware		KI, NL, MA, E			NL, MA, B/L			NL, B/L, I			E, NL, KI, MA	
Zucchini viel Importware		I, E, F			I, E, F			I, E, F			I, E	

■ deutsche Freilandware ■ deutsche Lagerware ■ deutsche Gewächshausware

Importware mit Angabe der Herkunftsländer: A = Österreich, BG = Bulgarien, B/L = Belgien/Luxemburg, CR = Tschechische Republik, DK = Dänemark, E = Spanien, EAK = Kenia, F = Frankreich, GB = Großbritannien, GR = Griechenland, H = Ungarn, I = Italien, IS = Israel, KI = Kanarische Inseln, MA = Marokko, ME = Mexiko, N = Norwegen, NL = Niederlande, NZ = Neuseeland PL = Polen, RA = Argentinien, RC = Chile, RO = Rumänien, SN = Senegal, T = Türkei, ZA = Republik Südafrika, Keine Angaben: aus unterschiedlichen Ländern

Obst: Was – Wann – Wo?

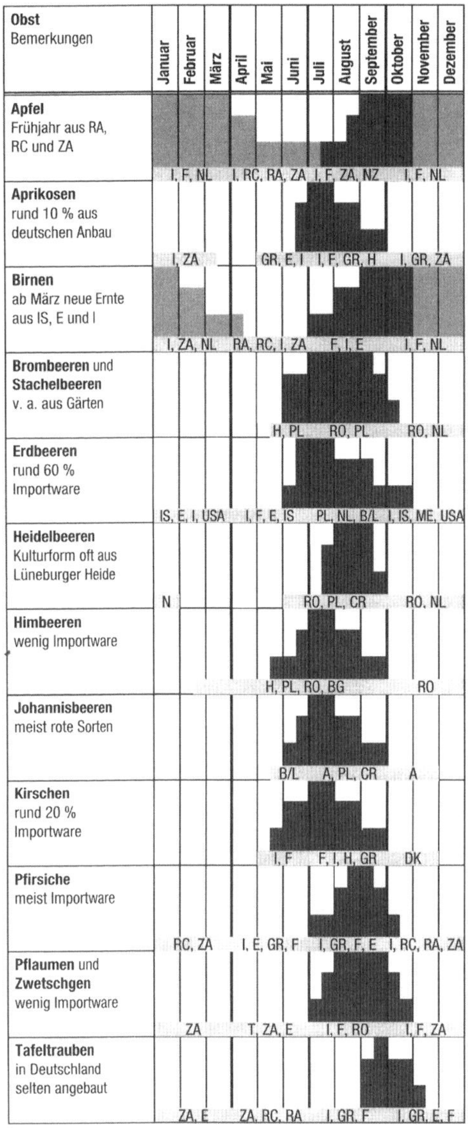

deutsche Freilandware

deutsche Lagerware

deutsche Gewächshausware

Importware mit Angabe der Herkunftsländer: A = Österreich, BG = Bulgarien, B/L = Belgien/Luxemburg, CR = Tschechische Republik, DK = Dänemark, E = Spanien, EAK = Kenia, F = Frankreich, GB = Großbritannien, GR = Griechenland, H = Ungarn, I = Italien, IS = Israel, KI = Kanarische Inseln, MA = Marokko, ME = Mexiko, N = Norwegen, NL = Niederlande, NZ = Neuseeland, PL = Polen, RA = Argentinien, RC = Chile, RO = Rumänien, SN = Senegal, T = Türkei, ZA = Republik Südafrika, Keine Angaben: aus unterschiedlichen Ländern

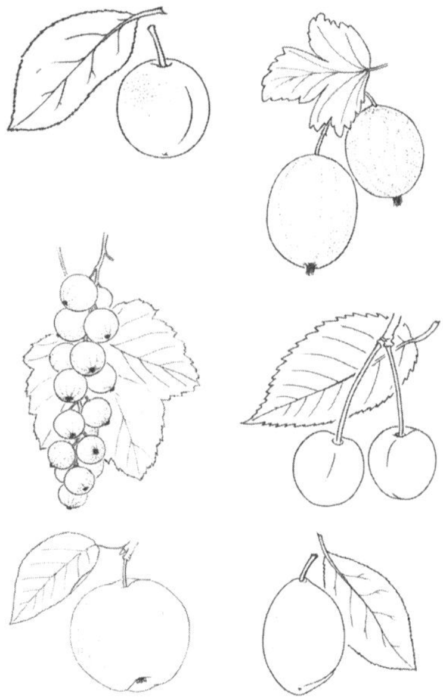

Fortsetzung von Seite 180

Salate (gerade auch im Winter), ohne zusätzlichen Energieeinsatz. 1.500 bis 2.000 Quadratmeter liefern bei einem beachtlichen Obstüberschuss auf diese Weise Gemüse einschließlich Kartoffeln und Salate für vier Personen über zwölf Monate.

Saisonale Ernährung ist das Konzept für einen zukunftsfähigen Lebensstil. Die Produkte müssen dabei nicht alle oder auch überhaupt nicht aus dem eigenen Garten stammen. Im Gegenteil: Saisonale Ernährung ist für die Zukunftsfähigkeit (umweltverträgliches Leben) und die Ernährung gerade dann wichtig, wenn kein eigener Garten zur Verfügung steht. Deshalb ist hier eine Tabelle zur Hilfe bei der Versorgung vom Markt zusammengestellt.

Wildgemüse

Viele Pflanzen, die als Gemüse oder Salat zu gebrauchen sind, standen in früheren Jahrhunderten bereits auf dem Speiseplan. Einige sind in Vergessenheit geraten, andere wurden systematisch vom Markt verdrängt. Auf dem Weg zum halb- oder vollsynthetischen Designerfood wurde zunächst über Zuchtauswahl und forcierte Kreuzungen die Auswahl unserer Ernährungspflanzen systematisch verbessert, hin zu

- höheren Erträgen,
- zarteren, vollfleischigeren Varietäten,
- milderem Geschmack.

Viele der so veränderten Pflanzen entsprechen nicht mehr der Region und dem Klima, in dem sie angebaut werden. Sie bedürfen deshalb besonderer Pflege, des besonderen Schutzes bis hin zum Gewächshausanbau. Sie wurden

- immer empfindlicher,
- haben unter Normalbedingungen eine wesentlich geringere Vitalität,
- können sich nicht mehr gegen andere ortsübliche Kräuter durchsetzen,
- haben höheren Düng- und Wasserbedarf,
- leiden unter steigendem Befall von Insekten, Pilzen und Krankheiten.

Schließlich sind die heute beliebtesten Gemüse- und Salatpflanzen auf Kunstdünger, Beregnung und chemische Pflanzenpflege angewiesen. Ihren ursprünglichen Geschmack haben sie unter diesen Bedingungen weitgehend, einige ganz verloren. Das alles erscheint jedoch nicht erheblich, weil der Geschmack unserer Nahrungsprodukte von den Fooddesignern komponiert wird und viele von uns ohnedies den ursprünglichen Geschmack der Pflanzen als fremd, eigenartig und unzumutbar, freundlich ausgedrückt, als höchst gewöhnungsbedürftig empfinden.

Das ursprüngliche Gemüse, das aus ortsständigen, vitalen Pflanzen besteht, die mit geringem Aufwand und ohne zusätzlichen Energiebedarf (auch ohne chemische Hilfsmittel) wachsen und beim zukunftsfähigen Gärtnern wiederentdeckt werden, wird heute meist unter der Bezeichnung »Wildgemüse« zusammengefasst. Dabei gehören die in Tabelle 68 (S. 186) gesperrt gedruckten in der Permakultur längst wieder zu den traditionellen Gartengemüsepflanzen. Die verdrängten Pflanzen sind in Bezug auf ihre Nährwerte keineswegs minderwertig, ganz im Gegenteil. Vergleichen wir Kopfsalat mit Löwenzahn, dann heißt das z.B. Kalium: 224/590 Milligramm auf 100 Gramm, Magnesium: 11/23 und Vitamin C: 13/115 je 100 Gramm.

Menschen sind Allesesser, sie können aber auch nur von Pflanzen leben. In jedem Fall leben sie gut und gesund, wenn sie überwiegend von Pflanzen leben. Viele Pflanzen sind essbar und nahrhaft, jedoch längst nicht alle. Hierin liegt eine spezielle Gefahr, wenn Gesundheitsapostel über die Medien »Nicht-Gärtner« in die Landschaft senden zum Sammeln. Dabei kann es leicht vorkommen, dass alles, was schön grün und sehr interessant ist und dazu noch bekanntem Gemüse oder Obst ähnlich sieht, für gut und nahrhaft gehalten wird – und schon ist die individuelle Katastrophe vorprogrammiert.

Viele Pflanzen sind ungenießbar und nicht wenige sind tödlich giftig!

In den Tabellen dieses Buches sind nur Pflanzen aufgelistet, die nach einiger Zeit von selbst in einem auf zukunftsfähiges Gärtnern angelegten Garten auftreten oder dort sehr leicht etabliert werden können. Pilze, die für Nahrungszwecke bekanntesten Wildpflanzen, treten zwar im Garten außerordentlich häufig auf, Speisepilze aber, wenn Sie keine Kulturen anlegen, nur sehr selten. Am ehesten können Sie sich noch, wenn Sie Birken zulassen, auf Birkenröhrlinge (*Leccinum scaber*) freuen. Beim Pilzesammeln rechnet jeder mit der Giftpilzgefahr. Sie sollten dies bei allen Pflanzen tun:

Tab. 67: Vergleich Wild- und traditionelles Gemüse in Bezug auf ihre Nährwerte

Gemüsenamen	Wasser* %	Mineralien* K mg	P mg	Mg mg	Ca mg	Fe mg	Vitamine* C mg	A µg	Rein-eiweiß* g
Bärenklau (Wiesen-)	79,8	540	125	75	320	3,2	291	360	k.A.
Brennnessel (Große)	84,8	410	105	71	630	7,8	333	740	5,9
Franzosenkraut	87,8	390	56	56	410	14,0	125	595	k.A.
Gänseblümchen	87,5	600	88	33	190	2,7	87	160	2,6
Guter Heinrich	81,7	730	95	66	110	3,5	184	948	5,3
Löwenzahn	89,9	590	68	23	50	1,2	115	k.A.	3,3
Malve (Wilde)	82,0	450	95	58	200	5,1	178	940	5,6
Melde, Gänsefuß	86,9	920	80	93	310	3,0	236	k.A.	4,3
Rotklee	k.A.	k.A.	k.A.	k.A.	k.A.	k.A.	k.A.	1156	k.A.
Sauerampfer	k.A.	k.A.	k.A.	k.A.	k.A.	k.A.	117	215	2,8
Scharbockskraut	k.A.	k.A.	k.A.	k.A.	k.A.	k.A.	131	390	k.A.
Vogelmiere	91,5	680	54	39	80	8,4	115	383	1,5
Weidenröschen	75,0	450	94	81	150	2,7	351	490	k.A.
Blumenkohl	*91,6*	*328*	*54*	*17*	*20*	*0,6*	*73*	*5,5*	*2,4*
Bohnen	*92,4*	*151*	*37*	*k.A.*	*50*	*0,6*	*20*	*53*	*1,6*
Chicorée	*94,4*	*192*	*26*	*13*	*26*	*0,7*	*10*	*215*	*0,4*
Endivien	*94,3*	*346*	*54*	*10*	*54*	*1,4*	*10*	*190*	*0,5*
Feldsalat	*93,4*	*421*	*49*	*13*	*35*	*2,0*	*35*	*650*	*1,8*
Grünkohl	*86,3*	*490*	*87*	*31*	*212*	*1,9*	*105*	*680*	*3,0*
Karotten	*88,2*	*290*	*36*	*17*	*37*	*2,1*	*8*	*2000*	*1,1*
Kopfsalat	*95,0*	*224*	*33*	*11*	*37*	*1,1*	*13*	*130*	*0,9*
Mangold	*92,2*	*376*	*39*	*k.A.*	*103*	*2,7*	*39*	*590*	*2,1*
Porree	*91,7*	*260*	*34*	*20*	*120*	*2,0*	*30*	*58*	*1,8*
Rosenkohl	*85,0*	*411*	*84*	*22*	*31*	*1,1*	*114*	*67*	*2,8*
Rotkohl	*91,8*	*266*	*30*	*18*	*35*	*0,5*	*50*	*5*	*0,4*
Weißkohl	*92,1*	*227*	*28*	*23*	*46*	*0,5*	*46*	*7*	*0,2*
Bedarf pro Tag für Erwachsene	/	**3000 - 4000**	**800**	**300 - 350**	**800**	**12 - 18**	**75**	**800 - 1000**	/

* Angaben beziehen sich auf 100 g eßbaren Anteil
1 µg (Mikrogramm) = 1/1000 mg (Milligramm)
k.A. = keine Angaben
nach AID Verbraucherdienst 1989

Nur sammeln, was man ganz genau kennt. Wissenswertes rund um essbare Pflanzen kann man sich aus Sachbüchern aneignen. Das sollte aber, wenn die Pflanzen als Nahrungsmittel verwendet werden, immer durch Personen bestätigt werden, die diese schon gegessen (und das auch überlebt) haben. *Bitte lesen Sie auf Seite 187 weiter*

Abb. 90: Wildgemüse als sich selbst gärtnernde Pflanzen in unserem Garten (vgl. auch Helm 1980)

Tab. 68: Wildgemüse und ihre Verwendung (vgl. auch Dahl *1987)*

Wildgemüsepflanzen	**Suppe**	**Gemüse**	**Salat**	**Würzkraut**	**Geschmack**	**Sammelgut**
Bärenklau (Wiesen-) *(Heracleum sphondylium)*	•	•	M •		mild	junge Blätter und Sprossen vor der Blüte
Bärlauch *(Allium ursinum)*			M •	•	Knob- lauch	junge Blätter vor der Blüte – April
Bocksbart (Wiesen-) *(Tragopogon pratensis)*	•	•			mild	junge Blätter und Sprossen vor der Blüte – März/April
Brennnessel (Große) *(Urtica dioica)*	•	•		•	mild	junge Blätter und Triebe vor der Blüte – März bis Juni
Franzosen-Knopfkraut *(Galinsoga parviflora)*	•	•	M •		mild	junge Blätter und Triebspitzen vor der Blüte – Mai/Juni
Gänseblümchen *(Bellis perennis)*	•	•	•	•	nußartig	Blätter der Grundrosette und Blütenknospen – das ganze Jahr
Giersch, Geißfuß *(Aegopodium podagraria)*	•	•		•	würzig	junge Blätter vor der Blüte, Blattstiele als Stielmus – April/Mai
Gundelrebe, Gundermann *(Glechoma hederacea)*	•	M •	M •	•	würzig	junge Blätter und Triebe vor der Blüte – März/April
Guter Heinrich *(Chenopodium bonus - henricus)*	•	•	•		mild	junge Blätter und Triebe vor der Blüte – März/April
Hirtentäschel *(Capsella bursa pastoris)*	•	•	•		würzig	Blätter der Grundrosette, Blütenstengel, wegschneiden – März bis Mai
Knöterich (Wiesen-) *(Polygonum bistorta)*		•			säuer- lich	junge Blätter vor der Blüte – März/April
Löwenzahn *(Taraxacum officinale)*	•	•	•		leicht bitter	junge Blätter, Blattspitzen, Blütenknospen, Blüten – das ganze Jahr
Malve (Wilde) *(Malva sylvestris)*		•	•		mild	Blätter und Triebe – März bis Juni
Melde (Weißer Gänsefuß) *(Chenopodium album)*	•	•			spinat- artig	Blätter und Triebspitzen vor der Blüte – April bis Juni
Nachtkerze *(Oenothera biennis)*		•			mild	! nur die Wurzel im 1. Jahr verwenden – Herbst
Rotklee *(Trifolium pratense)*		•			mild	junge Blätter vor der Blüte – März bis April
Sauerampfer *(Rumex acetosa)*	•	M •	M •	•	sauer	grundständige Blätter – das ganze Jahr
Schafgarbe *(Achillea millefolium)*		M •	M •	•	leicht bitter	junge Blätter vor der Blüte – das ganze Jahr
Scharbockskraut *(Ranunculus ficaria)*	•	•	•	•	würzig	junge Blätter und Stengelspitzen vor der Blüte, Blütenknospen zum Einlegen – Februar/März
Spitzwegerich *(Plantago lanceolata)*	•	M •	M •		leicht bitter	ganz junge Blätter vor der Blüte – März/April
Taubnessel (Weiße) *(Lamium album)*	•	M •	M •		mild	junge Blätter und Triebe bis eben vor der Blüte – Februar bis Mai
Vogelmiere *(Stellaria media)*	•	•	•		mild	das ganze Kraut auch blühend – das ganze Jahr
Wegwarte *(Cichorium intybus)*		•	•	•	leicht bitter	die Blätter der Grundrosette vor der Blüte – März bis Mai
Weidenröschen *(Epilobium angustifolium)*	•	M •	M •	•	säuer- lich	junge Sprosse und Triebe vor der Blüte, Blätter auch später – April bis Juli
Wiesenkopf (Großer) *(Sanguisorba officinalis)*	•	M •	M •	•	herb	junge Blätter und Triebe vor der Blüte – März bis Mai

M • = mit anderen Kräutern mischen

Fortsetzung von Seite 185

Für die Verwendung von sogenannten Wildgemüsen sind vorab einige Regeln zu beachten. Es gibt Rahmenrezepte für die verschiedenen Anwendungsbereiche, die dann auch zu eigenen Experimenten anregen können.

Regel 1: Nur sicher identifizierte Pflanzen sammeln, auch im eigenen Garten.
Regel 2: Standorte nie radikal absammeln und immer die Wurzeln in der Erde belassen.
Regel 3: Gemüse mit scharfem Geschmack mit solchen milderen Geschmacks mischen.
Regel 4: Wenn Ihnen die erste Zubereitungsart nicht schmeckt, geben Sie nicht gleich auf – probieren Sie eine andere aus!

Grundrezept für Wildpflanzen als Würzkraut *(Bärlauch, Brennnessel, Gänseblümchen u.a., s. Tab. 68):*
Die Kräuterblätter waschen, fein schneiden und frisch aufs Butterbrot, zu Quark, über Salzkartoffeln, an Suppen und Soßen warm oder kalt geben.

Grundrezept für Wildpflanzen als Salat *(Hirtentäschl, Löwenzahn, Vogelmiere u.a., s. Tab. 68):*
Die Blätter von harten Teilen befreien, waschen und eventuell in Streifen schneiden. Dazu Salatsoßen bereiten aus:
a) Essig, Öl, Senf, Salz und Zucker
b) Essig, Öl, Salz, Zucker und klein geschnittenem gekochten Ei oder gerösteten Brotwürfeln bzw. gerösteten Speckwürfeln
c) Joghurt oder Sahne, Salz, Pfeffer, Zucker und geriebenem Apfel und gehackten Nüssen

Grundrezept für Wildpflanzen als Suppe *(Bocksbart, Knopfkraut, Giersch u.a., s. Tab. 68):*
Für ca. 1 l Suppe eine Handvoll Blätter und Triebe von harten Teilen befreien, waschen und klein schneiden.
a) Mehlsuppe als Basis
3 EL Butter, 4 EL Mehl, 1 l Wasser oder Brühe, Salz, Muskatnuss, Sahne
Das Mehl in der Butter hellgelb anschwitzen, Wasser oder Brühe auffüllen und gut glatt rühren, würzen, die vorbereiteten Kräuter dazugeben und noch etwas kochen lassen. Vom Herd nehmen und mit Sahne verfeinern.
b) Grießsuppe als Basis
3 EL Grieß, 1 l Wasser oder Brühe, Salz, Muskat, Sahne
Den Grieß im Topf unter Rühren hellbraun rösten, mit Wasser oder Brühe ablöschen und glatt rühren, würzen, die vorbereiteten Kräuter dazugeben und etwas weiterkochen lassen. Zum Schluss mit Sahne verfeinern.
c) Kartoffelsuppe als Basis:
250 g rohe geschälte, klein geschnittene Kartoffeln, 1 Zwiebel (evtl. etwas klein geschnittenes Suppengemüse, z.B. Möhre, Sellerie, Lauch), etwas Fett, 1 l Wasser oder Brühe, 1 EL Mehl, Salz, Pfeffer.
Zwiebel klein schneiden und in Fett andünsten, Wasser oder Brühe auffüllen, Kartoffeln (und Suppengemüse) dazugeben und halb gar kochen. Die vorbereiteten Kräuter unterrühren, würzen und gar kochen. Die Kartoffeln zerdrücken und mit etwas Mehl binden.

Grundrezept für Wildpflanzen als Gemüse *(Ackermelde, Brennnessel u.a., s. Tab. 68):*

Blätter und Triebe von harten Teilen befreien und waschen. In kochendem Wasser 2 bis 5 Min. blanchieren, abtropfen und evtl. klein schneiden.

Zubereitung als Gemüsebeilage:

a) Zwiebel, Öl oder Butter, Salz, Pfeffer, Muskatnuss, geriebener Käse
Butter goldgelb werden lassen, das vorbereitete Gemüse dazugeben und fertig dünsten, mit Salz, Pfeffer und Muskatnuss würzen und geriebenem Käse bestreuen.

b) Gemüse nicht nur blanchieren, sondern weich kochen, abtropfen lassen und klein schneiden.
1 bis 2 EL Butter, 1 bis 2 EL Mehl, Salz, Muskatnuss, saure Sahne.
Das Mehl in der Butter hellgelb anschwitzen, mit Gemüsekochwasser ablöschen und glatt rühren, würzen. Das vorbereitete Gemüse dazugeben und nochmals erhitzen. Zum Schluss mit saurer Sahne verfeinern.

Zubereitung als Quiche:

Für den Teig: *125 g Mehl, 80 g kalte, in kleine Stücke geschnittene Butter, Salz, 3 EL kaltes Wasser*

Aus den Zutaten einen Mürbeteig kneten und für 1 Stunde kalt stellen.

Für den Belag: *blanchiertes Gemüse, gut abgetropft, 3 Scheiben durchwachsenen Speck, klein geschnitten, etwas Fett, 3 Eier, 4 EL Sahne, Salz, Pfeffer*

Speck in Fett anbraten. Den Teig ausrollen, eine gefettete Form damit auslegen und am Rand hochdrücken. Das Gemüse darauf verteilen und die Speckwürfel darüberstreuen. Die Eier mit der Sahne verquirlen und würzen und über das Gemüse verteilen. Im vorgeheizten Backofen bei 200 °C 15 Min. backen, bis alles schön goldgelb ist.

Zubereitung als Pizza:

Für den Teig: *400 g Mehl, 20 g Hefe, knapp 1/4 l lauwarmes Wasser, Salz, 2 EL weiche Butter oder Olivenöl*

Aus den Zutaten einen Hefeteig bereiten und gehen lassen.

Für den Belag: *blanchiertes Gemüse, gut abgetropft, Schinkenwürfel, Käsescheiben, Salz, Muskatnuss, Pfeffer, Öl*

Den Teig auf einem gefetteten Blech ausrollen, mit einer Gabel einstechen, mit dem Gemüse belegen, die Schinkenwürfel darauf verteilen, Salz, Muskatnuss, Pfeffer darüberstreuen, mit den Käsescheiben belegen, alles mit etwas Öl beträufeln und im vorgeheizten Backofen bei mittlerer Hitze ca. 30 Min. backen, bis alles schön goldgelb ist.

Zubereitung als Bratling:

150 g Wildpflanzen 5 bis 7 Min. blanchieren, ausdrücken, klein schneiden, 2 Eier, 30 g klein geschnittener Schinken, 50 g Semmelmehl, Salz, Pfeffer, 1 zerdrückte Knoblauchzehe, Öl zum Braten

Eier, Schinken, Semmelmehl, Gewürze und Gemüse mischen und 20 Min. quellen lassen. Dann Bratlinge formen, diese in Semmelmehl wenden und in der Pfanne im Fett auf beiden Seiten braten.

Zubereitung als Füllung für Teigtaschen (Ravioli):

Für den Teig: *300 g Mehl, 3 Eier, Salz. Aus den Zutaten einen Nudelteig kneten.*

Für die Füllung: *350 g Wildgemüse, 3 bis 5 Min. blanchiert, gut ausgedrückt und klein geschnitten, 125 g Quark, 1 Ei, Salz, 30 g geriebenen Parmesankäse*

Den Quark mit dem Ei und dem Parmesankäse verrühren, das klein geschnittene Gemüse und Salz untermischen. Den Teig dünn ausrollen, Vierecke schneiden, mit etwas Fülle belegen und zu Teigtaschen fest zusammendrücken. Diese in kochendem Salzwasser bissfest kochen. Dann herausnehmen und eventuell mit geriebenem Parmesan oder in Butter leicht gebräuntem Semmelmehl bestreuen.

Zubereitung als Füllung für Pfannkuchen:

Für den Teig: *150 g Mehl, 1/4 l Milch, 2 Eier, Salz. Alles gut verrühren und ca. 30 Min. quellen lassen.*

Für die Füllung: *300 g Wildpflanzen, 3 bis 5 Min. blanchiert, ausgedrückt und klein geschnitten, 1 Zwiebel, etwas Öl, Pfeffer, Salz, Muskatnuss, 100 g Schafskäse.*

Zum Ausbacken: *Öl, 4 EL Sahne, Butter*

Die klein gehackte Zwiebel in etwas Öl goldgelb dünsten, das Gemüse dazugeben und noch etwas weiterdünsten. Aus dem Teig dünne Pfannkuchen backen, diese mit Gemüse und Schafskäsestreifen belegen und einrollen. Die gerollten Pfannkuchen in eine gefettete Auflaufform schichten, mit Sahne übergießen und Butterflöckchen belegen. Im vorgeheizten Backofen bei 200 °C ca. 15 Min. goldgelb backen.

Frühlingsfest

Sobald sich der Winter zurückzieht, sprießen die ersten Wildgemüse. Sie sind die ersten, die dann auch frisch und neu zur Ernährung im neuen Jahr beitragen.

- *Vitaminfest im Mai*
- *Gemeinsames Sammeln und Bestimmen (s. Abb. 90, S. 185)*
- *Rezepte einbringen (siehe auch Tab. 66 und die verschiedenen Grundrezepte S. 110)*
- *Gemeinsames Zubereiten*
- *Gemeinsames Genießen*

Wir sind sicher, dass Sie auch passende Frühlingsgetränke dazu kombinieren.

Die Beeren unserer Sträucher aus einem Extensivband oder einer Hecke sollten hier nicht vergessen werden. Brombeeren und Himbeeren wurden von jeher auch am Waldrand oder in lichtem Wald gesammelt. Besonders beliebte Heckenfrüchte sind: Holunderbeeren, Hagebutten, Schlehen, Vogelbeeren, Kornelkirschen, Berberitzen) und Haselnüsse. (Rezepte siehe am Schluss des Kapitels »Sträucher«, S. 110ff.)

Gartengemüse

Im Ernährungskalender der traditionellen Gartengemüse werden vor allem die Gemüse und Salate, die eine Versorgung über den Winter sichern, einzeln aufgeführt. Die zwei wesentlichsten Salate für den Mittwinter sind Topinambur- und Chicoree-Salat. Insbesondere Topinambur-Salat steht den ganzen Winter über zur Verfügung.

Topinambur, ernährungsgemäß am wertvollsten und – da es eine s-Pflanze ist – für zukunftsfähiges Gärtnern und Permakultur besonders interessant, ist höchstens in Delikatessläden zu kaufen, weil sie nicht die markttechnische Stromlinienform besitzt und angeblich nicht lagerfähig ist. Obwohl sie aus Nordamerika stammt, gehörte sie doch schon bald nach der Entdeckung der neuen Welt in jeden deutschen Bauerngarten. Topinambur ist frosthart, die Knollen können den ganzen Winter, wenn der Boden nicht gefroren ist, frisch geerntet werden. Sie sind fünf Monate zu lagern, wenn man sie schichtweise abwechselnd mit feuchter Erde in einen Eimer gibt. Geraspelt ergeben die geschälten Knollen einen vorzüglichen, saftigen Salat, der so viel Eigengeschmack hat, dass man ihn sogar ohne Soße (Dressing) essen kann (Rezepte siehe S. 114).

Chicoree ist ein vorzüglicher frischer Wintersalat, der ohne besonderen Energieaufwand mitten im Winter in unserer Wohnung frisch heranwächst. Notwendig sind Eimer und eine Stellfläche für drei Eimer in einem wenig geheizten Raum. Am besten gedeiht er bei einer Temperatur zwischen 10 und 16 Grad Celsius.

Wir ernten unseren Salat im Winter in der Wohnung.
Beim Chicoree werden die Wurzeln im Oktober/November geerntet, je nach Witterung einen Tag auf dem Beet liegen gelassen (muss nicht sein). Die Blätter werden dann einen Zentimeter über der Wurzel abgeschnitten. Die Wurzeln werden auf eine Länge geschnitten; wenn die Zimmernachkultur in Eimern erfolgt, auf 13 bis 15 Zentimeter. In einen Eimer ca. zwei Zentimeter sandige Erde füllen, dann die Wurzeln dicht aneinander in den Eimer stellen! Die Erde so einfüllen, dass sich die Lücken ausfüllen! Die Wurzeln werden 15 bis 20 Zentimeter hoch mit Erde bedeckt (ggf. kann man aus Altplastik- oder Blechstreifen einen Stehkragen auf den Eimer aufstecken)! Die so gefüllten Eimer können nun im Garten, auf dem Balkon, in der Garage oder im nicht warmen Keller (besser ist ein Schattenplatz draußen) stehen, bis die Zimmernachkultur beginnt. Im Winter drei (im Frühjahr zwei) Wochen vor dem geplanten Verzehr anfeuchten und in die Wohnung holen. Bei Platz für drei Eimer kann jede Woche ein Eimer hereingeholt werden, dann kann permanent Chicoree-Salat geerntet werden. Die Eimer in der Wohnung einmal leicht befeuchten. Sobald die ersten Spitzen durchbrechen (in jedem Fall aber nach drei Wochen), können die Sprossen geerntet werden (für zwei Personen ergibt ein Eimer drei üppige Salatmahlzeiten).

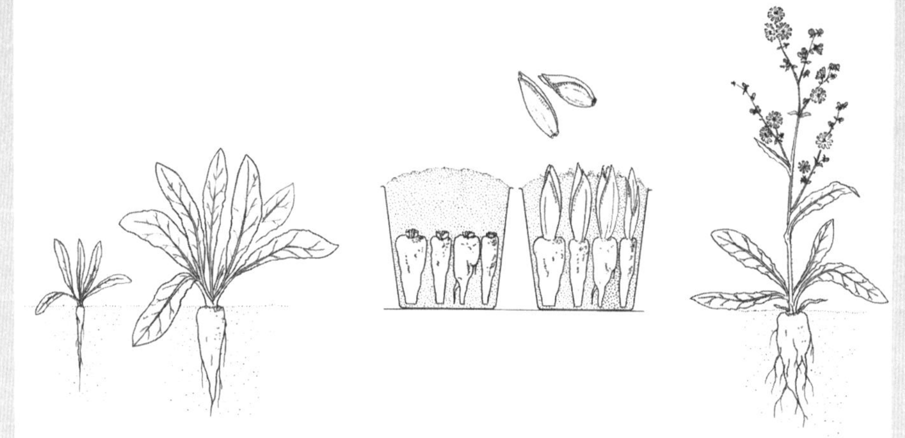

Salat und Gemüse sind am besten frisch zu verwerten. Mit relativ wenigen Verlusten lassen sich bei einer Reihe von Pflanzen recht lange Lagerungen durchführen (bei den Wurzelgemüsen bis Mai). Gartenfrischer Salat und die meisten Gemüse halten sich, wenn man sie in feuchte Tücher einschlägt, im Gemüsefach eines Kühlschrankes sechs bis neun Tage. Wenn man in der Stadt wohnt, kann das wichtig sein.

Besondere Lagerbedürfnisse ergeben sich im Spätherbst, denn selbst Lagern ist vom Energieaufwand her viel (bis tausendfach) umweltfreundlicher als die globusumspannenden Transporte. Bei der Winterlagerung unterscheidet man:

Einschlagen – Einmieten – Einkellern – Trocknen/Dörren – Gären – Einlegen – Einkochen – Einfrieren (Gemüse und Salate aus eigenem Garten – das ganze Jahr)

Tab. 69: Ernährungskalender für traditionelles Gartengemüse

	März	April	Mai	Juni	Juli	Aug.	Sept.	Okt.	Nov.	Dez.	Jan.	Feb.	März	April	Mai	Juni	Juli
Löwenzahn	IIIIIII	IIIIIII	IIIIIII	IIIIIII	IIIIIII	IIIIIII	IIIIIII	IIIIIII				IIII	IIIIIII	IIIIIII	IIIIIII	IIIIIII	IIIIIII
Brennessel	III	IIIIIII	IIIIIII	IIIIIII	II								III	IIIIIII	IIIIIII	IIIIIII	III
Radieschen		III	IIIIIII	IIIIIII	IIIIIII	IIIIIII	IIIIIII							III	IIIIIII	IIIIIII	IIIIIII
Rettich			IIIIIII	IIIIIII	IIIIIII	IIIIIII	IIIIIII	III							IIIIIII	IIIIIII	IIIIIII
Salat (div.)			IIIIIII	IIIIIII	IIIIIII	IIIIIII	IIIIIII								IIIIIII	IIIIIII	IIIIIII
Spinat			IIIIIII	IIIIIII	IIIIIII	IIIIIII	IIIIIII								IIIIIII	IIIIIII	IIIIIII
Melde			IIIIIII	IIIIIII	IIIIIII										IIIIIII	IIIIIII	IIIIIII
Kohlrabi			III	IIIIIII	IIIIIII	IIIIIII	IIIIIII								II	IIIIIII	IIIIIII
Erbsen	●●●●●●	●●●●●●	●●●●●●	●●●●●● IIIIIII	●●●●●● IIIIIII	IIIIIII	IIIIIII	●●●●●●	●●●●●●	●●●●●●	●●●●●●	●●●●●●	●●●●●●	●●●●●●	●●●●●●	●●●●●● IIIIIII	●●●●●● IIIIIII
Mangold				IIIIIII	IIIIIII	IIIIIII	IIIIIII	IIIIIII	IIIIIII							IIIIIII	IIIIIII
Möhren, früh				II	IIIIIII	IIIIIII	IIIIIII	IIIIIII	IIIIIII	IIIIIII						II	IIIIIII
Wirsing, früh					IIIIIII	IIIIIII											IIIIIII
Kohl, früh					II	IIIIIII	IIIIIII	IIIIIII									IIII
Bohnen	······· ●●●●●●	●●●●●●	●●●●●●	●●●●●●	II ●●●●●●	IIIIIII	IIIIIII	IIIIIII	IIIIIII ●●●●●●	······· ●●●●●●	······· ●●●●●●	······· ●●●●●●	······· ●●●●●●	●●●●●●	●●●●●●	●●●●●●	IIII ●●●●●●
Knoblauch	ooooo	o			III	IIIIIII	IIIIIII	IIII oo	ooooo	ooooo	ooooo	ooooo	ooooo	o			IIII
Gurken	------	------	------	------	--- IIIIIII	IIIIIII	IIIIIII	------	------	------	------	------	------	------	------	------	--- IIIIIII
Tomaten					III	IIIIIII	IIIIIII	IIIIIII	IIIII -	------	------						III
Zwiebel	ooooo				I	IIIIIII	IIIIIII	IIIIIII	ooooo	ooooo	ooooo	ooooo	ooooo				III
Kartoffel, früh					I	IIIIIII	IIIIIII	II									III
Kürbis	------	------	------	------	------	IIIIIII	IIIIIII	IIIIIII	IIII oo	ooooo	ooooo	ooooo	oo ---	------	------	------	------
Zucchini	------	------				III	IIIIIII	IIIII -	------	------	------	------	------	------			
Rübe, Rote	xx					II	IIIIIII	IIIIIII	xxxxx	xxxxx	xxxxx	xxxxx	xx				
Fenchel							IIIIIII	IIIIIII									
Möhre, spät	······· xxxxx	······· xxxxx					IIIIIII	IIIIIII	IIII xxx	······· xxxxx	······· xxxxx	······· xxxxx	······· xxxxx	······· xxxxx			
Endivie							III	IIIIIII	IIIIIII	IIIIIII							
Kohl, spät	·······	·······					III	IIIIIII	IIII ··	·······	·······	·······	·······	·······			
Kohl, Rosen-	IIIIIII						IIIIIII	IIIIIII	IIIIIII	IIIIIII	IIIIIII	IIIIIII					
Kohl, Furchen-	IIIIIII	IIIIIII	IIIIIII	IIIIIII	IIIIIII			IIIIIII	IIIIIII	IIIIIII	IIIIIII	IIIIIII	IIIIIII	IIIIIII	IIIIIII	IIIIIII	IIIIIII
Pastinak	xxxxx	xxxxx						IIIIIII	IIIIIII	IIIII x	xxxxx	xxxxx	xxxxx	xxxxx			
Sellerie								IIIIIII	IIIII x	xxxxx	xxxxx	xxxxx					
Schwarzwurzel								III	IIIIIII	IIIII x	xxxxx						
Haferwurz								III	IIIIIII	IIIII x	xxxxx						
Herbstrübe								III	IIIIIII	xxxxx	xxxxx						
Porree/Lauch	IIIIIII	IIIIIII						III	IIIIIII	IIIIIII	IIIIIII	IIIIIII	IIIIIII	IIIIIII			
Chicoree									IIIIIII	IIIIIII	IIIIIII	IIIIIII					
Feldsalat	IIIIIII								IIIIIII	IIIIIII	IIIIIII	IIIIIII	IIIIIII				
Topinambur	IIIIIII	III							IIIIIII	IIIIIII	IIIIIII	IIIIIII	IIIIIII	III			

Lagerfähigkeit und Verfügbarkeit für die Ernährung ohne besonderen Energiebedarf:
IIIIIII frisch auf den Tisch, OOOOO eingekellert/eingelagert, XXXXX eingemietet, ------ eingelegt, ······· eingesäuert, ●●●●●● reife Kerne luftgetrocknet

Bei zukunftsfähigem Gärtnern ist der Energiebedarf ein zentrales Kriterium für die Auswahl einer Lagermethode, das Nächstwichtige ist der Verlust an Nährwert.

Einschlagen: Im späten Herbst können Endivien durch Einschlagen und Abdecken über die frühen Fröste gehalten werden. Zum Einschlagen hebt man eine Spatenfurche aus, legt die Gemüse mit den Wurzeln eng aneinander und füllt die Furche bis zum Wurzelhals mit Erde an. Eisbergsalat (Zuckerhut) verträgt eingeschlagen noch Temperaturen bis minus acht Grad Celsius, das beliebteste Gemüse zum Einschlagen ist Porree. Wirsing und Weiß- sowie Rotkohl können für den Gebrauch vor Weihnachten ebenfalls eingeschlagen werden. Im Übrigen können Kohlsorten aber auch eingemietet werden: An trockenen Tagen mit Wurzeln ausgraben, einen Graben zwei Spatenstiche tief anlegen, Gemüse mit Wurzeln dicht nebeneinander in den schmalen Graben legen und die untere Hälfte mit der ausgehobenen Erde (oder etwas mehr) bedecken. Ist ein Frühbeet vorhanden, kann dieses verwendet werden.

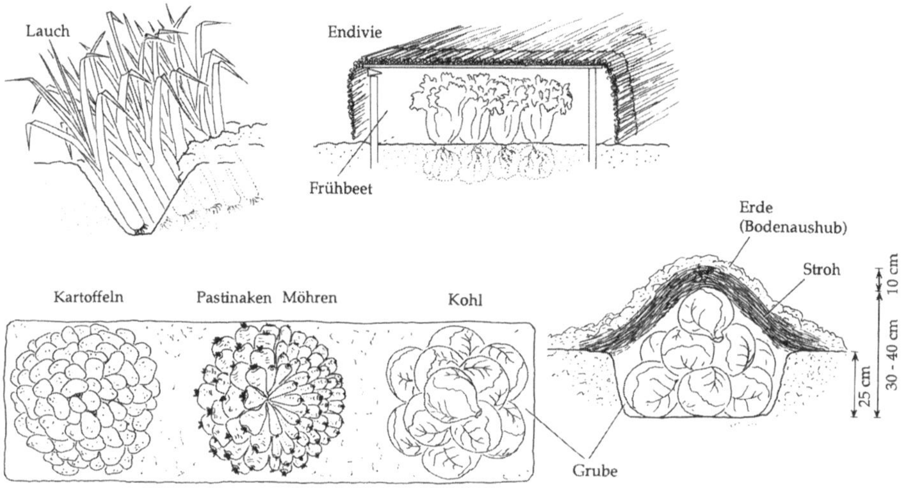

Abb. 91: Einschlagen und Einmieten

Einmieten: Die Wurzelgemüse sind ideal zum Einmieten, in gleicher Weise können darüber hinaus auch verschiedene Kohlarten eingemietet werden: Einen Streifen (ca. ein Meter) etwa 25 Zentimeter tief ausheben, gesunde, trocken geerntete Kohl- köpfe von den äußeren Blättern befreien, in den ausgehobenen breiten Graben zu runden Haufen ca. 30 bis 40 Zentimeter hoch aufschichten. In gleicher Weise werden Möhren, Pastinaken, Kohlrüben, Rote Bete, Kartoffeln, Sellerie und Meerrettich in die Miete gebracht (Achtung: Bei den Wurzelgemüsen muss beim Entfernen der Blätter der Herztrieb erhalten bleiben!). Die aufgeschichteten Gemüsehaufen mit Stroh abdecken (ca. 10 Zentimeter dick). Die ausgehobene Erde zum Überdecken verwenden.

Einkellern: Das sogenannte Einkellern ist eine kombinierte Lagerung. Auf dem Boden und entlang den Wänden können Wurzelgemüse mietenanalog (in sandiger Erde) gelagert, Kohl u.a. kann in Erde eingeschlagen werden; Kartoffeln werden trocken, ohne Erde oft in praktischen Kartoffelkisten gelagert. Für diese Fälle braucht man einen frostfreien, aber sehr kühlen Kellerraum (ideal mit gestampftem Lehmfußboden) mit erhöhter Luftfeuchtigkeit. Die Keller moderner Bauweise sind kaum noch geeignet. So sind Keller oft nur noch zum Trockenlager für Kohl, Zwiebeln, Knoblauch und für kurze Verbrauchszeiten (bis sechs Wochen) für Kartoffeln nutzbar. Für Wurzelgemüse und Topinambur sind solche Keller wieder nutzbar, wenn man die Gemüse schichtweise mit Erde versetzt, bedeckt in große Tongefäße (Terassentöpfe für Bäume o.a.) einbringt und in den Untersatz für den Topf hin und wieder Wasser gießt.

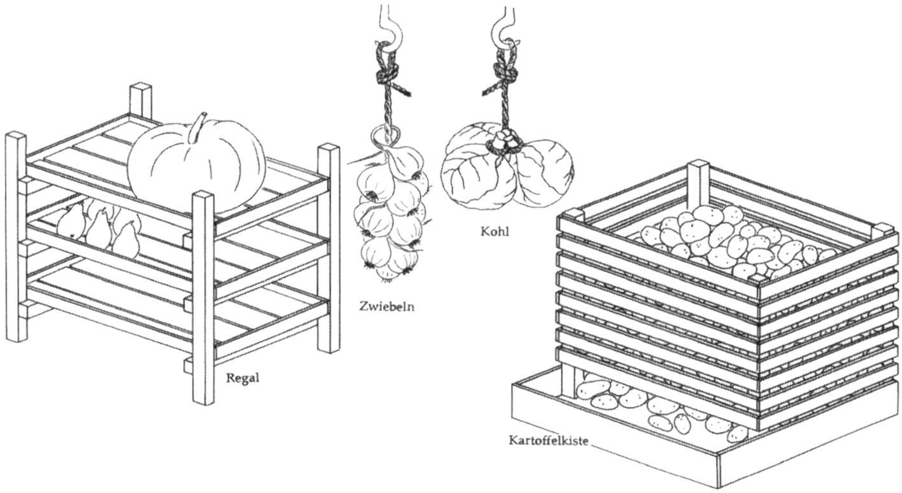

Abb. 92: Einkellerung

Für die Aufbewahrung und das Einkellern von Obst und Gemüse können Phytonzidwirkungen mancher Pflanzen eingesetzt werden (vgl. auch S. 40ff.). Nach der Ernte sind zwei Phytonzidwirkungen zwischen gemeinsam gelagerten Pflanzen bekannt:
a) Beschleunigung der Reife und des Verfalls
b) Verzögerung der Ausreifung und Erhöhung der Haltbarkeit

Zu a): Auch bei nur kurzfristiger gemeinsamer Lagerung in der Küche wirken Bananen stark stoffwechselerhöhend auf die meisten Obstsorten. Ferner ist über die starke Phytonzidabgabe reifer Äpfel häufig berichtet worden. *Tokin* beschreibt, wie in seinem Labor, nachdem er einen Korb reifer Äpfel abgestellt hatte, seine Zitronenbäumchen binnen zwei Tagen sämtliche Blätter verloren. *Molisch* (1937) weist auf die gleiche Wirkung der Apfelausdünstungen auf eine Reihe weiterer Laubgehölze und die Beschleunigung der Fruchtreife von Heckenkirschen (z.B. *Lonicera xylosteum*), von Nachtschattengewächsen (insbesondere *Solanum hendersonii*), auch auf Kartoffeln und Johannisbeeren hin. Da von den starken Phytonziden der Äpfel ein breiteres Wirkspektrum vermutet werden darf, ist es unzweckmäßig, Äpfel mit anderem Obst und Gemüse gemeinsam einzulagern.

Zu b): Die Phytonzide der Kamille (*Matricaria chamomilla*) haben vielfältig hemmende und abtötende Wirkungen auf Pilze, Milben und andere Lebewesen. Lagerräume (Keller) können deshalb von Zeit zu Zeit mit getrockneten Kamillen (Droge) ausgeräuchert werden. Für einen Kubikmeter Raum werden 8 bis 10 Gramm getrocknete Kamille benötigt. Über kombinierte Lagerung mit Kamille in kleinen Kisten liegen uns keine Berichte vor (Versuche stehen noch aus!).

Positive Auswirkungen werden in hohem Maße bei der gemeinsamen Lagerung von Meerrettich mit Äpfeln und Weintrauben nachgewiesen. *Tokin* berichtet, dass er gemeinsam mit Meerrettichwurzel-Raspeln Äpfel acht Jahre lang aufbewahrte, ohne dass sie faulten oder schimmelten. Weintrauben ließen sich bei einem Verhältnis von 40 Kilogramm Wein zu 3,2 Kilogramm Meerrettich monatelang frisch halten.

Gären/fermentieren: Ein altes, außerordentlich gesundes und annähernd energiefreies Konservieren stellt die Milchsäuregärung dar. Das Verfahren wird heute fast nur noch auf Kohl angewandt und führt dann zu dem berühmten Sauerkraut oder Weinkraut. Es ist bei vielen Gemüsen möglich. Besonders effizient und wohlschmeckend sind: Sauerkraut (roh oder gekocht), Sauerbohnen (gekocht oder auch roh), Sauerkarotten (roh) und Sauerrüben (Kohlrüben) oder Herbstrüben (roh).

Sauergemüse, auf der Basis einer Milchsäuregärung hergestellt, hat eine vielfältige Bedeutung für unsere Gesundheit. Der hohe Cholingehalt fördert die Darmdurchblutung und belebt die Darmbewegung. Ein großer Teil der Kohlehydrate werden durch die Milchsäurebakterien vergoren, was zu einem sehr niedrigen Kalorienwert (Sauerkraut: 15 Kalorien) führt. Sauergemüse ist extrem reich an Vitaminen (A, B_1, B_2, B_6, B_{12}, C, D, E, K), sein Genuss beugt deshalb Erkältungskrankheiten vor und vitalisiert in den Wintermonaten den Körper. Sauergemüse ist für die Verdauung so aufgeschlossen, dass man es gewissermaßen als vorverdaut bezeichnen könnte. Es empfiehlt sich deshalb besonders für Magenempfindliche (gutes Kauen bei der Rohform vorausgesetzt).

Wir säuern ein!

Grundrezept zum Einsäuern:
Für einen 10-l-Topf ca. 7 kg Gemüse, 15 bis 20 g Salz pro kg Gemüse, Gewürze, abgekochtes, abgekühltes leicht gesalzenes Wasser (10 g pro Liter) nach Bedarf.
Gemüse vorbereiten: waschen, putzen, zerkleinern, z.B. Kraut hobeln, Möhren raspeln, Bohnen schnippeln. In den gut gereinig- ten Steintopf das Gemüse lageweise mit dem Salz und den Gewürzen eindrücken oder stampfen (s. Einzelrezept), Salzwasser auffüllen, bis das Gemüse bedeckt ist.

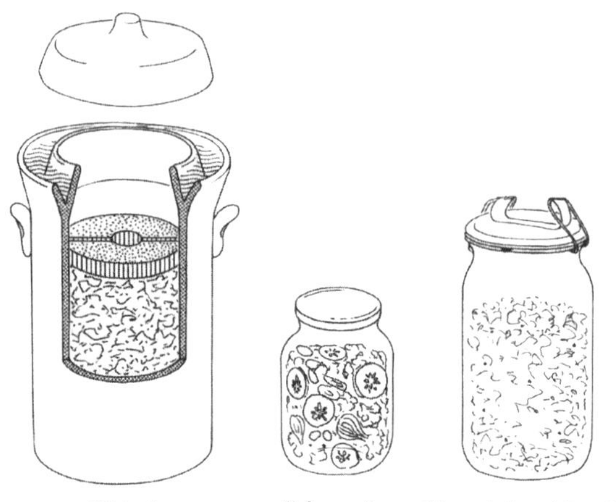

Abb. 93: Gefäße für Gärkonservierung

- ***Beim offenen Gärtopf*** *(Steintopf ohne Deckel) ein sauberes Tuch auf das Gemüse legen, darauf ein gut gereinigtes Brettchen mit einem ebenfalls gut gereinigten Stein beschweren, damit das Gemüse nicht hochsteigt und mit Luft in*

Berührung kommt. So viel von dem abgekochten Salzwasser auffüllen, bis es etwa 5 bis 7 cm hoch über dem Gemüse steht! Dieser Topf muss immer kontrolliert werden. Hat sich eine weiße Schicht gebildet, muss diese vorsichtig abgeschöpft und abgekochtes, abgekühltes Salzwasser nachgefüllt werden.

- *Beim* **Rillentopf** *ist es einfacher. Auf das Gemüse die gut gereinigten, zum Topf passenden Beschwerungssteine legen, abgekochtes, abgekühltes Salzwasser bis 5 cm hoch über die Steine auffüllen, den Deckel des Topfes auflegen, die Rille mit Leitungswasser füllen. Nun soll der Topf geschlossen bleiben und das Wasser in der Rille, wenn etwas verdunstet, nachgefüllt werden, sodass keine Luft eindringen kann.*
- *In* ***Gläsern*** *oder* ***Weithalsflaschen*** *mit Vakuum- oder Patentverschluss können kleine Mengen eingesäuert werden. Vakuumverschlüsse müssen überprüft werden, ob sie luftdicht schließen. Dazu Wasser in die Gläser füllen, zudrehen, auf den Kopf stellen: Es darf kein Wasser austreten. Nur solche Gläser benutzen. Gemüse, Salz, Gewürze und abgekochtes, abgekühltes Salzwasser werden lagenweise eingedrückt (nicht gestampft!) bis zu einer Höhe von vier bis fünf Zentimetern unter dem Deckel. Das Gemüse sollte eben mit Salzwasser bedeckt sein. Fest verschließen.*

Die Töpfe acht bis zehn Tage stehen lassen, die Gläser, bis der Saft hochsteigt, warm (20 bis 22 °C), danach kühl stellen.

Nach sechs bis acht Wochen ist das Gemüse fertig für den Verzehr. Bei jeder Entnahme auf die wichtigen Bedingungen achten: Sauberkeit (nur mit sauberem Gerät arbeiten), möglichst bald wieder verschließen, darauf achten, dass genügend Flüssigkeit über dem Gemüse steht. Rinne eventuell reinigen, wieder mit Wasser füllen.

Einzelrezepte:[20]

(1) Sauerkarotten (für einen 10-l-Topf)

Zutaten: *ca. 7 kg Möhren, 1 kleine Zwiebel, geschält und geviertelt, 3 Knoblauchzehen mit je einer Gewürznelke eingesteckt, Dill, Estragonzweige, Lorbeerblätter, Meerrettichscheibchen, abgekochtes, abgekühltes Salzwasser (15 g Salz pro Liter Wasser)*

Zubereitung: *Karotten waschen, putzen, grob raffeln, lagenweise mit den Gewürzen und etwas Salzwasser fest in den Topf drücken, mit Salzwasser auffüllen, bis das Gemüse bedeckt ist, und wie im Grundrezept beschrieben weiterbehandeln.*

Nach abgeschlossener Gärung als Rohkost mit etwas geraspeltem Apfel und einigen gehackten Nüssen oder Kürbiskernen anrichten.

(2) Sauerbohnen (für einen 10-l-Topf)

Zutaten: *ca. 7 kg junge Stangenbohnen, kleine geschälte Zwiebeln, Bohnenkrautstengel, Petersilie, 100 g Salz (ca. 15 g pro kg Bohnen)*

Zubereitung: *Bohnen waschen, putzen, abfädeln, in 1 bis 2 mm dicke Scheibchen schnippeln (Bohnen dabei schräg anschneiden, damit sie länger sind). In einem großen Topf leicht gesalzenes Wasser (10 g Salz pro Liter Wasser) zum Kochen bringen, die Bohnen nacheinander, portionsweise im gleichen Wasser 3 bis 5 Minuten aufwallen (kochen) lassen, zum Erkalten auf ein Tuch ausbreiten. Kochwasser zum Auffüllen aufbewahren. Die Bohnen lagenweise mit den Kräutern, den Zwiebeln und*

20 Weitere Angaben und Rezepte in: *Lingenfelder*, M.: Die Milchsäuregärung, Mannheim (Waerland-Verlag), o. J.

dem Salz in den Topf drücken, mit dem abgekühlten Bohnenkochwasser auffüllen, bis das Gemüse bedeckt ist, und wie im Grundrezept beschrieben weiterbehandeln.

(3) Sauerkraut (für einen 10-l-Topf)
Zutaten: *ca. 8 kg geputzen Kohl (etwa 10 kg ungeputzt), 2 bis 3 Wacholderbeeren, 80 g Salz (ca. 10 g pro kg Kohl), eventuell abgekochtes, abgekühltes Salzwasser (10 g Salz pro Liter Wasser)*
Zubereitung: *Kohl putzen (äußere Blätter entfernen), hobeln oder in ganz feine Streifen schneiden. 10 cm hoch Kohl einfüllen und gut stampfen (mit Holzstampfer oder der Faust), bis sich Saft bildet. Von dem Salz und den Beeren darüberstreuen (daran denken, dass Salz und Körner im ganzen Topf gut verteilt sein sollen) und eine weitere Schicht Kraut gut durchstampfen. Wieder Salz, Beeren, Kraut usw. Lage für Lage fest einstampfen, bis der Saft darübersteht. Im Topf muss noch Platz für Brettchen und Stein bzw. die Beschwerungssteine und Brühe sein. Sollte sich nicht genügend Saft gebildet haben, mit abgekochtem, abgekühltem Salzwasser auffüllen, bis das Gemüse bedeckt ist, und wie im Grundrezept beschrieben weiterbehandeln.*

(4) Sauerrüben – Kohlrüben oder Herbstrüben (für einen 10-l-Topf)
Zutaten: *ca. 10 kg (geputzt ca. 7 kg) Rüben, 70 g Salz, abgekochtes, abgekühltes Salzwasser (15 g Salz pro Liter Wasser)*
Zubereitung: *Rüben waschen, putzen, schälen, grob raffeln und lagenweise mit dem Salz fest in den Topf stampfen. Dann mit Salzwasser auffüllen, bis es 3 cm über dem Gemüse steht, und wie im Grundrezept beschrieben weiterbehandeln.*

Winterfest II

Winter ist eine schöne Zeit – Ruhe im Garten. Gärtnerinnen und Gärtner haben zwar auch über den Winter zu tun, aber die anfallenden Arbeiten drängen weniger. Jetzt kommt die Hauptzeit der Sauergemüse – jede Mahlzeit ein Vitaminstoß: A, B_1, B_2, B_6, B_{12}, C, D, E, K. Da bleibt kein Platz für Wintermüdigkeit, aber zum Feiern: »Wir öffnen unsere Gärtöpfe!«

Kochrezepte Sauergemüse (Beispiele):

(a) Saure Herbstrüben, geschmort
Zutaten: *1 kg saure Herbstrüben, 2 EL Schweine- oder Gänseschmalz, Salz, 1 EL Zucker, 2 geriebene Äpfel.*
Zubereitung: *Die leicht ausgedrückten Rüben im Fett eben anbraten, salzen und zuckern, die Äpfel darunterrühren und in 30 bis 40 Min. gar schmoren (*Klever *1990).*

(b) Gesäuerte Bohnen (für 4 Personen)
Zutaten: *Pro Person ca. 3 gehäufte EL Bohnen aus dem Steintopf nehmen, 4 mittlere Kartoffeln, 1 kleine Zwiebel, etwas Fett, 1 Lorbeerblatt, 1 TL Senfkörner, 3 bis 5 schwarze Pfefferkörner, 2 bis 3 Pimentkörner in ein weißes Baumwollsäckchen oder -tuch einbinden, frisch gemahlenen Pfeffer zum Abschmecken.*
Zubereitung: *Kartoffeln schälen, in Stücke schneiden, zusammen mit den eingebundenen Gewürzen und etwas Salz in 3/4 l Wasser weich kochen, Zwiebel schälen, klein hacken, in etwas Fett in einem Topf goldgelb braten. Das Säckchen mit den Gewürzen aus den Kartoffeln nehmen, die Zwiebeln mit dem Kochwasser der Kartoffeln ablöschen, die Bohnen dazugeben. Die Kartoffeln stampfen und ebenfalls dazutun, um-*

rühren (wenn zu dick, Wasser zugeben) und aufkochen. Mit Pfeffer abschmecken (Hausrezept).

(c) Sauerkraut-Auflauf
Zutaten für den Teig: *125 g Mehl, 3 Eier, 1 Prise Salz, 1 EL Bier, 2 bis 3 EL Milch, Fett für die Pfanne*
Übrige Zutaten: *Sauerkraut, fertig gekocht (1/4 bis 1/2 des Rezeptes für gekochtes Sauerkraut) oder einfach den Rest vom Vortag.*
Zubereitung: *Aus den obigen Zutaten einen glatten Pfannkuchenteig rühren und mehrere dünne Pfannkuchen backen. Einen Pfannkuchen in eine gefettete Auflaufform legen, darauf etwas Sauerkraut verteilen, dann wieder einen Pfannkuchen usw.; obere Schicht sollte Sauerkraut sein. Das Ganze im vorgeheizten Backofen 7 bis 10 Min. überbacken. Heiß servieren (nach* Brecht *1976).*

(d) Sauerkraut, gekocht (2 bis 4 Personen)
Zutaten: *1 bis 1 1/2 kg Sauerkraut, 1 Apfel, 150 g durchwachsener Räucherspeck, 2 Zwiebeln, etwas Öl, Salz, 6 Wacholderbeeren, 1 Lorbeerblatt, 1 TL Zucker*
Zubereitung: *Sauerkraut waschen, bis es nicht mehr zu sauer ist. Den Apfel schälen, entkernen und reiben oder klein schneiden. Diesen zusammen mit dem Sauerkraut, ca. 1/2 l Wasser, den Wacholderbeeren, Zucker und dem Lorbeerblatt kochen, bis das Sauerkraut weich ist. Inzwischen den Speck klein schneiden und in etwas Öl hell anbraten, darin die grob gehackten Zwiebeln hellbraun rösten. Das Sauerkraut aus dem Topf fassen und mit den Speck/Zwiebeln mischen. Eventuell mit etwas Salz abschmecken (Hausrezept).*

(e) Saure Kohlrüben
Zubereitung wie Sauerkraut, gekocht (d).

(f) Salat von Sauergemüse, z.B. gesäuertem Sellerie, Karotten, Weißkohl, roten Rüben, Herbstrüben
Zubereitung: *Sauergemüse waschen, bis es nicht mehr zu sauer ist, mit etwas gutem Öl und Gewürzen nach Geschmack abschmecken, mit gehackten Nüssen, geraspelten Äpfeln oder Marmelade verfeinern.*
Einlegen gehört zu den altbewährten Konservierungsmethoden. Hierzu wird Salz,

Die Impfung
Man kann das Vergären/Fermentieren beschleunigen, indem man die angesetzten Töpfe oder Gläser mit Milchsäure impft. Der Chemiker unterscheidet zwei Arten von Milchsäuren (links- und rechtsdrehende). Da im menschlichen Körper nur rechtsdrehende zu finden ist, bevorzugt man diese:

- rechtsdrehende Buttermilch im Reformhaus kaufen
- im Wasserbad handwarm erwärmen, bis der Quark sich absetzt
- die übrig bleibende Molke kann für Kraut trübe, für andere Gemüse geklärt verwendet werden
- absetzen lassen, bis die obere Brühe klar ist, vorsichtig abgießen
- etwa 1/100 des Fassungsvermögens des Gärgefäßes an Molke zugeben (1/10 Liter bei 10 Liter Gärtopf, 1 bis 2 Esslöffel bei Litergläsern).

Die Lagerung erfolgt dunkel und kühl (Keller oder ungeheizter Raum), Lagerfähigkeit zwei bis sieben Monate.

Essig, Öl oder auch Alkohol als Konservierungssubstrat verwendet.

1. Schritt: Das Einlegen erfolgt in zwei bis drei Schritten, z.B. saure Gurken: Gurken säubern, für 24 Stunden einsalzen, Salz abwaschen, Gurken abtrocknen.
2. Schritt: Gurken mit Gewürzen in ein Glas dicht einsetzen, bis 1 cm unter Rand füllen, mit gutem Essig (vier bis sechs Prozent Säure) überdecken, Glas schließen und verklammern (nach ca. vier Wochen verzehrfähig).
3. Schritt: Essig kann auch heiß eingefüllt, Gemüse blanchiert oder in einer Essigsoße gekocht werden.

Einkochen/Einwecken: Die bisher behandelten Methoden erforderten keine besondere Energie und zeichnen sich durch geringen Nährstoffverlust aus. Eingekocht wird selbstverständlich nur das Gemüse, das in jedem Fall gekocht gegessen werden soll. Der zusätzliche Energieverbrauch ist dann relativ gering, weil das Gemüse später nur noch gewürzt und stark aufgewärmt zu werden braucht. Auch der zum Einkochen notwendige Arbeitsaufwand wird durch die geringere Arbeit bei der Zubereitung der Mahlzeiten größtenteils wieder gutgemacht. Konservierungsstoffe sind nicht notwendig. Das Einkochen ist bei der Herstellung von Marmeladen die Methode der Wahl.

Trocknen/Dörren: Es handelt sich hier um eine sehr alte Konservierungsmethode. Trocknen kann man bei geschicktem Vorgehen fast alles ohne Energieaufwand und natürlich ohne Konservierungsmittel. Trocknen ist eine optimale Konservierungsmethode. Durch eine konstant mäßige Temperatur (35 bis 45 Grad Celsius) bleiben Geschmack und Farbe erhalten, Vitamine und Nährstoffe werden geschont. Trockennahrung ist, wenn sie kühl, trocken und vor Licht geschützt lagert, jahrelang haltbar und erfordert keine weitere Energiezufuhr (im Gegensatz zum Tiefkühlen). Von al- ters her wurde bei den Jägern Fleisch und Fisch luftgetrocknet, bei Sammlern erfreut sich das Pilze- und Kräutertrocknen bis in unsere Zeit großer Beliebtheit. Kräuter erntet man an trockenen Tagen, nach Abtrocknen des morgendlichen Taus. Man bündelt die duftenden Pflanzenteile zu Sträußen und hängt sie an einem luftigen, schattigen, regengeschützten Ort kopfunter zum Trocknen auf. Getrocknete Kräuter werden über den Winter in gut geschlossenen Gläsern (am besten Schraubverschluss) lichtgeschützt aufbewahrt. Viele Gemüse und das meiste Obst sind mit etwas größerem Aufwand ebenfalls zum Trocknen geeignet.

Trocknen und Dörren war neben Backen von jeher eine Methode, Naschwaren (süße Vollwertnahrung) herzustellen. Auch hierzu ist die Winterzeit gut geeignet.

Wenn man ein Fest daraus machen will, vielleicht ein Adventsfest, hier einige Anregungen:

»Adventsfest« (Winterfest I)

(1) Apfelringe
Zubereitung: *Äpfel schälen und Kerngehäuse ausstechen, in Ringe schneiden und auf Bambusstangen auffädeln, über eine Heizung oder in ein Sonnenfenster hängen.*

(2) Chips *kann man fast aus allen Früchten machen (Äpfel, Birnen, Kirschen, Zwetschgen u.a., aber auch aus Zwiebeln, Gurken, Pastinaken).*
Zubereitung: *in dünne Scheiben (ca. 1 cm dick) schneiden oder raffeln. Diese Schei-*

ben auf einen Trockenrost oder ein Backblech legen, die mit geöltem Backpapier abgedeckt sind, und vortrocknen. Wenn die Scheiben oder Schnipsel nicht mehr kleben, das Papier entfernen. Weitertrocknen, bis sie knusprig sind.

***(3) Bonbons** sind entweder einfache kleine Stücke von getrockneten Früchten (Birnen, Zwetschgen, Äpfel, Kirschen, Trauben u.a.) oder eigene, erfundene Fruchtmischungen.*

Grundrezept: *Zwetschgen entkernen, Pfirsiche oder Äpfel schälen und entkernen. In Stücke schneiden und musen. Den Brei ggf. mit Leinsamenpulver andicken. Würzen mit Vanille, Koriander, Honig und was Euch gefällt. Ein wenig Zitrone oder Obstessig dazugeben. Auf einem Blech oder Trockenrost auf ein Backpapier streichen (ca. 1 cm dick). Bei 45 °C trocknen, bis die Oberfläche nicht mehr klebt, weitertrocknen. Bevor die Masse hart wird, in Stücke schneiden, weitertrocknen, bis sie fest ist (Festigkeit je nach eigenem Wunsch).*

Wenn man gute Dörrmöglichkeiten hat, kann man viel Obst und Gemüse trocknen. Das Nonplusultra wäre hier ein Solardörrer (eine Herausforderung für den technischen Bastler).

Der Trockenschrank wird mit einem schrägen Dach gegen Regen geschützt. Wenn

Wir bauen einen Solardörrer:

Was wir für den Trockenschrank brauchen: Holz zum Bau eines Kastens bzw. kleinen Schrankes, Säge, Gärungssäge, Schrauben, Leim, Sperrholz, Blech oder anderes Material für das Dach (Regenschutz), Fliegengitter (Nylon oder rostfreier Draht), Scharniere für eine Tür, Riegel zum Verschließen der Tür, eventuell Metallbeine als Untergestell (alter Tisch oder alte Schulbank). Für den Sonnenkollektor: Holz, Mineralwolle, Alublech oder Eisenblech, Sperrholz, eine Glasplatte (bzw. zwei kleinere Platten ca. vier Zentimeter dick), Winkeleisen, Soda, Eiweiß, Ruß, Föhn oder Heizlüfter bzw. schwarze, hitzebeständige Farbe.

Notwendig ist ein Schrank (a), der etwa 60 x 57 x 66 Zentimeter innere Kantenlängen aufweist. Er hat einen Boden, in den eine Zuluftöffnung gesägt werden kann. Die Vorderfront wird mit einer Türklappe (b) verschlossen. In die Decke wird ein Abluftschlitz von ca. 4 cm Breite eingesägt. An den Innenseiten des Trockenschrankes sind Schubladenschienen angebracht. Bei 60 Zentimeter lichter Breite braucht man für 4 Darren 6 Zwischenräume (Abstände von je 10 Zentimetern). Die Darren (c) bestehen aus festen Rahmen, in die ein Maschengitter eingespannt ist (Nylon- oder rostfreies Fliegengitter). Direkt über den Boden des Schrankes (zwischen Boden und erster Darre) kann an der Wand ein Solarzuluftkanal im Winkel von 45° mit Winkeleisen angeschraubt werden (d), Maße: 65 x 12 x 110 Zentimeter. Der Zuluftkanal wird als Kasten gebaut, wobei die eine Großfläche nur als Rahmen konstruiert ist, in den eine starke (ca. 4 Millimeter) Glasplatte eingelegt werden kann. Zum Aufbau des Kollektorkastens (e): 2 cm Bodenplatte, 4 Zentimeter Isolierung (Mineral- oder Steinwolle), Sperrholz- oder Blechabdeckung, 5 Zentimeter Hohlraum als Zuluftkanal, an den Schmalseiten offen, Blech mit schwarzer Oberfläche, auf diesem 1 Zentimeter hohe Leisten – so entsteht ein Heißluftkissen zwischen Glasscheibe und schwarzem Blech. Es dient zur Anwärmung der Zuluft. Glasplatte als Abdeckung gegen Regen mit Silikon abdichten. Dieser Kleindörrer bietet ca. einen Quadratmeter Dörrfläche.

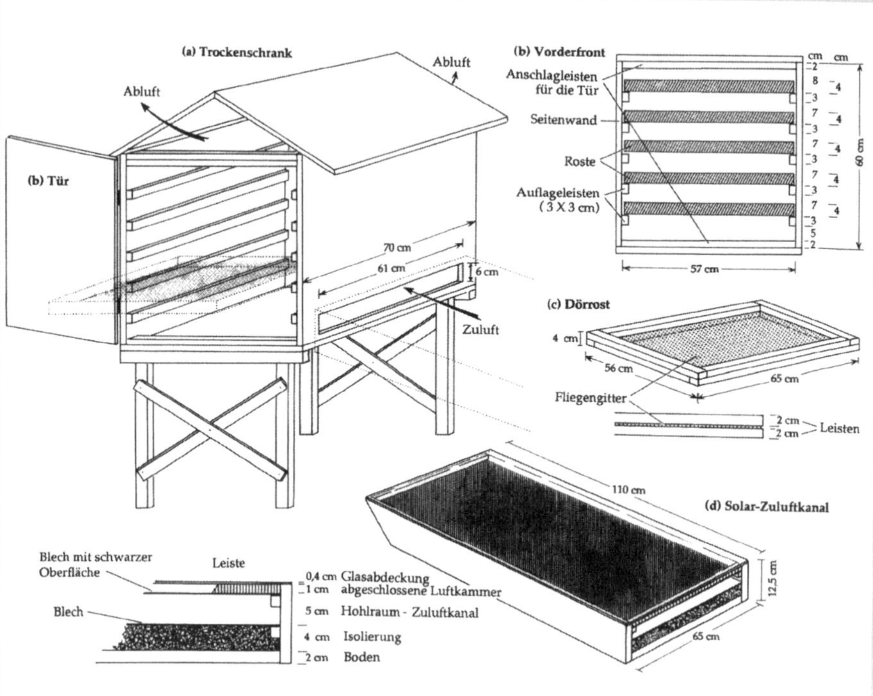

Abb. 94: Trockenschrank und Solardörrer

man bei einer Solar-Kollektor-Firma einen ausrangierten Flachkollektor erhalten kann, können die Maße des Schrankes auch daran angepasst werden. Im unteren Schrankbereich ist ein Thermometer anzubringen, über das die Innentemperatur kontrolliert werden kann. Bei starker Sonneneinstrahlung können dann Teile des Kollektors abgedeckt werden, um die Zulufttemperatur zu verringern. Der Zuluftkanal sollte bei Gras mindestens 20, bei versiegeltem Boden mindestens 10 Zentimeter Abstand vom Boden haben; danach ist das Untergestell des Trockenschrankes zu bemessen.

Das Dörren oder Trocknen mit einem Solardörrer ist eine vorzügliche Methode, Obst und Beeren sowie manche Gemüse lagerfähig zu machen. Es ist energieneutral, belässt die Nahrungsmittel ohne wesentlichen Verlust an Nährwerten und reduziert das Lagervolumen erheblich.

Herstellung der schwarzen Oberfläche des Kollektorbleches:

1) Alu- oder Eisenblech mit Sodawasser reinigen, spülen und trocknen lassen
   - Eiweiß mit Ruß anrühren und damit das Blech bestreichen
   - trocknen lassen
   - dann erhitzen, bis das Blech schwarz ist (mit Föhn oder Heizlüfter von der Unterseite)
   - ggf. den Vorgang wiederholen (nicht in Räumen, nur im Freien durch führen).
2) Alternativ kann das Blech auch mit einer schwarzen, hitzebeständigen Farbe bestrichen werden.

Trockenzeiten:	Obst:	3 bis 4 Tage
	Gemüse:	1 bis 2 Tage
	Pilze:	1 bis 2 Tage

Das Solartrocknen muss so gehandhabt werden, dass der erste Tag ein Sonnentag ist; scheint am zweiten keine, am dritten Tag aber überwiegend die Sonne, dann läuft der Trockenprozess normal ab. Wenn am zweiten und dritten Tag keine Sonne scheint und das Trockengut noch nicht ausreichend trocken ist, muss mit einer anderen Warmluftquelle der Vorgang zum Abschluss gebracht werden.

Einfrieren/Frosten ist in der westlichen Energieverschwendungsgesellschaft die beliebteste Lagermethode, schon deshalb, weil die im Übermaß vorhandenen Gefriertruhen ja ausgenutzt werden müssen. Bei zukunftsfähigem Gärtnern sollten die selbst erzeugten Produkte möglichst nicht in die Gefrierkette eingegliedert werden.

Anregungen für eine eigene Samenbank und die Saatnachfolge

Samennachzucht: Wichtig und nicht schwer

Rund um das Saatgut gibt es, wie im Kapitel zum Wildgemüse schon angemerkt, eine Reihe Probleme. Beim zukunftsfähigen Gärtnern sind uns diese nicht gleichgültig, denn hier ist es wichtig, vitale, ortsständige alte Sorten und vom Markt verdrängte Salat- und Gemüsepflanzen wieder einzubürgern und zu erhalten. Die Zielsetzung ist eine andere als die der Saatzuchtmonopolisten. In dem Bemühen um zukunftsfähigen Gartenbau ist Austausch von Samen, Knollen, Ablegern und Stecklingen zwischen GärtnerInnen notwendig. Hier kann man insbesondere auf die Seed Saver-Vereinigung (USA) weltweit und die Arche Noah (Österreich) für den deutschsprachigen Bereich zurückgreifen.

Die **Seed Saver** ist eine weltweite Gesellschaft zur Rettung der Vielfalt biogenetischer Potenziale. Sie errichtet Samenbanken für Pflanzen, sucht, sammelt und vermehrt ursprüngliche Pflanzen- und insbesondere auch Nutzpflanzenarten. Die erste internationale Gründung dieser Gesellschaft erfolgte von *Kent* und *Diane Whealy* 1975 in Decorah, Iowa USA. Sie war am Ende des 20. Jahrhunderts in mehr als 50 Ländern (Staaten) verbreitet. Jeder an der Zukunft des Lebens auf diesem Planeten interessierte Bürger kann Mitglied werden.

Adresse: Seed Savers Exchange – 3094 North Road Wimm, Decorah, Iowa 52101, USA, www.seedsavers.org.

Kontaktadresse für Deutschland, Schweiz und Österreich: Verein Arche Noah, Obere Strasse 40, A-3553 Schiltern, www.arche-noah.at.

Die GärtnerInnen als Mitglieder dieser Vereinigung tauschen Samen, die es nicht auf dem üblichen Markt gibt, und vermehren vom Saatgutmonopol geächtete Arten weiter.

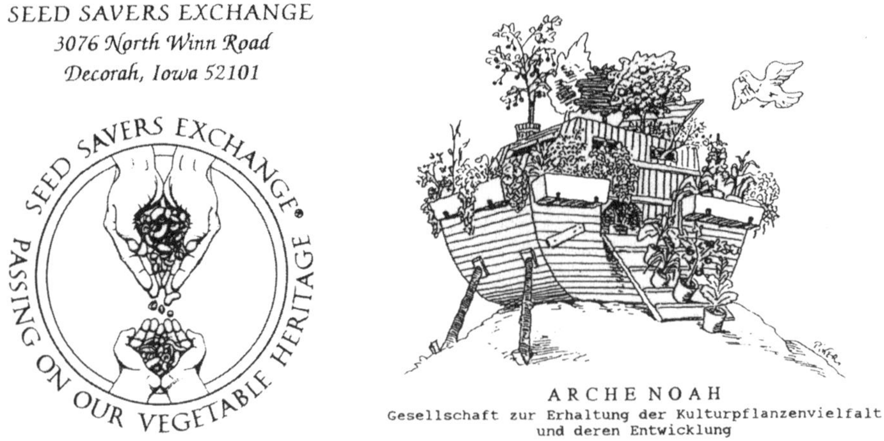

Abb. 95: »Seed Saver« und »Arche Noah« (altes Logo)

In der Permakultur und bei zukunftsfähigem Gärtnern stehen immer ausdauernde Pflanzen und solche, die sich durch Selbstaussäen im Garten etablieren, in der ersten Reihe. Zur Ergänzung ist es keineswegs verpönt, Samen in einer Samenhandlung zu kaufen. Es ist jedoch in vielen Fällen unter sehr einfachen Bedingungen (d.h. ohne Kunstdünger, Mist und chemische Pflanzenpflege) zu beobachten, dass bei örtlich gesammelten Samen die Pflanzen vitaler wachsen und bessere Erträge bringen als die von marktüblichem Saatgut. Besonders bei Pastinaken und Schwarzwurzeln war diese Verbesserung in der zweiten Generation der bei uns aus gekauften Samen nachgezogenen Samen offensichtlich. In den meisten Fällen benutzen wir eine Doppelstrategie, z.B. säen wir dann 20 bis 25 Prozent gekaufte Samen und den Rest aus selbst gezogenen. Bisher verfahren wir bei Kartoffeln – außer bei unseren Bemühungen, alte Sorten zu vermehren – in der gleichen Weise. Dill, Borretsch, Ringelblumen und andere säen sich zwar selbst aus, wenn man sie aber gezielt in Reihen einmischen will, wie z.B. Dill in Erbsen und Möhren, muss man Samen für das nächste Jahr absammeln.

Beim zukunftsfähigen Gärtnern gewinnt man eine neue vertiefte Beziehung zu den Pflanzen. Dabei spielen eigene Samen eine besondere Rolle. Ein Beispiel aus *Rogers* (1978/1984) Samenbuch:

»Sagen wir einmal, Sie versuchen es zuerst mit etwas Unkompliziertem – mit Erbsen zum Beispiel. Sicher werden Sie beim Stecken dieser Erbsen im folgenden Jahr besonders sorgfältig vorgehen. Zur Ermutigung werden Sie ihnen den besten Kompost geben. Und jedes Mal, wenn Sie am Erbsenbeet arbeiten, werden Sie bei Ihren

»höchstpersönlichen Erbsen« noch ein oder zwei Minuten länger verweilen. Und hundertprozentig werden Sie ein kleines bisschen süßer schmecken als all die anderen Erbsen« (S. 11).

Vom Samen zum Samen

Über Samen erfolgt die geschlechtliche Vermehrung der Pflanzen. Wir unterscheiden unter diesem Blickwinkel drei Pflanzengruppen: ein-, zwei- und mehrjährige oder ausdauernde Pflanzen. Die ausdauernden Pflanzen vermehren wir in der Regel nicht über Samen. Somit bleiben zwei Gruppen:

- Pflanzen, die im gleichen Jahr ihrer Aussaat auch Samen produzieren (I)
- Pflanzen, die im ersten Jahr nur Kraut und eine starke Wurzel bilden und erst im zweiten Jahr zur Blüte und Samenbildung kommen (II)

Da wir eine große Anzahl von Pflanzen schon vor Jahrhunderten und manche auch aus wärmeren Klimazonen bei uns eingebürgert haben, gibt es unter den Salat- und Gemüsepflanzen wiederum eine Doppelgruppierung:

- Frostharte Pflanzen; als Einjährige säen sie sich selbst aus, als Zweijährige können die Wurzeln einfach im Boden bleiben (IIa). In dieser Gruppe gibt es sogar die Frostkeimer, die nur keimen, wenn sie dem Frost ausgesetzt waren.
- Frostempfindliche Pflanzen; als Einjährige müssen die Samen in jedem Fall vor dem Frost abgesammelt und frostfrei gelagert werden, bei Zweijährigen müssen die Wurzeln, die Zwiebel oder die ganze Pflanze frostfrei überwintert und im Frühjahr neu eingepflanzt werden (IIb).

Bestäubung

Da Samen die geschlechtliche Fortpflanzung sichern, gehen ihnen immer Blüten voraus, auch wenn diese ganz unscheinbar sein sollten. Und es muss eine Bestäu- bung stattfinden, damit sich ein Same bildet. Bei den Pflanzen, die uns beim Gärt- nern interessieren, gibt es zwei bzw. drei Prinzipien:

- Selbstbestäubung: Davon spricht man, wenn Staubgefäße und Stempel in einer Blüte vorkommen und die Pollen der eigenen Blüte die Befruchtung bewirken (z.B. Salat und ein Teil der Getreidepflanzen).
- Fremdbestäubung liegt vor, wenn die Pollen einer Blüte jeweils eine andere Blüte bestäuben. Dies wird notwendig, wenn männliche und weibliche Blüten getrennt vorliegen (unvollkommene Blüten) oder auch bei vollkommenen Blüten, bei denen die Pollen der einen Blüte nur andere Blüten bestäuben können (z.B. Pastinake, Kohl). Fremdbestäubung erfolgt vor allem durch Insekten und Wind.

Eine Reihe von Gemüsepflanzen werden sowohl durch Selbst- als auch durch Fremdbestäubung befruchtet (z.B. Bohne). Bei Selbstbestäubung müssen die Samenpflanzen nicht besonders isoliert werden. Es genügt, sie in einem gewissen Abstand voneinander stehen zu lassen oder zu pflanzen.

Die Einkreuzungsmöglichkeiten sind äußerst vielfältig und auch nicht durchgängig erforscht. Innerhalb der Familie der Leguminosen bestehen die größten Unterschiede in Bezug auf Bestäubungs- und Einkreuzungsmöglichkeiten. Sogar bei der Untergruppe der Bohnen besteht die gleiche Vielfalt. Dagegen besteht bei den unterschiedlichen Kohlarten nicht nur eine gegenseitige Einkreuzung, sondern auch eine mit vielen Wildpflanzen der gleichen Pflanzenfamilie, allen voran Hederich und Ackersenf, allgegenwärtige Kräuter. Wenn man also Kohlsamen ziehen will, ist die

Tab. 70: Die wichtigsten Daten für die Samengewinnung

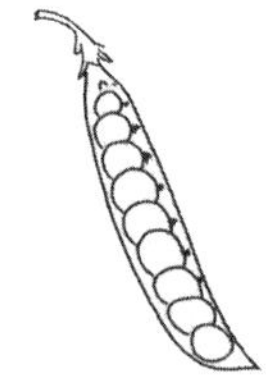

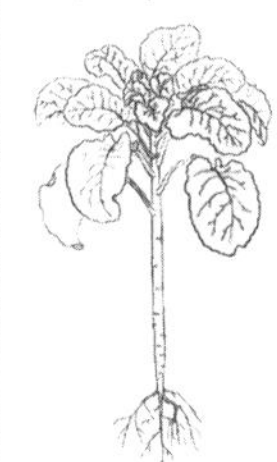

Gemüsesorte	**nötige Zeit zur Samenbildung**	**Art der Bestäubung**	**Isolation nötig**	**Keimfähigkein (in Jahren)**
Bohne – Busch- – Stangen-	 I I	 selbst/Insekten Insekten	 teils/teils ja	 3 3
Borretsch	I	Insekten	nein	1
Dill	I	Insekten	nein	1
Erbse	I	selbst	Abstand*	3
Getreide	I/IIa	Wind	nein	3
Gurke	I	Insekten	ja	5
Haferwurz	IIa	Insekten	(ja)	2
Kohl	IIb	Insekten	ja	5
Kürbis	I	Insekten	ja	5
Melde (Garten-)	I	Wind	(ja)	2
Möhre	IIb	Insekten	ja	3
Pastinake	IIa	Insekten	(ja)	1
Pflückkohl	IIa	Insekten	ja	5
Radieschen	I	Insekten	ja	2
Rote Bete	IIb	Wind	ja	4
Salat	I	selbst	Abstand*	5
Spinat	I	Wind	ja	5
Tomate	I	selbst	Abstand*	4
Zucchini	I	Insekten	ja	3
Zwiebel	IIb	Insekten	ja	1

I Saat und Samebildung im selben Jahr
II Saat im ersten Jahr, Samenbildung im zweiten Jahr
a Pflanze überwintert im Freien an Ort und Stelle
b Wurzel bzw. ganze Pflanze oder Zwiebel frostfrei überwintern, im Frühjahr neu pflanzen
(ja) Da wir bei diesen Pflanzen keinen Wert auf Sortenreinheit legen, gewinnen wir Samen ohne Isolation.
* Die Pflanzen sollten zur Saatgewinnung an verschiedenen Orten des Grundstückes oder in einem Beet mindestens drei Reihen auseinander stehen.

Isolierung (das Einkäfigen oder Eintüten) von größter Bedeutung. Wenn es hier zu Einkreuzungen kommt, bedeutet das überwiegend Rückbildungen und führt meist zu einer extremen Erntereduzierung oder zum Ernteausfall in der folgenden Generation. Das Gleiche ist zu befürchten, wenn von Hybriden Samen gesammelt werden. Deshalb bei gekauften Samen immer die Bezeichnung »F_1-Hybride« oder »F_1« oder »Hybride« auf der Samentüte beachten und von solchen Samen keine Nachzucht machen.

Isolierung ist auch dann angebracht,

- wenn die Gefahr des Einkreuzens von Wildpflanzen nicht besteht, aber
- wenn verschiedene Varietäten der gleichen Gemüsefamilie im gleichen oder benachbarten Intensivband angebaut werden oder
- auf Saatgut-Reinheit Wert gelegt wird (z.B. Bohnen oder Gurken- und Kürbisgewächse).

Andererseits sind z.B. bei Stangenbohnen auch ohne Isoliermaßnahmen die Ernteerträge nicht infrage gestellt. Bei einer Einkreuzung von Zucchini und Kürbis können vorübergehend ganz interessante Ergebnisse erscheinen.

Zu den Tomaten bleibt noch zu bemerken, dass die heute auf dem Markt befindlichen Sorten alle ausschließlich selbstbefruchtend sind und deshalb keine Iso- liermaßnahmen erfordern.

Es gibt jedoch noch einige ursprüngliche, noch nicht ausgestorbene Tomatensorten, bei denen man zur Samennachzucht Isoliermaßnahmen vornehmen muss. Für die darüber hinaus Interessierten muss hier auf die Fachliteratur verwiesen werden, für umfangreiche Nachzucht beim zukunftsfähigen Gärtnern auf das Seed-Saver-Buch »From Seed to Seed«. Davon gibt es eine deutsche Übersetzung »Saatgutgewinnung im Hausgarten« (*Suzanne Ashworth*), zu beziehen über *Arche Noah* oder über den Buchhandel.

Isolierung: »Einkäfigen« und »Eintüten«

Die einfachsten Maßnahmen der Isolierung auch in einem kleinen Garten sind das »Einkäfigen« und das »Eintüten« (s. Abb. 96).

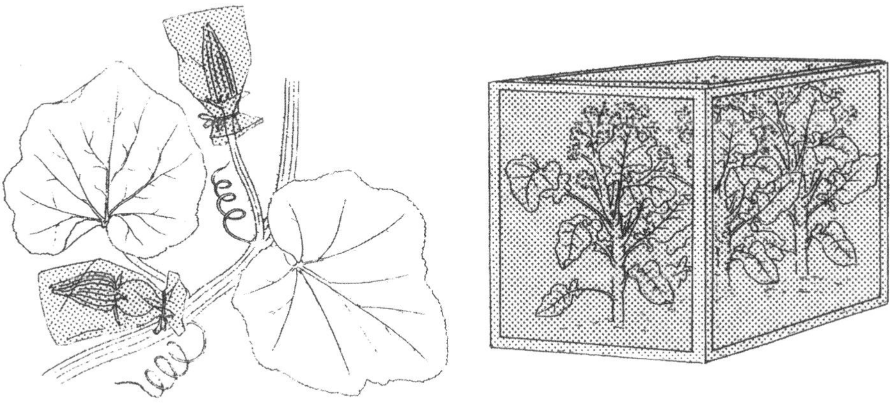

Abb. 96: Isoliermaßnahmen für die Samenzucht

Die Isolierung erzeugt, insbesondere wenn es sich um Pflanzen mit Fremdbestäubung handelt, ihre eigenen Probleme, die am Beispiel der sortenreinen Kürbisnachzucht dargestellt werden sollen. Hier muss dann der Mensch zum Bestäuber werden.

Kürbis (*Cucurbita*): einjährig, einhäusig, d.h. mit männlichen und weiblichen Blüten auf einer Pflanze. Insektenbestäubung.

Es gibt vier Kürbisgattungen, die für zukunftsfähiges Gärtnern bedeutsam sind, und etwa 300 Sorten weltweit:

1. *Riesenkürbis (Cucurbita maxima)*: Ranken werden 4,50 bis 6,00 Meter lang, tragen riesige Blätter, der Stängel ist weich, rund und haarig; lange Wachstumssaison (z.B. 'Gelber Zentner').
2. *Cucurbita moschata:* große Blätter und Ranken, die sich weit ausbreiten. Der glatte, fünfeckige, korkartige Stängel hat dort, wo eine Frucht steht, eine Ausbuchtung.
3. *Gartenkürbis (Curcurbita pepo)*: Hier existieren buschförmige Sorten und solche mit langen Ranken. Der Stängel ist fünfeckig, genau wie die stacheligen Seitentriebe (zu dieser Gruppe gehören der Ölkürbis, Zucchini und der Spaghetti-Kürbis).
4. *Cucurbita mixta*: Diese Gruppe wurde früher zu den *Cucurbita moschata* gerechnet, äußerlich zeigen sie die gleichen Charakteristika.

Die männlichen und weiblichen Blüten, die Sie für »Menschbestäubung« unter Isolierung (Eintütung) benutzen, dürfen zur gleichen Pflanze gehören. Die Unterscheidung ist unproblematisch, denn der Boden der weiblichen Blüte besteht aus einem Miniaturkürbis.

Sobald die Farbe der Blüte von grün zu orange wechselt, wird sie sich am nächsten Tag öffnen. Jetzt ist der Zeitpunkt zum Eintüten.

Für die weiblichen Blüten Tüten auswählen, die auch dem Tau oder einem Regen standhalten, sie mit einem »W« kennzeichnen. Locker über die Blüte stülpen, am Stiel so dicht verschließen, dass keine Biene durchschlüpfen kann, aber so locker, dass der Stiel nicht verletzt wird. Am nächsten Morgen, allerspätestens am übernächsten Tag, pflücken Sie eine der geschützten männlichen Blüten ab, nehmen die Tüte von der weiblichen Blüte, öffnen die Blätter vorsichtig breit bei der weiblichen Blüte oder entfernen die Blütenblätter komplett von der männlichen und weiblichen Blüte. Jetzt stehen die Staubgefäße und der Stempel frei. Streichen Sie mit den Staubgefäßen sanft über den Stempel der weiblichen Blüte. Schützen Sie den Rest der weiblichen Blüte für die nächsten vier Tage wieder mit der Tüte, markieren den Stängel locker mit einem Band. Das Ganze ist in der Praxis sehr viel einfacher, als es sich hier detailliert beschreiben lässt.

Samenauswahl

Von zentraler Bedeutung für die Samengewinnung ist die Auswahl der samentragenden Pflanzen. Hiervon hängt nicht nur die Erhaltung der Sorte ab, sondern nicht selten ist hierüber auch eine Verbesserung möglich.

Für die Samengewinnung sind die besten Pflanzen des jeweiligen Jahreszyklus auszuwählen. Am besten macht man dies nicht erst im Herbst (obwohl man auch dann noch die beste Möhre oder Pastinake einmieten kann), sondern man beobachtet die Pflanzen über die ganze Wachstumsperiode, um insgesamt die Pflanze mit den besten Charakteristika auszuwählen (mit Stöckchen markieren). Bei Wurzelgemüse überwintern Sie mindestens 30 Prozent mehr, als sie zur Saat brauchen, um im Frühjahr für das Wiedereinpflanzen die einzusetzen, die am besten über den Winter gekommen sind (Gleiches gilt auch für Knollen und Zwiebeln).

Kriterien für die Auswahl:
- Lebenskraft
- Krankheitsresistenz und Befall
- Geschmack
- Ertrag

- Lagerfähigkeit
- Spätschießer (Salat, Spinat usw.)
- Keimfähigkeit
- individuelle Vorlieben wie Farbe, Verwertbarkeit u.a.

Bei allen Fremdbestäubten sind immer mehrere Pflanzen für die Samengewinnung vorzusehen.

Samenernte

a) Die Samen sollten zum Zeitpunkt der Ernte voll ausgereift sein, jedoch noch nicht zur Erde gefallen. Und selbstverständlich ist es zu spät, wenn sie der Wind verweht hat (z.B. Haferwurz). Hier kann gegebenenfalls ein Gazebeutel helfen.

b) Die Samen sollten, wenn irgend möglich, an einem trockenen, sonnigen Tag eingesammelt werden, sonst unbedingt luftig trocknen.

c) Samenbehälter sofort beschriften.

d) Einige spezielle Ernteregeln:
   - Bei Samen, die in fleischigen Früchten eingebettet sind (z.B. Tomate), warten, bis die Früchte voll- oder leicht überreif sind (leicht weich, aber noch nicht gärend). Entnehmen Sie das Fruchtmark mit dem Samen zusammen in ein Glas und geben Sie eine Vierteltasse Wasser dazu (fermentieren). In den nächsten paar Tagen können Sie beobachten, wie das leichtere Fruchtfleisch und die leeren Samen nach oben steigen, während die schweren, vollen Samen nach unten sinken. Manche Gärtner fermentieren Gurken, Kürbisse und ähnliche Samen wie bei der Tomate oder entnehmen sie mit der Gabel und waschen sie aus.
   - Voll ausgewachsene Blütenstände mit gut entwickelten, weitgehend ausgereiften Samen, bei denen die Gefahr besteht, von Wind und Regen niedergedrückt zu werden, können Sie abschneiden und an trockenem luftigen Platz kopfüber aufhäufen, bevor die Samen geerntet werden (z.B. Salat).
   - Bei Pflanzen, die ihre Samen fallen lassen, sobald sie reif sind (z.B. Salat und Zwiebel), empfiehlt es sich, eine mit Luftlöchern versehene Papiertüte über einige Samenstände zu binden. In den Tüten befinden sich oft auch einige unreife Samen, die aussortiert oder ausgeblasen werden können.

Samentrocknung und -aufbewahrung

Zu hoher Feuchtigkeitsgehalt vermindert die Samenqualität. Deshalb ist es wichtig, *alle* Samen vor der Lagerung gründlich zu trocknen, selbst diejenigen, die schon trocken aussehen. Hierzu legt man die Samen am besten auf Zeitungspapier oder Ähnliches an einem luftigen Ort einige Tage aus. Je dicker die Samen, desto länger dauert der Trocknungsprozess. Wenn wegen sehr ungünstiger Bedingungen eine künstliche Wärmequelle verwendet wird, darauf achten, dass die Temperatur nicht über 43 Grad Celsius liegt.

Für die Samen sollte im Ruhezustand bei der Lagerung der Austausch mit der Atmosphäre auf ein Minimum beschränkt (nicht unterbunden) werden. Die Samen müssen in dieser Phase vor Feuchtigkeit und Hitze geschützt werden, sonst beschleunigt der Keimling seinen Stoffwechsel und verbraucht einen Teil seiner Keimkraft im Voraus. Darüber hinaus sind die Samen auch gegen Befall zu schützen.

Ein geeignetes Verfahren scheint das Verpacken in Papiertüten, die wiederum in einem Glas oder einem anderen dichten Behälter (Dose) verschlossen werden.

Regeln:

- Nur gründlich getrocknete Samen einlagern.
- Vermeiden Sie, dass das Saatgut nach dem ersten Trocknen noch einmal feucht wird.
- Lagertemperaturen möglichst deutlich unter 20 Grad Celsius halten.
- Auf den Tüten oder Behältern Sorte, Datum, Herkunft und andere wichtige Informationen vermerken.
- Erbsen und Bohnen sollten in kleinen Säckchen und nicht in fest verschlossenen Behältern aufbewahrt werden.

Keimtest

In der Regel (vgl. Tab. 70, S. 204) kann eine Samenernte für zwei bis fünf Jahre Saatgut liefern.

Um die Aussaat zu optimieren, kann man vorab einen Keimtest durchführen. Dieser ist besonders wichtig, wenn die Samen schon länger gelagert wurden.

Für einen Keimtest empfiehlt es sich, 20 Samenkörner (bei großen Samen, z.B. Stangenbohnen, zehn) auf eine glatte Oberfläche, z.B. mehrere Lagen Küchenhandtücher, neutrale Papiertaschentücher oder Toilettenpapier, zu legen. Die Tücher gut anfeuchten, die Samen darauf ausbreiten, mit mehreren Lagen Papiertüchern abdecken, die ebenfalls gut angefeuchtet wurden. Dann über mehrere Tage (4 bis 10) feucht halten. Sobald die Mehrzahl der Samen gekeimt ist, zählen sie diese aus. Alle gekeimten Samen x 100 durch die Gesamtzahl geteilt ergibt die Keimrate in Prozent, z.B. 18 gekeimte Samen von 20, d.h. 1800 : 20 = 90 Prozent.

Nachzucht durch Knollen

Die beliebteste Knollenpflanze im Gemüsegarten ist die **Kartoffel**. Für das Erhalten nicht marktüblicher Sorten generell und auch für die üblichen Sorten sortiert man etwa 15 Prozent der Ernte mittelgroße, gut mit Augen besetzte Knollen aus, um den Status quo zu erhalten, das heißt den gleichen Ernteumfang. (Wir erneuern jedes Jahr eine der vier marktüblichen Sorten, die wir neben Spezialsorten anbauen.) Probleme bereitet oft die Lagerung. Wir haben keinen geeigneten Raum und auch beim Einmieten hatten die Knollen schon viel zu lange Keime. Das bedeutet erhebliche Reduzierung der Keimfähigkeit.

Unsere Lösung:

a) Die ausgewählten Saatkartoffeln werden im September bis Anfang Oktober im Keller eingelagert.

b) Im November werden sie dann eingemietet.

c) Ende Februar oder Anfang März werden sie aus der Miete genommen und in Kästen eingesetzt, wo sie bei Licht und kühlen Temperaturen mäßig vorkeimen. Die Keime werden auf diese Weise nur etwa drei Zentimeter lang und sind grün.

Wir haben auch eine sibirische Methode ausprobiert und die Kartoffeln, bevor sie Keime bilden – das war bei uns schon zur Weihnachtszeit –, auf gezwirnte Schnüre aufgefädelt und ins Fenster eines überwiegend nicht geheizten Zimmers gehängt. Die Keime waren Ende April im Durchschnitt ebenfalls nur drei Zentimeter lang. Obwohl die Knollen recht stark geschrumpft waren, wuchsen die Pflanzen gut und die Ernte war kaum reduziert.

Kartoffelzucht aus Samen zu ziehen ist möglich, aber eine Aufgabe, die nur von Enthusiasten geleistet werden kann.

Zur Saatgutverbesserung kann man stattdessen auf das Äugeln zurückgreifen. Aus dem Mittelteil einer großen Knolle mit entsprechenden Augen diese ausstechen – wie beim Kartoffelschälen – und in ein mit eingearbeitetem Kompost gut vorbereiteten Saatbeet etwa in zehn Zentimetern Abstand einpflanzen. Hier gewinnt man dann ein Saatgut, das ungefähr den marktüblichen »Drillingen« entspricht.

Die zweitbeliebteste Knollenpflanze in deutschen Gärten dürfte die Dahlie sein. Die ebenfalls frostempfindliche Knolle im späten Herbst ausgraben, trocknen, von Blatt- und Erdrückständen befreien, in Körben oder Kisten nebeneinander gruppiert an kühlem, aber frostfreiem Ort über den Winter lagern.

Bei frostharten Knollen oder Rhizomen wie bei der Topinambur ist Lagerung über den ganzen Winter entgegen allen Beteuerungen in üblichen Gartenbüchern möglich (s. S. 189). Zur Vermehrung ist dies zwar möglich, aber nicht angebracht, da die Neuaussaat am besten im späten Herbst erfolgt.

Nachzucht durch Zwiebeln

Zwiebeln sind ein außerordentlich gutes Gemüse, sie sind unverzichtbar in einem Gemüsegarten. In der Küche werden sie fast täglich benötigt. Auf der anderen Seite sind sie als Saatzwiebeln in einem zukunftsfähigen Garten ein enorm aufwendiges Produkt (vielfältiges Jäten und nur kleine Größen zur Erntezeit). Da hilft nur das Umsteigen auf Steckzwiebeln. Diese gibt es jedes Frühjahr in drei bis fünf Varietäten in den Bau- und Gartenmärkten zu kaufen.

Wenn wir die vorherigen Betrachtungen wieder aufnehmen, dann bietet sich hier die Möglichkeit, die Steckzwiebeln selbst zu ziehen.

Um Steckzwiebeln zu gewinnen, säen wir erst im Mai etwa ein Quadratmeter Beet oder 10 Meter Reihe aus (sechs bis acht Gramm Samen). In der Reihe sollte alle zwei Zentimeter ein Pflänzchen stehen. Wenn Sie zu dicht gesät haben, bitte ausdünnen. Sobald die kleinen Zwiebeln gelb werden, d. h. die Schlotten einzuziehen beginnen (absterben), werden die Steckzwiebeln geerntet, gesäubert und getrocknet. Ende Februar oder Anfang März in einer frostfreien Periode stecken.

Steckzwiebeln kann man auch zukaufen, sie sind zumindest nicht teuer. Anders sieht es hier beim Knoblauch aus. Wenn denn der Gärtner und die Gärtnerin Liebhaber sind – und es gibt viele Gründe, dies zu sein –, dann braucht man pro Person ca. 20 bis 30 Meter, da wird das Saatgut teuer. Kein Problem, das eigene Saatgut steht bereit. Sortieren Sie nach der Ernte im Juli schöne Knoblauchknollen aus und legen Sie diese zur Seite oder hängen Sie sie auf zum Trocknen.

Der günstigste Zeitpunkt zum Pflanzen sind im Saarland die ersten zwei Wochen im Oktober. Frühjahrsstecken ergibt eine deutlich reduzierte Ernte. Die Knoblauchzehen als Saatgut sollten gut getrocknet eine etwa zwei Monate dauernde Ruhephase hinter sich haben. Zu Saatzwecken nehmen Sie vor dem Stecken die schönsten Außenzehen von den Knollen ab. Die mittleren und alle kleineren Zehen brauchen Sie dann direkt zum Kochen. Knoblauchzehen tiefer stecken als Zwiebeln (vier Zentimeter tief).

Die Blumen- und Lilienzwiebeln können im Boden bleiben. Allerdings wandern die Tulpenzwiebeln jedes Jahr ein wenig tiefer in den Boden und die Blüten werden im gleichen Verhältnis jedes Jahr etwas kleiner. Zur Pflanzung an anderer Stelle oder Wiederbepflanzung an derselben Stelle nimmt man die Zwiebeln direkt nach dem Abblühen heraus und pflanzt sie im Herbst vor Frosteinbruch wieder ein.

Vermehrung durch Teilen, Ableger, Stecklinge und Absenker

Stauden kann man nicht nur ansäen, sondern auch durch Teilung weiter vermehren. Der Normalfall der Teilung ist die Spaltung des Wurzelstocks, der mehrere Kopfstücke hat (Beispiele: Rhabarber und ausdauernde Lupine). In diesem Fall muss der Neupflanzteil des Wurzelstocks einen Sprossansatz haben. Ein Grenzfall der Teilung ist das Einpflanzen von Wurzelteilen. Wollen Sie eine möglichst lange, gerade dicke Wurzel ernten, dann brauchen Sie eine möglichst gerade Seitenwurzel. Beim Meerrettich nennt man diese dann Fechser (ein weiteres Beispiel ist Beinwell).

Nach dem gleichen Prinzip des Einpflanzens von Wurzelteilen können wir bei vielen Stauden und Sträuchern aus jungen Zweigen Stecklinge schneiden. Beliebt ist diese Ablegervermehrung bei den Zimmerpflanzen: Usambaraveilchen, Begonien, Geranien und vielen anderen. Die meisten Kräuter (Eberraute, Lavendel, Wermut u.a.) lassen sich ebenfalls durch Stecklinge vermehren. Im Zentrum der Stecklingsvermehrung stehen die Sträucher, auch bei Weinreben waren wir erfolgreich. Nach dem Herbstschnitt, spätestens im Februar, schneidet man junge, kräftige Zweige mit drei bis fünf Augen (etwa 30 bis 50 Zentimeter lang), direkt am unteren Auge. Über dem oberen Auge lässt man einen Zapfen von ca. zwei Zentimetern stehen. Im Allgemeinen werden diese Stecklinge in einen trockenen, kühlen, frostfreien Raum bis zur Hälfte ihrer Länge in Sand oder Gartenerde gesteckt, die man dann ständig feucht halten muss. Zwischen März und Mai werden sie günstigenfalls in einen mit reifem Kompost vorbereiteten V-förmigen Graben gestellt, oberstes Auge mit dem Bodenniveau abschließend. Locker mit feuchter Erde oder Lavagranulat bedeckt, werden Frostschäden vermieden.

Im Herbst oder Frühjahr des folgenden Jahres pflanzt man die jetzt bewurzelten Stecklinge an ihren endgültigen Standort. So geht es immer (laut Literatur) – aber es geht auch noch anders. Wir haben Weiden, Hundsrose, Hasel, Holunder und sogar Weinreben bei frostfreiem Wetter im Winter geschnitten, gepflanzt (mit Kompost), sich selbst überlassen und waren erfolgreich. Wenn das eine und das andere nicht so recht geht (Teilen und Stecklinge), dann bleibt noch die Vermehrung durch Absenker. Dieses Verfahren wendet die Natur unmittelbar bei Erdbeeren und Brombeeren an. Hier kann natürlich auch nachgeholfen werden. Einfach einen tief liegenden Zweig auf den Boden bzw. in eine Bodenrinne biegen und mit Boden überdecken. Der Zweig entwickelt Wurzeln, diesen bewurzelten Zweig sticht man im nächsten Jahr ab und pflanzt ihn ein. Bei anderen Sträuchern, z.B. Stachelbeeren, wird der Strauch mit ca. 20 Zentimeter Komposterde zugehäufelt. Die äußeren Zweige – gegebenenfalls zuvor etwas niedergedrückt – bilden meist ebenfalls Wurzeln und können im folgenden Jahr abgestochen und angepflanzt werden.

Der Platz des Menschen im zukunftsfähigen Garten

Die Welt gehört nicht einer Gattung, sie gehört der Welt (Buch Lüh-Shih, 4. Jh. v. Chr.).

In einem zukunftsfähigen Garten, einer O-L-G oder einem Biotop mit Mensch steht der Mensch nicht im Mittelpunkt (Mitweltmodell). Die sozialen Räume sind deshalb nicht die zentralen Räume mit dem größten Raumanspruch, dennoch hat natürlich der Mensch als Individuum, als Familie und Gruppe dort auch seinen Platz.

Soziale Räume beim zukunftsfähigen Gärtnern

Es liegt in der Entscheidung des Einzelnen bzw. der Gruppe, die zusammenlebt, ob sie sich für zukunftsfähiges Gärtnern entscheidet, ein Biotop mit Mensch entwickelt oder ob sie den Garten nur als eine Erweiterung ihrer Wohnfläche, lediglich als zusätzlichen Außenwohn- und Spielraum nutzen möchte (Biotop **für** den Menschen).

Ist der zur Verfügung stehende Raum im Biotop **mit** Mensch sehr klein, dann wird die Gärtnerin/der Gärtner in einer Baumscheibe, vielleicht der einzigen, eine Bank aufstellen, zur Ruhe, Erbauung, Betrachtung und zum Gespräch. Es folgen ggf. zwei Bänke und ein kleiner Tisch oder ein kleines Naturensemble für Versammlungen und kleine saisonale Feste.

Am geeignetsten erscheint dann im flachen Gelände ein Graswall, volles Rund mit einem Durchmesser von ca. zwei bis drei Metern, in einem Hanggelände ein mehrstufiger Sitzplatz.

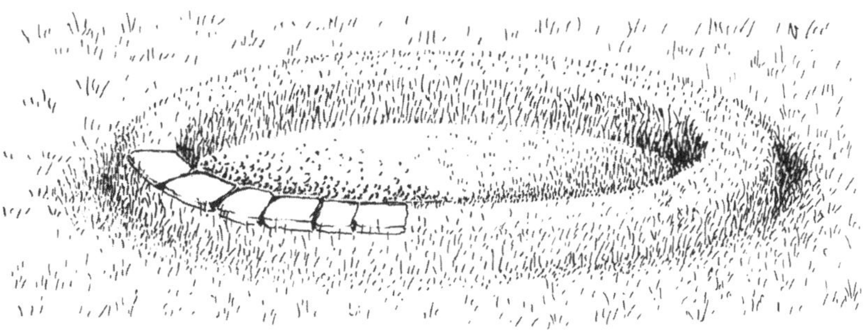

Abb. 97: Stufensitzplatz und runder Graswall

Der Fußraum kann, um trockene Schuhe zu behalten, geschottert sein oder ist mit Gras eingesät, je nach Geschmack. Der soziale Raum liegt entweder am Rande einer Einfach- oder Doppelbaumscheibe oder, wenn mehr Fläche zur Verfügung steht, am Rande einer Sonnenfalle (s. S. 137). Der nördliche Kreisbogen kann mit Sträuchern, der südliche außen mit duftenden Kräutern und Blumen bepflanzt werden. Wenn etwas mehr Raum zur Verfügung steht, könnte dieser Raum durch eine schuppenartige Überdachung einer entsprechenden Fläche ergänzt werden. Diese Fläche ist mindestens nach einer Seite offen (Süd-, SW- oder SO-Seite) und liegt deshalb am Nordwestrand einer Sonnenfalle.

Die Schuppenhalle ruht auf vier bis sechs Fundament-Betonpfeilern, frostsicher gegründet. Die Pfeiler können aus Holz oder aufgemauert sein. Pfeiler und Dach können entweder in Eigenarbeit oder teilweise von einer Firma erstellt werden. Die Wände sind im Eigenbau zu errichten. Sie können nach und nach erbaut und in verschiedenen Techniken ausgeführt werden. Soweit Heckenschnitt zur Verfügung steht, können die stärkeren Zweige zum Ausflechten verwendet werden. Besonders, wenn ein noch lehmhaltiger Boden auf dem Grundstück vorliegen sollte, ist eine Lehmflechtwand interessant. Der gegrabene (oder gekaufte) Lehm ist auf Knetkonsistenz anzufeuchten und durchzuarbeiten, dann wird Stroh eingeknetet. Eine Lehmwand sollte möglichst viel Sonnenbestrahlung erhalten können. Es ist von Vorteil, wenn die Grundfläche zwei Spaten tief ausgegraben und mit dem Aushub ein dreiseitiger kleiner Wall angelegt wird (mehr Mutterboden für Schling- und Kletterpflanzen usw.). Auf einem Hanggrundstück kann diese Anlage so in den Hang gebaut werden, dass nach Aushub und Verbringen der Erde zur Steilwand die Rückwand aus Boden be-

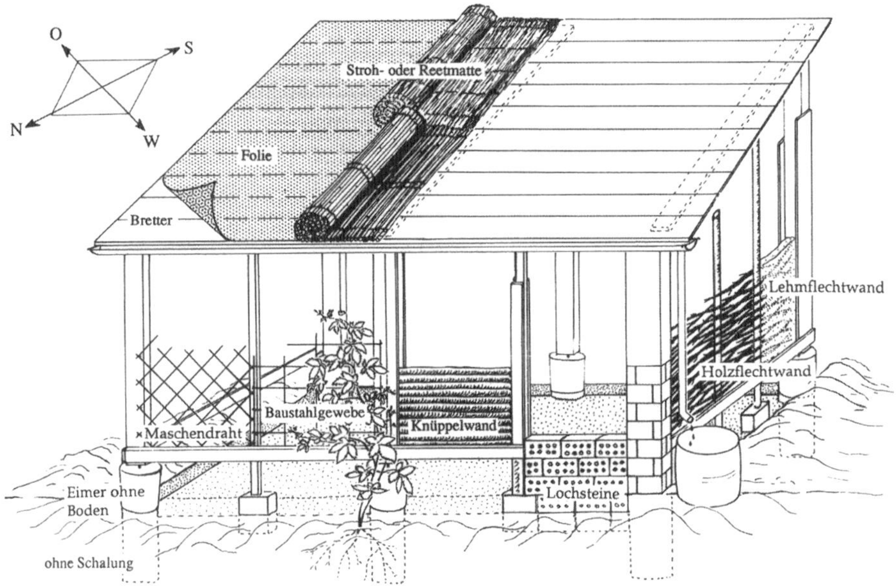

Abb. 98: Mehrzweck-Schuppenhalle als Überdachung des sozialen Raumes

steht. Insbesondere dann ist es interessant, ein begrüntes Dach zu bauen. Dachbegrünungen sind in der Ökoszene zwar »in«, aber sehr aufwendig und teuer. Wenn die Isolierwirkung keine Rolle spielt, ist ihre Anlage gut zu überlegen.

Die Pfeiler- und Dachkonstruktion ist fachmännisch, statisch gesichert unter Fachleitung durchzuführen, die Wandkonstruktion kann der Konstruktionsfreude und dem praktischen Experimentieren freigegeben werden (selbstverständlich mit überlegtem Sicherheitsstatus). Das Dach sollte zum Wassersammeln, für das Nachfüllen und die Wassererneuerung von Tümpeln genutzt werden.

Wenn zu dem Biotop mit Mensch ein Haus gehört, wird dieses integriert. Wenn ein Biotop mit Mensch mit einem Haus neu geplant und entwickelt wird, bleiben die Prinzipien »minimale Versiegelung« und »Eingliederung des Menschen in seine Mitwelt« (nur die notwendige Wohnflächenerstellung) zentral. Das Haus wird ein Niedrig- oder Nullenergiehaus sein (vgl. auch S. 29). Soweit die Genehmigungen zu erhalten sind, wird das Haus so geplant und auf dem Grundstück postiert, dass möglichst wenig Grundfläche aus der »Ernteteilung« herausgenommen wird.

Die Mehrzweck-Schuppenhalle ist keine Biotop-Arche (deren Funktion erfüllt im Biotop mit Mensch die Wildfläche, s. S. 213). Aber wenn die Wände berankt, in unterschiedlichen Baumaterialien ausgeführt sind, der Rückraum mit Sträuchern abgeschirmt wird, können eine Reihe von Tieren Unterschlupf finden (vgl. Altholz- und Steinhaufen, Tab. 71 bis 74, S. 215ff.).

Bei entsprechendem Bedarf kann die Schuppenhalle auch zu einer »Schrebergartenhütte« (vgl. S. 14) erweitert oder umgestaltet werden.

Wetterstation und Windenergiegewinnung

Mindestausstattung ist ein Niederschlagsmessgefäß und ein Maximum-Minimum-Thermometer. Je nach Möglichkeiten können Barometer, Windmesser und Hygrometer hinzukommen. Die Instrumente sind sonnen- und regengeschützt anzubringen. Je nach Interesse und behördlichen Möglichkeiten kann daneben ein Kleinwindrad gebaut werden, um Windenergie zu nutzen, sei es, um Wasser an den höchsten Punkt des Grundstücks zu pumpen oder für andere Verwendungsmöglichkeiten. Das Schuppen- oder Schrebergarten-Hüttendach kann auch Solarpaneele aufnehmen, um bei zeitweiligem Wohnen und oder Festlichkeiten im Biotop mit Mensch Energie zur Verfügung zu haben.

Die kleinen Gartenfeste

Weshalb Schuppenhallen als überdachte Sozialräume nicht gemeinsam bauen, gemeinsam ernten und haltbar machen (z.B. einsäuern)? Warum nicht viele solcher kleinen Ereignisse und Möglichkeiten für ein frohes soziales Erlebnis nutzen (zusammen feiern)? Bei ausreichend gutem Wetter im Biotop mit Mensch, aber genauso gut im Haus oder in der Wohnung. Es wurden eine Reihe von Anregungen in den Text aufgenommen, die hier nur aufgelistet werden.

- Frühlingsfest (Wildgemüse), s. S. 189
- Sommerfest I (Roggenbrot), s. S. 120ff.
- Sommerfest II (Wildbeeren/Wildfrüchte), s. S. 110
- Herbstfest I (Kartoffeln), s. S. 116
- Herbstfest II (Äpfel), s. S. 87
- Winterfest I (Naschwerk), s. S. 198ff.
- Winterfest II (Sauergemüse), s. S. 196ff.

Die Wildfläche (Komponente I)

*Wir fliehen die Städte und suchen die Natur. Finden wir sie, ist sie verloren (*Gerdes *1993, S. 13).*

Der Biotop mit Mensch braucht Ruhezonen, menschenarme Zonen. Ein Garten, insbesondere einer für zukunftsfähiges Gärtnern, braucht die Komponente I, einen ge- wissen Prozentsatz als Wildfläche, in der sich »Natur« entwickeln kann, ein Stückchen »Chaos« – auch wenn es uns nach wie vor schwerfällt. Die Wildfläche ist der konsequente »Tu-nichts-Garten«. Wenn ein Garten relativ groß ist und der Hobbygärtner seine Arbeit im Garten sehr gering hält oder ganz einstellt (was Kleingärtnervereinigungen zu vermeiden wissen), dann wird dieser Garten zu einer Entwicklungsfläche. Es erfolgt eine unkontrollierte Entwicklung von Leben bei Ausschöpfung der vorliegenden Möglichkeiten. Das ist weder eine Schande noch eine gärtnerische Katastrophe, sondern eine wünschenswerte Unterbrechung der Zivilisationswüsten. Bei einer solchen Entwicklungsfläche bleibt aber auch die gewünschte Möglichkeit, daraus wieder einen Garten, ein Biotop mit Mensch zu entwickeln. Im Folgenden geht es nicht um solche Entwicklungsflächen, sondern um den geplanten Anteil des vom Menschen kontrollierten und genutzten Bereiches, in dem sich der Mensch extrem zurückhält. Um die Wildfläche, die zu jedem zukunftsfähigen Garten gehören sollte. Großflächig ist dann die Vernetzung solcher Wildflächen ein ökologisches Minimalanliegen für eine menschliche Zukunft auf diesem Planeten (vgl. auch *Benjes* 1986).

Die Wildfläche (Komponente I) ist der Ort, an dem der Mensch nur Beobachter ist. Sie ist nicht seine kultivierte Natur. Sie sollte bei keinem Garten fehlen!

Abb. 99: Wildfläche

Wildflächen-Zwischenzone

Im Garten gibt es eine Reihe kleinerer Ruheplätze, minimale Areale, die Rückzugsmöglichkeiten bieten.

Altholzhaufen und Steinwall

Der erste Schritt zur Wildfläche ist die Einrichtung und Duldung eines Altholzhau-

Abb. 100: Altholzhaufen und Steinwall

fens und eines Steinhaufens oder -walls.

Sobald etwas Holzschnitt aus Hecken und von Bäumen anfällt, kann ein Altholzhaufen angelegt werden. In einem jungen Garten kann zu diesem Zweck auch etwas Holz von außen eingetragen werden (etwas dickere Äste oder Stammstücke). Totholz ist vor allem die Heimstatt von Käfern und Hautflüglern. Hautflügler legen ihre Eier in Spalten und in von anderen Insekten vorgebohrte Gänge, so auch Solitärbienen und Wespen.

Reptilien, besonders Blindschleichen, schätzen Altholzhaufen. Die meisten Reptilien und Amphibien bevorzugen aber Zwischenräume in Steinhaufen und Trockenmauern.

Tab. 71: Zwischen Holz und Stein: Insekten, Spinnen u.a.

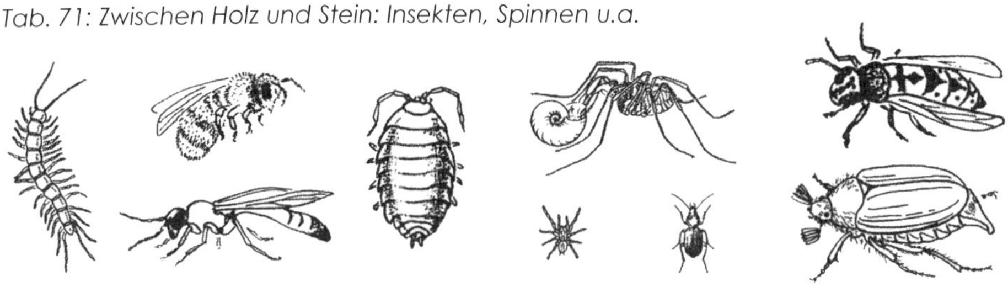

Name *(lateinischer Name)*	**Größe**	**Farbe**	**Heimstatt und Nahrung**
Käfer			
Hirschkäfer *(Lucanus cervus)*	2,5 bis 7,0 cm	schwarz mit braunen Flügeldecken	Das Weibchen legt die Eier in verottendes dickes Holz, wie Baumstümpfe von Laubbäumen, auch von Obstbäumen, in denen sich die Larven entwickeln, und von dem Holz leben. Die ausgewachsenen Käfer leben von Baumsäften.
Laufkäfer			Laufkäfer und ihre Larven jagen in der Dämmerung Insekten, deren Larven und Schnecken. Den Tag über suchen sie Unterschlupf unter Steinen und altem Holz, ihre Larven leben in der Bodenspreu.
– Lederlaufkäfer *(Carabus coriaceus)*	3,4 bis 4,0 cm	schwarz, matt	
– Hainlaufkäfer *(Carabus nemoralis)*	2,0 bis 2,5 cm	Deckflügel schimmern leicht violett, Reihen von kleinen Grübchen	
– Violettfarbener Laufkäfer *(Carabus violaceus)*	2,2 bis 2,8 cm	violett schimmernde Deckflügel und Brustpanzer	
Hautflügle			
Solitärbienen			
– Wollbiene	Beschreibung siebe Tab. 74, Seite 217		
– Mauerbiene	Beschreibung siehe Tab. 74, Seite 217		
Steinhummel	Beschreibung siehe Tab. 74, Seite 217		
Wespen			Zur Fütterung ihrer Brut töten die Wespen Läuse, Fliegen und andere Insekten. Sie fressen auch an Früchten und Beeren.
– Gemeine Wespe *(Paravespula vulgaris)*	1,1 bis 1,4 cm	gelb und schwarz und in Steinhaufen.	– Sie baut kleine runde graue Nester in Höhlungen in der Erde
– Waldwespe *(Dolichovespula sylvestris)*	1,3 bis 1,5 cm	gelb und schwarz	– Sie baut runde graue Nester von 8 bis 10 cm Durchmesser in Gestrüpp, auch günstig liegenden Altholzhaufen.
Ohrwürmer			
Ohrwurm, Gemeiner *(Forficula auricularia)*	10 bis 16 mm	braun	Er lebt in der Mulchschicht in Ritzen, gefüllten Blumen (z.B. Dahlien). Er frisst Aas, Pilze, Pflanzenteile und Insekten (vgl. S. 164 ff.). Das Weibchen betreibt Brutpflege, bewacht, reinigt und wendet die Eier.
Asseln (Krebse)			
Mauerassel *(Oniscus asellus)*	1,5 bis 1,8 cm	grau	Sie lebt unter Steinen und altem Holz in der Bodenspreu, aber auch im Keller. Ihre Nahrung besteht aus pflanzlichen Abfallstoffen. Die Weibchen tragen die Eier mit sich herum, bis die Jungen schlüpfen
Tausendfüßler, Hundertfüßler			
Gemeiner Steinkriecher *(Lithobius forficatus)*	unterschiedlich bis 4,5 cm	hellbraun	Er lebt unter Steinen und altem Holz und jagt nachts Insekten und Spinnen.
Netzlose Webspinne VI.			
Gemeine Wolfsspinne *(Lycosa pullata)*	0,5 bis 0,6 cm	dunkelbraun	Lebt in Steinhaufen und Bodenspreu im Altholzhaufen. Sie spinnt kein Netz, sondern fängt ihre Beute im schnellen Sprung. Das Weibchen trägt seinen Eikokon mit ca. 50 Eiern mit sich herum.

Tab. 72: Zwischen Stein und Holz: Reptilien und Amphibien

Name *(lateinischer Name)*	**Größe**	**Farbe**	**Heimstatt**	**Nahrung**	**Allgemeines zu Verhalten und Vermehrung**
Reptilien					
Blindschleiche *(Anguis fragilis)*	bis 50 cm lang	goldglänzend, die Weibchen mit dunklen Rückenstreifen	Altholz-, Stein-, auch Komposthaufen, unter Brettern	Insekten, Würmer, Schnecken, Raupen (Tiere, die sich langsam bewegen)	– Blindschleichen gehören zu den Eidechsen und müssen wie diese mehrmals die Haut abstreifen. Sie sonnen sich gern. – Das Weibchen bringt im Herbst oder Frühjahr 6 bis 12 lebendige Junge zur Welt. Sie können bis zu 50 Jahre alt werden.
Eidechsen **– Mauereidechse** *(Padarcis muralis)* **– Waldeidechse** *(Lacerta vivipara)* **– Zauneidechse** *(Lacerta agilis)*	bis 15 cm lang bis 15 cm lang bis 22 cm lang	variiert, grau/braun mit dunklen Längsstreifen und hellen Flecken mittelbraun mit hellen und dunklen Längsstreifen und Flecken mittelbraun mit hellen und dunklen Längsstreifen und Flecken, Männchen mit grüner Seite	sonnige Steinhaufen und Mauern, die Verstecke bieten Weg- und Waldränder, Hecken und Altholzhaufen Stein- und Altholzhaufen, in Hecken, Wiesen und an Feldrändern	Spinnen, Ameisen u.a. Insekten, auch Saft von reifen Früchten Spinnen, Fliegen, Käfer, u.a. Insekten, Raupen Käfer, Heuschrecken u.a. Insekten, Raupen, Spinnen	– Eidechsen häuten sich mehrmals. Sie sonnen sich gern. Wenn ein Feind sie am Schwanz packt, kann dieser abgeworfen werden, und während der Feind sich um das zappelnde Schwanzteil kümmert, versucht die Eidechse zu entkommen. Das verlorene Schwanzteil wächst wieder nach. – Mauereidechsenweibchen vergraben 2 bis 3mal im Jahr 2 bis 8 Eier. – 5 bis 8 Junge werden von den Waldeidechsen lebend geboren. – Zauneidechsenweibchen vergraben an sonniger Stelle 5 bis 15 Eier.
Amphibien					
Fadenmolch	Beschreibung: siehe Tab. 80, Seite 233				
Kröten **– Erdkröte** *(Bufo bufo)* **– Kreuzkröte** *(Bufo calamita)*	bis 15 cm lang bis 10 cm lang	braune warzige Haut mit dunklen Flecken gelblich grüne bis olivfarbige, warzige Haut mit einer hellen Mittellinie auf dem Rücken	Wälder, Wiesen, Gärten, Altholz- und Steinhaufen trockene, sandige Böden, auch Altholz und Steine zum Schutz	Käfer u.a. Insekten, Raupen, Spinnen, Asseln, Würmer, Schnecken Käfer, Fliegen u.a. Insekten, Raupen, Spinnen, Asseln, Regenwürmer, Schnecken	– Erdkröten sind nachtaktiv. Nach der Winterruhe beginnt im März bis April die »Krötenwanderung«. Zu diesem Zeitpunkt suchen die Kröten ihre Laichgewässer auf. Die Weibchen legen bis zu 3 m lange Laichschnüre mit doppelter Eierkette ab. – Kreuzkröten sind nachtaktiv. Sie haben sehr kurze Hinterbeine, können deshalb nicht hüpfen, aber sie können sehr schnell rennen (wie Mäuse). April bis Juni legt das Weibchen Laichschnüre mit einreihiger Eierkette in Gewässern ab.

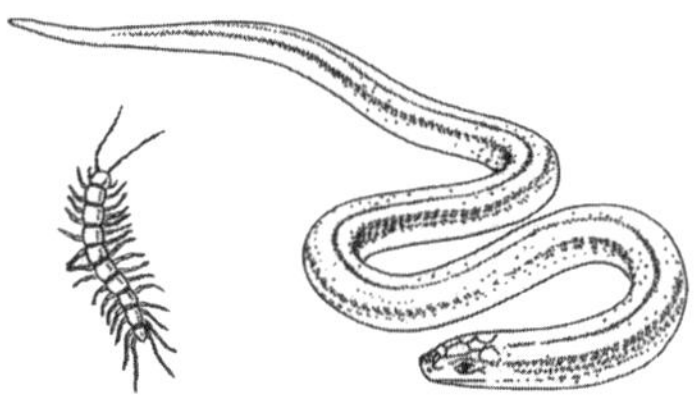
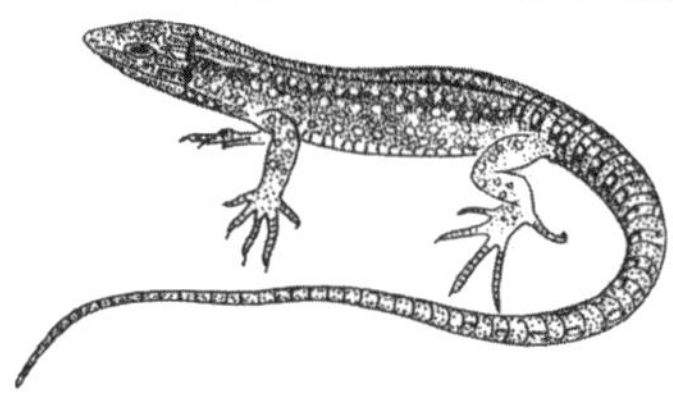

In den meisten Böden sind Steine eingestreut. Wenn wir einen Baum oder Strauch pflanzen, oder beim Kartoffelernten, gewinnen wir Material für unseren Steinhaufen. Im anderen Fall sollte eine kleinere Anzahl bis mittelgroße Steine (noch gut tragbar) in den Garten eingetragen werden. Dabei können auch Bauabfallsteine sowie Metallmüll oder Holzstümpfe mit eingebracht werden, um mit wenigen Steinen dennoch einen kleinen Steinhaufen bilden zu können.

Immer dann, wenn wir nur wenig Platz, nur wenig Material haben oder aufgrund eines Hanges für einen Sitzplatz u.a. eine natürliche Gelegenheit entsteht, können hier einmalig auch Konstruktionsbedürfnisse befriedigt werden. Solange sich die entsprechenden Haufen noch nicht entwickeln konnten (in jungen Gärten) oder Material ganz fehlt, ist es angebracht, Nisthilfen für Hautflügler (Solitärbienen, Wespen, Hummeln und Hornissen) zu bauen. Wenn ein Biotop mit Mensch einmal entwickelt ist, ausreichend gemulcht wird, werden die konstruierten Behausungen kaum noch angenommen werden.

Tab. 73: Zwischen Hecke, Holz und Stein: Vögel und Kleinsäuger

Name *(lateinischer Name)*	**Größe**	**Farbe**	**Heimstatt**	**Nahrung**	**Allgemeines zu Verhalten und Vermehrung**
Vögel					
Amsel *(Turdus merula)*	25 cm	w. braun m. schwarz	Hecken, Bäume, auch geschützte Altholzhaufen	Regenwürmer, Insekten, Beeren, Früchte, Schneckeneier	– Die Amsel hat sich an die Menschennähe gewöhnt. Sie lebt in Städten und Dörfern. Sie brütet 2 bis 3mal im Jahr. Eier grünlich, rotbraun gefleckt
Rotkehlchen *(Erithacus rubecula)*	14 cm	Rücken braun, Bauch weißlich, Brust orangerot	im Schutz von Vegetation oder Gestrüpp am Boden	Insekten, Raupen, Spinnen, Würmer, kleine Schnecken	– Rotkehlchen verteidigen ihr Revier gegen Artgenossen heftig; sie sind oft sehr zutraulich zum Menschen. Meistens brüten sie 2mal im Jahr. Eier weiß, rötliche Punkte
Steinschmätzer *(Oenanthe oenanthe)*	15 cm	w. Rücken graubraun m. Rücken grau, Flügel schwarz m.u.w. heller Bauch	offenes Gelände, Wiesen, Weinberge, Steinhaufen, Mauerspalten und Erdlöcher	Insekten, Larven, Spinnen, kleine Würmer und Schnecken	– Die Steinschmätzer überwintern in den Steppen Afrikas und kehren in der zweiten Märzhälfte zurück. Eine Brut, meist in Höhlungen zwischen Steinen Eier rötlich, grau punktiert
Säuger					
Igel *(Erinaceus europaeus)*	23 bis 29 cm	grau/weiß gesprenkeltes Stachelkleid auf dem Rücken	Altholzhaufen, Hecken, unter denen Herbstlaub liegen bleibt, Laubhaufen	Käfer, Raupen, Regenwürmer, Nackt- und Gehäuseschnecken, Vogeleier, Erdbeeren, Fallobst	– Igel sind nachtaktiv Stacheln sind umgewandelte Haare und wachsen nach, wenn sie ausfallen. Die Stacheln liegen flach an; wenn der Igel sich bei Gefahr zu einer Kugel zusammenrollt, werden die Stacheln aufgestellt. Igel bringen 1 bis 2mal im Jahr je 3 bis 7 Junge zur Welt.
Mauswiesel *(Mustela nivalis)*	15 bis 25 cm	auf dem Rücken brauner Pelz und weißer auf dem Bauch	Altholz- und Steinhaufen, die genügend Raum bieten, in Wiesen, Hecken	alle Arten von Mäusen, Vögel, Eier	– Das Mauswiesel braucht je nach Nahrungsangebot ein Jagdrevier bis zu 8 ha groß. Es jagt am Boden, kann aber auch klettern und vertilgt mehrere hundert Mäuse im Jahr. 2mal im Jahr je 4 bis 7 Junge
Spitzmäuse		brauner Pelz auf dem Rücken und heller auf dem Bauch	Altholz-, Stein- u. Laubhaufen in Wiesen, Wäldern, Hecken und Gärten	Insekten, Larven, Spinnen, Asseln, Schnecken	Spitzmäuse sollen Wühlmäuse vertreiben.
– Waldspitzmaus *(Sorex araneus)*	5,5 bis 8 cm				– Die Waldspitzmaus duldet keinen Artgenossen im Revier. Tag und Nacht ist sie auf Nahrungssuche. 3 bis 4mal im Jahr je 4 bis 9 Junge
– Zwergspitzmaus *(Sorex minutus)*	4 bis 6 cm				– Die Zwergspitzmaus ist das kleinste Säugetier Mitteleuropas. Tag und Nacht muss sie jagen, um 5 bis 6 g (so viel wie ihr eigenes Körpergewicht) täglich zu verzehren. 2mal im Jahr je 4 bis 8 Junge

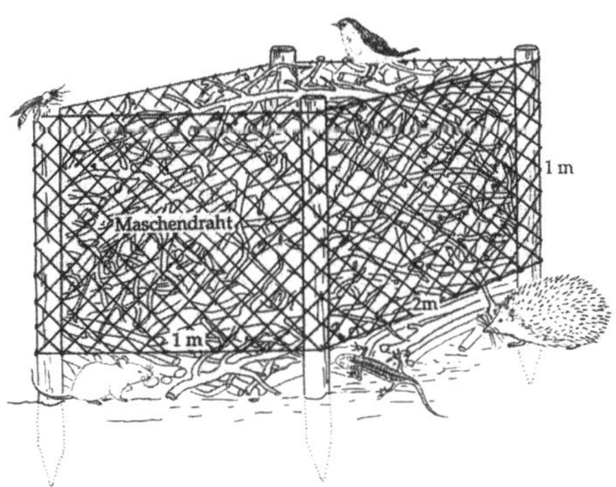

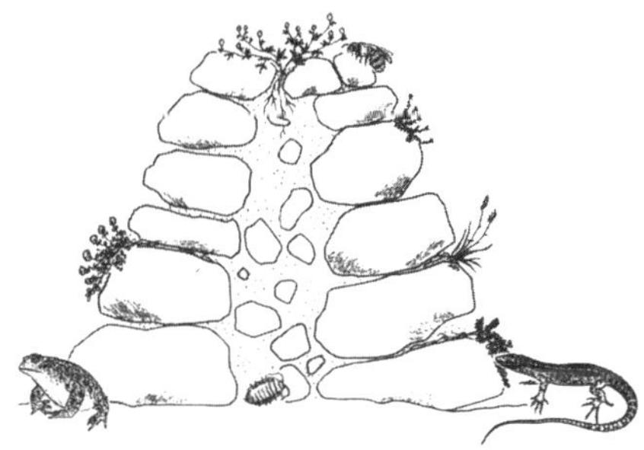

Abb. 101: Altholzgärtchen und Trockenmauer

Igel benötigen ein großes Jagdrevier, das sich über mehrere Gärten oder über Teile der Feld- und Waldflur und unseren Garten erstreckt. Dieses Revier durchstreifen sie regelmäßig. Sie haben drei bis sechs Igelburgen angelegt, in denen sie auf ihren Streifzügen jeweils für einen oder mehrere Tage einkehren. Ihren Nachwuchs ziehen sie in der von ihnen als sichersten Platz eingeschätzten Burg auf. Da sie Insektenlarven, Insekten und Schnecken vertilgen, sind sie gern gesehene Gäste – allerdings fressen sie auch Erdbeeren, Regenwürmer und Blindschleichen (Letztere sind die besten Helfer des Gärtners) und zeigen damit, dass sie keineswegs in eines Gärtners Sold stehen.

In einer O-L-G sind Hummeln – wenn der Gärtner nicht auch Imker ist – von besonderem Interesse und werden sich auch unter den hier beschriebenen Bedingungen reichlich einstellen. Andernfalls sollte man nachhelfen: Hummeln werden in der Intensiv-Landwirtschaft als Bestäuber eingesetzt und sind über den Handel zu beziehen.

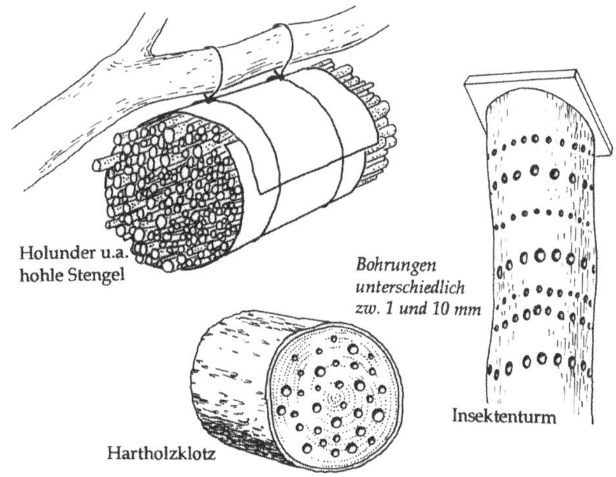

Abb. 102: Nistmöglichkeiten für Hautflügler

Hummeln sind im Biotop mit Mensch unentbehrlich (je größer die Vielfalt an Pflanzen ist), denn sie sind nicht blütenstet wie Honigbienen. Ohne sie und andere Wildbienen gäbe es kaum bunte Wiesen, denn Honigbienen sammeln immer das, was in größeren Mengen da ist, bis hin zum Honigtau bei übermäßigem Blattlausauftreten. Hummeln haben eine außergewöhnliche Wärmeregulierung, ja ein Wärmerückgewinnungssystem. Sie können deshalb bei Temperaturen um den Gefrierpunkt fliegen, sammeln und natürlich bestäuben (Bienen brauchen eine Temperatur über 9 Grad Celsius und kommen

Tab. 74: Hummeln und Wildbienen

Name *(lateinischer Name)*	**Größe**	**Färbung**	**Heimstatt und Nahrung**
Hummeln			
Erdhummel *(Bombus terrestris)*	1,6 bis 2,8 cm	dicht behaart, schwarz, gelbe Binde auf Brust und Hinterleib, dieser am Ende weiß	Sie bauen ihre Nester unterirdisch in verlassenen Mäusenestern, Maulwurfsgängen und anderen Erdhöhlungen. Sie ernähren sich von Nektar und Pollen.
Feldhummel *(Bombus agrorum)*	1,3 bis 1,8 cm	dicht behaart, Brust braungelb, Hinterleib hellbraun	Sie bauen ihre Nester oberirdisch aus Gras und Pflanzenteilen in Höhlen, auch in verlassenen Vogelnestern. Ihre Nahrung sind Nektar und Pollen.
Steinhummel *(Bombus lapidarius)*	1,4 bis 2,6 cm	dicht behaart, Hinterleibspitze dunkel orangerot	Sie bauen ihre Nester in Hohlräumen von lockeren Steinhaufen, Mauern oder im Boden. Sie ernähren sich von Nektar und Pollen.
Bienen			
Mauerbiene [viele verschiedene] *(Osmila ...)*	0,8 bis 1,6 cm	Brust schwarz, Hinterleib rot behaart	Sie bauen ihre Brutzellen in Mauerritzen und Löchern im Holz, ernähren sich von Nektar und Pollen.
Sandbiene [viele verschiedene] *(Andrena ...)*	1,0 bis 1,1 cm	dicht graugelb behaart	Sie graben für den Bau ihrer Brutzellen Löcher in sandigen Boden und ernähren sich von Nektar und Pollen.
Wollbiene [viele verschiedene] *(Anthidium ...)*	1,7 bis 1,8 cm	schwarze Brust, Hinterleib gelb und schwarz	Sie schaben Haare von wolligen Pflanzen wie Königskerze oder Quitte, transportieren diese in hohle Stengel oder Löcher im Holz und bauen ihre Brutzellen da hinein. Sie leben von Nektar und Pollen.

auch dann nur langsam in Gang). Bei kühlem Frühlingswetter gibt es deshalb keine Befruchtungen, es sei denn durch Hummeln.

Eine Hummel fliegt fünfmal schneller und sammelt sechsmal mehr als eine Honigbiene. Beim gezielten Einsatz in der Obst- und Gemüse-Intensivkultur ist sie sogar 200-mal effizienter (Witte 1991, S. 10ff.).

Hecken und Zäune

»Jeder Wildstrauch im Garten ist ein Stück Lebensversicherung der Natur« (*Witt* 1989, S. 24). Zur O-L-G gehören neben Bäumen auch Sträucher, die gemeinsam ein Waldrandelement bilden können.

Sträucher, die man sich selbst überlässt, außer dem vielleicht alle fünf bis zehn Jahre einmaligen Knicken und gelegentlichen Früchtesammeln, sind der zweite Schritt zur Wildfläche. Immer dann, wenn sich einige Sträucher im Verbund so weit selbst überlassen bleiben, sprechen wir von einer Hecke. Die Hecken der Wildfläche entsprechen in Zusammensetzung und Funktionen denjenigen des Strächersegments (vgl. S. 98ff.).

Über die Auswahl von Wildsträuchern, über Sträuchervergesellschaftungen siehe die O-L-G »Sträucher« (S. 98ff. sowie Tab. 25 bis 27). In diesem Zusammenhang wurde auch bereits ausführlich auf die Bedeutung der Sträucher für die Insekten-Balance und eine Klimaverbesserung hingewiesen.

Hecken haben einen größeren Raumbedarf. Nehmen wir als Minimalhecke drei Wildsträucher, dann können wir den minimalen Raumbedarf wie folgt ermitteln (s. Abb. 103):

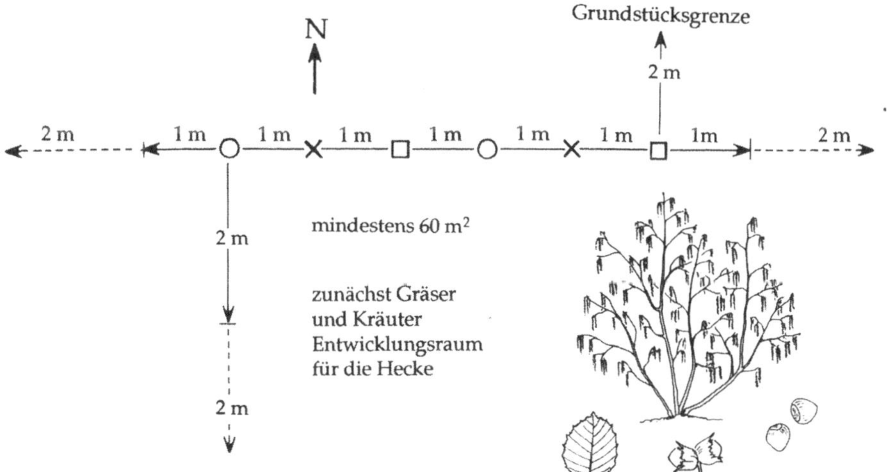

Abb. 103: Minimales Heckenareal

In der Regel wird bei geringem Platzangebot eine Hecke an die Grundstücksgrenze gepflanzt, und zwar an die Schattenseite. Gepflanzt werden beim Minimal-Heckenareal sechs Sträucher in einem Meter oder 0,75 Meter Abstand. Dabei wird angenommen, dass sich später drei dominant durchsetzen.

Hecken sind wichtige und überaus vielfältige Lebensräume. Im Biotop mit Mensch stellen sie beruhigte Zonen für alles tierische Leben dar.

Vögel sind in einer O-L-G sehr wichtige Bewohner. Sie tragen genau in den Zeiten ein (füttern ihre Jungen), in denen Insekten an Obstbäumen, Sträuchern und auch an Mischkulturpflanzen am häufigsten vorkommen. Der hohe Eiweißbedarf der Jungvögel macht eine fast ausschließliche Versorgung mit Raupen, Larven und Insekten notwendig. Dichte und nicht zuletzt dornige Heckenpartien liefern hervorragenden Nistschutz.

Tab. 75: Häufig vorkommende Tiere in der Hecke 1 – Vögel

Name *(lateinischer Name)*	**Beschreibung**	**Nahrung**	**Heimstatt**
Amsel	Beschreibung siehe Tab. 73 Seite 216		
Blaumeise *(Parus caeruleus)*	m. und w. blau auf dem Kopf, den Flügeln, am Schwanz, Brust und Bauch gelb – 12 cm	Insekten, Larven, Puppen, Sämereien	Baut ihr Nest in Baumhöhlen, Mauerlöchern; Nistkästen aufhängen mit Einflugloch Ø 26 mm – Jahresvogel
Gartenrotschwanz *(Phoenicurus phoenicurus)*	m. weiße Stirn, schwarze Kehle, orange Brust, Rücken grau, Schwanz orangerot w. Rücken bräunlich, heller Bauch, orangeroter Schwanz – 14 cm	Insekten, Larven, Spinnen	Baut sein Nest in Baumhöhlen, Mauerspalten, Nischen; Nistkästen in Halbhöhlenform, s. Abb. 105, Seite 223 – Zugvogel
Gartengrasmücke *(Sylvia borin)*	m. olivgraubraune Oberseite, helle Bauchseite w. wie das Männchen – 14 cm	Insekten, Larven, Spinnen, Beeren	Baut ihr Nest im Gebüsch, in geringer Höhe; Nisthilfe: dichtes Gebüsch – Zugvogel
Gimpel, Dompfaff *(Pyrrhola pyrrhula)*	m. schwarzer Oberkopf, Rücken grau, weiß, Brust und Bauch leuchtend rot w. wie das Männchen, aber Brust und Bauch graubraun – 15 cm	Samen, Knospen	Baut sein Nest im Gebüsch in geringer Höhe; Nisthilfen siehe Abb. 104, Seite 222 – Jahresvogel
Goldammer *(Emberiza citrinella)*	m. Kopf und Brust leuchtend gelb, Seiten und Rücken hell- und dunkelbraun gefleckt w. wie das Männchen, Farben etwas matter – 16 cm	Insekten, z.B. Schmetterlinge, Heuschrecken, Raupen, Sämereien	Baut sein Nest im Gebüsch, dicht über dem Boden; Nisthilfe: dichtes Gebüsch – zieht innerhalb Europas
Grünfink *(Carduelis chloris)*	m. olivgrün, Flügel und Schwanz mit gelben und schwarzen Zonen w. wie das Männchen, etwas matter – 14 cm	Samen, zur Brutzeit auch Raupen und Blattläuse	Er baut sein Nest in dichten Hecken, kleinere Bäumchen oder in Kletterpflanzen; Nisthilfe siehe Abb. 104, Seite 222 – Jahresvogel
Haussperling *(Passer domesticus)*	m. Rücken braun, dunkel gestreift, auf den Flügeln zwei weiße Streifen, Bauch hellgrau, Kehle schwarz w. matter in der Färbung, ohne schwarze Kehle – 14 cm	Samen, Getreidekörner, Knospen, zur Brutzeit Insekten und Larven	Baut sein Nest in Mauerlöcher, Baumhöhlen, unter Ziegeln und in Kletterpflanzen am Haus – Jahresvogel
Kleiber *(Sitta europaea)*	m. Rücken grau, schwarzer Augenstreifen, Bauch hell rostfarben w. wie Männchen – 14 cm	Insekten, Larven, Puppen, Spinnen, Sämereien	Er baut sein Nest in Baumhöhlen von dicken Bäumen; Nistkästen mit Flugloch Ø 32 mm aufhängen – Jahresvogel
Kohlmeise *(Parus major)*	m. schwarzer Längsstreifen auf dem gelben Bauch, Kopfdecke schwarz, weiße Flecken unter den Augen, Rücken olivgrün w. ganz ähnlich – 14 cm	Insekten, Larven, Spinnen, Raupen, Sämereien, süßes Obst	Sie baut ihr Nest in Mauerlöchern und Baumhöhlen; Nistkästen mit Flugloch Ø 32 mm aufhängen – Jahresvogel
Mönchsgrasmücke *(Sylvia atricapilla)*	m. Kopfplatte schwarz, Rücken grau, Bauch hellgrau w. wie das Männchen, Kopfplatte aber braun – 14 cm	Insekten, Larven, Spinnen, auch Beeren und überreifes Obst	Sie baut ihr Nest in dichtem Gestrüpp in geringer Höhe; Nisthilfe: dichte Hecken – Zugvogel
Neuntöter *(Lanius collurio)*	m. Kopfdecke grau, Rücken rotbraun, Schwanz schwarzweiß, schwarzer Augenstreifen, Bauch zartrosa w. Oberseite rötlich braun, Unterseite hell – 17 cm	Insekten, kleine Wirbeltiere, z.B. Frösche, Eidechsen, diese und große Insekten spießt er auf Dornen im Gebüsch, um sie besser fressen zu können	Sein Nest baut er in dichtes Dornengestrüpp; Nisthilfe: Schlehen- und Weißdornhecken – Zugvogel
Zaunkönig *(Troglodytes troglodytes)*	m. und w. Rücken braun mit dunkleren kleinen Querstreifen, Bauch hellbraun, ebenfalls dunklere Querstreifen – 9 cm	Insekten, Spinnen	Er baut sein Nest in dichten Büschen, Mauerlöchern, Nischen, auch in günstiger Hausbegrünung; Nisthilfe: dichter Bewuchs, auch immergrüner, mit guter Deckung, siehe Abb. 104, Seite 222 – Jahresvogel

Je nach Größe des Heckenareals finden wir mehr oder weniger kleinere oder größere Säugetiere bis hin zu Hase und Fuchs, die ihre Schlafstatt in einer Hecke einrichten und rund um die Hecke ihre Reviere abgrenzen.

Die ersten und häufigsten Kleinsäuger, die sich einstellen, sind außer Feldmäusen vor allem Spitzmäuse, ggf. Haselmäuse, Bilche und Igel.

Tab. 76: Häufig vorkommende Tiere in der Hecke 2 – Kleinsäuger

Name *(lateinischer Name)*	**Größe**	**Farbe**	**Heimstatt**	**Nahrung**	**Allgemeines zu Verhalten und Vermehrung**
Fuchs, Rot- *(Vulpes vulpes)*	60 bis 100 cm	rotbraunes Fell, Bauchseite und Schwanzspitze weiß, buschiger Schwanz	Wälder, größere Hecken, jagt im offenen Gelände	Mäuse, Kaninchen, Bodenvögel, Insekten, Obst, Aas	– Der Fuchs ist sehr anpassungsfähig an den Lebensraum. – Für die Geburt und Aufzucht der Jungen gräbt die Füchsin einen Bau in die Erde, während im Übrigen ein geschützter Platz über der Erde als Lager dient.
Gartenschläfer *(Eliomys quercinus)*	10 bis 15,5 cm	Oberseite graubraunes Fell, Unterseite weiß, um das Auge bis zum Ohr schwarz, langer Schwanz	Waldränder, Weinberge, Obstgärten, Fruchthecken und in Gebäuden, auch Vogelnistkästen	Insekten, Gehäuseschnecken, Jungvögel, Früchte, Samen	– Er ist nachtaktiv und ein guter Kletterer. – Gartenschläfer ziehen 1 bis 2mal im Jahr Junge auf. – Sie halten ca. 7 Monate Winterschlaf.
Hase, Feld- *(Lepus europaeus)*	50 bis 70 cm	graubraunes Fell, Bauch und Schwanzunterseite weiß	offenes Feld und Hecken als Schutz	Gräser, Kräuter, Früchte, Knospen, Rinde	– Feldhasen graben keine Höhlen, sie scharren oder suchen Vertiefungen, »Sassen«, als Ruheplätze. – im Jahr 3 Würfe mit 2 bis 3 Jungen
Haselmaus *(Muscardinus avellanarius)*	6,0 bis 8,5 cm	orangegelbes Fell, helle Bauchseite, langer Schwanz	Waldränder, Hecken, besonders Haselnusssträucher	Haselnüsse, Samen, Rinde, Knospen	– Sie ist nachtaktiv und ein guter Kletterer. – In dorniges Gebüsch baut sie ein kugelrundes Nest, manchmal besiedelt sie Vogelnistkästen. – Sie bringt 1 bis 2mal im Jahr Junge zur Welt. – Die Hasemaus hält Winterschlaf.
Igel	Beschreibung siehe Tab. 73, Seite 216				
Mauswiesel	Beschreibung siehe Tab. 73, Seite 216				
Siebenschläfer *(Glis glis)*	12 bis 18 cm	Oberseite graues Fell, Bauch weiß, buschiger, langer Schwanz	Wälder, Hecken, Gärten, in Baumhöhlen, Vogelnistkästen, unter Dächern von Gebauden	Früchte, Samen, Nüsse, Rinde, Vogeleier, Insekten	– Siebenschläfer sind nachtaktiv, können gut klettern. – Sie bringen einmal im Jahr Junge zur Welt. – Sie halten von Oktober bis April Winterschlaf.
Spitzmäuse	Beschreibung siehe Tab. 73, Seite 216				
Waldmaus *(Apodemus sylvaticus)*	7 bis 10 cm	Oberseite braunes Fell, Bauchseite weiß, langer dünner Schwanz	Wald, Feld, Hecken, Gärten, Gartenhäuschen, im Winter auch Vorratskeller	Bucheckern, Eicheln, Nüsse, Samen, Gehäuseschnecken, Insekten, Beeren	– Die Waldmaus kann sowohl gut rennen, springen als auch klettern. – Sie gräbt Gänge in die Erde, wo sie auch 3 bis 5mal im Jahr Junge zur Welt bringt und auch Vorräte anlegt. – Sie hält keinen Winterschlaf.
Zwergmaus *(Micromys minutus)*	5 bis 8 cm	Oberseite gelbbraunes Fell, Bauchseite weiß, langer dünner Schwanz	Wiesen und Felder in Heckennähe	Samen und Insekten	– Sie ist tag- und nachtaktiv und kann gut rennen, springen, als auch klettern, wobei sie auch den Schwanz einsetzt. – Sie baut die Aufzuchtnester hoch über dem Boden zwischen Halmen, 2 bis 6mal im Jahr bringt sie Junge zur Welt. – Für den Winter baut sie ein Nest am Boden.

Für jeden Wildstrauch gibt es Nahrungsspezialisten, die einzig oder überwiegend auf diese Sträucher angewiesen sind, z.B. Schneeballblattkäfer oder Weißdornkeulenblattwespen. Ein besonders gern gesehener Mitbewohner ist das große grüne Heupferd, es frisst Laub verschiedener Sträucher. Blüten der Sträucher und deren

Nektar bewirten eine große Anzahl anderer Insekten, u.a. Schwebfliegen, Gallmücken und Wanzen. Sie sind damit ein wichtiger Faktor in der Blattlauskonnexion (s. S. 161ff.). Zwischen Hecke, Steinhaufen und Wildfläche als verkrautetes, wiesiges, unbewirtschaftetes Gelände ist der Standort vieler Laufkäfer. Von dort aus unternehmen sie regelmäßige Exkursionen durch die Baumscheiben und die Sonnenfalle.

Bitte lesen Sie auf Seite 224 weiter

Tab. 77: Häufig vorkommende Tiere in der Hecke 3 – Insekten

Name *(lateinischer Name)*	**– Größe – Farbe**	**Heimstatt und Nahrung**
Wespen (Hautflügler)		
Blattlausschlupfwespe *(Aphidiidae spec.)*	– 4 bis 5 mm – schwarz	Das Weibchen legt je ein Ei in eine Blattlaus. Die Larve ernährt sich von ihr und verpuppt sich in der toten Laus.
Gespinnstblattwespe *(Pamphilius sylvaticus)*	– 1,0 bis 1,1 cm – schwarz	Die Larven (grüne Raupen) rollen und spinnen Blätter von Laubgehölzen zusammen und fressen sie.
Weidenblattgallwespe *(Pontania proxima)*	– 1,0 bis 1,2 cm – schwarz	Sie legt ihre Eier in die Blätter von Weiden, die Larven leben in den rötlichen, bohnenförmigen Gallen, die dann an den Blättern entstehen.
Weißdornkeulenblattwespe *(Trichiosoma tibiale)*	– 1,4 bis 1,6 cm – schwarz	Die Larven (grüne Raupen) leben von den Blättern des Weißdorn.
Fliegen (Zwei- und Netzflügler)		
Blattlausgallmücke *(Cecidomyiidae spec.)*	– 2 bis 3 mm – braun	Das Weibchen legt die Eier in Blattlauskolonien ab. Die Larven stechen die Blattläuse an, betäuben sie und saugen sie aus.
Blattlausschwebefliege *(Syrphus ribesii)*	– 1,1 bis 1,3 cm – gelb/schwarz	Die graugrünen Larven leben von Blattläusen, sie fressen während ihrer Entwicklungszeit ca. 800 davon.
Florfliege, Gemeine *(Chrysopa carnea)*	– 10 bis 12 mm – grün	Die Eier werden jedes auf einen 5 bis 6 mm langen Stiel in Blattlauskolonien gesetzt. Die Larven saugen mit ihren kräftigen Zangen die Blattläuse aus.
Raupenfliege, Gemeine *(Phryxe vulgaris)*	– 0,8 bis 0,9 cm – grau	Die Larven leben in Schmetterlingsraupen.
Raubfliege, Mattgraue *(Machimus atricapillus)*	– 1,5 cm – grau	Büsche sind ihr Jagdrevier, sie sitzt auf den Blättern und jagt vorbei fliegende Insekten.
Käfer III.		
Haselnußbohrer *(Curculio nucum)*	– 0,5 bis 0,8 cm – braun	Die Larve lebt im Innern der Haselnuss und frisst den Kern.
Junikäfer *(Phyllopertha horticola)*	– 0,9 bis 1,1 cm – rotbraun	Der Käfer frisst von den Blättern von Laubgehölzen.
Maikäfer, Wald- *(Melolontha hippocastani)*	– 2,0 bis 2,5 cm – rotbraun	Der Käfer frisst die Blätter von Laubgehölzen, die Larve lebt 3 bis 4 Jahre in der Erde von Wurzeln.
Marienkäfer, Siebenpunkt *(Coccinella septempunctata)*	– 0,6 bis 0,8 cm – rot	Käfer und seine Larven fressen Blattläuse.
Rebenstecher *(Byctiscus populi)*	– 0,5 bis 0,7 cm – grün schimmernd	Die Eier werden in zusammengerollte Blätter von Laubgehölzen abgelegt, Larven und Käfer fressen von den Blättern.
Pflanzensauger		
Dornzikade *(Centrotus cornutus)*	– 0,8 bis 1,0 cm – braun	Sie leben auf Laubgehölzen, stechen diese an und saugen Pflanzensaft.
Blattlaus viele verschiedene Arten	– 0,1 0,5 cm – unterschiedlich	Sie stechen Pflanzen an und saugen Saft, einige Arten sind auf bestimmte Pflanzen spezialisiert, andere weniger.
Laubheuschrecken		
Großes Heupferd *(Tettigonia virridissima)*	– 3,0 bis 4,0 cm – grün	Es lebt von den Blättern der Laubgehölze. Besondere Vorliebe: Traubenkirschen

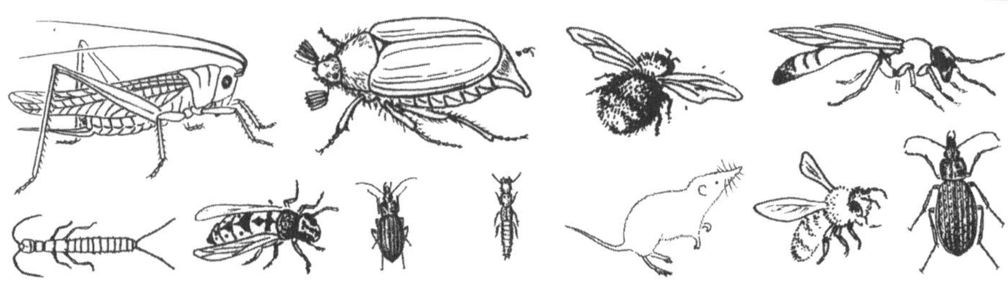

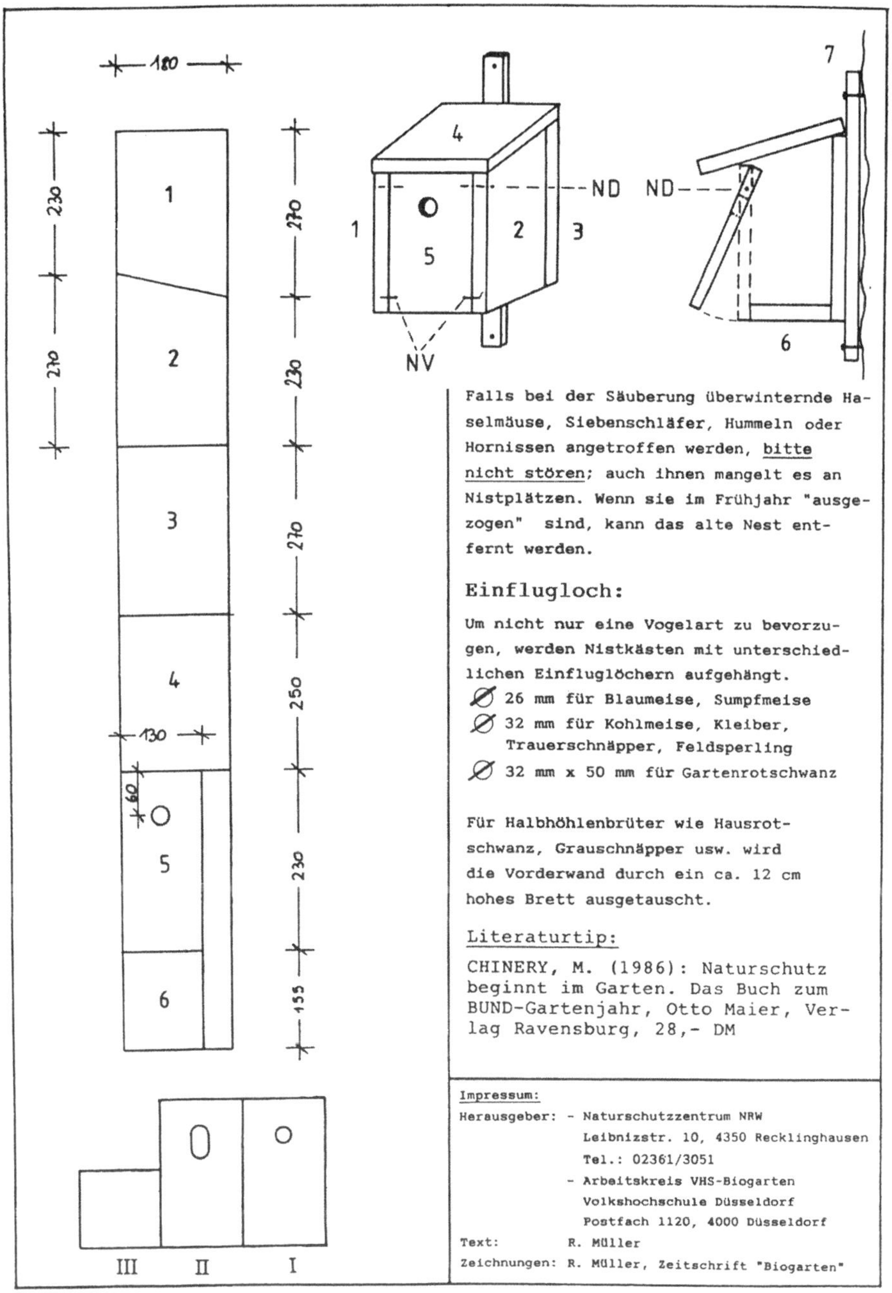

Falls bei der Säuberung überwinternde Haselmäuse, Siebenschläfer, Hummeln oder Hornissen angetroffen werden, bitte nicht stören; auch ihnen mangelt es an Nistplätzen. Wenn sie im Frühjahr "ausgezogen" sind, kann das alte Nest entfernt werden.

Einflugloch:

Um nicht nur eine Vogelart zu bevorzugen, werden Nistkästen mit unterschiedlichen Einfluglöchern aufgehängt.

∅ 26 mm für Blaumeise, Sumpfmeise

∅ 32 mm für Kohlmeise, Kleiber, Trauerschnäpper, Feldsperling

∅ 32 mm x 50 mm für Gartenrotschwanz

Für Halbhöhlenbrüter wie Hausrotschwanz, Grauschnäpper usw. wird die Vorderwand durch ein ca. 12 cm hohes Brett ausgetauscht.

Literaturtip:

CHINERY, M. (1986): Naturschutz beginnt im Garten. Das Buch zum BUND-Gartenjahr, Otto Maier, Verlag Ravensburg, 28,- DM

Impressum:
Herausgeber: - Naturschutzzentrum NRW
Leibnizstr. 10, 4350 Recklinghausen
Tel.: 02361/3051
- Arbeitskreis VHS-Biogarten
Volkshochschule Düsseldorf
Postfach 1120, 4000 Düsseldorf
Text: R. Müller
Zeichnungen: R. Müller, Zeitschrift "Biogarten"

ND: Nageldurchschlag als Öffnungsmechanismus für die Frontseite

NV: Nagelverriegelung durch zwei umgebogene Nägel

I: Normales Flugloch, II: ovales Flugloch (Gartenrotschwanz)

III: Halbe Vorderfront für Halbhöhlenbrüter

ϕ 26 mm für Blaumeise, Sumpfmeise; ϕ 32 mm für Kohlmeise, Kleiber, Trauerschnäpper, Feldsperling

ϕ 32 x 50 mm für Gartenrotschwanz

Abb. 104: Anregung für den Eigenbau von Vogelhäusern

Fortsetzung von Seite 222
Materialbedarf: trockenes Fichten- oder Kiefernholz (Maße 145 x 18 Zentimeter, Stärke 24 Millimeter), Nägel, je zwei Holzschrauben (40 Millimeter).

Zusammenbau in der Reihenfolge: 1, 2, 3, 6, 4, 5 der Abb. 104. Bitte nicht mit Holzschutzmittel imprägnieren; eine Auflage von Teerpappe hilft wenig, da zusätzlich Schwitzwasser entsteht (gehobelte Bretter trocknen schneller, d.h. halten länger).

Aufhängen mit der Rückseite zur Hauptwindrichtung, Flugloch im Zweifelsfall nach Südosten.

Reinigen: Im Herbst werden die alten Nester entfernt (ggf. mit Pinsel ausfegen).

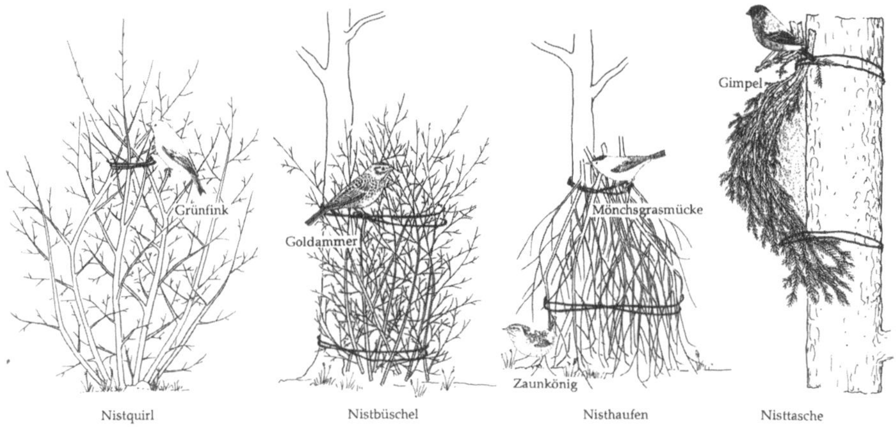

Abb. 105: Nest, Nisthilfen und Vögel in der Hecke

Immer dann, wenn eine Arealbegrenzung notwendig oder erwünscht ist, ist die Wildhecke die erste Wahl für die nördliche Seite, soweit ausreichend Platz zur Verfügung steht (vgl. Tab. 10, S. 72). Hier kann sowohl eine Wildstrauchpflanzung, eine Wallbepflanzung als auch eine Benjeshecke entstehen. Bei begrenztem Platz sind mäßig beschnittene (durch Schnitt kleiner und schmaler gehaltene) Wildsträucherauswahl-Hecken möglich. Beim geringsten Raumangebot können Faschinenflechtzäune oder besser Wildstrauchflechtzäune und Obstgitterzäune angelegt werden. Das sind die naturnahen Jägerzäune. Im Biotop mit Mensch sollten jedenfalls lebende Zäune allen anderen Konstruktionen vorgezogen werden.

Wallhecke: Im windreichen Norddeutschland, aber auch in manchen Gebirgsgegenden, wurden seit alters her Felder durch Hecken (Knicks) oder »Hage« begrenzt und geschützt, in der Bretagne, der Normandie, Holland und Norddeutschland oft Wallhecken. Zu den Hagen gehörten nach Angaben *Seiferts* (1982), der sich sehr für deren Erhalt einsetzte, Eichen, Weißdorn, Schlehdorn, Wildrosen, Hartriegel, Maßholder, Pfaffenhütchen und Brombeeren. Die Knicks stellten früher artenreiche (1000 bis 2000 Tierarten) Vernetzungselemente in der Landschaft dar. Wallhecken wurden einerseits im Feuchtland mit Entwässerungsgräben an der Seite, andererseits durch einen Schüttwall gebildet, der teils aus den aus dem Feld gesammelten Steinen bestand. Die Wallhecke hat eine bessere Belichtung der Fußzone (höherer Artenreichtum).

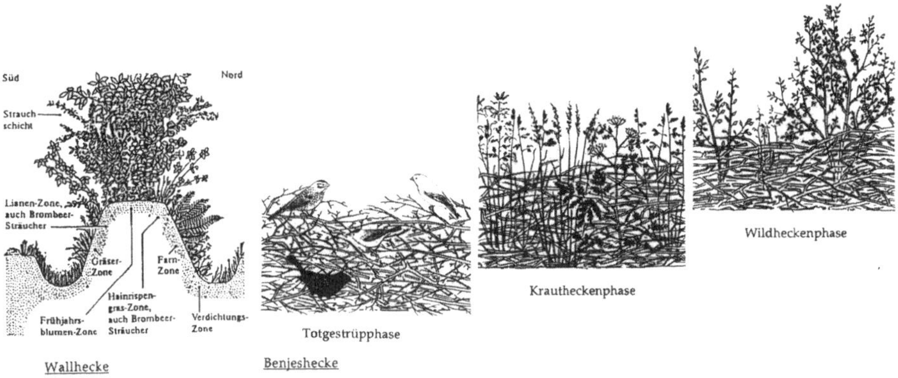

Abb. 106: Wall- und Benjeshecke

Benjeshecke: Der Öko- und Permakultur-Gärtner *Hermann Benjes* betrieb eine neue Vernetzung unserer Agrarlandschaft mit Naturstreifen im Grundmuster der alten Knicks. Dazu will er das anfallende Geäst und Abfallholz verwenden, wie es in großer Menge bei Stadtgärtnereien anfällt.

Holz- und Heckenschnitt wird zu einer drei bis vier Meter breiten und etwa einem Meter hohen Gestrüppbarriere angehäuft. In der ersten Stufe wird diese Barriere mit Kraut durchwachsen (Krauthecke). Sie wird bevorzugt von Vögeln besucht, die sich gern zu einer Verdauungspause dort niederlassen oder auch nisten. Durch den Vogelkot wird in der Gestrüppbarriere eine Wildhecke angesät.

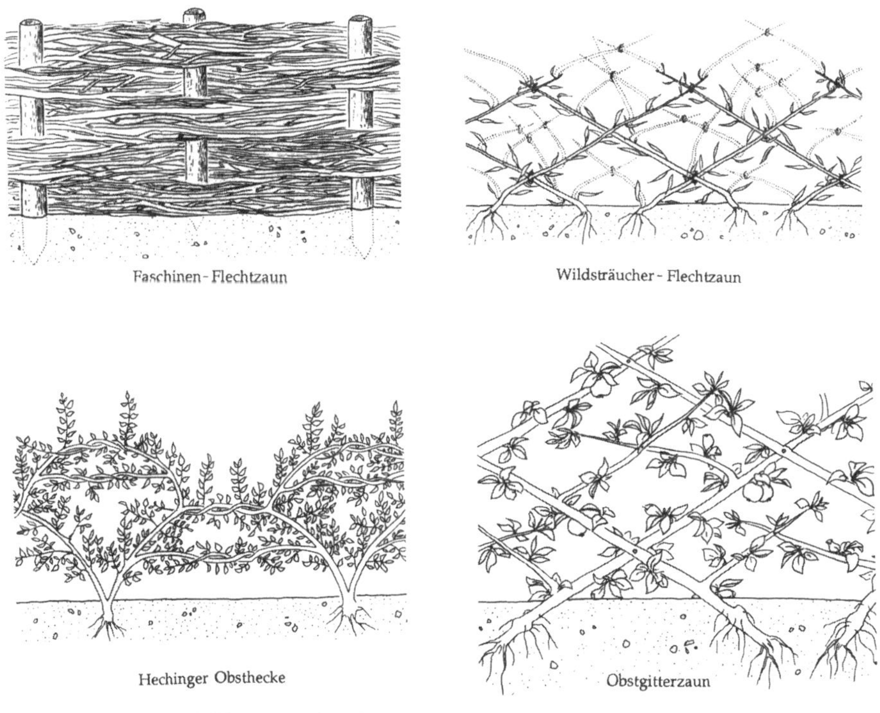

Abb. 107: Flecht- und Gitterzaunhecken

Wenn nur ein sehr schmaler Streifen zur Verfügung steht, kann auf einen Faschinen- oder Wildsträucherflechtzaun bzw. einen Obstgitterzaun zurückgegriffen werden.

Faschinenflechtzaun: Eine Totholzbarriere, ein auf einen 30 Zentimeter breiten Streifen reduziertes Benjes-Arrangement, das sich natürlich nicht ohne Pfähle so schmal begrenzen lässt.

Wildsträucherflechtzaun: Verschiedene zur Zweigverflechtung geeignete Wildsträucher werden im Abstand von etwa 50 Zentimetern schräg im Winkel von ca. 30 Grad eingepflanzt. Die durch das Schrägpflanzen bedingte Kreuzung der jungen Zweige wird zu ihrem Verflechten benutzt. Anfänglich ist Binden erforderlich, das später wegfällt. Die Sträucher werden im weiteren Verlauf auf eine bestimmte Breite (30 bis 100 Zentimeter) und Höhe beschnitten.

Für einen Wildsträucherflechtzaun geeignete Sträucher sind: Weiden, Hasel, Brombeeren, Feldahorn, Liguster, Hundsrose. *Hechinger* entwickelte einen Obstflechtzaun aus senkrecht gepflanzten Spindelbuschbäumchen (vgl. *Könemann* 1977, S. 106 »Hechinger-Hecke«).

Obstgitterzaun: Die Gitterzaunhecke ist ein alter, heute weitgehend vergessener Gartenheckentyp. Eine Version bedient sich ursprünglicher Obsthölzer: Myraballane (eine Vorform unserer heutigen Pflaumen), kernechte Apfel- und Birnheister sowie Ebereschen, auf die dann später alle Pflaumen-, Äpfel-, Birn- und Quittensorten aufgepfropft werden können.

Loge (1989) empfiehlt auf der anderen Seite alle Arten von Äpfeln, Birnen und Pflaumenbäumchen, die man etwa in gleicher Stammstärke in Baumschulen aussuchen kann. Er gräbt die Bäumchen im Winkel von 30 Grad in den Boden ein, und zwar im Abstand von einem Meter. Die Veredlungsstelle liegt ca. fünf Zentimeter unter dem Bodenniveau. Erst nach 8 bis 14 Tagen tritt man die Erde um den Baum fest. Im ersten Jahr ist bei dieser Pflanzweise das Wachstum deutlich verlangsamt. An die beiden Enden des geplanten Obstgitterzaunes werden Pfähle eingeschlagen und waagerecht Drähte gezogen (0,75 und einen Meter hoch), an denen die jungen Zweige und Stämmchen in der gewünschten Gitterweise festgebunden werden. Im Laufe der nächsten zwei Jahre kann man die Gitterstruktur verbessern (neu binden). Nach dem ersten Jahr werden die ca. einen Zentimeter dicken, sich kreuzenden Stamm- oder Astteile miteinander verschraubt. Es gibt dazu patentierte Verfahren. Man kann sich aber auch wie *Loge* (1989) im Baumarkt Spanplattenschrauben von drei Millimeter Dicke und 40 bis 60 Millimeter Länge und im Autozubehörladen Blechmutterscheibchen mit 3,5 Millimeter Innendurchmesser kaufen. Die Spanholzplattenschraube wird durch das Stamm- oder Astkreuz gedreht und mit der Blechmutterscheibe fixiert (vgl. Abb. 107, S. 225).

Die Wildwiese

Damit eine Hecke sich nicht über ein ganzes Grundstück ausbreitet, ist es zweckmäßig, zu ihrer Begrenzung einen Streifen zu mähen. Dieser Streifen kann – soweit notwendig – gleichzeitig als Grünweg zu den verschiedenen Arealen verwendet werden. So entsteht ein Stückchen Wiese im Biotop mit Mensch.

Wenn Sie eine Wildwiese wollen, fragen Sie am besten nicht die Anlageberater einer Gärtnerei!

Bitte lesen Sie auf Seite 228 weiter

Tab. 78: Häufige Schmetterlinge und Raupen

Name *(lateinischer Name)*	**Falter – Flügelspannweite – Färbung**	**Larve (Raupe)**	**Heimstatt und Nahrung**
Tagfalter			
Admiral *(Vanessa atalanta)*	– 5,2 bis 6,4 cm – schwarz mit roten Bändern und weißen Flecken	grau, hell an den Seiten, bedornt	– Nektarpflanzen für den Falter: z.B. Astern, Disteln, Flockenblumen – Raupen leben von Juni bis Sept. auf und von Brennnesseln, Kratzdisteln.
Bläuling, Kurzschwänziger *(Everes argiades)*	– 2,0 bis 2,7 cm – blau schimmernd mit schwarzem und weißem Rand	grün, nackt	– Nektarpflanzen für den Falter: z.B. Wicken, Klee, Thymian, – Raupen leben von Juni bis Juli auf und von Hornklee, Klee, Schneckenklee, besonders gern fressen sie Blütenknospen und Blüten.
Distelfalter *(Cynthia cardui)*	– 0,5 bis 6,0 cm – schwarz, weiß, orangebraun gefleckt	hellbraun mit schwarzen Flecken auf dem Rücken, bedornt	– Nektarpflanzen für den Falter: z.B. Klee, Luzerne, Disteln, Karde – Raupen leben von Juni bis Sept. auf und von Disteln, Kletten, Brennnesseln.
Fuchs, Großer *(Nymphalis polychloros)*	– 5,5 bis 6,0 cm – orangebraun mit dunklen und gelben Flecken	grau mit rötlichen Längsstreifen, gelb bedornt	– Nektarpflanzen für den Falter: blühende Sträucher und Wiesenblumen – Raupen leben von Mai bis Juli auf und von Weiden, Apfel-, Birn-, Kirschbäumen, Ulmen, Pappeln.
Fuchs, Kleiner *(Aglais urticae)*	– 4,0 bis 5,0 cm – Vorderflügel rotbraun mit dunklen und hellen Flecken	grau mit hellem Rückenstreifen, weiß bedornt	– Nektarpflanzen für den Falter: z.B. Phlox, Phacelia – Raupen leben von Mai bis Juni und von Juli bis Aug. auf und von Brennnesseln.
Kohlweißling, Großer *(Pieris brassicae)*	– 5,5 bis 6,5 cm – weiß, Vorderflügel mit schwarzen Spitzen und je zwei schwarzen Punkten	gelbgrün mit dunklen Flecken, die Längsstreifen bilden, leicht, kurz behaart	– Nektarpflanzen für den Falter: z.B. blühender Senf, Hederich, Wiesenblumen – Raupen leben von Juni bis Oktober (mehrere Generationen) auf und von Ackersenf, Hederich, Kohlsorten, Kapuzinerkresse.
Landkärtchen *(Araschnia levana)*	– 3,0 bis 3,5 cm – orangebraun, schwarz, weiß gefleckt	grauschwarz, bedornt	– Nektarpflanzen für den Falter: z.B. Dost, Johanniskraut, Fetthenne – Raupen leben von Mai bis Juni und von Aug. bis Sept. auf und von Brennnesseln.
Schwalbenschwanz *(Papilio machaon)*	– 5,5 bis 7,5 cm – gelb und schwarz gefleckt, blau an den Hinterflügeln	hellgrau mit orangeroten und schwarzen Punkten	– Nektarpflanzen für den Falter: Wildblumen, Disteln, Flockenblumen – Raupen leben im Juni und von Aug. bis Sept. auf und von Doldengewächsen, z.B. Wilde Möhre, Gartenmöhre, Dill, Fenchel, Petersilie.
Tagpfauenauge *(Inachis io)*	– 5,0 bis 6,0 cm – rotbraun mit blau-weiß-rotem Auge auf dem Vorder- und blau-weißem Auge auf dem Hinterflügel	schwarz mit schwarzen Dornen	– Nektarpflanzen für den Falter: z.B. Skabiosen, Thymian, Phlox, Monardia – Raupen leben von Mai bis Juni auf und von Brennnesseln.
Trauermantel *(Nymphalis antiopa)*	– 6,0 bis 7,0 cm – dunkelbraun mit blauer Punktreihe und weiß an den Rändern	schwarz mit roten Flecken, schwarz bedornt	– Nektarpflanzen für den Falter: Wiesenblumen und blühende Sträucher – Raupen leben von Juni bis Juli auf und von Weiden, Birken, Ulmen und Pappeln.
Zitronenfalter *(Gonepteryx rhamni)*	– 5,0 bis 6,0 cm – zitronengelb mit je einem roten Punkt auf den Flügeln	grün mit heller Seite, nackt	– Nektarpflanzen für den Falter: Wiesenblumen und blühende Sträucher – Raupen leben von Mai bis Juni auf und von Faulbaum, Kratzdorn.
Nachtfalter			
Abendpfauenauge *(Smerinthus ocellatus)*	– 7,5 bis 8,5 cm – braun gemustert, Hinterflügel rot mit schwarzem und weißem Auge	hellgrün mit einer Reihe roter Punkte und weißen Schrägstreifen an der Seite	– Der Falter fliegt ab Dämmerung. – Er nimmt keine Nahrung auf. – Raupen leben von Juli bis Sept. auf und von Weiden, Apfel-, Birn- und Pflaumenbäumen, Traubenkirschen und Schlehen.
Brauner Bär *(Arctia caja)*	– 5,0 bis 7,0 cm – Vorderflügel braun und weiß, Hinterflügel orange und schwarz	dicht und lang behaart, dunkel auf dem Rücken, rotbraun an den Seiten	– Die Falter fliegen nachts, um Nektar zu suchen. – Raupen leben ab September (dann überwintern sie) bis Juni nächsten Jahres an vielen krautigen Pflanzen und Büschen, z.B. Schlehe, Himbeere, Geißblatt, Löwenzahn, Schafgarbe.
Gammaeule *(Autographa gamma)*	– 3,5 bis 4,0 cm – verschieden braun gemustert, weißes Gamma auf dem Vorderflügel	dunkelgrün mit helleren Längsstreifen, nackt	– Der Falter fliegt Tag und Nacht, sucht Nektar, z.B. bei Klee, Luzerne, Schmetterlingsstrauch. – Raupen leben von Mai bis Sept. an verschiedenen Stauden, z.B. Klee, Taubnessel, Salat. Sie fressen nur nachts.
Messingeule *(Plusia chrysitis)*	– 3,0 bis 4,0 cm – messingfarben und braun gemustert	hellgrün mit hellen Seiten und Rückenstreifen	– Falter ist nachtaktiv. – Raupen leben von Sept. bis Mai nächsten Jahres auf und von verschiedenen krautigen Pflanzen, z.B. Natternkopf, Wegerich.
Stachelbeerspanner *(Abraxas grossulariata)*	– 3,8 bis 4,4 cm – gelb und schwarz oder rot, weiß und schwarz gefleckt	weiß mit schwarzen Flecken, rötlichen Seitenstreifen	– Falter fliegt nur bei Tag im Sonnenschein. – Raupen leben von Aug. bis Juni nächsten Jahres auf und von Stachel- und Johannisbeeren, Weißdorn, Schlehen, Haselnuss, Weide, Pfaffenhütchen.

Fortsetzung von Seite 226

Im Biotop mit Mensch ist die Wildwiese ein Stück Wildfläche, die gemäht wird, um die Verbuschung zu verhindern. Von dem Staudengürtel (s. S. 91ff.) werden sich in Kürze die dort angepflanzten Wiesenblumen in der Wildwiesenfläche verbreiten, andere säen sich selbst aus. Nach wiederholter Erfahrung wird bald ein Maulwurf dort seine Gestaltungsarbeit übernehmen. Die Haufen leicht auseinanderziehen und mit Samen einsäen, die vorher bei einer Exkursion in der Umgebung gesammelt wurden. Wenn alle Stricke reißen, kann man auch einige Portionen Wildkräuter- und Blumensamen kaufen, am besten schicken lassen (Adressen am Ende des Buches).

Der Maulwurf lässt auf sich warten? Dann spielen Sie selbst Maulwurf, hacken ganz kleine Inseln um und verfahren wie oben.

Die Wildwiese ist über die Grünwege hinaus eine kleine Fläche, die zwischen Hecke, Tümpel und Wildfläche liegt. Mähen so wenig wie möglich und so oft wie notwendig, damit es nicht zur Verbuschung kommt. Die Grünwege werden ohnedies öfter gemäht. Die Wildwiese ggf. nur im Spätherbst oder zweimal jährlich alternierend mähen; wenn Verbuschung stark auftritt oder die Gräser ganz verschwinden.

Heckenrand, Grünweg, Wildwiese und auch Wildfläche tragen ebenfalls zur Ernährung des Menschen bei: z.B. Sauerampfer, Löwenzahn, Spitzwegerich, Gänseblümchen u.a.

Zwischen Wildwiese, Wildfläche, Hecken und Baumscheiben entwickelt sich ein reger Laufkäfer- und Schmetterlingsverkehr.

Beispiel Löwenzahn:

Salat (für 2 Personen)
Zutaten: *250 g junge Löwenzahnblätter, 30 bis 50 g durchwachsener Räucherspeck, Essig, Salz, Zucker zum Abschmecken, 1 bis 2 Eier, Spitzwegerich, Sauerampfer, Rotkleeblüten oder andere Wildkräuter.*
Zubereitung: *Eier hart kochen, Räucherspeck klein schneiden und auslassen. Löwenzahnblätter putzen, waschen, abtropfen, mit Essig, Salz, Zucker würzen und einige andere Kräuter (s. o.) untermischen. Den abgekühlten Speck darübergeben. Die Eier schälen, klein schneiden und ebenfalls über den Salat geben. Alles leicht durchmischen (Hausrezept).*

Löwenzahnblütengemüse (für 2 Personen)
Zutaten: *200 g Löwenzahnblütenknospen (junge und feste Blütenknospen, am besten, wenn sie noch im Blattrosettenboden stehen), 20 g Butter, Salz.*
Zubereitung: *Die Blütenknospen waschen, abtropfen. Wasser zum Kochen bringen, die Blütenknospen darin ca. 3 Min. garen, abgießen. Butter leicht bräunen, über die Knospen verteilen und mit Salz würzen (*Helm *1980, S. 156).*

Tümpel

Tümpel entstehen in vielfältiger Weise an unterschiedlichen Orten, indem Bodenmulden im Frühjahr mit Schmelzwasser, nach einem schweren Regen oder einer Regenperiode mit Regenwasser vollaufen. Sie sind temporär, d.h. sie trocknen in der nächsten Trockenperiode wieder aus, oder fluktuierend, d.h. die Wassermenge schwankt sehr, aber sie trocknen nie ganz aus.

Tümpel sind immer nützlich, in ihnen entwickelt sich umso mehr Leben, je konstanter ihr Wasserinhalt über das Jahr bleibt.

Auch frisch vollgelaufene Mulden und nur temporäre Tümpel übernehmen sofort verschiedene Funktionen: Vögel und Kleinsäuger kommen zur Tränke und zum Baden, neue Pflanzen gewinnen Lebensraum, Binsen und Seggen (Pflanzen, die im Wasser stehen, aber auch Perioden des Austrocknens überstehen) siedeln sich an, Insekten kommen aus vielfältigen Gründen, Libellen besuchen auch den vorübergehenden Tümpel, und das Wasser ist bald voller Kleinlebewesen, mindestens wie in einer Regentonne. Tümpel sind die Regentonnen der Natur. Jede O-L-G, jeder zukunftsfähige Garten braucht seine Regentonnen.

Tümpel sind oft klein, eher kindgerecht. Als die Menschen noch mit dem Lebenssystem unseres Planeten ein bisschen mehr in Einklang lebten, gingen Kinder im Sommer tümpeln.

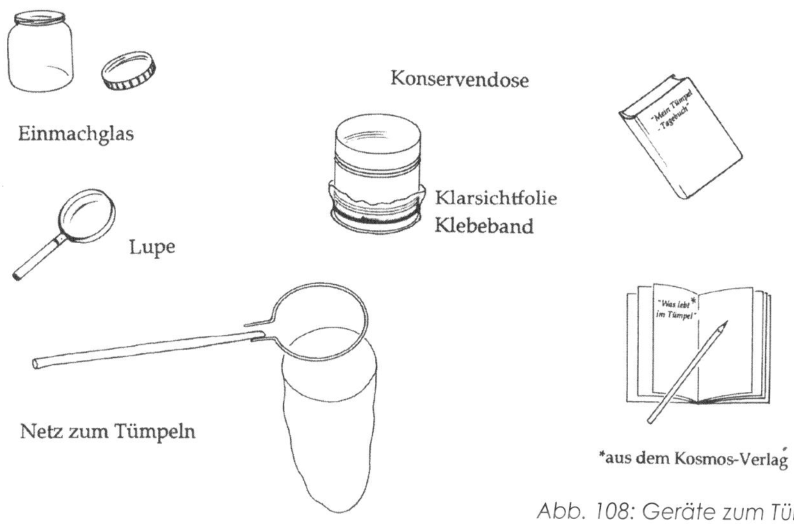

Abb. 108: Geräte zum Tümpeln

Wie man richtig (naturverträglich) tümpelt, zeigen uns die Spürnasen (*Greisenegger* u.a. 1988). Ist ein Tümpel vorhanden, dann können auch heute Kinder nach der Schule tümpeln gehen.

Wo liegt ein Tümpel?

Ein Tümpel wird am Nordwestrand einer Baumscheibe zwischen dem Intensivsegment der Sonnenfalle und dem Staudenband, hinter oder neben dem Sozialraum (vgl. S. 137) eingerichtet. Im letzteren Falle kann das abfließende Wasser von einem Schuppendach oder einer kleinen versiegelten Fläche in ein oder zwei Tümpel fließen (naturnahe Regentonnen).

Wie groß ist ein Tümpel?

Ein Tümpel ist kein Teich, er kann ganz klein sein (z.B. zwei Meter mal ein Meter). Dabei gibt es nach oben keine Abgrenzung, ein Tümpel geht kontinuierlich in einen Teich über.

Hier geht es nur um kleine, echte Tümpel (naturnahe Regentonnen). Wer einen Teich braucht, wird auf Spezialliteratur verwiesen, z.B.: *Unterbruner* 1986, S. 17f.; *Jorek, N.*: Beispielhafte Gartenteiche. Das Handbuch für Planung, Gestaltung, Pflege.

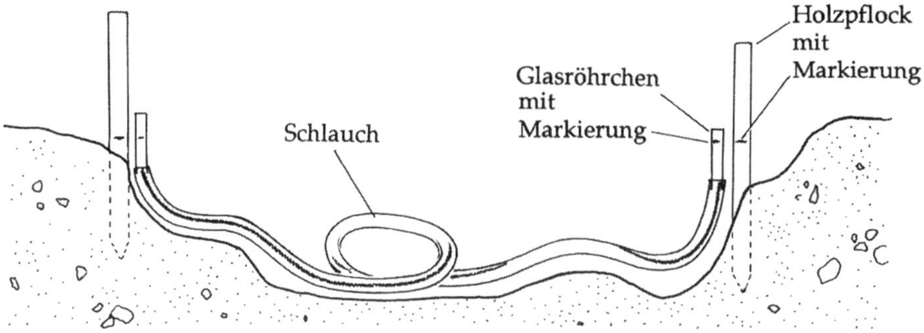

Abb. 109: Nivellierung mit der Schlauchwaage

Ein Tümpel (ausgenommen Vogeltränke und temporäre Zimmer- oder Balkontümpel) sollte immer eine Mindesttiefe von 0,80 bis 1,00 Meter haben, damit die Chance gegeben ist, dass in unseren Breiten Kleintiere auf seinem Grund überwintern können.

Wie sieht ein Tümpel aus?
Der Tümpel gleicht der Regentonne, indem er Regenwasser speichert, ein kleiner Tümpel so viel wie eine große Regentonne. Der Tümpel unterscheidet sich von der Regentonne, indem er Vegetationszonen ermöglicht und benutzerfreundlich ist (Tiere können in flaches Wasser gehen und baden, ohne zu schwimmen, und Nichtfliegende können jederzeit herauskriechen). Wenn der Tümpel im Sinne einer Regentonne benutzt wird, sollte nie mehr als etwa 50 Prozent Wasser im Sommer entnommen werden. Der Tümpel unterscheidet sich vom Teich in der Größe und dadurch, dass er eine kleinere spezifische Population hat. Fischeinsatz ist beim Tümpel eine Katastrophe (aufgrund der Größenbegrenzung und fehlender Versteckmöglichkeiten zerstören Fische die Vielfalt des tierischen Lebens sehr schnell). Er unterscheidet sich weiterhin vom Teich darin, dass er ohne extremen Arbeitsaufwand oder

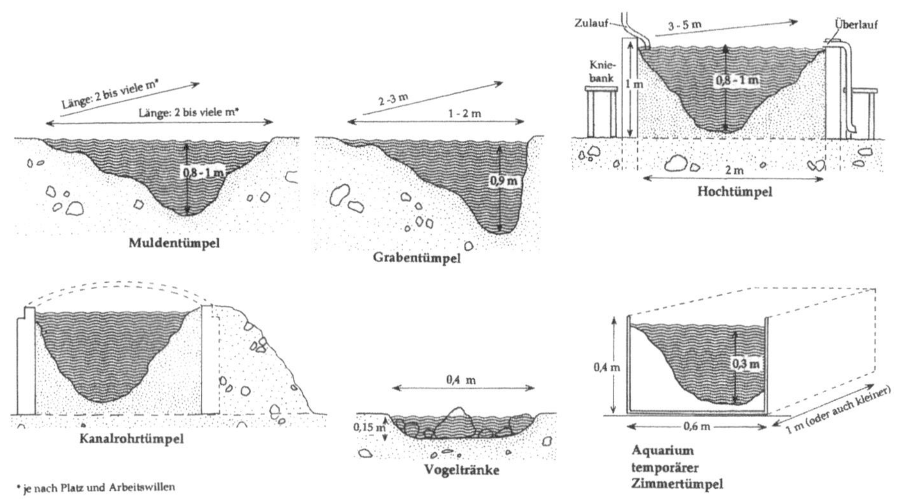

Abb. 110: Tümpelquerschnitte und Maße

den Einsatz von Maschinen gebaut werden kann und im Gegensatz zum Teich standortunabhängig ist (Letzteres betrifft sowohl den Wasserzulauf als auch die Sonneneinstrahlung). Ein Tümpel hat Menschenmaß.

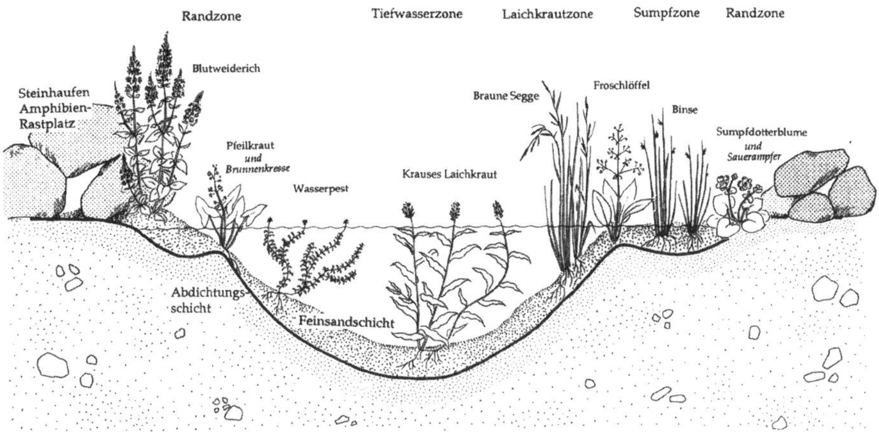

Abb. 111: Tümpel-Vegetationszonen

Die Vegetationszonen des Tümpels entsprechen im Kleinformat oder leicht reduziert denjenigen des Teiches: Uferzone, Flachwasser, Tiefwasser und ggf. auch Sumpfzone. Der Tümpel als Wildflächenzwischenzone wird kaum bepflanzt (zur basalen Bepflanzung siehe Tab. 79) und einer naturgemäßen Entwicklung überlassen. Er braucht auch kaum Pflege, wenn er veralgt oder gar kippt, was bei ungünstigem Standort passieren kann. Dann ist sein Wasser besonders gut zur Düngung der Pflanzen im Mischkulturbereich geeignet. Er wird dann zu 80 Prozent geleert und wieder neu aufgefüllt, wenn möglich mit Regenwasser aus einer Tonne oder über mehrere Tage mit anderem Wasser.

Tab. 79: Basale Pflanzen für einen Tümpel

Name *(lateinischer Name)* Familie	**– Standort** **– Wassertiefe cm**	**– Wuchs** **– Erscheinungsbild**	**– Blüte** **– Vermehrung**	**Einige Angaben zur Multifunktionalität**
Teichpflanzen				
Wasserlinse, Kleine *(Lemna minor)* Lemnaceae	– stehendes Wasser – ab 10 cm	– kleine, runde, grüne Blättchen, auf dem Wasser, Ø 2 bis 3 mm	– sehr stark durch Sprossglieder	– verhindert Algenbildung – Versteck für Kleintiere
Froschbiss, Gemeiner *(Hydrocharis morsus ranae)* Hydrocharitaceae	– stehendes Wasser – ab 30 cm	– im Wasser freischwebende, herzförmige gestielte Blätter auf dem Wasser liegend	– Mai bis Aug. weiß aus dem Wasser ragend – Ausläufer bilden neue Rosetten	– hemmt Algenbildung
Hornkraut, Gemeines *(Ceratophylium demersum)* Ceratophyllaceae	– stehendes, langsam fließendes Wasser – ab 30 cm	– im Wasser untergetaucht, dunkelgrüne, reich verzweigte Stengel	– Juni bis Sept. unscheinbar unter Wasser – durch Triebe	– Sauerstoffproduzent, trägt damit zur Gesunderhaltung des Wassers bei
Laichkraut *(Potamogeton pectinatus)* Potamogetonaceae	– stehendes, langsam fließendes Wasser – ab 30 cm	– im Wasser untergetaucht, bis 3 m lang, lineare grüne Blätter, im Boden verwurzelt	– Juni bis Aug., unscheinbar unter Wasser – durch Triebe	– Laichhilfe für Molche
Wasserpest *(Elodea canadensis)* Hydrocharitaceae	– stehendes, langsam fließendes Gewässer – ab 30 cm	– im Wasser untergetaucht, in dichten, grünen Bündeln, im Boden verwurzelt	– Mai bis Aug., weißlich über dem Wasser – durch Triebe	– Sauerstoffproduzent, trägt damit zur Gesunderhaltung des Wassers bei – Laichplätze

Name *(lateinischer Name)* Familie	– Standort – Wassertiefe cm	– Wuchs – Erscheinungsbild	– Blüte – Vermehrung	Einige Angaben zur Multifunktionalität
Wassersaumpflanzen				
Binse, Flatter- *(Junctus effusus)* Juncaceae	– Sumpf – 0 bis 30 cm	– 30 bis 70 cm – aus dem Wurzelstock viele glatte Stengel	– Juni bis Aug. braun – Samen und Ausläufer	– z.B. als Rast- und Halteplatz für Libellen – Flechtmaterial – Wasserreinigung
Froschlöffel *(Alisma plantago-aquatica)* Alismataceae	– Sumpf – 0 bis 30 cm	– 10 bis 60 cm – bandförmige Blätter unter Wasser, löffelförmige oberhalb	– Juni bis Okt., weiß – Samen	– Nektarpflanze für Fliegen
Igelkolben, Ästiger *(Sparganium erectum)* Sparganiaceae	– Sumpf – 0 bis 30 cm	– 30 bis 60 cm – aufrecht wachsend, lange gekeilte Blätter	– Juni bis Aug., gelblich, kugelig – Samen	– Wasserreinigung
Pfeilkraut *(Sagittaria sagittifolia)* Alismataceae	– Sumpf – 0 bis 30 cm	– 30 bis 100 cm – riemenförmige Blätter unter Wasser, pfeil-förmige oberhalb	– Juni bis Aug., weiß – Samen	– Wasserreinigung
Rohrkolben, Schmalblättriger *(Typha angustifolia)* Typhaceae	– Sumpf – 0 bis 30 cm	– 50 bis 200 cm – aufrechte, schmale, lange Blätter	– Juni bis Aug., schwarz-braune Fruchtkolben – Samen und Ausläufer	– Blätter früher zur Abdichtung der Holzfässer, zwischen die einzelnen Dauben gesteckt
Segge, Steife, Bultengras *(Carex sticta)* Cyperaceae	– Sumpf – 0 bis 30 cm	– 30 bis 100 cm – Blätter scharf, rau, auf-recht, dichte Horste	– April bis Juni, schwarz-grüne Ähren – stark durch Ausläufer	– Vorklärung des Wassers – von 120 Arten, mehrere im Sumpf
Sumpfpflanzen				
Blutweiderich *(Lythrum salicaria)* Lythraceae	– feucht, Ufer – 0 cm	– 50 bis 150 cm – lanzettförmige Blätter	– Juni bis Sept., purpurrot – durch Samen	– Nektarpflanze für viele Insekten
Gilbweiderich *(Lysimachia vulgaris)* Primulaceae	– feucht, Ufer – 0 cm	– 40 bis 100 cm – Stengel und Blattober-seite behaart	– Juni bis Aug., goldgelb – durch Samen und Aus-läufer	– Nahrungspflanze für Bienen, Hummeln, Schwebfliegen, Wespen
Sumpfdotterblume *(Caltha palustris)* Ranunculaceae	– feucht, Ufer – 0 cm	– 10 bis 30 cm – dunkelgrüne, glänzende, nierenförmige Blätter	– März bis Juni, dottergelb – durch Samen	– Nektarpflanze für Käfer, Fliegen, Hautflügler, Florfliegen
Sumpfvergissmeinnicht *(Myosotis versicolor)* Boraginaceae	– feucht, Ufer – 0 cm	– 10 bis 25 cm – behaarte, lanzettförmige Blätter	– Mai bis Juli, himmelblau – durch Samen	– Nektarpflanze für verschiedene Insektenarten
Wasserminze *(Mentha aquatica)* Labiatae	– feucht, Ufer – 0 cm	– 20 bis 75 cm – behaart bis kahl, grün bis rotviolett	– Juni bis Okt., rötlichlila – Samen	– Nektarpflanze für Insekten – Duftpflanze
Wassergeißbart, Mädesüß *(Filipendula ulmaria)* Rosaceae	– feucht, Ufer – 0 cm	– 100 bis 150 cm – Blätter gefiedert, Ober-seite dunkelgrün	– Juni bis Aug., gelblich-weiß – Samen	– Nektarpflanze für Fliegen, Käfer, Nachtfalter – Duftpflanze, (Blüten enthalten Vanillin)
Wollgras, Schmalblättriges *(Eriophorum angustifolium)* Caperaceae	– feucht, Ufer – 0 cm	– 20 bis 60 cm – lockerrasige Büschel	– März bis Mai, seidenar-tige, weiße Haarbüschel – Samen und Ausläufer	– früher zur Füllung von Kissen und zur Herstellung von Lampen-dochten verwendet

Tümpel entstehen nur dort, wo der Boden ausreichend wasserundurchlässig ist oder die Sohle der Mulde das Grundwasserniveau erreicht. Die unter Gesichtspunkten zukunftsfähigen Gärtnerns notwendigen Tümpel sind immer Kunsttümpel, auch wenn sie sich dann noch so gut naturieren sollten. Die wasserhaltenden Bodenschichten stellen dabei ein ökologisches Problem dar.

Wie kann die Bodenschicht eines Tümpels aufgebaut werden?
Bericht über die Bildung von Naturzisternen:
Vor einigen Jahrzehnten entdeckten Geologen Tümpel, die auf recht hohem Bodenniveau, fast auf Hügelkuppenhöhe, trotz durchlässigem, sandigem Boden ganzjährig Wasser hielten. Bei Untersuchungen der Tümpelsohlen entdeckten sie eine dünne, sehr dichte Schicht, die nach ihrer Auffassung durch Ausscheidungen von Bakterien entstanden war. Es schien so, dass bei häufigen, starken Winden, die in diesen Ge-

genden vorherrschten, in entsprechend hochliegenden Kuhlen organisches Material eingetragen und aufgeschichtet wurde, das in Regenperioden eine dicke, sattnasse Schicht bildete, in der Bakterien ihre Arbeit begannen. Diese Erkenntnisse wurden in jüngster Zeit verwendet, um natürliche Zisternen auf Malediveninseln anzulegen. Die US-amerikanischen Entwicklungsingenieure häckselten Grünmasse und brachten diese in einer 25-Zentimeter-Schicht in die ausgebaggerten Korallenkalkböden ein. Diese Grünmasse deckten sie mit einer 25 Zentimeter dicken Schicht sehr carbonhaltiger Pflanzenteile ab, die wiederum mit 25 Zentimeter Korallensand beschwert wurden. Unter ständiger Feuchthaltung wurden diese Kavernen in wenigen Monaten wasserdicht.

Bei Hoch- und Grabentümpeln muss auf das teurere Dernoton-Vlies und Bentonit zurückgegriffen werden oder es bleibt nichts anderes übrig, als Teichfolie zu verwenden (nähere Auskünfte in jedem Gartencenter).

Das in der Literatur immer wieder empfohlene Tonabdeckverfahren mit über den Handel erhältlichen Tonplatten ist relativ kostenintensiv und macht eine präzise Handhabung notwendig (nähere Auskünfte über die Spezialliteratur für Gartenteiche).

Abb. 112: Wie sieht es in unserem Tümpel aus?

In unserem Grabentümpel (1,4 x 1 Meter) dauerte es eineinhalb Jahre, bis außer Wasserläufern und dem üblichen Regentonnenleben zwei Molcharten, unzählige Libellenlarven, Köcherfliegenlarven und ein Wasserfrosch beobachtet werden konnten. *Bitte lesen Sie auf Seite 235 weiter*

Tab. 80: Tiere in und um einen Tümpel

	Name *(lateinischer Name)*	Größe	Färbung	Allgemeines zur Heimstatt, Vermehrung und Nahrung
Schnecken I.				
I.	**Posthornschnecke** *(Planorbarius corneus)*	Haus bis 3 cm Ø	braun	– Sie leben im Süßwasser, müssen, um ihre Atemhöhlen mit Luft zu füllen, von Zeit zu Zeit an die Oberfläche kommen. – Sie legen ihren Laich wurstförmig an Steinen, Wurzeln o.ä. ab. – Sie durchsuchen das Gewässer nach Pflanzen- und Tierresten.
	Spitzhornschnecke, Schlammschnecke *(Limnaea stagnalis)*	Hauslänge bis 7 cm	braungrau	

	Name *(lateinischer Name)*	Größe	Färbung	Allgemeines zur Heimstatt, Vermehrung und Nahrung
Käfer II., Krebse III., Wanzen IV.				
II.	**Taumelkäfer** *(Gyrinus natator)*	7 mm	schwarz	– Die hinteren Beine sind zu Ruderflossen umgewandelt. Die Käfer schießen auf der Wasseroberfläche herum. – Nahrung: kleine Wassertierchen, Insekten, die ins Wasser gefallen sind.
III.	**Wasserfloh** *(Daphnia spec.)*	3 mm	hellbraun, durchsichtig	– Er lebt im Wasser. – Es werden Dauereier gebildet, die auch ein Austrocknen des Gewässers überleben und sich bei Vorhandensein von genügend Wasser zu Weibchen entwickeln.
IV.	**Wasserläufer** *(Gerris lacustris)*	13 mm	braun	– Eine Wanze, deren zweites und drittes Beinpaar besonders lang ausgebildet ist, damit kann er durch die Oberflächenspannung des Wassers auf diesem laufen. – Er frisst kleine Insekten, die ins Wasser gefallen sind.
Molche V.				
V.	**Fadenmolch** *(Triturus helveticus)*	bis 9 cm	hellbraun; Männchen zur Paarung dunkle Punkte, schwacher Rückensaum, orangefarbener Streifen am Schwanz, kleiner Faden am Schwanzende	– Sie leben die meiste Zeit des Jahres in schattigen Verstecken an Land. – Zur Fortpflanzung im Frühjahr suchen sie stehende oder langsam fließende Gewässer auf. Die Eier werden an Wasserpflanzen abgelegt. – Die Larven (Kaulquappen) leben bis nach ihrer Verwandlung im Wasser. – Molche leben von Mückenlarven, Wasserflöhen, Bachröhrenwürmern, kleinen Regenwürmern, Nacktschnecken, Raupen und Fliegen.
	Teichmolch *(Triturus vulgaris)*	bis 11 cm	hellbraun; Männchen zur Fortpflanzung dunkle Punkte, einen hohen Rückensaum, orangegelbe Bauchseite	
	Kammolch *(Triturus cristatus)*	bis 18 cm	dunkelbraun, schwarz; Männchen zur Paarung schwarze Flecken, hoher, gezackter Rückensaum mit tiefen Einschnitt zwischen Rücken und Schwanz; Bauchseite auch beim Weibchen orangegelb mit schwarzen Flecken	
Frösche VI.				
VI.	**Seefrosch** *(Rana ridibunda)*	bis 18 cm	Rücken graugrün mit dunklen Punkten, Bauch weißlich	– Sie leben an nicht zu kleinen Gewässern mit reicher Randvegetation. Bei Störung flüchten sie ins Wasser. – Da sie mit ihren Artgenossen gesellig zusammenleben, ergeben ihre Rufe ein Konzert. – Im April/Mai legen die Weibchen die Eier in Laichklumpen im Wasser ab. – Sie ernähren sich von Insekten, Raupen, Regenwürmern. – Die Larven (Kaulquappen) leben bis nach ihrer Verwandlung im Wasser. – Den Winter verbringen die Frösche in Winterstarre am Grund des Gewässers.
	Teichfrosch *(Rana lessonae)*	bis 9 cm	Rücken gelblichgrün mit dunklen Punkten, Bauch weiß	
	Wasserfrosch *(Rana esculenta)*	bis 11 cm	Rücken braungrün mit dunklen Punkten, Bauch weiß	
	Grasfrosch *(Rana temporaria)*	bis 10 cm	Rücken ockerbraun mit dunkleren Punkten, Bauch hell	– Er lebt in Wäldern und Gärten. – Zur Paarungszeit, Februar bis April, sucht er Gewässer auf. Das Weibchen legt den Laich mit 2000 bis 4000 Eiern in Klumpen in flaches Wasser ab. – Die Larven (Kaulquappen) leben bis nach ihrer Verwandlung im Wasser. – Er lebt von Insekten, Raupen, Nacktschnecken, Regenwürmern und Spinnen. – Den Winter verbringt er in Winterstarre im Schlamm von Gewässern.
Kröten VII.				
VII.	**Erdkröte**	Beschreibung siehe Tab. 72, Seite 215		
	Kreuzkröte	Beschreibung siehe Tab. 72, Seite 215		
Libellen IX., Mücken X.				
IX.	**Schlankjungfer** *(Coenagrion spec.)*	Körperlänge 30 bis 35 mm, Flügelspanne 40 bis 45 mm	je nach Species blaurot-, grün- oder gelbschimmernd	– Leben in Feuchtgebieten, an Tümpeln und Teichen, sie jagen Kleininsekten im Flug. – 200 bis 300 Eier werden in das Gewebe von Wasserpflanzen abgelegt. – Die Larven leben räuberisch im Wasser, sie fressen alles, was kleiner ist, häuten sich 10 bis 15mal. – Nach zwei Wintern schlüpfen die Libellen.
	Mosaikjungfer *(Aeshna spec.)*	Körperlänge 50 bis 80 mm, Flügelspanne 60 bis 100 mm	je nach Species blau-, grün-, gelb-, braungefleckt	
X.	**Stechmücke** *(Culex pipiens)*	6 mm	grau	– Die Weibchen sind Blutsauger, sie überwintern in Ritzen. – Sie legen die Eier auf die Oberfläche von stehenden Gewässern. – Die Larven leben im Wasser, hängen mit dem Hinterleib zum Atmen an der Oberfläche

Die echte Wildfläche (der Tu-nichts-mehr-Garten)

Die Wildfläche sollte im Biotop mit Mensch mindestens 20 Prozent ausmachen, je nach Größe kann sie im privaten Bereich aber auch 90 Prozent übersteigen. Im gewerblichen Bereich kann das Intensivsegment bis auf 60 Prozent ausgedehnt werden. Die mindestens 20 Prozent Wildfläche sollten aufrechterhalten und alle Wildflächen in einer Gemarkung miteinander vernetzt werden.

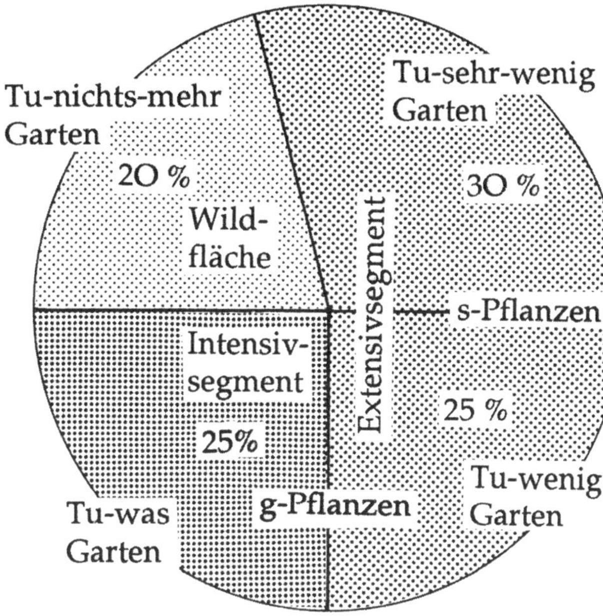

Abb. 113: Biotop mit Mensch und Wildfläche

Die Rote Liste: Viele Pflanzen und Tiere sind vom Aussterben bedroht, stündlich mehr. Es gibt eine Korrelation zwischen der Steigerung der Geburtenrate bei Menschen und der Beschleunigung der Aussterberaten für andere Arten. Auch wenn dieser Zusammenhang kein linear kausaler ist, so trägt er dennoch einen Teil der Ursachen zu diesem alarmierenden Vorgang bei, der große Rest liegt in unserem Bewusstsein und Verhalten. Seit einer Reihe von Jahren wird über dieses Geschehen Buch geführt. Alle in den letzten Jahrzehnten ausgestorbenen und vom Aussterben bedrohten Tiere und Pflanzen werden in diesen Büchern gelistet (Rote Liste). Die Arbeit an und mit der Roten Liste ist bei Naturfreunden beliebt. Sie birgt aber eine große Gefahr: Sie führt oft zu großen Aktionen, zu Spenden und Investitionen, sie ist ein neues Feld für die Überhöhung anthropozentrischen Verhaltens (der Retter »Anthropos«). Während viel aufgewendet wird für einen meist aussichtslosen Kampf zur Rettung von Verlorenem, kümmert sich kaum ein Mensch um die noch nicht direkt Bedrohten. Es besteht die reale und große Gefahr, dass wir

- immer nur das für wertvoll halten, was gefährdet und selten ist (entspricht unseren Marktmechanismen),
- es immer nur dann der Mühe wert finden, uns zu engagieren, wenn wir zusätzlich zu unseren übrigen »Verdiensten« auch noch zum großen Retter werden können (entspricht dem Rang- und Statusbedürfnis des Menschen).

Tab. 81: Wenig geliebte, in die Wildfläche abgedrängte Mitgeschöpfe

Name *(lateinischer Name)*	**Größe**	**Färbung**	**Heimstatt**	**Nahrung**	**Multifunktioalität**
Schnecken					
Wegschnecke *(Arion spec.)*	Länge bis 13 cm	schwarz, braun, rostrot	Wiesen, Wälder, Hecken, Gärten	weiche Pflanzenteile und Beeren, Eier von anderen Schnecken	– Schnecken fressen angewelkte, vergehende, absterbende Pflanzenteile und sind somit ein wichtiges Glied in der Humusentstehung. – Sie selbst sind ein wichtiges Glied in der Nahrungskette für Maulwürfe, Spitzmäuse, Igel, Amseln, Drosseln, Hühnervögel, Enten, Frösche, Kröten, Blindschleichen, Eidechsen, Laufkäfer, Tausendfüßler und auf Nacktschnecken spezialisierte Fliegenlarven.
Ackerschnecke *(Deroceras reticulatum)*	Länge bis 5 cm	gelblichweiß, grau, braun, manchmal mit netzartiger Zeichnung	Wiesen, Wälder, Hecken, Felder, Gärten	weiche Pflanzenteile und Beeren, Eier von anderen Schnecken	
Hain-Schnirkelschnecke *(Cepaea nemoralis)*	Haus bis 2 cm Ø	Haus gelb, braun oder auch rötlich, dunkel gebändert	Wiesen, Wälder, Hecken, Felder, Gärten	weiche Pflanzenteile, Eier von anderen Schnecken	
Weinbergschnecke *(Helix pomatia)*	Haus bis 5 cm Ø	Haus cremigweiß, bräunlich, mit dunklerer Bänderung	Wälder, Hecken, Mauern, Gärten	weiche grüne Pflanzenteile, auch totes Material, Eier von anderen Schnecken	
Ameisen					
Wegameisen, Schwarze *(Lasius niger)*	5 mm	grau-schwarz, schwarz-braun	baut ihr Nest im offenen Gelände, in Gärten, unter Steinen und Platten	Sie braucht tierische und pflanzliche Nahrung, z.B. Samen, sucht besonders nach Süßem auch in Wohnungen. Sie betrillert Blattläuse auf Pflanzen, die dann einen süßen Tropfen abgeben, sie verteidigen Blattlauskolonien gegebenenfalls gegen Blattlausfeinde, z.B. Marienkäfer.	– Ameisen verbreiten Samen, z.B. von Märzveilchen und Weißer Taubnessel. – Sie und ihre Larven sind Futter für viele andere Tiere: Vögel, Käfer, Spinnen, Blindschleichen, Eidechsen, Ameisenlöwen.
Wiesenameise, Gelbe *(Lasius lavus)*	3 mm	gelbbraun	baut ihr Nest unter der Erde im offenen Gelände	Sie nimmt tierische und pflanzliche Nahrung auf und hält Blattläuse in ihrem Nest.	
Wanzen					
Blumenwanze, Gemeine *(Anthocoris nemorum)*	3 bis 4 mm	graubraun mit dunklen Flecken	lebt auf Blattpflanzen	Als Raubwanze lebt sie vorwiegend von Blattläusen und Spinnmilben.	Blumenwanzen helfen bei der Blattlausregulierung.
Stachelwanze *(Acanthosoma haemorrhoidale)*	15 bis 17 mm	graubraun	beerentragende Sträucher	Sie sticht Blätter und Beeren an und saugt deren Säfte.	
Spinnen					
Krabbenspinne *(Misumena vatia)*	bis 1 cm	kann sich den Blütenfarben weiß oder gelb anpassen	lebt an Blütenpflanzen	Sie lauert mit zur Seite gestreckten Beinen auf Insekten.	– Spinnen sind wichtig für die Insektenregulierung.
Kreuzspinne *(Araneus diadematus)*	bis 1,3 cm	grau mit heller Zeichnung	in Bäumen, Hecken, Häusern, spinnt sich ein Radnetz als Wohn- und Fangplatz	Sie saugt Insekten aus, die sich in ihrem Netz fangen.	
Wolfsspinne, Gemeine	Beschreibung siehe Tab. 71, Seite 214				

Ein mir bekannter Jugendlicher hält die Rettung afrikanischer Großtiere für ein Muss, die Rettung des Wiedehopfs für eine Tat, die hohen Einsatz lohnt, die Entwicklung eines Biotops mit Mensch für »Sklavenarbeit« (natürlich nur ganz privat). Offiziell meint er nur, dies sei ja wohl nichts für ihn und überhaupt nicht sinnvoll.

Wenn wir

- alle Teilen, Mitleben lernen (d.h. immer und überall Wildflächen zulassen, auch noch im kleinsten Garten),
- unseren Planeten (insbesondere die Agrarwüsten und andere denaturierte Flächen) in Biotope mit Mensch verwandeln,
- Tieren und Pflanzen mit Achtung begegnen,
- auch in unserem Intensivsegment Wildkräuter, die nur vereinzelt auftreten, stehen lassen und nur die ausjäten, die selbst in Massen auftreten und für sich die Dominanz beanspruchen,

dann können wir die Rote Liste vergessen. Es werden auch dann weiterhin Arten aussterben, aber wir haben alles dagegen getan, was wir können.

Wildflächen können Ruderalflächen sein, nämlich dann, wenn sie völlig denaturiert waren oder teilweise mit Schutt bedeckt. Sie sind immer Sukzessionsflächen, da sie sich erst über einen längeren Zeitraum der Besiedlung zu einem Ökotop mit einer relativ dynamischen Balance entwickeln.

Bei den Ruderalflächen unterscheidet man vor allem Müllflächen, Schuttgebiete, Bahn- und Industriebereiche, Kiesgruben, aber unter bestimmten Bedingungen auch Grünland- und Ackerbrache.

Auswahl der Ruderalflora:
(1 = Ruderal-, 2 = Acker-, 3 = Wiesenflächen

Ackerdistel (*Cirsium arvense*) 1/2
Alant, Echter (*Inula ainctoria*) 1
Ampfer, Krauser (*Rumex crispus*) 1/2
Ackervergissmeinnicht (*Myosotis arvensis*) 1/2
Beifuß (*Artemisia vulgaris*) 1/2
Bilsenkraut, Schw. (*Hyoscynamus niger*) 1
Bingelkraut (*Mercurialis annua*) 1
Brennnessel, Große (*Urtica divica*) 1
Brennnessel, Kleine (*Urtica urens*) 1
Buchweizen, Echter (*Fagopyrum esculentum*) 1
Ehrenpreis (*Veronica hederifolia*) 1/2
Eibich (*Hibiscus trionum*)
Eisenkraut (*Verbena officinalis*) 1
Eselsdistel (*Onopordum acanthium*) 1
Gänsefuß (*Chenopodium album*) 1/2
Greiskraut, Gem. (*Sennecio vulgaris*) 1
Heinrich, Guter (*Chenopodium bonus h.*) 1
Hirtentäschelkraut (*Capsella bursa p.*) 1/2
Hohlzahn, Gem. (*Galeopsis tetrahit*) 1/2
Huflattich (*Tussilago farfara*) 1
Hundszunge, Gew. (*Cynoglossum carduncululm*) 1
Kamille, Echte (*Matricarica chamomilla*) 1/2
Kamille, Hunds- (*Anthemis arvensis*) 1/2
Kamille, Strahllose (*Matricaria discoidea*) 1/2
Karde, Wilde (*Dipsacus sylvestris*) 1
Katzenminze, Gew. (*Nepeta cataria*) 1
Klatschmohn (*Paperver rhoeas*) 1/2

Klette, Große (*Arctium lappa*) 1
Klettenlabkraut (*Galium aparine*) 1/2
Leinkraut, Gew. (*Linaria vulgaris*) 1
Malve (*Malva alcea*) 1
Malve, Wilde (*M. sylvestris*) 1/2
Malve, Weg- (*M. neglecta*) 1
Margerite (*Chrysanthemum leucanthemum*; *vulgare*) 1
Nachtkerze (*Oenothera biennis*) 1/2
Natternkopf (*Echium vulgare*) 1
Rainfarn (*Tanacetum vulgare*) 1/2
Ringelblume (*Calendula off.*) 1/2
Salflor, Wolliger (*Cartamus tinctoricus*) 1
Schafgarbe, Gem. (*Achillea millefol.*) 1/3
Schöllkraut, Großes (*Chelidonium majus*) 1/2
Schwarznessel (*Ballota nigra*) 1
Seifenkraut, Gew. (*Saponaria officinalis*) 1
Stechapfel (*Datura stramonium*) 1
Steinklee, W. (*Melilotus albus*) 1
Spritzgurke (*Ecballium claterum*) 1
Taubnessel, Rote (*Lamium purpureum*) 1/2
Taubnessel, Stengelumf. (*L. amplexicaule*) 1/2
Trespe, Taube (*Bromus sterilis*) 1/2
Vogelmiere (*Stellaria media*) 1/2
Waid, Färber- (*Isatis tinctoria*) 1
Wan, Gelber (*Reseda lutea*) 1
Wegranke (*Sisymbrium off.*) 1
Wolfsmilch (*Euphorbia lathyris*) 1

Mehrere der hier gelisteten Kräuter traten bereits in der O-L-G auf. Im Biotop mit Mensch sollten möglichst viele dieser Pflanzen ihren Platz finden. Sie sind für die gewünschten Pflanzenvergesellschaftungen bedeutsam und leisten einen erheblichen Beitrag in der Insektenbalance. Laufkäfer und Schmetterlinge wechseln zwischen verschiedenen Arealen des zukunftsfähigen Gartens und finden in Hecken und Wildfläche ihr Refugium. In der Sukzession wird sich bei trockenem Gelände die Wildfläche nach der ruderalen Erstbesiedlung in eine Art trockene Wiesenbrache entwickeln, in der dann auch, besonders auf Hackflächen (vgl. Extensivsegment S. 112 u. 137), die Segetalflora (Ackerbau-Begleitflora) vertreten sein wird. Die Gräsertrockenbrache wird in unserer Region bald verbuschen und schließlich in einen vielgestaltigen Wald übergehen.

Auswahl der Segetalflora:
Ackerdistel (*Cirsium arvense*) 1/2
Ackerfuchsschwanz (*Alopecurus myrosuroides*) 2
Ackervergissmeinnicht (*Myosotis arvensis*) 1/2
Adonisröschen (*Adonis aestivalis*) 2
Ampferknöterich (*Polygonum lapathifolium*) 2
Barbarakraut (*Barbarea vulgaris*) 2
Bibernelle, Gr. (*Pimpinella major*) 3
Brunelle, Gem. (*Prunella vulg.*) 3

Erdrauch (*Fumaria off.*) 2
Ehrenpreis (*Veronica hederifolia*) 2
Ehrenpreis, Pers. (*V. persica*) 2
Fuchsschwanz, Kriech. (*Amaranthus graecizans*) 2
Flughafer (*Avena fatua*) 2
Gänseblümchen (*Bellis perennis*) 3
Gauchheil, Roter (*Anagallis arvensis*) 2
Glockenblume, Wiesen- (*Campanula patula*) 3/2
Hohlzahn (*Galeopsis tetrahit*) 1/2
Hopfenklee (*Medicago lupulina*) 2/3
Hornklee, Gew. (*Lotus corniculatus*) 2/3
Hundspetersilie (*Aethusa cynapium*) 2
Kamille, Echte (*Matricaria chamomilla*) 2
Kamille, Hunds- (*Anthemis arv.*) 1/2
Klatschmohn (*Papaver rhoeas*) 1/2
Knöterich, Vogel- (*Polygonum aviculare*) 2
Knöterich, Schlangen- (*P. bistorta*) 2/3
Knöterich, Winden- (*Fallopia convolvulus*) 2
Kornblume (*Centaurea cyanus*) 2
Kuckuckslichtnelke (*Lychnis flos -cuculi*) 2/3
Löwenzahn (*Taraxacum off.*) 2/3
Möhre, Wilde (*Daucus carotta*) 2/3
Ochsenzunge (*Anchusa off.*) 2/3
Platterbse, Knoll. (*Lathyrus tuberosus*) 2
Rittersporn (*Delphinium; Consolida*) 2
Schafsgarbe, Gem. (*Achillea millefolium*) 2/3
Schleifenblume, Bittere (*Iberis amara*) 2
Sternmiere, Vogel- (*Stellaria media*) 2/3
Storchschnabel, Wiesen- (*Geranium pratense*) 2/3
Wegerich, Spitz- (*Plantago lanceolata*) 2/3
Wegerich, Mittlerer (*P. media*) 3
Wegwarte (*Cichorium intybus*) 1/2
Wiesenwitwenblume (*Knautia arvensis*) 2/3
Windhalm, Gew. (*Apera spicaventi*) 2

Die Zeigerpflanzen

Pflanzen lieben unterschiedliche Standorte und stellen unterschiedliche Ansprüche an die Bodenqualität. In dieser Weise unterscheiden sich auch die Ruderal- und die Segetalflora. Wie allerdings bereits aus den Aufstellungen zu ersehen ist, gibt es breite Überschneidungen. Nach dem Zeigerpflanzenkonzept kann man anhand wild wachsender Pflanzen die Bodenqualität bestimmen. Die in der Literatur benannten Pflanzen geben allerdings überwiegend zu Misstrauen Anlass. So taucht der größte Teil der Pflanzen, die humosen, nährstoffreichen Boden anzeigen sollen, sofort auf magerem, sandigem Boden auf, falls dieser mechanisch gelockert wird. Sie gehören eben der Segetalflora an, für die jede Lockerung ausreicht (z.B. Ackerhellerkraut, Ackersenf, Echte Kamille, Melde, Vogelmiere u.a.). Auf einem kalkarmen, nicht mehr bearbeiteten Boden tauchten zwar zunächst eine Reihe der Kalkarm-Zeigerpflanzen auf, wie Kleiner Ampfer, Stiefmütterchen, Weiches Honiggras. Sie blieben jedoch nur ca. zwei Jahre und wurden dann sukzessiv wieder von anderen, vor allem verschiedenen Kleearten gefolgt. Die angeblichen Kalkarm-Anzeiger Hederich, Hundskamille und Buchweizen tauchten erst auf den Beeten häufiger auf, die gekalkt und gehackt worden waren.

Ohne Zweifel tauchen viele Kräuter nicht mehr auf, wenn hohe Stickstoffgaben erfolgen. Sie werden sich allerdings in einem Biotop mit Mensch, in einem Garten ohne künstliche Düngung und chemische Einwirkungen dort halten, wo man sie lässt. Extreme Feuchtigkeit wird selbstverständlich durch Sumpfpflanzen und auch noch durch Sumpfdotterblumen angezeigt, allerdings kaum noch durch die weitere Gruppe der Hahnenfußgewächse. Letztere ziehen unter bestimmten Bedingungen auch in sandige, trockene Gebiete ein.

Aus unserer Erfahrung zeigt sich, dass Zeigerpflanzen weniger als Einzelpflanzen, sondern vielmehr als vergesellschaftete Gruppen Kalkmagerwiesen, sumpfige Flächen auch in Trockenzeiten, Moor-, Heideflächen und anderes anzeigen können. Sie sind aber als sog. grüne Zeigefinger im Zusammenhang mit Gärten problematisch. Für die Zukunft des Menschen in diesem Lebenssystem sind die Pflanzenvielfalt und das genetische Potenzial von Wildflächen wichtig. Deshalb sollten sie zu jedem Garten gehören.

Das Ungestalte und das Ästhetische

Wir haben Probleme mit allem Wilden, bis heute stehen wir ratlos vor dem Chaos oder verabscheuen es gar. Wir fühlen uns im »Wohlgestalteten« zu Hause. Von hier aus ergeben sich neben anderen menschlichen Beschränktheiten (vgl. *Kleber* 1993, S. 147ff.) Probleme, das Lebenssystem unseres Planeten zu verstehen und in der Folge auch naturverträglich zu handeln. Wir haben in unserer kulturellen Umwelt eine anthropozentrische und künstliche Ästhetik entwickelt. Diese Ästhetik wurde früh und umfänglich auch auf Natur und Naturphänomene angewandt. Die Konsequenzen sind, wie so oft bei kulturellen Errungenschaften und anthropozentrischen Wertschätzungen, zerstörerisch. Die hohe Komplexität mit einem Veränderungs- und Gestaltungszeitmaß, welches das menschliche Leben um das Hundertfache übersteigt, erscheint uns als Chaos. Zwar haben wir eine Technik entwickelt, mit der wir einige Versatzstücke der Natur (Bäume, Blumen, Vögel u.a.) in einem von Künstlern gestalteten Rahmen (Kunstnatur) stellen und uns so unsere »schöne Natur« schaffen. Der reinen ungestalteten Natur kommt jedoch kein ästhetischer Wert zu, sie verunsichert sogar viele Menschen emotional. Damit bisher Natur für uns schön wurde, mussten wir sie zuvor zerstören. Ungestalt bedeutet sowohl un- als auch missgestaltet, und es hat eine kompakte, negative Wertigkeit. Das wohlgestaltete originale Einzelstück aus der Natur, aber nicht ihre chaotische Wildheit ist das Wertvolle. Einzelne Geschöpfe – jedoch nicht deren ureigenstes »Ambiente« – können wir problemlos akzeptieren. Ein Garten aber ist nach tradierten Kulturgesichtspunkten für den Menschen Ambiente und nichts als dieses. Ein Garten ist der Rahmen und das Feld, bisher meist das völlig durchgestaltete Feld, das aufgrund seiner künstlerischen Ästhetik, häufig mit, manchmal auch ganz ohne Natur zum wertvollen Ambiente des Menschen wird.

Der Garten als ein funktionierendes teilanaloges Modell unseres Lebenssystems, in dem sich frei entwickelnden Natureinheiten großer Raum gegeben wird, macht uns auf dem oben diskutierten Hintergrund Probleme. Permakultur-Modelle wurden mancherorts von aufgebrachten Nachbarn oder einer verständnislosen Öffentlichkeit direkt vereitelt oder wieder verdrängt. Ungestalt erhält im Zusammenhang mit Ambiente zusätzlich noch die Bedeutung von vernachlässigt und unerträglich in einem gutsituierten Wohngebiet oder einer Kommune.

Wir müssen umlernen, ein völlig neues ästhetisches Empfinden für Naturflächen, für unsere Mitwelt entwickeln – ohne Veränderung unseres Bewusstseins bleibt Natur pur unerträglich. Nun wird hier noch zu einem niedrigen Gestaltungsniveau des Gartens als Biotop mit Mensch (nicht für Mensch) eine Wildfläche gefordert. Der Albtraum für Gartenämter, bisher das absolute Verbot für organisierte Kleingärtner. Der Zorn vieler Nachbarn ist heute mancherorts noch demjenigen gewiss, der es wagt, in dieser Weise einen zukunftsfähigen Garten zu entwickeln. Können wir selbst es denn aushalten? Kann man nicht wenigstens auf die Wildfläche verzichten?

Annäherungen

Wir brauchen für den Einstieg in das Umlernen systematische und vielfältige Annäherungen, um das Ungewohnte aushalten und ertragen zu können. Wenn wir einen zukunftsfähigen Garten betreiben wollen, brauchen wir solche Annäherungen, um öffentliche Akzeptanz zu erlangen, um den neuen Garten zu einem fruchtbaren Erfahrungsraum und zu einer konstruktiven Bildungssituation zu machen. Äußere Annäherungen an eine Wildfläche im Garten erfolgen durch einen minimalen Gestaltungsrahmen.

1. Annäherung: im und am Extensivband einige kleine, begrenzte Blumeninselchen anlegen
2. Annäherung: Mäh- oder Hackstreifenbegrenzung der Baumscheiben vornehmen
3. Annäherung: Bäume mit stärkerem Lüftungsschnitt pflegen
4. Annäherung: Heckenrandfläche mähen (jährlich weniger mähen)
5. Annäherung: statt Altholzhaufen zunächst ein Altholzgärtchen oder ein Stück Faschinenflechtzaun anlegen; das Altholzgärtchen an einer Seite nach und nach durch Anhäufung auflösen, bei einem Faschinenflechtzaun auf einer Seite nur noch Altholz anhäufen
6. Annäherung: Steinwall in Mauerschichtung errichten, dann später auf einer Seite nur noch Steine als Haufen schütten
7. Annäherung: klare Begrenzung – den nördlichen Rand der Wildfläche durch eine Hecke, bei großer Raumknappheit mit einem Strächerflechtzaun begrenzen; den inneren oder südlichen Rand durch einen schmalen Mähstreifen markieren
8. Annäherung: mit einer kleinen, begrenzten Wildfläche beginnen, den Restraum als Wildwiese zunächst mähen, dann die Wildfläche systematisch ausweiten
9. Annäherung: bei einer größeren Wildfläche einen geschwungenen, schmalen Fußweg mähen
10. Annäherung: im ersten Jahr einige kleine Inseln (30 x 30 cm) in der Wildfläche (randnah) umhacken und mit einer dekorativen Kräuter- oder Wildblumenkombination anpflanzen
11. Annäherung: solche Inseln in der Wildfläche schrittweise verringern, schließlich ganz aufgeben

Achtung: Nicht das Ziel aus den Augen verlieren, es geht darum, bei unseren Mitmenschen, öffentlichen Ämtern und auch bei uns selbst Wildes akzeptieren zu lernen (nur die Schroffheit zu verringern), nicht das Ungestalte immer weiter durchzugestalten – hin zur Wildfläche, nicht weg von ihr.

Innere Annäherungen

Gezielte Beobachtungen mit sprachlicher Gestaltung der Empfindungen z.B. im Herbst.

- In den Morgenstunden, insbesondere wenn die viel häufigeren Spinnennetze der Wild- und Halbwildflächen betaut und wie mit Edelsteinen verziert glitzern;
- im Winter, wenn die vielfältigen und bizarren Formen der kleinen, nicht gemähten oder gehackten Flächen Reif verfremdet werden;
- im Sommer, wenn Schmetterlinge und Laufkäfer zwischen Beeten, Hecken und Wildfläche pendeln; sie nicht nur zur Kenntnis nehmen, sondern sich immer wieder klarmachen, dass ihr reichliches Dasein und unser ästhetisches Erleben bei ihrer Beobachtung zur Wildfläche gehört, von ihr geboren ist;
- im Frühling liegt die Fläche noch wie in einer zweiten Winterruhe. Innere Annäherungen sind zu dieser Zeit am schwierigsten; machen wir Versuche, auch das schön zu finden – jetzt akzeptieren wir es ja bereits.

Doch heißt es zur Annäherung an die Bedingungen des Lebenssystems unseres Planeten, die Natur immer wieder zum Suchen und zum Finden ermutigen, auch sich selbst ermutigen. Dieses Programm geht weit über den Garten und die Wildfläche hinaus. Wenn wir als Menschen in der Wirklichkeit leben und für die Zukunft unserer Enkel arbeiten wollen, dann müssen wir uns panikfrei und ohne Flucht dem Chaos annähern und mit und in ihm leben lernen!

Literatur

Größtenteils auf das Lebenssystem unseres Planeten und der Wildnis bezogen:

Cornell, J. B.: Mit Kindern die Natur erleben, Prien 1979

Cornell, J. B.: Mit Freude die Natur erleben, Mühlheim 1991

Cornell, J. B.: Auf die Natur hören – Wege zur Naturerfahrung, Mühlheim 1991

Trommer, G. (Hrsg.): Natur wahrnehmen mit der Rucksackschule, Braunschweig 1991

Trommer, G.: Wildnis – die pädagogische Herausforderung, Weinheim 1992.

Die Chaostheorie, die sich damit befasst, in höhere, komplexere Ordnungen, die wir bisher nicht durchschauen können, einzudringen, ist ebenfalls eine systematische Annäherung des Menschen an die Wirklichkeit, deren tiefsten und chaotischen Teil zu ertragen. Die Chaostheorie führt uns über Erklärungen und durch Ordnungsbegriffe an das für uns Unerträgliche unserer Basis heran. Sie macht das für uns Unaushaltbare (das, was bisher nur Panik und Flucht auslöste) aushaltbar.

Epilog:

*Ich halte den Garten für die Keimzelle einer Erneuerung unserer Kultur. In einem Garten hat ja auch einmal alles angefangen. Hier gilt es heute ... erneut vom Baum der Erkenntnis zu essen, der dann zum Baum des Lebens wird. Die im Garten erneuerte Naturwahrnehmung kann in einer neuen Ästhetik des Alltags Gestalt gewinnen und für das Industriesystem den Weg der Umkehr zum Leben weisen (*Meyer-Abich, *1984, S. 267).*

aber:

*Der Garten ist verwüstet, die Wege sind zertrampelt, die Reste des Inventars werden gerade verheizt... (*Dahl *1984, S. 48).*

Wehrt euch! – Entwickelt Biotope mit Mensch! – Stellt eure Ernährungs- und Verbrauchsgewohnheiten um! – Gründet Verbraucher-Erzeuger-Gemeinschaften!
Kämpft für unsere einzige Heimat, den blauen Planeten!
Besser eine Kerze anzünden, als sich unablässig über die Dunkelheit beschweren!
Besser ein bisschen zukunftsfähiges Gärtnern oder auch mehr.

Eduard W. Kleber und Gerda Kleber

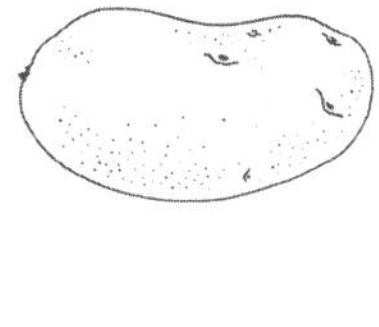

Die »Permanent Nachhaltige Intensiv-Parzelle« (PNIP)

Biotope und Permakultur-Anlagen sind aufgrund vieler Vorbilder und historisch ähnlicher Projekte (zum Beispiel Selbstversorger-Anlagen) meist großzügig gedacht und entsprechen oft den Ausmaßen eines zumindest kleinen Bauernhofes. – Wir sahen keinen anderen Weg, dieser Gesamtvorstellung zu folgen, und so hatte unser »Permakultur-Projekt«, das neben den Studien vieler weltweiter Projekte den Praxis- und Erfahrungshintergrund für unser Buch »Biotop mit Mensch« lieferte, auch eine beachtliche Größe von über einem halben Hektar (5.000 Quadratmeter).

Mit den vielfältigen beruflichen Aufgaben sowie familiären und privaten Verpflichtungen, oft über größere Entfernungen hinweg, war es nicht einfach, mit Entwicklung und Erhaltung des Selbstversorgungsprojektes fertig zu werden. Es ging überhaupt nur mit unvollständigem Permakulur-Programm. (Wir konnten z.B. unser Wohnen nie mit einbeziehen.) Dann aber, mit fortschreitendem Alter, erfuhren wir die Größe schließlich als Last, die drückte. So begannen wir vor acht Jahren, eine möglichst kleine permanente Intensiv-Parzelle zu entwickeln.

Wir handeln hier von und in sehr kleinen Verhältnissen, die in der Struktur dann recht komplex werden, was so etwas wie »Präzision« verlangt.

Anstelle eines Prologs

Wie allermeist im Leben
stellt sich Erfolg am häufigsten ein,
wenn Engagement mit Geduld und Ausdauer,
im Sinne von bei der Sache bleiben,
zusammenkommen, auch in kleinen Verhältnissen
und bei kleinen Parzellen.

Zwei Personen können ihren vegetarischen Bedarf (Kartoffeln ausgenommen) überwiegend und auf Dauer (permanent und nachhaltig) von 50 Quadratmetern (Parzelle) plus fünf Quadratmetern (Topfgarten) Fläche Ackerland decken. Wir erhalten aufgrund der Kombination der vier Prinzipien:

- Intensive Bodenpflege (mulchgeleitet),
- Konsequente Mischkultur,
- EM-gestützte Pflanzenanzucht und -pflege,
- Fruchtwechsel über viele Jahre

eine beachtliche Vielfalt an gesunden Pflanzen, ohne Chemie, wassersparend, ohne Maschinen und Fremdenergie, mit wenig Arbeit auf engstem Raum. Wir verbrauchen dabei so wenig Natur, dass ein solches Intensiv-Konzept sehr wohl zu der extensiv ausgerichteten Permakultur und dem Projekt »Biotop mit Mensch« passt. Es führt zu einem ganz neuen Verständnis von Intensivanbau, indem es durch Beschränkung gleichzeitig mehr Raum für Extensives und/oder Naturbelassenes lässt.

Beschreibung der Parzelle und der Mittel für deren Bearbeitung

Wichtig für den Erfolg bei der Selbstversorgung mit Gemüse ist die Fürsorge für den Boden, das heißt das **Bodenleben**, denn nur auf einem lebendigen Boden können unter natürlichen Bedingungen Pflanzen gedeihen, die auch gesunde Früchte bringen.

Dann braucht die Gärtnerperson außer einer gewissen Zeit, die sie einbringen sollte, die schon wiederholt erwähnte Geduld und nach Möglichkeit auch eine gewisse Sympathie für ihre Pflanzen und Pflanzen allgemein. Es muss nicht gleich so weit gehen, dass sie mit den Pflanzen spricht, doch hat sich schon öfter gezeigt, dass die Personen, die manchmal mit ihren Pflanzen sprechen, auch besonders **fürsorglich** mit ihnen umgehen, und es sieht so aus, als ob die Pflanzen ihnen das auch lohnen würden.

Die Parzelle ist 11 Meter lang und 4,50 Meter breit (50 Quadratmeter). Sie bedarf einer möglichst sonnigen Lage. Reine Schattenlage kann nicht erfolgreich sein. Sie sollte eine leicht übersteigbare Begrenzung haben (zum Beispiel einen Schneckenzaun), und sie sollte rundum begehbar sein.

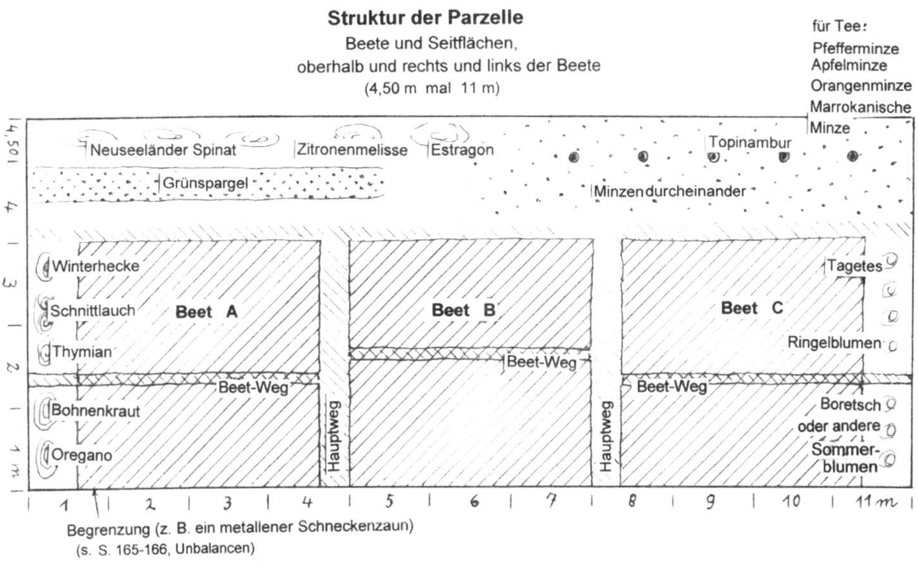

Abb. 114: Die Struktur der Permanent Nachhaltigen Intensiv-Parzelle

Im Herbst: Zu Beginn der Bearbeitung des Grundstücks sollte, wenn es sich um eine Wiese oder um ein unbewirtschaftetes Gelände handelt, es einmal umgebrochen und/ oder mit einer Motorfräse zwei- bis dreimal gefräst werden. Dann sollte es gleich mit möglichst viel organischem Material (Heu, Stroh oder irgendeinem Schnittmaterial) abgedeckt werden. Laub ist weniger geeignet; falls es wenig ist, deckt es im Frühjahr nach dem Säen zu viele Pflänzchen ab. Wenn es viel ist, reichert es je nach Blattarten den Boden mit für viele Pflanzen ungünstigen Stoffen (Gerbsäuren unter anderem) an. Rindenmulch sollte in keinem Fall verwendet werden. Der aufgebrachte Mulch sollte mit Gesteinsmehl, Naturkalk und, so vorhanden, Holzasche dünn abgestreut werden.

Geräte: Grabegabel, Krail (Bezug zum Beispiel über *www.gardotool.de*), schmale Pendelhacke (Breite 85 Millimeter) (Bezug am sichersten bei Hof Jeebel; *www.biogartenversand.de*) und/oder Halbmondhacke (Breite 120 Millimeter) (Bezug am sichersten bei Sneeboer, (*www.sneeboer.de*). Zollstock, Handschaufel, Handhacke, Handgabel, Rechen, einen Universaljäter mit verlängertem Stil (Cape Cod Weeder) (Bezug Richard Ward – *gartenversand.de*). Gießkanne, ein Hammer, zwei bis drei Eimer. – Zusätzlich wird Naturkalk und Bentonit (Gesteinsmehl) gebraucht.

Von Vorteil ist, Küchen-Bokashi selbst herzustellen. Erstens sind unsere Küchenabfälle umgehend recycelt und zweitens gewinnen wir eine vorzügliche organische Bodenverbesserung. Das alles wird möglich durch die Entdeckung der **Effektiven Mikroorganismen (EM)** und deren vielfältige Anwendungsmöglichkeiten (vgl. *Lorch, A.* 2013).

Früher haben wir unsere Küchenabfälle in einer Wurmkomposttonne (vgl. S. 59) recycelt. Es gibt sehr große Wurmkompostanlagen in Kanada, Japan und einigen anderen Ländern, in denen insbesondere auch der Kot des Viehs aus den Stallhaltungen, zusammen mit anderen Abfällen, in Kornpostanlagen »veredelt« wird.

In Deutschland nutzen wir diese Biomassen eher zur Herstellung von Biogas, was in Anbetracht der Massentierhaltung mit ihren gewaltigen pharmakologischen Ausscheidungen, auch Sinn macht.

Anders in der Wurmkompostierung im Haushalt. Der Wurmkompost ist nach wie vor ein gutes Bodenverbesserungsmittel und eine Möglichkeit, die Gesundheit der Pflanzen zu fördern, insbesondere bei allen Topfpflanzen. – Wir haben seit einigen Jahren ganz auf Küchen-Bokashi umgestellt, weil wir dieses als wesentlich effektiver erfahren haben. Man kann, seit es Küchen-Bokashi gibt, auf Wurmkompost verzichten, aber man muss es nicht.

Ein anderes biologisch organisches Mittel, das für Kompostbereitung und Pflanzenstärkung zur Verfügung steht, wird nach dem Rezept von *May Bruce* hergestellt (*Bruce, M. E.* 1955/1964).

Bruce und *Dombrowsky* haben mit verschiedenen Präparaten von *Rudolf Steiner* experimentiert. *Bruce* (1955) schreibt dazu: »Das biodynamische System ist interessant, aber kompliziert und für die große Mehrheit infolge gewisser Vorbehalte schwer zugänglich.« Sie hat dann ein einfacheres Kurzverfahren gefunden, bei dem sie die anthroposophischen Anteile wegließ. Sie schreibt weiter: »Den Kräuteraktivator kann jeder herstellen, der es versteht, die richtigen Pflanzen zu finden. Die Zusammensetzung wird in allen Einzelheiten genau angegeben« (*Bruce* 1964). Hat man keine Möglichkeiten, die Kräuter zu finden, so kann der Aktivator für wenig Geld gekauft werden (Bezug: *www.abtei-fulda.de/shop*) (vgl. *Kleber G.* u. *E.* 2017). **Was ist Humofix:** Zuallererst ein Kompostaktivator und auch ein Pflanzen-Unterstützungsmittel als Saatbad und Gießwasserzusatz für die Pflanzenaufzucht.

Exkurs zu Effektiven Mikroorganismen – EM:

Im Jahr 1990 hat der Japaner *Teruo Higa*, ein analytischer Agrarwissenschaftler, nachdem er durch Anwendung chemischer Mittel in der Nahrungsmittelerzeugung schwer erkrankt war, die Seiten gewechselt. Er suchte fortan die chemischen Pflanzenpflegemittel durch biologische zu ersetzen. Er fand solche in biologisch-mikrobiellen Kulturen und erforschte deren Auswirkungen auf das Pflanzenwachstum und die Pflanzengesundheit. Die Kulturen, die eine förderliche Auswirkung auf beides hat ten, bezeichnete er als »Effektive Mikroorganismen: EM«.(s. *Higa, T.* mit seinem Buch: „Eine Revolution zur Rettung der Erde" (1993), Xanten (2003). – EM kommen mittlerweile in allen Lebensbereichen zum Einsatz (Haushalt, Garten, Gesundheit: bei Mensch, Tier, Pflanze, in der Technologie) (*Zschocke, K.* 2014). Für die Landwirtschaft werden weltweit bereits über eine Million Tonnen Biologischer (EM-gestützter) Dünger »TLB« hergestellt. Wir erzeugen in einigen Küchen-Bokashi-Eimern unsere eigenen Effektiven Mikroorganismen, die wir bei der Pflege des Bodenlebens mit einsetzen und auch als Ernährungssofortprogramm, zum Beispiel bei den Tomaten. Wird eine Grünspargelreihe angelegt, dann sollte diese als Erstes mit Küchen-Bokashi bedient werden. Im Übrigen ist seine Einbringung von den geplanten Reihen unabhängig. Der Küchen-Bokashi wird vor allem für unsere mediterranen Pflanzen, das heißt für die Befüllung von deren Töpfen, verwendet.

Soweit dann noch Bokashi vorhanden ist, kann dieser in den Boden der Parzelle eingegraben werden. Hierzu ist der Mulch entlang einer abgesteckten Reihe zur Seite zu räumen und mit der Kante der Halbmondhacke eine ca. 10 Zentimeter tiefe Rille zu ziehen. In diese kann der Bokashi verteilt und leicht eingehackt werden. Dann noch mit Erde bedecken und den Mulch wieder darüberziehen. Der Boden muss jetzt mindestens **vier Wochen ruhen**, bevor er besät oder bepflanzt werden kann. Während der Ruhezeit ist der Boden für das Pflanzenwachstum zu sauer.

Küchen-Bokashi herstellen:
(„Bokashi" ist Japanisch und bedeutet »fermentiertes organisches Material«. Es ist ein hochwertiger Bodenverbesserer):

Am besten geht es mit dem original Bokashi-Eimer. Er hat einen fest verschließbaren Deckel und unten einen kleinen Hahn, um Sickersaft abzulassen. Beides ist für das Gelingen der Fermentation der Küchen- und Gemüseabfälle sehr wichtig. Außerdem braucht man gewissermaßen zur Impfung oder als Starter EM-Bokashi beziehungsweise flüssige EM-Starterkulturen (Bezug: *Mikroveda, www.mikroveda.eu*).

- Den täglichen Küchenabfall, auch Gekochtes, Fleisch- und Fischreste, in einem kleinen Gefäß sammeln, er soll nicht zu nass sein und zerkleinert passt mehr in den Eimer. Eierschalen separat sammeln, trocknen, in einer Tüte klein treten und später rund um die Kohlpflanzen streuen oder, wenn reichlich vorhanden, im Herbst auf den Beeten verteilen.
- Beim Befüllen des Eimers zunächst das Bodensieb mit einer dünnen Schicht Küchenabfällen abdecken. Dann etwas EM-Bokashi-Starter darüberstreuen. Danach eine weitere Schicht (nicht höher als 10 Zentimeter) einfüllen, wieder bestreuen und mit der mitgelieferten Kelle gut festdrücken.
- **Den Eimer fest verschließen!**
- Dies wiederholen, bis der Eimer zu 98 Prozent gefüllt ist.
- Von Anfang an sollte regelmäßig der Sickersaft abgelassen werden.
- Bei einem Teelöffel Saft auf fünf Liter Wasser kann diese Lösung als Düngemittel (zum Gießen) verwendet werden.
- Der Sickersaft kann pur zur Reinhaltung des Ausgusses oder der Toilette verwendet werden.
- Der volle Eimer muss nun **zwei bis vier** Wochen (je nach Temperatur) möglichst dunkel, ruhig und **fest verschlossen stehen**. Auch während dieser Zeit sollte ab und zu Sickersaft abgelassen werden.
- Dann kann das fermentierte Küchen-Bokashi zur Pflanzvorbereitung mit Gartenerde, etwas Naturkalk und Gesteinsmehl vermischt werden.

- Achtung!! Es dauert nun wiederum circa vier Wochen, bis sich daraus ausgezeichneter, die Pflanzen fördernder Boden gebildet hat.
- Frisch fermentiertes Küchen-Bokashi darf auf dem Beet nie zu nahe bei Pflanzen eingegraben werden (Abstand mindestens 30 Zentimeter), weil der Säuregehalt noch zu hoch ist.
- Besäen und Bepflanzen erst nach vier Wochen (siehe oben).

Vorbereitungen im Winter

- Pfähle zur Markierung der drei Beete (A, B, C), 12 Stück, sie können für mehrere Jahre an Ort und Stelle bleiben.
- Gartenschnüre (circa vier Meter lang), 12 Stück, an jedem Ende ein Stock oder Zelthering zur Ausrichtung der Wege und später der Saatreihen.
- Kleine Stöckchen zur Pflanzmarkierung, 30 Stück (zum Beispiel Bambus-Fingerfood-Stäbe (circa 25 Zentimeter Länge) (Bezug: *Supermarkt*), wiederverwendbar.
- Stöcke, ca. 80 Zentimeter, 40 Stück, sie dienen für Erbsen und Buschbohnen als Stützgerüst (zum Beispiel Tonkinstäbe im Bündel, 25 Stück) (Bezug: *Hof Jeebel, www.biogartenversand.de*).
- Recyclingschnur (Knäuel) (Bezug: *www.waschbaer.de/shop*)
- Samen für die An- und Aussaat besorgen: Da bei den anzubauenden kleinen Flächen nur wenig Saatgut gebraucht wird, lohnt es sich, darauf zu achten, dass es für möglichst zwei Saatperioden keimfähig ist. (Leider erhält man diese Informationen nicht immer.) Wenn man beachtet, dass unter unseren organisch-biologischen Bedingungen die alten Samen stärker und gesünder sind (die neuen Züchtungen werden heute in der Regel direkt mit einem Düngungs- und Pflegepaket verkauft), dann sollte man die *Arche Noah* kennen. Die Arche Noah ist die europäische Vereinigung der Pflanzen-Hüter. Manche interessanten Sorten erhält man nur dort (*www.arche-noah.at/online-shop*). Desgleichen ist hier *Dreschflegel* (*www.dreschflegel-saatgut.de*) noch zu nennen.

Für die Pflanzenanzucht:

- Flache Schalen, drei bis vier Stück (zum Beispiel von Fleischverpackungen)
- Anzuchttöpfchen (etwa sechs mal sechs Zentimeter), circa 50 Stück (zum Beispiel vom Kauf von Salatpflänzchen und Ähnlichem)
- Größere dichte Plastikschalen (rechteckig) zum Einstellen der Anzuchttöpfchen, sodass von unten (in die Wanne) gegossen werden kann
- Aussaaterde, ein Sack (andere Spezialerden sind nicht erforderlich)
- Schildchen, circa 50 Stück, zum Beschriften der einzelnen Anzuchttöpfchen

Es gibt verschiedene andere Anzuchtmethoden: zum Beispiel in Erdballenpresslingen, oder in torffreien Anzuchttöpfchen und Ähnlichem.

Für den Topfgarten:

- Töpfe, mit circa 30 Zentimetern Durchmesser, 4 Stück, und dazu passende Untersetzer (Paprika gedeihen auch auf dem Beet besser in einem Topf, das ist günstiger für das Feuchtklima)
- Töpfe mit 35 bis 40 Zentimetern Durchmesser, je nach Bedarf) und dazu passende Untersetzer
- Bewässerungsringe (29 Zentimeter Durchmesser) mit Stützhalter für drei Bambusstäbe, sie werden beim Pflanzen auf die Töpfe gesetzt (Bezug: *www.poetschke.de*)

- Stäbe, die zum Anbinden der Pflanzen in die Töpfe gesteckt werden (am besten drei pro Topf)
- Gartenerde (von den Beeten nehmen); im nächsten Jahr kann die alte Erde aus den Töpfen wieder mit verwendet werden
- Bentonit (Gesteinsmehl); Bezug: *www.mikroveda.eu*
- Naturkalk
- Holzasche, so dies möglich ist
- Plastiktüten, die möglichst wenig Licht durchlassen (zum Einhüllen der Töpfe, damit sie nicht austrocknen oder der Boden darin durch zu viel Regenwasser versuppt); sie können viele Jahre wiederverwendet werden

Für die Aussaat und Pflanzung:
Mischung aus Bentonit (Gesteinsmehl und EM-Keramikpulver; Bezug: *www.mikroveda.eu*). Einen Liter Bentonit plus einen Esslöffel EM-Keramikpulver gut vermischen = EM-Bokashi (praktisch für die weitere Praxis ist, dies in eine Streudose zu füllen). Etwas davon unter die Aussaaterde mischen, in die Saatrille streuen und in das Pflanzloch geben.

Arbeiten im Frühjahr

- Ende Januar eventuell mit einer ersten Salatanzucht am Fenster beginnen.
- Anfang März, wenn der Boden frostfrei ist, mit der Vorbereitung der Beete A – B – C beginnen.
- Als Erstes die vier Ecken jedes einzelnen Beetes ausmessen (s. Abb. 115) und mit Stöcken markieren. Diese sollten möglichst für lange Zeit bleiben. Dadurch werden auch die Hauptwege, welche die Beete voneinander abtrennen, festgelegt.
- Nun die Lage der drei Beetwege, welche jedes Beet durchschneiden, von Beet A, B und C einmessen und jeweils mit zwei Gartenschnüren markieren.
- Den Wintermulch (was davon übrig ist) auf die Haupt- und Beetwege verteilen und festtreten.
- Nun den Boden der Beete mit der Grabgabel lockern. Vom Beet-Parzellen-Rand beginnend reihenweise, parallel zum Beetweg, den Boden bearbeiten, Grabgabel senkrecht tief einstechen, rütteln (vor- und zurückbewegen). – Je nach Bodengare nach 10 bis 20 Zentimetern wieder einstechen, den Vorgang wiederholen bis zum Hauptweg oder Ende des Beetes. Diese Arbeit wird von Jahr zu Jahr, mit Verbesserung der Bodengare, leichter. So fortfahren, bis die Fläche zur nächsten Aussaat oder Bepflanzung gelockert ist. – Bei dieser Arbeit die unerwünschten neu angesiedelten Kräuter und eingewanderten Minzen entfernen (zu Mulch erklären, das heißt, sie auf den Hauptwegen ablegen).
- Mit dem Rechen das Beet glätten.
- Wenn nicht gleich gesät oder gepflanzt wird, dann vor dieser Arbeit noch einmal mit dem Krail durchziehen und wieder mit dem Rechen einebnen (glätten).
- Die gesetzten Pflanzen bei Trockenheit gießen. Zwischen den fertigen Reihen, wenn noch genügend Platz ist, häckeln.
  Hier kann Humofix ins Spiel kommen:

Saatbäder: Die Saaten sollen, in Humofix-Lösung gebadet, schneller keimen, gleichmäßiger auflaufen und widerstandsfähiger sein. – Außer den Schmetterlingsblütlern (Erbse, Bohne und Genossen) und den Kürbisgewächsen (Kürbis, Gurke, Melone und Ähnliches) sind alle Samen für Saatbäder mit Humofix geeignet. – Man gibt in eine alte Tasse oder ein ähnliches Gefäß etwa eine Messerspitze Humofix-Pulver und füllt dann die Tasse zur Hälfte mit Wasser, gut umrühren und einige Stunden stehen lassen. Dann gibt man die Samen dazu, rührt das Ganze mit einem Holzstäbchen um, damit sie nicht verkleben, und lässt sie die vorgeschriebene Zeit stehen. Kohl- und Salatsamen bleiben 15 Minuten im Saatbad, Rettich und Radieschen bis 30 Minuten. Wurzelgemüse, Möhren und Sellerie 90 Minuten, alle anderen Sämereien ca. eine Stunde. Danach wird das Saatbad über einen Lappen abgegossen, sodass die Samen darin gesammelt werden. Nach zwei bis drei Stunden können die Samen dann gesät werden. Dies soll der Vollständigkeit wegen und für alle, die es ausprobieren wollen, mitgeteilt werden.

Wir haben die Saatbäder wegen der verhältnismäßig großen Zeitaufwendungen und den Erschwernissen (die Samen klebten oft zusammen und das Säen wurde dadurch erschwert) aufgegeben, unsere Geduld reichte nicht so lange, bis wir Ergebnisse sehen konnten.

Es könnte jedoch, wenn Sie geduldiger sind, vielleicht ein Versuchsfeld für Sie werden.

Anzucht von Pflanzen, wichtig bei der Anzucht der Kulturen

- **Salat:** Eine flache Schale mit Aussaaterde mindestens drei Zentimeter anfüllen und mit EM-Bokashi ganz dünn abstreuen, vermischen und glätten.
- Salatsamen nicht zu dicht daraufstreuen und wieder dünn mit Aussaaterde abdecken und gut andrücken.
- Feucht halten durch Besprühen.
- Bis zur Keimung, um ein feucht-warmes Klima zu erzeugen, mit einer durchsichtigen Scheibe (Glas) abdecken (notfalls mit Folie).

Wenn die Pflänzchen aufgegangen sind, dann kommt für uns Humofix ins Spiel. Ab sofort werden alle jungen Pflanzen mit der Zugabe einer Humofix-Lösung gegossen. **Humofix-Lösung**: Ein Päckchen Humofix-Pulver auf einen Liter Wasser, wenn möglich Regenwasser, in einer Flasche ansetzen und gut durchschütteln. 24 Stunden stehen lassen und öfter durchschütteln.

Dann ist die Lösung fertig. Vor jedem Gebrauch gut schütteln. Von dieser Lösung circa zwei Teelöffel in einen Liter Gießwasser geben und umrühren. Mit diesem Gießwasser die Pflänzchen bei der Anzucht ein- bis zweimal die Woche gießen.

- Wenn das zweite Blatt gewachsen ist, pikieren, das heißt Anzuchttöpfchen mit Aussaaterde und EM-Bokashi vorbereiten. In der Mitte jeweils mit einem Bleistift ein Loch öffnen, mit einem flachen Stäbchen ein kräftiges Pflänzchen aus der Saatschale heben und in das Pflanzloch im Töpfchen einpflanzen. Die Wurzel möglichst gerade nach unten. Ein wenig andrücken und angießen.
- Unmittelbar nach dem Beschicken eines Töpfchens sollte dieses mit einem Schildchen mit Namen und Daten versehen werden.
- Andere Pflanzen, die man nicht als Setzpflanzen in Anzuchttöpfchen kauft (wir machen dies in der Regel bei Kohlpflanzen, niemals bei Tomaten, Paprika und Auberginen, weil wir dabei unsere eigenen Sorten haben wollen), werden direkt in Anzuchttöpfchen gesät.
- Töpfchen wie beim Salatpikieren vorbereiten, drei bis vier Löcher je nach Pflanzenart eindrücken,
- In jedes Loch ein Samenkorn legen und die Löcher schließen.
- Die angesäten Töpfchen in die früher erwähnte rechteckige Wanne stellen.

Sie sind dann später zum Abhärten auch leichter nach draußen und wieder zurück zu transportieren.

- Wegen eines guten Keimklimas die Anzuchttöpfchen mit einer Scheibe abdecken, bis die Samen gekeimt sind.
- Feucht halten durch Besprühen.
- Nachdem die Samen aufgegangen sind, bis zum Aussetzen Humofix wie oben beschrieben verwenden.
- Wenn die Pflänzchen zwei bis drei Blattpaare haben, das stärkste stehen lassen, die anderen dicht über dem Boden abschneiden.
- Sobald die Pflänzchen größer werden, zum Beispiel Tomaten, zum Stützen der Pflanzen ein Stützstöckchen in jeden Anzuchttopf stecken.
- Dann beginnt die Zeit des Abhärtens. Sobald die Außentemperatur 15 Grad Celsius erreicht und es nicht zu windig ist, kann man sie über den Tag ein paar Stunden nach draußen stellen. Salat verträgt auch niedrigere Temperaturen, auf keinen Fall Frost.
- Das Gießen nicht vergessen, das sollte man jetzt weitgehend in die wasserdichte Wanne, also für die Pflanzen von unten machen.
- Jetzt kommt wieder Humofix ins Spiel, mit der Gießlösung: ein- bis zweimal wöchentlich alle Jungpflanzen gießen. Das hält die Pflanzen gesund und kräftigt sie.
- **Neuseeländer Spinat**: Er wird wie die Tomaten vorgezogen. Zu beachten ist, dass er sehr viel Zeit zum Keimen braucht. – Nicht die Geduld verlieren, es lohnt sich.
- **Majoran**: In einem Anzuchttöpfchen fünf Vertiefungen in die Erde drücken, in jede ein paar Samen einstreuen. Mit Anzuchterde bedecken und leicht andrücken. Diese bleiben als Bündel zusammen stehen und werden auch zusammen umgepflanzt.
- **Basilikum**: wie bei Majoran verfahren, aber die Samen **nicht** mit Erde bedecken (Lichtkeimer).

Grünspargelreihe:

Soll eine Grünspargelreihe angelegt werden, so bedarf es etwas Geduld, denn der Spargel braucht drei Jahre für die Entwicklung eines starken Wurzelstockes. Dieser erfreut uns dann aber auch mit vielen leckeren Mahlzeiten über acht bis zehn Jahre, für insgesamt nur wenig Pflege (frei von Beikräutern halten, nach der Ernte mit ein paar Flocken Hornspänen und etwas Naturkalk versorgen). Im Herbst, wenn die Pflanzen gelb geworden sind, werden sie dicht am Boden abgeschnitten. Das gewonnene Schnittgut kann wenig zerkleinert auf den Beeten als Mulch verwendet werden. Nicht auf der Spargelreihe belassen. Diese sollte für den Winter mit anderem Mulch abgedeckt werden.

Das Anlegen der Grünspargelreihe:

- Gut ist, wenn im Herbst bereits Küchen-Bokashi mit etwas Kalk und Bentonit eingebracht worden ist.

Man braucht für einen laufenden Meter drei Pflanzen (vorzugsweise männliche Pflanzen, weil die Samen der weiblichen zu sehr verbreitet werden. Bezug: zum Beispiel durch *Chrestensen, www.gartenversandhaus.de.*

- Im Frühjahr den Wintermulch zur Seite ziehen. Die Spargelreihe einmessen (drei bis vier Meter lang), ungefähr in der Mitte des Freiraumes zwischen Beet und Parzellenbegrenzung (s. Abb. 115: Die Struktur der Permanent Nachhaltigen Intensiv-Parzelle).
- Einen Graben von 25 Zentimeter Tiefe und 25 Zentimeter Breite ausheben.

- Wenn man hat, etwas Kompost darin verteilen.
- Mit der Grabegabel den Boden des Grabens lockern.
- Am Rand des Grabens die Abstände der Pflanzen (30 Zentimeter) mit Stöckchen markieren.
- Nun die Pflanzen mit nach allen Seiten ausgebreiteten Wurzeln, den Kopf in der Mitte und natürlich nach oben, bei den Markierungsstöckchen in den Graben legen.
- Von der Bentonit-EM-Mischung (EM-Bokashi) darüberstreuen.
- Mit der ausgehobenen Erde ungefähr 15 Zentimeter hoch bedecken.
- Mulch darüberziehen, bedeckt lassen.
- Drei Jahre »pflegen« (siehe oben). Im Herbst immer bodennah abschneiden, leicht düngen (Hornspäne/Kalk) und mulchen.
- Im vierten Jahr, sobald die grünen Spargelspitzen 20 bis 30 Zentimeter lang gewachsen sind, dicht am Boden abschneiden (nicht stechen), auch alle dünnen und offenen Triebe können gegessen werden. Bis Mitte Juni (10. Juni) kann nun laufend geerntet werden. Danach sollen die Triebe wachsen und Kraft für die Pflanzen aufbauen.
- Die Anzahl der Triebe nimmt in den nächsten Jahren zu.

Alternativ zur Spargelreihe könnte zum Beispiel eine Reihe Erdbeeren gepflanzt werden. Der Abstand der Pflanzen sollte 30 Zentimeter betragen. Allerdings nur für drei bis vier Jahre, die Ernte nimmt dann stark ab, und am gleichen Platz lohnt es nicht, direkt wieder neue Erdbeeren zu pflanzen.

Topinambur: werden am besten im Frühjahr gepflanzt (am vorgesehenen Platz, s. Abb. 115). (Wenn man sie im Herbst pflanzt, geht man das Risiko ein, dass sie, bevor sie sich bestocken konnten, zum Teil bereits von Mäusen gefressen wurden. – Sie sind eine Lieblingsspeise für Mäuse.) Bezug: bei *Hof Jeebel (www.biogarten-versand.de)*. Die Knollen (Rhizome) werden im Abstand von 30 Zentimetern und in einer Tiefe von 15 Zentimetern in die Erde gesteckt. Im Spätherbst und bei frostfreiem Wetter im Winter kann dann geerntet werden. Kleine Knollen müssen zum Teil für das kommende Jahr in der Erde bleiben (siehe auch Seite 113).

Ausdauernde Kräuter: Sie werden ebenfalls am besten im Frühjahr gepflanzt (s. Seite 153). Die Pflanzen am besten kaufen. Neben den eingemessenen Beeten sind links und rechts an der Parzellengrenze 50 Zentimeter frei für zusätzliche Pflanzen (ausdauernde Kräuter und Blumen) vorgesehen. Auf der einen Seite sollten die Kräuter, die mehrere Jahre stehen bleiben, und auf der anderen die Blumen (zum Beispiel Sommerblumen) gepflanzt oder gesät werden (s. Abb. 114).

Bei den ausdauernden Kräutern ist zu beachten, dass **Liebstöckel** (Maggikraut) und **Salbei** wegen ihrer Unverträglichkeit mit den anderen an diesem Platz nicht geeignet sind.

Warum nicht durcheinander?
Wegen der Unverträglichkeit (Mischkultur, vgl. 130ff.) untereinander und wegen des Umstandes, dass Ausdauerndes und Einjähriges auf engem Raum eine Reihe von Problemen macht. Zwischen dem Ausdauernden auf engem Raum jedes Jahr frisch einzusäen und zu pflegen ist sehr beschwerlich.

Tab. 82: Alphabetisches Verzeichnis der Pflanzen, die Jahr für Jahr erfolgreich auf der gesamten Parzelle und im Topfgarten angebaut werden. (Je nach Lage der Parzelle und Bodenbeschaffenheit kann der Erfolg bei den einzelnen Pflanzen unterschiedlich sein. – Da hilft nur ausprobieren und aussortieren.)

Ausdauernde Pflanzen			
1) **Apfelminze**	4) **Grünspargel**	7) **Oregano**	12) **Winterhecke**
2) **Bohnenkraut**	5) **Marokka. Minze**	8) **Pfefferminze**	13) **Zitronenmelisse**
3) **Estragon**	6) **Orangenminze**	9) **Schnittlauch**	

Einjährige Pflanzen			
1) **Auberginen**	11) Knollen-**Fenchel**:	21) **Möhren:** „Rote Riesen", „Lobberiche Gelbe"	31) **Salat:** *„Chez le Bart", „Maikönig", „Goldforelle", „Victoria", „Laibacher Eis"*
2) **Basilikum**	12) **Gartenmelde:** *„Gelbe", „Rot", „Lila"*	22) Neuseeländer-***Spinat***	32) **Schalotten***: „Gelbe"*
3) **Blumenkohl**	13) **Grünkohl:** *„Rote Palme", Ostfries. Palme",*	23)**Paprika:** *„Frühzauber", „Ungarische Runde"*	33) Knollen-**Sellerie:**
4) Busch-**Bohne:** *„Wachsbohne/Hildora"*	14) Salat- **Gurke:** *„Tanja"*	24) **Pastinake***: „Tender and True", „Dicke Dirn"*	34) **Spinat:** *„Matador", „Industra", „Monnopa"*
5) **Broccoli**	15) **Knoblauch**	25) **Petersilie:** *„Gigante d'Italia", „Mooskrause"*	35) Steck-**Zwiebel:** *"Rote", "Längliche", "Sturon"*
6) **Chinakohl: „Granaat"**	16) **Kohlrabi:** *„Superschmelz"*	26) **Radicchio:** *„Palla Rosa" „Variegata di Castelfranco"*	36) **Tomate:** *„Harzfeuer" „BonnerBeste", „Ochsenherz", „Gardeners Delight", „Vesenij", „Kleine Gelbe"*
7) **Dill: „Blattreicher"**	17) **Koriander:** *„Blattreicher"*	27) **Radieschen:** *„Gelbe" „Riesenbutter"*	37) **Weißkohl:**
8) **Endivien: „Escariol"**	18) **Lauch**/Porree	28) **Rosenkohl**	38) **Wirsing:**
9) Mark-**Erbse:***„Grandera"* Zucker-**Erbse:** *„Norli"*	19) **Majoran:** *„Einjähriger"*	29) **Rote Rübe**/-Beete: *„Cylindra", „Rote Kugel"*	39) **Zucchini:** *„Black Beauty"*
10) **Feldsalat:** *„Holländer Breitblättriger", „Vollherziger"*	20) Stiel-**Mangold:** *„Glatter Silber"*	30) **Rotkohl**	40) **Zichoriensalat:** *„Zuckerhut"*

Sommerblumen			
1) **Astern**	3) **Borretsch**	5) **Mandelröschen**	7) **Tagetes**
2) **Barbarakraut**/Winterkresse	4) **Godetien**	6) **Ringelblumen**	

Sommerblumen: *Ringelblumen* und Tagetes sollten nicht fehlen. Sie wirken begünstigend auf die Bodenstruktur (das Bodenleben) und geben im Herbst gutes Mulchmaterial, unter dem der Boden sehr gut regeneriert. Ringelblumen sät man direkt aus. Samen kann man im Herbst leicht selbst ernten, indem man die braunen Köpfchen mit ihren krallenähnlichen Samen abpflückt, die Samen ablöst und gut trocknet. Ringelblumen säen sich auch sehr leicht selbst aus. – *Tagetes* brauchen dagegen etwas mehr Aufmerksamkeit. Sie säen sich auch eher nicht selbst aus, da sie besonders frostempfindlich sind. Man kann sie direkt säen, dies kann aber erst nach dem 15. Mai erfolgen. Sie stehen dann erst sehr spät in Blüte. Da nur Platz für wenige da ist, bleibt zu überlegen, ob man diese nicht doch vielleicht mit den anderen Anzuchtpflanzen vorzieht. Ihre schönen Blüten in verschiedenen Gelb- und Rotbraun-Tönen blühen dann bis zum Frost. Man kann auch bei den Tagetes die Samen absammeln. Die schwarzen Stäbchen-Samen stecken dicht gedrängt in braunen Hüllen, herausnehmen und trocknen. (Es kann sein, dass diese Samen, im nächsten Jahr gesät, ganz andere Farbmischungen zeigen, als die vom Vorjahr.) – Die einjährigen *Astern* sind im Gegensatz zu ihren Staudenvettern, den ausdauernden, mehrjährigen Astern, die allgemein als Herbstastern bezeichnet werden, als Sommerastern bekannt. – Die Sommerastern sollte man vorziehen, und da sie einzeln keine gute Standfestigkeit haben, ist es gut, wenn ihnen zum Beispiel Ringelblumen stützend zur Seite stehen. *Godetien* und *Mandelröschen* sind niedere, nur etwa 30 Zentimeter hohe Blumen, die mit ihren zarten rot, lila, rosa Blüten zusammen mit den blauen Sternen der *Jungfer im Grünen* ein schönes Ensemble abgeben. Sie werden alle drei direkt gesät. Der lateinische Name für die »Jungfer im Grünen« *Nigella damascena* (Damaszener Kümmel), gibt einen Hinweis. Ihre ausgereiften schwarzen Samenkörner werden, ganz oder in der Pfeffermühle gemahlen, als Gewürz für Süßspeisen und Gebäck verwendet. (*Nigella sativa* ist der echte Schwarzkümmel, er blüht ganz hell, fast weiß.) – Nicht angebracht sind hohe und ausladende Pflanzen wie Sonnenblumen und Kapuzinerkresse. Sie beanspruchen sowohl oberirdisch als auch im Boden sehr viel Platz, mehr, als in der PNIP für sie zur Verfügung steht.

Von der Spargelreihe aus weiter auf dem Freiraum zwischen Beeten und Parzellengrenze *Minzen* und *Topinambur* pflanzen, diese wachsen dort durcheinander. Man kann vor der Ernte die verschiedenen Minzen unterscheiden lernen (Geruch, Aussehen, Geschmack).

Zwischen der Spargelreihe und der Parzellengrenze wird zu den Minzen hin *Zitronenmelisse* und daneben vorgezogener *Neuseeländer Spinat* gepflanzt, dieser läuft bis in die Spargelreihe, und wenn die grünen Spitzen etwa zehn Zentimeter lang sind, können sie geerntet werden. Je öfter Spitzen geerntet werden, desto mehr wachsen nach. Der Neuseeländer Spinat rankt stark, in einem milden Herbst breitet er sich über ein Gebiet, das bis dreimal so groß ist, wie das ihm zugewiesene, aus. Freuen Sie sich darüber; soweit er nicht gegessen wird, ist es wertvolle Biomasse (notwendiger Mulch für Ihre Beete).

Zwischen der Zitronenmelisse und den Minzen *Estragon* pflanzen (s. Abb. 114). Er fühlt sich dort besonders wohl. Im Herbst die Minzen- und Topinamburreste als Mulch auf den Beeten lassen.

Noch einmal generell zur Parzelle: Nach vieljähriger Entwicklung stand der optimierte Plan für die Nachhaltige Intensiv-Parzelle fest.

- Da es sich hier erstens im Ganzen um eine große Mischkultur handelt, sind die Gemüse einer Sorte nicht immer auf einem der drei Beete vereint, sondern sie werden reihenweise einem Mischkulturpartner zugeordnet. Deshalb stehen zum Beispiel Steckzwiebeln sowohl im **Bepflanzungsplan eins** als auch im **Plan drei**.
- Des Weiteren wird in dieser Parzelle der zweite Schwerpunkt auf die Pflege des Bodenlebens gelegt, das heißt: Zum Schutz und für die Ernährung des Bodenlebens wird Mulch gebraucht. Deshalb sollen alle nicht für den Tisch bestimmten Pflanzenteile, die dort gewachsen sind, auf dem Beet bleiben (Biomassenbilanz, *Justus von Liebig*), (*Kleber, G.* u. *E.* 2017). Wenn möglich, kann auch noch zusätzlicher Mulch eingebracht werden. Beispiel Rasenschnitt, etwas antrocknen lassen und auf die Wege verteilen. Das Sommermulchen ist wegen der Enge der Reihen nur bedingt möglich. Bei Pflanzen, die viel Raum haben (zum Beispiel Kohlpflanzen), kann man auch im Sommer mulchen. Dies ist in trocknen Sommern des Wasserhaushaltes wegen besonders nützlich. Für die Winterzeit muss aller Mulch auf der Parzelle bleiben, dazu werden die Wege und jeweils freien Reihen verwendet. Die Strünke der Kohlpflanzen nicht auf dem Beet lassen, sie sind zu hart und können Krankheiten (wie Kohlhernie) auslösen.

Die Bepflanzungspläne und die Bestellung der Beete

Der Fruchtwechsel und die daraus resultierende Organisation

Die Beete sind immer dieselben: A, B, C, und sie bleiben immer am gleichen Platz. Die Pflanzen auf den Beeten wechseln mindestens einmal jährlich und wachsen jedes Jahr auf einem anderen Beet, aber in einer festgelegten Ordnung. Deshalb müssen wir uns bei unseren Arbeiten immer nach den Bepflanzungsplänen, entweder Plan eins, Plan zwei oder Plan drei, richten.

Die Pflanzen leben im Boden mit einer Reihe geringzelliger Tiere und Mikroorganismen zusammen (vgl. S. 47). Diese helfen teilweise den Pflanzen zum Gedeihen, und die Pflanzen sind auch für die Organismen von Nutzen. Die Nutznießer werden dadurch über die Zeit immer mehr. Im zweiten oder dritten Jahr behindern manche von ihnen ihre Lieblingspflanzen so sehr, dass diese nur noch kümmerlich wachsen, was dem Gärtner nicht gefallen kann. (Der bekannteste Fall dafür ist das überproportionale Anwachsen bestimmter Nematoden/Fadenwürmer, Seite 168.) Deshalb hat eine kluge Gärtnerin einen Plan entwickelt, der als Fruchtfolge oder auch »Fruchtwechsel« berühmt geworden ist (Seite 132ff.) – Fruchtwechsel bedeutet: Jede Pflanze soll nur ein Jahr hintereinander auf das gleiche Stück Land gepflanzt werden, damit das, was oben beschrieben wurde (kümmernde Pflanzen), den Gärtner/innen erspart bleibt. – Um den Fruchtwechsel gewährleisten zu können, bedarf es eines Fruchtwechsel-Organisationskonzeptes; dieses wird in Bepflanzungsplänen festgelegt, die minutiös durchgehalten werden müssen, wenn die segensreichen Ergebnisse des Fruchtwechsels erreicht werden sollen. Um das zu machen und mit

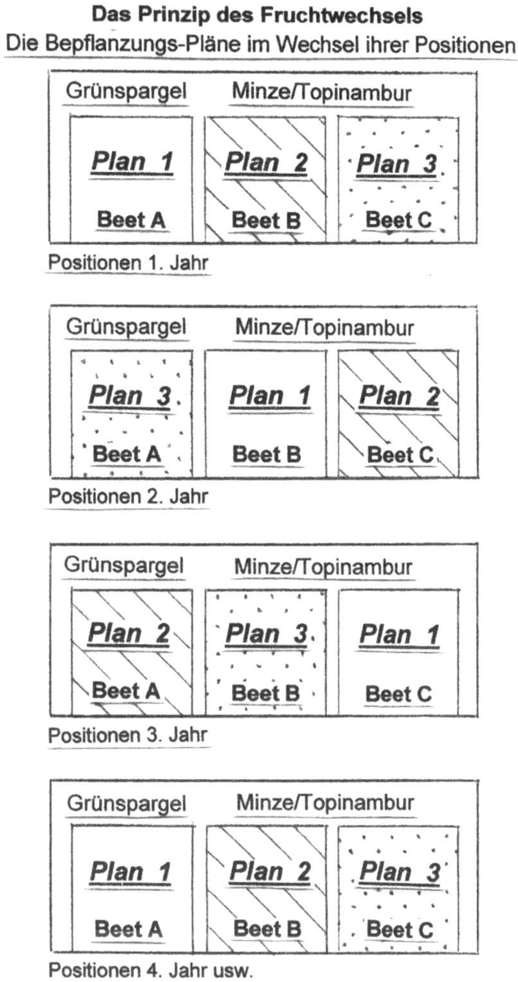

Abb. 115: Das Prinzip des Fruchtwechsels

unserem Anbau nachhaltig zu bleiben, haben wir innerhalb der sehr kleinen Parzelle drei Beete: A – B – C, und drei Bepflanzungspläne: eins – zwei – drei, zukünftig in der Regel nur noch Pläne genannt.

Aus diesem Grund werden die Pflanzen des *Planes eins* im ersten Jahr auf dem Beet A gesät oder gepflanzt, im folgenden Jahr dann auf das Beet B und so weiter.

Der im Herbst gepflanzte Knoblauch erscheint deshalb in zwei Plänen, Plan eins und Plan drei. Das geschieht mit allen im Herbst gepflanzten oder gesäten Pflanzen.

Die Beete sind klein, es wird für den unmittelbaren Bedarf des Menschen nur die kleinstmögliche Fläche benötigt, auch mit dem geringsten Bedarf an Arbeitszeit. Wenn Sie ein größeres Gelände haben, kann damit gleichzeitig mehr Fläche naturnah bleiben. Damit dies gelingen kann, ist eine verbindliche Einhaltung der Reihenabmessungen, die in den Plänen eins, zwei, drei gegeben sind, von großer Bedeutung.

Wir arbeiten grundsätzlich nach Mischkulturerkenntnissen. Wir haben aber gewisse Veränderungen in der tradierten Mischkultur vorgenommen, und zwar in der Richtung, dass Wasser gespart wird. Wir haben unser ganzes Leben lang nur mit Regenwasser gegossen. Das Wasser sammeln wir an unserem Haus. Um in unserem Permakulturgelände zu gießen, fahren wir das Wasser in Kanistern hinaus (1,8 Kilometer). Daraus folgte, dass wir mit dem kostbaren Wasser sehr sparsam umzugehen lernten. So entdeckten wir, dass in manchen Mischkulturkonstellationen das Wasser von den Pflanzen weniger gut genutzt wurde (Wasserverschwendung). – Solche Konstellationen haben wir geändert, hin auf mehr Wasserhaushaltseffizienz.

Die Aussaat und Bepflanzung der Beete

Um die Bearbeitung der Intensiv-Parzelle bequemer zu machen und wichtige Vorsaat-, Aussaat- oder Pflanztermine bei den einen oder anderen Pflanzen nicht zu verpassen, können Sie monatlich, wöchentlich oder wann immer die Liste der Saat- und Pflanztermine aufschlagen. Die Saat- und Pflanztermine sind in der Regel von den Klimabedingungen vor Ort abhängig.

Um das Ganze handlicher zu machen, haben wir für uns, das heißt für den Südwesten Deutschlands die Stichtage in der Tabelle festgelegt. Damit haben wir über zig Jahre sehr gute Erfahrungen gemacht. Der Unterschied in Deutschland besteht in der Hauptsache darin, dass die Stichtage im Norden oder im Mittelgebirge besser später angesetzt werden. Probieren Sie es aus und schreiben Sie dann Ihre eigenen Stichtage in die Liste.

Tab. 83: Beispiel für das Lesen der Liste der Saat- und Pflanztermine.

Periode	Termine/Stichtage				Pfl.Gr.	Menge	Plan	Gemüse	Sorte	Bezug
Monat	vorziehen	pik.	säen	pflanzen						
Jan-Mär	**20.** Jan	ja		A. April	Blatt	10 Stück	2	***Salat:***	Chez le Bart	A. N.

Wir pflanzen so weit wie möglich, abhängig von der Witterung, nach dem Aussaattage-Kalender (*Freitag-Lau, G./Lau, K.W.* 2019). Unterhalb des Tabellenkopfes ist eine Tabellenzeile mit dem Gemüse „Salat:“ der Sorte: ´Chez le Bart´ zu sehen. Die Zeile ist wie folgt zu lesen: In der Periode Januar bis März (Monate) ist der erste Stichtag am 21. Januar, und zwar mit einer Vorsaat (für diesen Zweck halten wir eine Saatschale bereit), mit Pikieren (bei bestimmter Größe). Die

Auspflanzung wird dann Anfang April erfolgen. Es handelt sich hier um die Pflanzengruppe Blatt. Wann sind rund um den 20. Januar die günstigsten Tage zum Vorsäen von Blattpflanzen? – Ein Blick in den Aussaat-Kalender zeigt: 2019 sind der 12. Januar und der 30. und 31. Januar die nächstgelegenen Blatttage zum Stichtag.

Da Januar für das Auspflanzen im April sehr früh ist, wählen wir einen der Tage am Ende des Monats. Menge: Gebraucht werden 10 Pflanzen. Plan eins, bei dem

Bitte lesen Sie auf Seite 258 weiter

Tab. 84: Liste der Saat- und Pflanztermine

Periode	**Stichtag/Termin**				**Pflanz.**	**Menge**	**Plan**	**Gemüse**	**Sorte**	**Be-**
Monate	*Vorzieh.*	*Pik*	*Säen*	*Pflanzen*	**Gruppe**					**zug**
Jan-Mär	**20.** Jan.	ja		A. April	Blatt	10 St.	2	**Salat:**	Chez le Bart	AN
Feb-Mär	**09.** Feb.	ja		A. April	Blatt	10 St.	1		Victoria…	Dre.
Feb-Mär	**09.** Feb.	ja		A. April	Blatt	5 St.	3		Maikönig	SH
März	**01**.März	ja		M. Mai	Blatt	6 St.	3		Goldforelle	Dre
Mär-April			**6.**Mär		Blatt	5-6 Reihen	1 + 3	**Spinat, oder Garten-Melde**	Matador,Monnopa Rote-Gelbe-Lila	SH Der.
März	**29.**März			M. Mai	Frucht	Töpfe	TG	**Auberginen**	Früh Violette	AN
März	**29.**März			Mitte Mai	Frucht	4 o.m. Töpfe	2 TG	**Paprika**	Frühzauber,Un= garische Runde	Dre. Dre.
April-Mai			**7.**Apr		Frucht	1 D.Rei	2	Mark-**Erbsen**	Grandera	SH
April-Mai			**7.**Apr		Frucht	1 D.Rei	2	Zucker-**Erbsen**	Norli	SH
April	**07.** Apr.			Mitte Mai	Frucht	Töpfe	TG	**Tomaten**	Bonner Beste, Harz Feuer, Gardeners Delight,Ochsenherz	AN Dre.
Mär-April	kaufen			**09**. Apr.	Wurzel	3 Reihen	1 3	Steck-**Zwiebel**	Längliche, Rote Sorte, Sturon	GM GM
Mär-April	kaufen			**09**. Apr.	Wurzel	10 St.	1 + 3	**Schalotten**	Gelbe	GM
Apr-Juno Mär-Mai			**18.**Apr		Wurzel	1 Reihe 1 Reihe	1 1	**Möhren**	Rote Riesen, Gelbe Futtermö/Lobberiche	S.H. AN
Mär-Mai			**18.**Apr		Wurzel	Markier -Saat	1 + 3	**Radieschen**	Riesenbutter Gelbe	SH Dre.
Mär-April	**20.** Apr.			M. Mai	Blatt	5 St.	1Topf	**Majoran**	Einjähriger	SH
Mär-April	**20.** Apr.			M. Mai	Blatt	3 St.	2	**Basilikum**	Genoveser	SH
April-Mai	**20.** Apr.			M. Mai	Blatt	2-3 St	**Parz.**	Neuseeländer-**Spinat**	SH	AN
April	**22.** Apr.			M. Mai	Frucht	2 St.	2	**Zucchini**	Black Beauty	SH
April	**22.** Apr.			M. Mai	Frucht	5 St.	2	Salat-**Gurke**	Tanja	SH
Apr-Mai			**24.**Apr		Wurzel	12 St.	3	**Rote Rübe**/Beete	Cylindra	SH
März – April			**24.**Apr		Wurzel	1 Reihe	3	**Pastinake**	Tender a. True Dicke Dirn	Dre. Dre.
März- Juno			**25.**Ap		Blatt	½ Reihe	2	**Petersilie**	Gigante d'Italia Mooskrause	SH SH
Apr-Mai			**25.**Ap		Blatt	½ Rei.	2	**Dill**	Blattreicher	SH
Apr-Mai			**25.**Ap		Blatt	½ Rei.	2	**Koriander**	Blattreicher	SH
Apr-Mai			**25.**Ap		Blatt	3 Stück	3	Stiel-**Mangold**	Glatter Silber	SH
März-Juli	**25.** Mai	ja			Blatt	12 St.	3	**Salat**	Laibacher Eis	SH
Apr-Mai	kaufen			**25.**April	Blatt	30 St.	2	Knollen-**Fenchel**	Diverse	GM
Apr-Mai	kaufen			**25**.April	Blatt	20 St.	1	**Lauch**	diverse	GM
Apr-Mai	kaufen			**25**.April	Blatt	3 St	1	**Weißkohl**	diverse	GM
Apr-Mai	kaufen			**25.**April	Blatt	3 St	1	**Rotkohl**	diverse	GM
Apr-Mai	kaufen			**25.**April	Blatt	3 St	1	**Wirsing**	diverse	GM
Apr-Mai	kaufen			**25.**April	Blatt	3 St	1	**Blumenkohl**	diverse	GM
Apr-Mai	kaufen			**25**.April	Blatt	3 St	1	**Broccoli**	diverse	GM
Apr-Mai	kaufen			**25**.April	Blatt	3 St	1	**Kohlrabi**	Superschmelz	GM
Apr-Mai	kaufen			**29**.April	Wurzel	6 St.	3	Knollen-**Sellerie**	diverse	GM
Mai-Jun			**12.**Ma		Frucht	½DRei.	3	Busch-**Bohne**	diverse	SH
Mai- Juno	**13.** Mai (kaufen)			Juno (**28**.Jun)	Blatt	3 – 4 Stück	3	**Grünkohl**	Ostfriesen Palme Rote Palme	Dre. Dre.
Juno- Aug	Pflanzen kaufen			Jul-Aug	Blatt	1 Reihe	2	**Radicchio**	Variegata di Cast. Palla Rossa	Dre. SH
Juno-Juli			**9**.Jun		Blatt	1 Reihe	2	Zichorien**Salat**	Zuckerhut	SH
Juno	kaufen			**20.**Juno	Blatt	18 St.	1	**Endivien**	Escariol Grüner	GM
Juli	**15.** Juli			AugSep	Blatt	5 St.	3	**Chinakohl**	Granaat	SH
August- Septemb			**5.**Sep		Blatt	3 Reihen	3	**Feldsalat**	Holl.Breitblättriger Vollherziger	SH SH
Sep-Okt.	kaufen			**20.**Sept	Wurzel	30 St.	1	**Knoblauch**	diverse	GM
Erklärung: pik.=pikieren / **AN**=Arche Noah / **Der**.=Dreschflegel / **SH**=Samen Handlung / **GM**=Garten Markt										

Tab. 85: Pflanzengruppierung nach der Arbeitsmethode und den Terminen

Zeit-	Vorziehen		Zeit-	Aussäen und Stecken		Zeit-	Kaufsetzlinge pflanzen	
Punkt	Gemüse	Sorte	Punkt	Gemüse	Sorte	Punkt	Gemüse	Sorte
Jan.	Salat	Chez le Bart	März	Spinat	Matador	April	Knollen-	
Feb		Victoria	April		Monnopa		Fenchel	diverse
		Maikönig		Steck-Zwiebel	Längliche, Rote Sorte, Sturon		Lauch/Porree	diverse
März		Goldforelle		Schalotten	Gelbe			
				Garten-Melde	Gelbe, Rote, Lila			
				Zucker-Erbse	Norli			
	Aubergine	Früh Violette		Mark-Erbse	Grandera		Weißkohl	diverse
	Paprika	Frühzauber		Möhre	Rote Riesen			
		Ungarische Runde			Lobberiche, Gelbe		Rotkohl	diverse
April	Tomaten	Bonner Beste		Radieschen	Riesenbutter			
		Harzfeuer			Gelbe		Wirsing	diverse
		Gardeners Delight		Rote Rübe/-Beete	Cylindra		Blumenkohl	diverse
		Ochsenherz		Pastinake	Tender and True			
	Majoran	Einjähriger			Dicke Dirn		Broccoli	diverse
	Basilikum	Breitblättriger		Petersilie	Gigante d' Italia		Kohlrabi	Superschmelz
	Neuseeländer Spinat				Mooskrause			
	Zucchini	Black Beauty		Dill	Blattreicher		Knollen-Sellerie	diverse
	Salat-Gurke	Tanja		Koriander	Blattreicher	Mai	Rosenkohl	diverse
	Salat	Laibacher Eis		Stiel-Mangold	Glatter Silber	Juno	Grünkohl	Ostfriesen Palme
Mai	Grünkohl	Ostfriesen Palme	Mai	Busch- Bohne	Wachsbohne			Rote Palme
		Rote Palme	Juno	Zichoriensalat	Zuckerhut		(beide Sorten tun wir vorziehen)	
Juno	Radicchio	Variegata di Castelf.	Sept.	Feldsalat	Holl. Breitblättr.		Radicchio	Palla Rossa
Juli	Chinakohl	Granaat			Vollherziger		Endivien	Escariol, Grüner
			A. Okt.	Knoblauch	diverse			

Fortsetzung von Seite 257

Pflanzen richten wir uns nach dem Bepflanzungsplan 1. Bezug: A. N. bei *Arche Noah* (*www.arche-noah.at*). Die Sorte ist nicht überall zu haben, aber meistens bei A. N. Als eine weitere Maßnahme, um einen leichteren Überblick über die anliegenden Arbeiten zu haben, hat uns eine weitere Zusammenstellung mit den Rubriken »Vorziehen«, direkt »Aussäen« und »Kaufsetzlinge« gute Dienste geleistet. Und wir möchten Sie an unseren Erfahrungen teilhaben lassen.

Bepflanzungsplan 1 (1. Fruchtwechseljahr)

Achtung!! Generell zu beachten bleibt: Sowohl beim Säen als auch beim Pflanzen sollte der Boden unmittelbar davor mit dem Krail gelockert, mit dem Rechen geglättet (glatt gerecht) werden und EM-Bokashi in die Saatrillen und Pflanzlöcher gestreut werden. Da nach Plan 1 mehrere Gemüse früh gesät oder gepflanzt werden, ist es nicht sinnvoll, nur einzelne Reihen zu lockern, sondern das gesamte dazugehörige Beet. Der Beetweg sollte mit Gartenschnüren markiert sein. Er führt zur leichteren Bearbeitung des Beetes von Hauptweg zu Hauptweg. Es ist, weil die Maße nur in den Strukturbildern der Bepflanzungspläne stehen, immer anhand eines solchen **Planes** (s. Abb. 116) zu arbeiten. (Es ist deshalb sinnvoll, die Pläne eins, zwei und drei eventuell zu kopieren.)

Am besten wird abgezählt, die wievielte Reihe eingemessen werden soll, und dann werden die Abstände der Reihen addiert. *Bitte lesen Sie auf Seite 260 weiter*

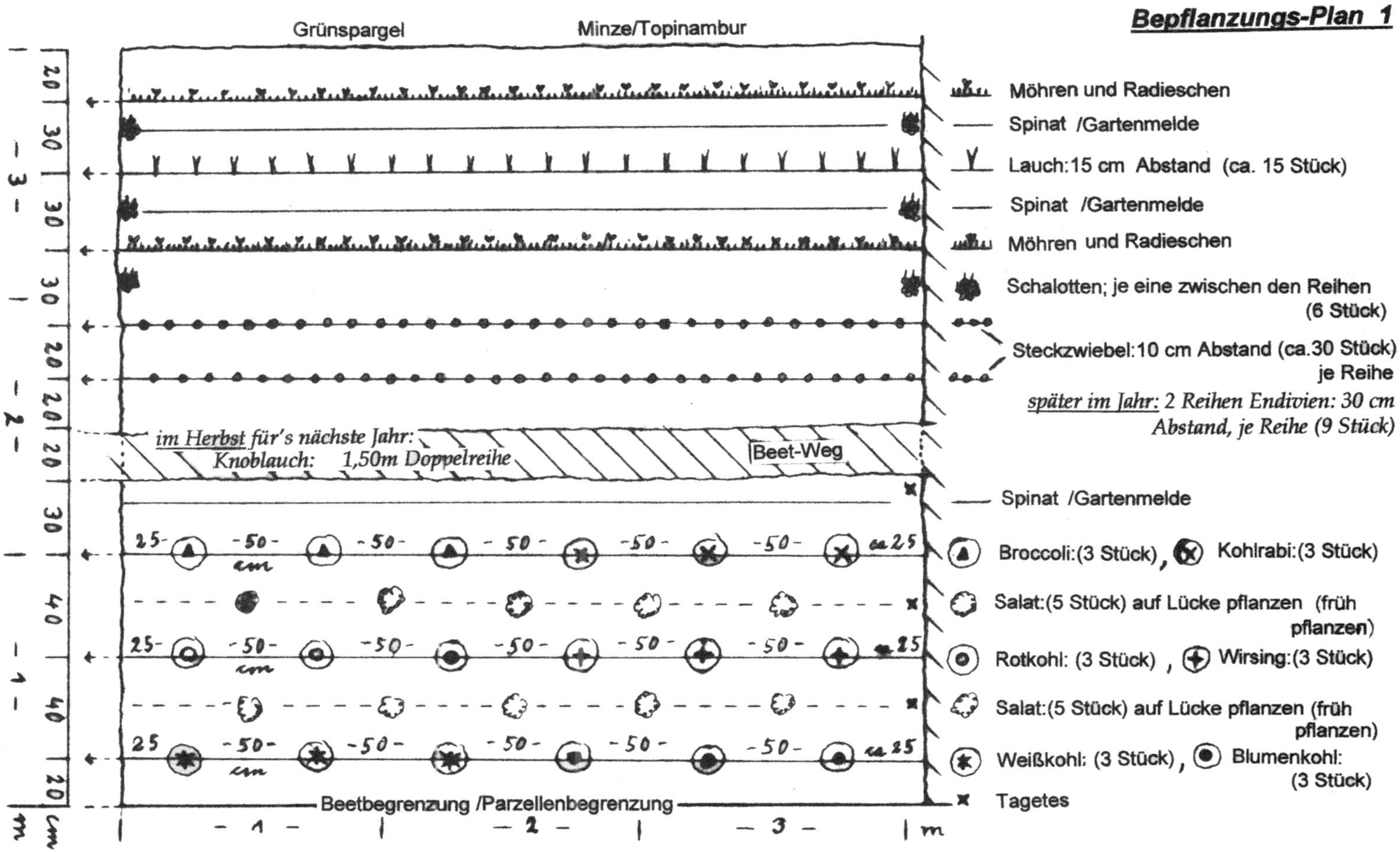

Abb. 116: Strukturbild des Bepflanzungsplanes 1 (Plan 1)

1. **Spinat**
   - Die beiden Möhrenreihen und die Lauchreihe von der Beet-/Parzellenbegrenzung her ausmessen und Gartenschnüre spannen.
   - In der Mitte der beiden Zwischenräume von den Gartenschnüren ebenfalls je eine Gartenschnur für die Spinatreihen spannen.
   - Die Schnüre der Möhrenreihe und der Lauchreihe entfernen.
   - Entlang der beiden Schnüre für den Spinat je eine drei Zentimeter tiefe Saatrille ziehen, EM-Bokashi dünn in die Rille streuen, dann die Schnüre entfernen.
   - Den Spinatsamen einsäen.
   - Mit Erde bedecken und mit dem Rechen leicht andrücken.
   - Auf der anderen Seite des Beetweges die drei Kohlreihen von der Beet-/Parzellenbegrenzung her ausmessen und Gartenschnüre spannen.
   - Zwischen der Schnur vom Beetweg und der ersten Kohlreihe nur in der Mitte eine Gartenschnur spannen für die dritte Spinatreihe.
   - Entlang dieser Schnur eine drei Zentimeter tiefe Rille ziehen.
   - Weiterarbeiten wie bei den ersten beiden Spinatreihen.
   - Wenn der Spinat später geerntet wird, darauf achten, dass die kleinen Möhrenkeimlinge in den Reihen dicht daneben nicht beschädigt werden.
   - Wenn der Lauch gepflanzt wird, muss der Spinat abgeerntet sein. Die Spinatpflanzen niemals zum Blühen kommen lassen, vorher, wenn er nicht gegessen ist, zu Mulch verarbeiten.

2. **Steckzwiebel**
   - Die beiden Steckzwiebelreihen von der Beet-/Parzellenbegrenzung aus vermessen und Gartenschnüre spannen.
   - Entlang dieser beiden Schnüre Lockern, Glätten und etwas EM-Bokashi streuen.
   - Nun entlang der Schnüre einen offenen Zollstock legen und alle zehn Zentimeter eine Steckzwiebel mit dem Wurzelansatz nach unten etwa vier Zentimeter tief in die lockere Erde drücken. Die Schnüre entfernen.

3. **Schalotten**
   - An den Hauptwegrändern, in den Zwischenräumen von Möhren zum Lauch und vom Lauch zu den nächsten Möhren und zu den Steckzwiebeln (vorn und hinten an den Reihen) je eine Schalotte stecken, insgesamt sechs Stück.

4. **Salat**
   - Salat sollte früh im Jahr gesät und gepflanzt werden, deshalb wird die erste Partie in der Regel vorgezogen. Die folgenden können dann draußen angesät werden.
   - Entlang der drei gespannten Gartenschnüre für den Kohl die Punkte, an denen eine Kohlpflanze stehen soll (siehe Plan eins), mit einem Stab markieren. (Die Markierstäbe bleiben stehen, dadurch geht das Pflanzen der Kohlpflanzen nachher viel schneller.)
   - Je in der Mitte zwischen den drei Kohlreihen, zwei Gartenschnüre spannen.
   - Entlang dieser beiden Schnüre, immer auf Lücke zwischen zwei Markierstäbchen, mit der Handschaufel ein Pflanzloch ausheben.
   - Etwas EM-Bokashi ins Pflanzloch streuen.
   - Die vorgezogenen Salatpflanzen einsetzen, gut andrücken und an einer Seite eine Kuhle machen.
   - Die Pflanzen in die Kuhle hinein angießen (nicht auf die Pflanzen gießen, bitte!).

5. **Möhren**
   - Zwischen dem wachsenden Spinat auf den Möhrenreihen je eine Gartenschnur spannen.
   - Entlang der Schnüre eine flache Rille ziehen.
   - Nun den Stiel des Rechens oder einer Hacke auf die Rille legen und fest eindrücken. So entsteht für die winzigen Möhrensamen eine gleichmäßige Ebene, und sie fallen nicht in ungleiche Tiefen. Durch diese Maßnahme gehen die Samen dann gleichmäßiger auf.
   - Schnüre wegnehmen und EM-Bokashi einstreuen.
   - Die Möhrensamen säen und ca. alle 12 Zentimeter einen Radieschensamen legen (dies dient zur Markierung der Reihe, weil die Radieschen viel früher aufgehen als die Möhren).
   - Zwei Zentimeter hoch mit Erde bedecken und mit dem Rechen leicht andrücken.
   - Wenn die Möhren sechs bis acht Zentimeter hoch sind, vereinzeln, das heißt: Wo zu dicht gesät worden ist, Möhrenpflänzchen ausziehen, sodass alle drei bis fünf Zentimeter ein Pflänzchen stehen bleibt, (hoffentlich die kräftigsten). Dabei die Möhrenreihen häckeln, jäten und leicht anhäufeln.
   - Die Radieschen müssen geerntet oder ausgezogen werden, bevor sie in Blüte gehen.

6. **Kohlpflanzen**
   - An den für Kohlpflanzen gesteckten Markierungen jeweils mit der Handschaufel oder der Handgabel die Erde lockern und ein Pflanzloch machen. In jedes Loch EM-Bokashi einstreuen.
   - Die Kohlpflanzen einsetzen, andrücken, an der Seite eine Kuhle machen und angießen.
   - Die hier angegebenen Kohlrabipflanzen ´Superschmelz´ sind keine Frühkohlrabi. Sie stehen bis zum Spätsommer/Herbst und werden sehr groß, ohne holzig zu sein.
   - Rund um die Pflanzen klein gebröckelte Eierschalen streuen (dazu über das Jahr in der Küche Eierschalen sammeln und trocknen).
   - Bei trockenem Wetter (Sommer) am besten in den frühen Abendstunden zweimal die Woche gießen.
   - Später, wenn die Kohlpflanzen den Platz auf dem Beet brauchen, muss der Salat geerntet sein.

7. **Lauch/Porree**
   - Nachdem der Spinat geerntet ist, vor dem Pflanzen der Lauchsetzlinge, den Boden mit dem Krail lockern und mit dem Rechen glätten.
   - Die Reihe einmessen und eine Gartenschnur spannen.
   - Entlang dieser mit der Halbmondhacke eine etwa zehn Zentimeter tiefe Furche ziehen.
   - Die Schnur entfernen und wie immer etwas EM-Bokashi einstreuen. Alle 15 Zentimeter mithilfe der Handschaufel einen Lauch- oder Porreesetzling einpflanzen.
   - Die Pflanzen in der Furche gut angießen.
   - Die Furche über die Zeit beim Häckeln und Jäten nach und nach schließen, danach die Pflanzen anhäufeln, um lange weiße Lauchstangen zu erhalten.

8. **Endivien**
   - Wenn die Schlotten der Zwiebeln gelb und braun werden, dann werden die Zwiebeln mit der Handgabel aus dem Boden gehoben und zum Trocknen auseinandergelegt oder aufgehängt.
   - Danach mit dem Krail die beiden Reihen lockern.
   - Die Reihen jetzt für die Endivie fünf bis zehn Zentimeter dichter an die Möhren heran ausmessen, damit am Weg noch Platz für eine Doppelreihe Knoblauch bleibt. Schnüre spannen.
   - Entlang der ersten Reihe alle 30 Zentimeter mit der Handschaufel ein Pflanzloch ausheben usw.
   - In der zweiten Reihe die Endivienpflanzen immer auf Lücke pflanzen.
   - Gießkuhlen nicht vergessen und die Pflanzen angießen.

9. **Knoblauch**
   - Noch im Herbst (spätestens erste Oktoberwoche) die Doppelreihe für den Knoblauch einmessen. Es wird der alte Beetweg mit verwendet.
   - Den Mulch vom Beetweg zur Seite ziehen, den Beetrand sowie den Beetweg mit der Grabgabel lockern und mit dem Rechen einebnen (glätten).
   - Der Knoblauch wird als eine doppelte Halbreihe gepflanzt (1,50 Meter lang). Um diese einzumessen, spannen wir in der Mitte des alten Beetweges eine Richtschnur.
   - Am Anfang und in der Mitte (nach 1,50 Metern) je einen Markierstock tief einschlagen, damit die Einmessung nach dem Winter noch leicht gefunden werden kann.
   - Die beiden Schnüre für die Doppelhalbreihe, circa sieben Zentimeter rechts und links der Richtschnur (nur 1,50 Meter lang, wie im Strukturbild des Planes eins zu sehen ist), spannen.
   - Entlang der ersten Schnur (bis 1,50 Meter) offenen Zollstock auslegen und alle zehn Zentimeter eine starke Knoblauchzehe (vom Außenring der Knolle) mit der Spitze nach oben fünf Zentimeter tief in die lockere Erde drücken. Entlang der zweiten Schnur die Zehen zur ersten Reihe auf Lücke einstecken. Schnüre entfernen.

Der Knoblauch wächst noch im Herbst aus, es sind nicht alle Pflanzen gut zu sehen. Wenn im Frühjahr Lücken da sind, können diese im April nachgepflanzt werden. Der im Herbst gepflanzte Knoblauch wird, wie alle vor dem Jahreswechsel gesäten und gesteckten Pflanzen, in zwei Bepflanzungsplänen aufgeführt werden, im Plan eins und Plan drei. Diese beiden Pläne sind im Anfangsjahr des Fruchtwechsels auf Beet A und C.

Bepflanzungsplan 2 (2. Fruchtwechseljahr)

Auch bei Plan zwei gilt wie bei Plan 1: Die Aussaat und Bepflanzung der Beete erfolgt nach den allgemeinen Stichtagen der Saat- und Pflanzliste (s. Tab. 84, S. 257) und die Reihen werden nach Plan parallel zum Beetweg eingemessen.

Und es gilt immer noch: Sowohl beim Säen als auch beim Pflanzen ist der Boden unmittelbar davor mit dem Krail zu lockern, mit dem Rechen zu glätten (glatt zu

Bitte lesen Sie auf Seite 264 weiter

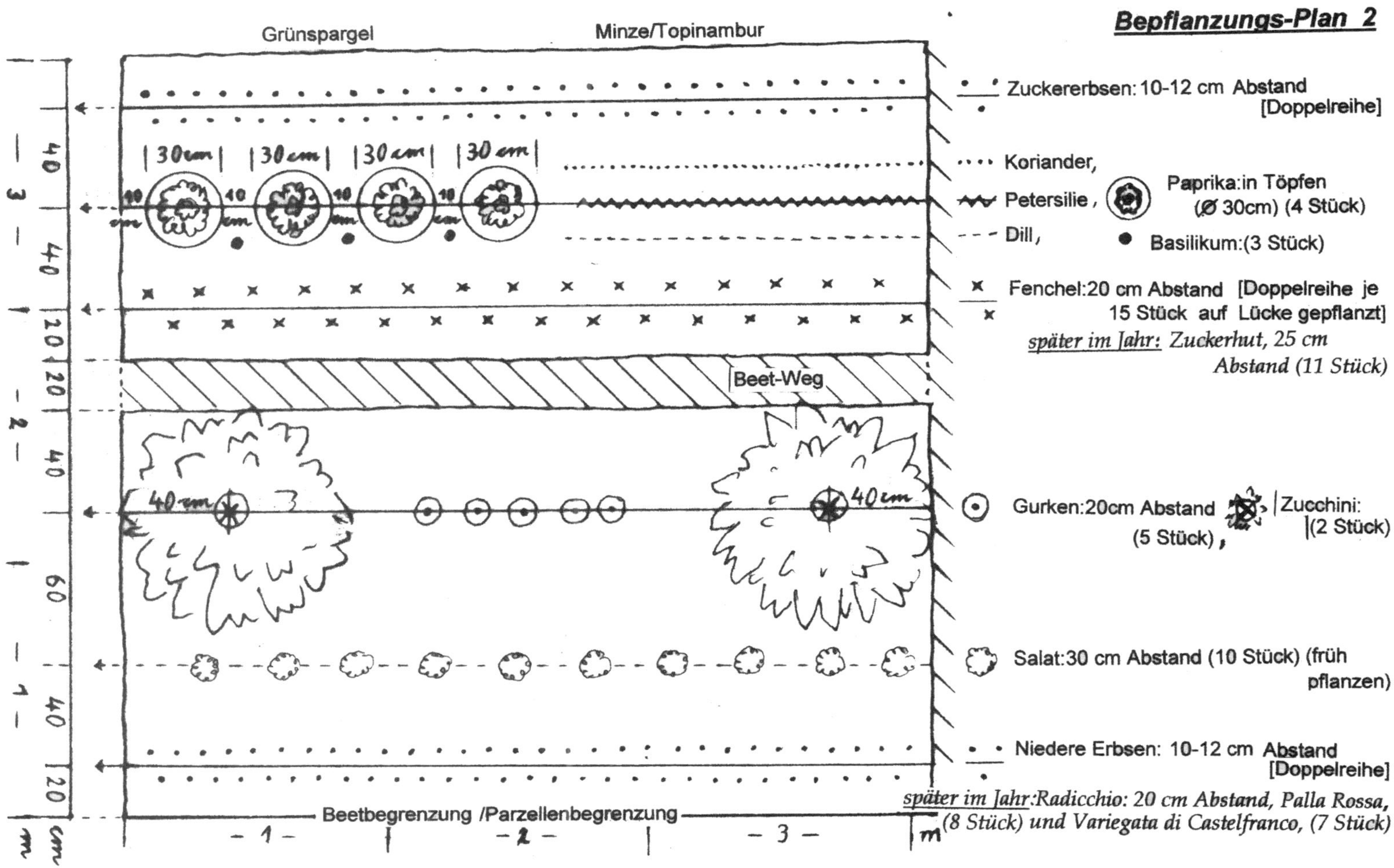

Abb. 117: Strukturbild des Bepflanzungsplanes 2 (Plan 2)

Fortsetzung von Seite 262
rechen) und EM-Bokashi für die Saatrillen und die Pflanzlöcher nicht vergessen. Zu Anfang wird der Beetweg von der Beet-/Parzellenbegrenzung her ausgemessen und es werden Schnüre gespannt. (Der Beetweg dient zur Erleichterung der Arbeiten auf dem Beet.)

1. **Markerbsen**
   - Wenn nicht schon erfolgt, die Reihen für die Markerbsen, den Salat und die Zuckererbsen lockern und mit dem Rechen glätten.
   - Mit 20 Zentimetern Abstand von der Beet-/Parzellenbegrenzung eine Richtschnur spannen.
   - Entlang der Richtschnur ca. sieben Zentimeter rechts und links die Schnüre für die Doppelreihe spannen und die Richtschnur wegnehmen.
   - Entlang der Schnüre eine circa vier Zentimeter tiefe Saatrille ziehen.
   - EM-Bokashi einstreuen!
   - Des Weiteren an den vier Endpunkten der Schnüre und dann alle 50 Zentimeter entlang der Reihen Stäbe von circa 70 Zentimetern Höhe (50 Zentimeter über Boden) in den Boden schlagen. Die Stöcke müssen fest stehen, denn sie dienen als Halterung für die Erbsen und Zuckererbsen.
   - Entlang der ersten Schnur alle 10 bis 12 Zentimeter eine Erbse leicht in den Boden eindrücken und bei der zweiten Reihe die Erbsen auf Lücke legen und leicht eindrücken.
   - Die Schnüre entfernen.
   - Circa vier Zentimeter Boden darüberdecken und mit dem Rechen gut andrücken.

   Für Markerbsen und Zuckererbsen gilt:
   - Wenn die Pflanzen acht bis zehn Zentimeter hoch sind, häckeln, jäten und anhäufeln.
   - Wenn die größten Pflanzen circa 15 Zentimeter hoch gewachsen sind, an einem Endstab beginnend eine Halteschnur in der Höhe von 30 Zentimetern festknoten, die Schnur weiterführen von Stock zu Stock, in 30 Zentimeter Höhe jeweils einmal um den Stock wickeln. Am Ende der Reihe die Schnur zum Endstock der zweiten Reihe spannen und auf die gleiche Weise, wie zuvor in der zweiten Reihe, die Schur zurückführen, dort zu dem Anfangsstock der ersten Reihe hinüberspannen und verknoten. – Mit etwas Erfindergeist kann man jetzt in weiteren Spannrunden kreuz und quer ein grobes Netz von Schnüren legen, an denen die Mark- und Zuckererbsen sich mit ihren Ranken festhalten, und durch das sie durchwachsen und damit Halt gewinnen und sich nicht rechts oder links auf die anderen Pflanzen legen. Falls das am Anfang nicht ganz gelingt, passiert nicht viel, es gibt nur eine geringere Ernte bei den Nachbarpflanzen. – Zuweilen muss man einige Pflanzen sanft zum »Netz« hinbiegen/einstecken.
   - Damit die Markerbsen weiter blühen und fruchten, die Schoten, sobald sie prall sind, pflücken und bei Trockenheit im Abstand von zwei Tagen zweimal gießen.
   - Apropos Pflücken: Die Erbsenpflanze ist anschmiegsam, beweglich und nirgendwo, vor allem auch nicht im Boden, fest verankert. Deshalb beim Pflücken die Pflanze kurz hinter der Schote mit der linken Hand vorsichtig festhalten, während man die Schote abbricht (reißt), sonst hat man die ganze Pflanze mit Wurzel in der Hand (Ende mit Ernte)!

- Wenn die Erbsenpflanzen gelb werden, das Haltenetz lösen und aufrollen, die verwendete Recyclingschnur kann noch jahrelang weiter verwendet werden, und die Stöcke herausnehmen.
- Die Markerbsenpflanzen ausziehen und als Mulch auf die abgeernteten Reihen legen.

2. **Radicchio**
   - auf die Markerbsenreihe später im Jahr (siehe „Liste der Saat- und Pflanztermine“, Tabelle 84, Seite 257) ´Palla Rosa´ und ´Variegata di Castelfranco´ pflanzen.
   - Dafür den Mulch zur Seite ziehen.
   - Nach dem Lockern und Glätten die Reihe von der Parzellenbegrenzung her neu ausmessen und eine Schnur spannen.
   - Entlang dieser im Abstand von 20 Zentimetern Pflanzlöcher ausheben, mit EM-Bokashi bestreuen.
   - Die Radicchiopflanzen einsetzen, andrücken, daneben Gießkuhlen anlegen und angießen (wie immer, nicht auf die Pflänzchen).

3. **Zuckererbsen**
   - Doppelreihe nach vorigem Muster anlegen und in allen Belangen wie bei den Markerbsen verfahren.
   - Die Zuckererbsen, wenn die Schoten vier bis sieben Zentimeter lang sind (je nach Sorte), aus den gleichen Gründen wie bei den Markerbsen, laufend ernten. (Vorsicht beim Pflücken!)
   - Nach dem Abernten das Erbsenstroh auf dem Beet lassen.

4. **Salat** (möglichst früh im Jahr!)
   - Die Reihe wie sonst ausmessen und eine Schnur spannen.
   - Lockern, glätten, alle 30 Zentimeter mit der Handschaufel Löcher (zehn) ausheben, EM-Bokashi(!) und den Salat einpflanzen.
   - Andrücken, Gießkuhle machen, angießen, das nächste Mal mit Humofix-Lösung gießen.
   - Wenn nicht schon vorbereitet, die Hälfte des Beetes B für Fenchel, Kräuter und die vier Töpfe für die Paprika lockern und glätten.

5. **Fenchel**
   - Von der Beet-/Parzellenbegrenzung aus (siehe Plan zwei) die Mittelreihe zwischen den Fenchelreihen ausmessen und eine Richtschnur spannen. In acht Zentimeter Abstand rechts und links der Richtschnur die Schnüre für die Doppelreihe spannen, die Richtschnur wieder entfernen.
   - Entlang der ersten Schnur alle 20 Zentimeter mit der Handschaufel ein Pflanzloch ausheben, in dieses EM-Bokashi einstreuen.
   - Die Fenchelpflanzen (vorgezogen oder gekauft) einpflanzen usw.
   - Entlang der zweiten Schnur immer auf Lücke die gleichen Pflanzlöcher ausheben und bepflanzen.
   - Zwischen den beiden Reihen eine Rille für das Gießwasser ziehen, häufiger gießen, denn der Fenchel gehört zu den Pflanzen aus feuchterem Klima.
   - Später die Pflanzen in der Reihe anhäufeln.
   - Nach der Fenchelernte später im Jahr wird dort Zichoriensalat gesät (siehe Plan zwei).

6. **Zichoriensalat (Zuckerhut)**
   - Von der Beet-/Parzellenbegrenzung (siehe Plan zwei) die Reihe für den Zichoriensalat neu ausmessen und wieder eine Schnur spannen.
   - Entlang der Schnur eine Rille ziehen, den Rechenstiel auf die Rille legen und fest andrücken, um eine ebene, glatte Saatrille zu haben. EM-Bokashi!
   - Die Schnur entfernen und den Samen möglichst dünn in die Saatrinne streuen.
   - Circa zwei Zentimeter mit Erde bedecken und mit dem Rechen fest andrücken.
   - Wenn die Pflänzchen sechs bis acht Zentimeter hoch sind, häckeln, jäten und vereinzeln, sodass nur ca. alle 25 Zentimeter ein kräftiges Pflänzchen stehenbleibt.
   - Die Reihe leicht anhäufeln und daneben eine Gießrinne ziehen.
   - Zichoriensalat verträgt leichten Frost. Er wird geerntet, wenn er in der Mitte geschlossen ist.
   - **Spätestens Mitte März** die Reihe für die **Paprika** und die **einjährigen Kräuter** anlegen!

7. **Petersilie, Koriander und Dill**
   - Wenn nicht schon vorbereitet, die Reihe für die einjährigen Kräuter und die Paprikatöpfe lockern und glätten.
   - Die Petersilien-/Paprikareihe ausmessen und eine Schnur spannen.
   - Entlang der Schnur eine Rille ziehen.
   - Auf der Paprikahälfte werden die Töpfe gleichmäßig verteilt und mittig auf diese Rille gestellt.
   - Ab der Mitte gilt diese Rille für die Petersilienhalbreihe. Hier jetzt den Rechenstiel darauflegen und fest andrücken, um eine glatte Saatrille zu erhalten.
   - EM-Bokashi und den Petersiliensamen in die Saatrille säen.
   - Dann zwei Zentimeter hoch mit Erde bedecken, leicht mit dem Rechen andrücken. Die Petersilie keimt sehr langsam, nicht erschrecken und nicht gießen, bis sie ohne Hilfe aufgegangen ist oder ganz regelmäßig gießen.
   - Nun rechts und links der Petersilienreihe in 12 Zentimeter Entfernung je eine Schnur spannen.
   - Auf die gleiche Länge wie bei der Petersilienreihe (1,50 Meter) für den Koriander auf der einen und den Dill auf der anderen Seite je eine Rille ziehen. Die Samen einsäen, zwei Zentimeter hoch mit Erde bedecken und andrücken.
   - Wenn Dill und Koriander abgeerntet sind, hat die Petersilie viel Platz.

8. **Paprika (Freiland)**
   - Vier Paprikatöpfe (30 Zentimeter Durchmesser) mit Untersetzer, damit das Gießwasser nicht weglaufen kann (bei Trockenheit besonders wichtig) mittig auf der Rille, gleichmäßig auf die 1,50 Meter verteilt, waagerecht aufstellen.
   - Die Töpfe so vorbereiten, wie im Topfgarten-Kapitel beschrieben. – Oder: Wenn sie schon vorbereitet sind, sie mit der Hülle aufstellen. Später ist das Aufstellen schwierig, wegen der bepflanzten Reihen daneben.
   - Sobald die Nächte frostfrei sind, die Plastikhüllen von den Töpfen nehmen (für nächstes Jahr aufbewahren) und je eine Paprikapflanze der Sorte ´Frühzauber´ einpflanzen und angießen.
   - Wenn Bewässerungsringe vorhanden sind, diese vorsichtig über die Pflanzen stülpen.
   - Je drei Stöcke (circa 1,00 Meter lang) in die dafür vorgesehenen Löcher in die Erde stecken, um die Pflanzen anbinden zu können, wenn sie in die Höhe wachsen.

9. **Basilikum**
   - Basilikum in die Lücken zwischen die vier Töpfe pflanzen (siehe Abb. 117).

10. **Zucchini/Gurken**
    - Wenn noch nicht geschehen, den Boden von der Salatreihe bis zum Beetweg lockern und glatt rechen.
    - Die Zucchinireihe von der Beet-/Parzellenbegrenzung her einmessen und eine Schnur spannen.
    - An der Schnur 40 Zentimeter vom Beetrand entfernt einen Markierstock stellen, ebenso auf der anderen Seite vom Beetrand aus.
    - Bei den Markierungen eine leichte Kuhle machen, EM nicht vergessen und jeweils drei bis fünf Samen in die Erde drücken, mit Erde bedecken.
    - Später nur eine kräftige Pflanze stehen lassen, oder gleich eine vorgezogene Zuchhinipflanze setzen.

11. **Gurken**
    - von der Beetmitte ausgehend längs der Schnur nach links und rechts je 50 Zentimeter abmessen und die Endpunkte markieren.
    - Dazwischen längs der Schnur eine drei Zentimeter tiefe Rille ziehen, EM-Bokashi einstreuen und die Schnur entfernen.
    - In die Rille alle fünf Zentimeter einen Gurkensamen legen, mit Erde bedecken und andrücken.
    - Später nur die fünf kräftigsten Pflanzen stehen lassen, oder gleich fünf vorgezogene Pflanzen von der Mitte aus gehend zwischen den Markierstäben verteilt einpflanzen.
    - Die Gurkentriebe werden sich auf dem Beet Wege suchen, man kann sie mit kleinen Stöcken die man entlang der Ranken steckt etwas leiten.

Bepflanzungsplan 3, s. Seite 268 (3. Fruchtwechseljahr)

Auf dem Beet, das in diesem Jahr mit Plan 3 dran ist (im ersten Jahr ist es Beet C),
- den Boden lockern und glatt rechen,
- den Beetweg einmessen und rechts und links eine Schnur spannen,
- die Grundregeln befolgen (siehe vorhergegangene Bepflanzungspläne).

1. **Spinat**
   - Die erste Spinatreihe einmessen, das heißt hier: 20 Zentimeter von der Beet-/Parzellenbegrenzung entfernt wird die Reihe laufen.
   - Den Boden für die Reihe lockern und glatt rechen, eine Schnur spannen.
   - Entlang der Schnur eine drei Zentimeter tiefe Saatrille ziehen – EM-Bokashi(!) – und die Schnur entfernen.
   - Den Spinatsamen einsäen, ca. zwei Zentimeter dick mit Erde bedecken und mit dem Rechen leicht andrücken. (Auf dieser Reihe wird in diesem Jahr dreimal angebaut: jetzt Spinat, dann Eissalat und danach Feldsalat.)
   - Für die zweite und dritte Spinatreihe die Rosenkohl-/Grünkohlreihe von der Beet-/Parzellenbegrenzung aus einmessen.

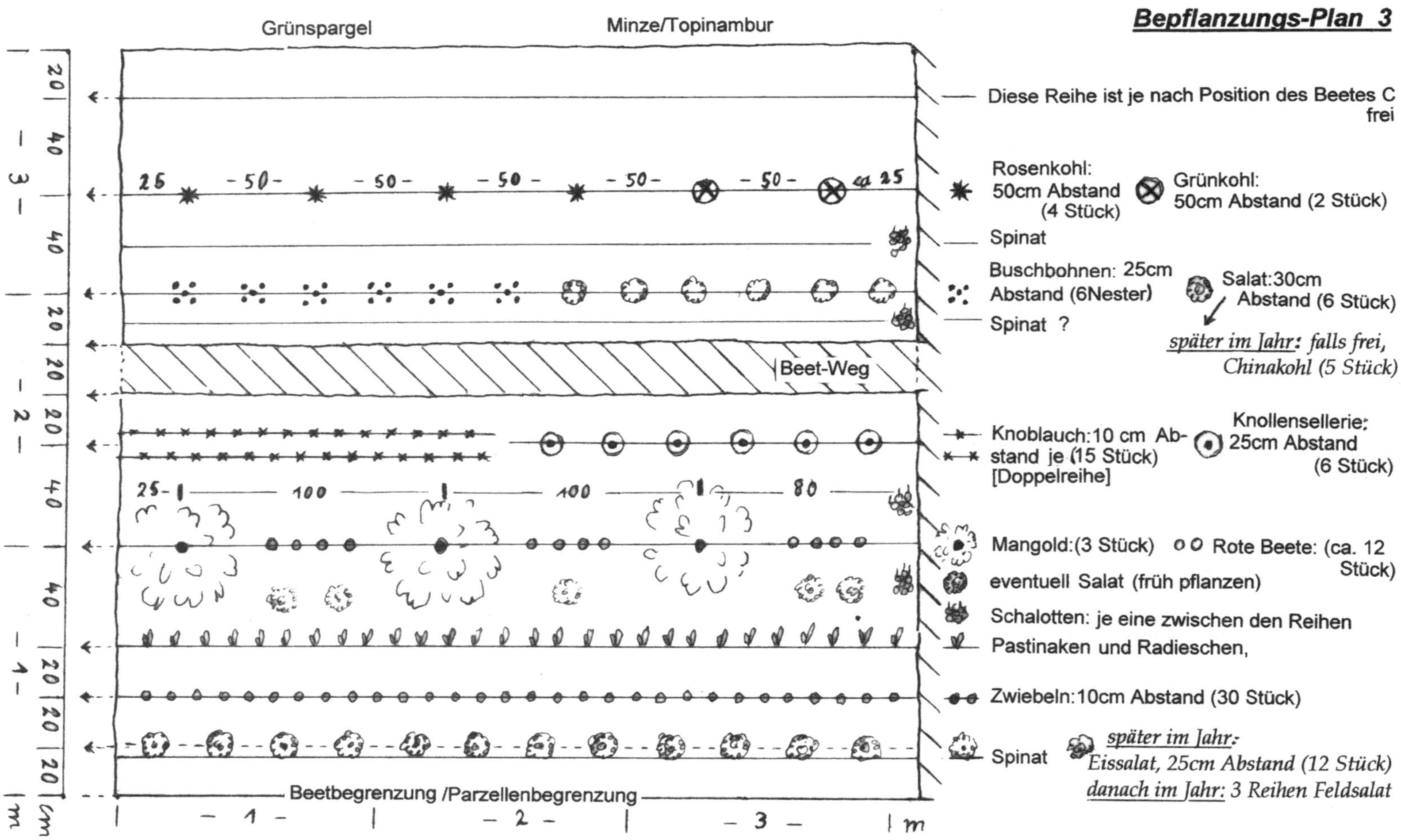

Abb. 118: Strukturbild des Bepflanzungsplanes 3 (Plan 3)

- Direkt danach auch die Buschbohnen-/Salat-Reihe einmessen, Schnüre spannen.
- Bei beiden Reihen die Endpunkte mit Stäben markieren, diese Reihen müssen dann später zum Ansäen oder Bepflanzen nicht neu eingemessen werden. Zwischen diesen beiden Reihen mittig eine weitere Schnur spannen.
- Falls eine weitere Spinatreihe gesät werden soll, eine weitere Schnur zwischen die Buschbohnen-/Salat-Reihe und den Beetweg spannen. Entlang der beiden Schnüre eine Saatrille ziehen – EM-Bokashi!
- Den Spinatsamen in beide Rillen einbringen.
- Circa zwei Zentimeter mit Erde bedecken und mit dem Rechen andrücken.
- Alle Schnüre wegnehmen.

2. **Eissalat:**

- Später im Jahr, wenn der Spinat abgeerntet ist – er darf nicht zur Blüte kommen (Spinat soll nicht zur Blüte kommen, weil er dann dem Boden zuviele Nährstoffe entzieht), (siehe Plan drei) die erste Spinatreihe, lockern, glätten und neu einmessen.
- Entlang der Schnur alle 25 Zentimeter, für den Eissalat Pflanzlöcher ausheben – EM-Bokashi!
- Die vorgezogenen Pflanzen einsetzen (12 Stück) und andrücken.
- Gießkuhlen neben den Pflanzen machen und angießen (nicht über die Pflanzen gießen).

3. **Feldsalat**

- Wenn der Eissalat abgeerntet ist, die erste Spinat-/Eissalatreihe erneut lockern, glätten und neu einmessen: 20 Zentimeter vom Beet-/Parzellenrand. Hier wird Ende August bis Anfang September der Feldsalat eingesät.
- Entlang der Schnur eine Saatrille ziehen.
- Dann rechts und links von der Schnur in je 10 Zentimetern Abstand Schnüre spannen und ebenfalls Saatrillen ziehen. – EM-Bokashi! Die drei Schnüre entfernen.
- Feldsalatsamen in die drei Rillen einsäen, mit Erde bedecken und mit dem Rechen andrücken.

4. **Steckzwiebeln**

- Von der Beet-/Parzellenbegrenzung aus die Reihe einmessen, eine Schnur spannen.
- Entlang der Schnur EM-Bokashi streuen, einen offenen Zollstock hinlegen und alle 10 Zentimeter die Steckzwiebeln, mit dem Wurzelansatz nach unten, vier Zentimeter tief in die Erde drücken, die Schnur entfernen.

5. **Schalotten**

- An der rechten Beetkante in den Zwischenräumen der Reihen von Pastinaken zu Mangold, Mangold zu Sellerie und Salat zu Grünkohl (EM-Bokashi!) je eine Schalotte pflanzen.
- Die Zwiebel- und Schalotten-Ernte erfolgt, wenn die Schlotten (Blätter) braun geworden sind. Mit der Handgabel aus der Erde heben und zum Trocknen ausbreiten oder aufhängen.

6. **Pastinaken mit Radieschen**
   - Die Pastinakenreihe einmessen, Boden lockern und glatt rechen, Schnur spannen.
   - Entlang der Schnur eine circa drei Zentimeter tiefe Rille ziehen, Schnur entfernen – EM-Bokashi!
   - Die Pastinakensamen einsäen und alle 12 bis 15 Zentimeter ein Radieschensamenkorn legen.
   - Mit Erde bedecken und mit dem Rechen andrücken.
   - Pastinaken keimen sehr langsam, da helfen die schneller keimenden Radieschen, die Reihe früher zu erkennen.
   - Wenn die Pastinakenpflänzchen fünf bis sieben Zentimeter hoch gewachsen sind, die Reihe häckeln und jäten und dabei die Pastinaken vereinzeln, das heißt, alle 10 bis 12 Zentimeter soll ein starkes Pflänzchen stehen bleiben. Alle anderen Pastinaken ausziehen.
   - Danach die Pastinakenreihe anhäufeln.
   - Die Radieschen müssen, bevor sie blühen, geerntet oder ausgerissen werden.

7. **Mangold**
   - Von der Beet-/Parzellenbegrenzung aus die Mangoldreihe einmessen, Boden lockern nicht vergessen.
   - Eine Schnur spannen und entlang dieser eine vier Zentimeter tiefe Saatrille ziehen.
   - Von links bei 25 cm einen Markierungsstab, bei 125 Zentimetern und bei 225 Zentimetern die nächsten zwei Markierungsstäbe dicht neben die Saatrille setzen.
   - EM-Bokashi zu jeder Markierung in die Saatrille und einige Mangold-Samenkörner legen.
   - Diese drei bis vier Zentimeter mit Erde bedecken und andrücken, die Markierungen entfernen.
   - Wenn die Pflanzen sieben bis zehn Zentimeter hoch gewachsen sind, jeweils die stärkste stehen lassen, die anderen vorsichtig entfernen, dabei häckeln und jäten.
   - Die stehen gebliebenen Pflanzen anhäufeln.
   - Geerntet werden die großen Blätter der Pflanzen von unten nach oben. Die mittleren Blätter stehen lassen. Die Pflanze wächst bis zum Winter immer weiter und bildet neue Blätter, sodass man immer weiter ernten kann.
   - Wenn man die dicken weißen Stiele auslöst (die grünen Teile abstreift), dann kann man die grünen Teile wie Spinat zubereiten. Die Stiele kann man quer in schmale Streifen schneiden und als Stielgemüse kochen.

8. **Rote Bete/Rote Rüben**
   - In der Mangoldreihe von links 50 Zentimeter für den ersten Mangold frei lassen, dann 50 Zentimeter EM-Bokashi einstreuen und Rote-Bete-Samen in die Rille streuen, danach wieder 50 Zentimeter für den zweiten Mangold frei lassen und wieder 50 Zentimeter (EM-Bokashi) Rote-Bete-Samen in die Rille streuen. Für den dritten Mangold 50 Zentimetern freilassen und noch einmal 50 Zentimeter (EM-Bokashi) Rote-Bete-Samen einsäen.
   - Die gesäten Rote-Bete-Samen mit Erde bedecken und andrücken.
   - Wenn die Pflänzchen fünf bis sieben Zentimeter groß sind, jeweils vier Pflänzchen im Abstand von 10 bis 12 Zentimetern stehen lassen. Die anderen beim Häckeln und Jäten ausziehen.

- Die stehen gelassenen Pflänzchen anhäufeln. Längs der vier Pflänzchen dann noch jeweils eine Gießrinne bilden und angießen.

9. **Knoblauch**
   - Wenn Sie neu anfangen, bleibt die Knoblauch-Doppelhalbreihe frei, denn der Knoblauch hätte schon im Herbst gepflanzt werden sollen. Sie können den Platz anderweitig verwenden (zum Beispiel Tagetes säen).
   - In allen anderen Fällen steht hier schon der im Herbst zuvor nach dem Plan eingepflanzte Knoblauch.
   - Die Ernte des Knoblauchs erfolgt, wenn die Blätter gelb werden.

10. **Sellerie/Knollensellerie**
    - Entweder zwischen den beiden Knoblauch-Halbreihen mittig eine Schnur spannen oder die Selleriereihe von der Beet-/Parzellenbegrenzung aus einmessen, den Boden gut (tief) lockern (Grabegabel).
    - Vom Knoblauch 20 Zentimeter entfernt beginnend, entlang der Schnur alle 25 Zentimeter ein Pflanzloch ausheben (EM-Bokashi) und die Knollensellerie-Pflanzen einsetzen. Sie sollen nicht tiefer sitzen, als sie in der Anzuchterde saßen.
    - Dicht dabei Gießkuhlen bilden und gut wässern.

11. **Buschbohnen**
    - Die Buschbohnen-/Salatreihe von der Beet-/Parzellenbegrenzung her ausmessen (wenn die Markierstäbe an den Endpunkten noch stehen, entfällt die Einmessung), den Boden lockern und glatt rechen. Eine Schnur spannen.
    - Entlang der Schnur alle 25 Zentimeter einen Markierungsstab für ein Bohnennest einstecken (insgesamt sieben Stück), beim siebten wird die erste Salatpflanze gesetzt, dann alle 20 Zentimeter Markierungen für die Salatpflanzen machen. Die Schnur entfernen.
    - Bei den ersten sechs Markierungen für die Bohnen eine ganz flache Kuhle mit der Hand bilden und jeweils fünf Bohnen, nach dem Muster der Fünf auf dem Würfel, hineinlegen. Circa drei Zentimeter in den Boden eindrücken und mit etwas Erde bedecken.
    - Bohnen nicht zu tief legen, »sie wollen die Glocken läuten hören«. Die Bohnen zum Keimen feucht halten.
    - Später, wenn die Pflanzen cira 20 Zentimeter hoch sind, ihnen eine Stütze geben, wie bei den Erbsen beschrieben.

12. **Salat**
    - Die sechs Markierungen für den Salat stecken lassen, bis man gute Salatpflanzen hat.
    - Pflanzlöcher ausheben, (EM-Bokashi) und die sechs Pflanzen einsetzen, andrücken.
    - Gießwasserkuhlen nicht vergessen, angießen.
    - Beetwegschnüre entfernen.

13. **Rosenkohl/Grünkohl**
    - Die Reihe ausmessen; wenn die Markierstäbe an den Endpunkten der Reihe noch stehen, entfällt dieses. Den Boden lockern und glatt rechen, eine Schnur spannen.

- Vom Beetrand aus nach 25 Zentimetern einen Stab, dann folgend alle 50 Zentimeter Stäbe zur Markierung einstecken (sechs insgesamt).
- Die sechs Pflanzplätze werden zwischen Rosenkohl und Grünkohl aufgeteilt, entweder drei zu drei oder von dem, den Sie bevorzugen, mehr als drei und vom andern dann weniger. Schnur wegnehmen.
- Bei den für Rosenkohl vorgesehene Pflanzplätze je ein Pflanzloch machen, (EM-Bokashi) und je eine Pflanze hineinpflanzen. Kuhle bilden, gut angießen.
- Die Röschen werden, wenn sie groß genug sind, von unten nach oben abgepflückt, bis zu den kleineren, diese können noch weiterwachsen.

14. **Grünkohl**
    - Die Pflanzung in der Reihe folgend wie beim Rosenkohl ausführen.
    - Auch beim Grünkohl die Pflanze nicht unbedingt im Ganzen abschneiden, man kann auch zunächst nur die unteren Blätter ernten und die Pflanze bis im Januar weiterwachsen lassen.
    - Grünkohl verträgt Frost. Manche sagen, er würde erst, wenn er schon mal gefroren war, am besten schmecken.

Ergänzender Topfgarten

Die Permanent Nachhaltige Intensiv-Parzelle **(PNIP)** wird durch einen Topfgarten je nach verfügbarem Platz und Bedarf ergänzt.

In Deutschland hat sich die Kochkultur in den vergangenen Jahrzehnten immer mehr in Richtung der mediterranen Küche erweitert, sodass Tomaten, Paprika, Auberginen und andere mediterrane Pflanzen wie selbstverständlich auf unseren Tisch gehören. Diese Pflanzen werden überwiegend aus unseren südlichen Nachbarländern importiert, oder sie werden »künstlich« in unser Klima implantiert, unter Dach mit Heizung vorgezogen und kommerziell ganz unter Glas mit besonderer Düngung und speziellen chemischen Pflegemaßnahmen zur Ernte gebracht. Die Pflanzen sind anderenfalls in unserem Klima, wenn auch vorgezogen, einem besonderen Wachstumsstress ausgesetzt und anfällig für Krankheiten, insbesondere einige Pilzerkrankungen. Deshalb lohnt sich der kommerzielle Anbau, selbst mit den Dünge- und Pflegepaketen, im Freiland meist nicht. Wenn man der Natur zuliebe auf beides verzichtet, wird es selbst nur für den Hausgebrauch noch schwieriger.

Dank der wunderbaren Hilfe der Effektiven Mikroorganismen (EM) wird es nun aber leichter, für den Hausgebrauch diese Gemüse anzubauen. Im Ganzen ist der Wachstumsstress beim Anbau in Töpfen kleiner als im Freiland.

Die Vorbereitung der Töpfe

Für die vier Paprika der PNIP (auf dem Beet) werden vier Töpfe mit circa 30 Zentimetern Durchmesser und dazu die passenden Untersetzer genommen.

Abb. 119 a+b: Tomatenpflanzen in Töpfen

Für die Gemüse des Topfgartens werden Töpfe mit 35–40 Zentimetern Durchmesser und passende Untersetzer gewählt; wenn man auch Kräuter hinzunehmen will, kann man auch kleinere und beliebige Töpfe hinzuziehen.

Das Präparieren der Töpfe beginnt, wenn man dafür fertigen, mindestens vier Wochen alten Küchen-Bokashi zur Verfügung hat.

Wichtig!!! Die präparierten Töpfe müssen dann noch mindestens vier Wochen ruhen, bis die Bepflanzung vorgenommen werden kann. (Der Boden darin wäre sonst zu sauer.)

Ein Eimer Küchen-Bokashi wird auf drei große Töpfe (Durchmesser 35 bis 40 Zentimeter) oder vier mittlere Töpfe (Durchmesser 25 bis 30 Zentimeter) aufgeteilt. Der große Topf erhält drei Schichten und der kleinere zwei Schichten Bokashi.

Beispiel: Bei einem großen Topf die alte Erde bis auf ein Drittel aus dem Topf nehmen. Am besten in Eimer füllen, denn sie wird gleich wieder weiterverwendet. Danach aus dem Küchen-Bokashi-Eimer mit der Handgabel ein Drittel als eine Bokashi-Schicht auf die Erde im Topf geben.

- Die Küchen-Bokashi-Schicht mit je einem Esslöffel Naturkalk, Gesteinsmehl (Bentonit) und wenn vorhanden Holzasche bestreuen. Alles mit der Erde darunter durchmischen.
- Nun wieder eine Schicht alte Erde (mindestens zehn Zentimeter) aufbringen.
- Dann das zweite Drittel des Küchen-Bokashi auf den Topf füllen, mit Kalk, Gesteinsmehl und Asche bestreuen und wieder die Erdschicht mit dem Bokashi vermischen.
- Den Vorgang noch einmal wiederholen.

- Nun den Topf bis an den Rand mit Erde auffüllen, diese Schicht sollte ungefähr zehn Zentimeter hoch sein.
- Zum Schluss den Topf von oben mit einer Plastiktüte abdeckend so umhüllen, dass kein Regen durchdringt (gegen Versuppung und Austrocknung).
- Dann den vorbereiteten Topf mindestens vier Wochen, (kann auch über Winter sein), ruhen lassen bis zur Bepflanzung. Die Plastiktütenabdeckung immer erst direkt vor der Bepflanzung vom Topf herunternehmen.

Das Bepflanzen der Töpfe

1. **Tomaten**
   - Die Abdeckungsschutzhülle (Plasiktüte) vom Topf herunternehmen und die vorgezogenen Pflanzen (ab dem 16. Mai) in die großen Töpfe einpflanzen.
   - Dazu ein Loch von 20 Zentimetern Tiefe in der Mitte des Topfes ausheben.
   - Die beiden Keimblätter, falls noch vorhanden, abbrechen, dann die vorgezogene Tomatenpflanze bis zum Ansatz des ersten Blattes in die Erde eingraben, mit beiden Händen andrücken, gut angießen. (Die Pflanze bildet durch das tiefere Einpflanzen dann zusätzliche Wurzeln aus.)
   - Zu empfehlen ist, Bewässerungsringe wie oben zu sehen sind vorsichtig über die Pflanze zu ziehen und fest einzudrücken.
   - In diesen Töpfen erreichen die Tomatenpflanzen leicht eine Höhe von zwei Metern, deshalb 2,20 Meter lange Stangen in jedes der drei dafür vorgesehenen Haltelöcher in den Bewässerungsring stecken und fest in die Erde eindrücken. Diese Stangen werden gebraucht, um die hoch wachsenden Pflanzen zu befestigen.
   - Die Bewässerungsringe sind für die Wasserversorgung der Pflanzen sehr hilfreich. Sie geben das Wasser langsam an die Pflanze ab und gewährleisten eine gleichmäßigere Versorgung und längere Feuchtigkeit.
   - Im Lauf der Wachstumsperiode müssen die Pflanzen regelmäßig ausgegeizt werden, das heißt, alle Seitentriebe, sobald sie in den Blattachseln erscheinen, zur Seite ausbrechen.

Empfehlen können wir aus unserer Topfgarten-Erfahrung besonders die frühen Sorten: ´Bonner Beste´, ´Harzfeuer´ und die Cocktail-Tomaten ´Gardener‘s Delight´ und ´Kleine Gelbe´ aus Estland und als späte Sorte ´Ochsenherz´. Wir sind dazu übergegangen, da die Beschaffung nicht einfach ist, nur noch Vorzuchten aus eigenem Samen zu machen. Als Samenbezugsquelle sind *Arche Noah* und *Dreschflegel* gute Adressen.

2. **Paprika**
   - Für die Paprikapflanzen werden in der Regel die kleineren Töpfe verwendet (25 bis 30 Zentimeter Durchmesser) mit Untersetzer, damit das Gießwasser nicht weglaufen kann. Die Abdeckungsschutzhülle (Plastiktüte) vom Topf herunternehmen.
   - Je eine der vorgezogenen Paprikapflanzen zum Beispiel der Sorte ´Ungarische Runde´ (*Dreschflegel*) einpflanzen und angießen.
   - Wenn Bewässerungsringe vorhanden sind, diese vorsichtig über die Pflanzen stülpen. Diese Ringe sind hier nützlich, aber nicht so wichtig wie bei den Tomaten.

- Je drei Stöcke, circa 1,50 Meter lang, in die dafür vorgesehenen Löcher in die Erde stecken, um die Pflanzen anbinden zu können, wenn sie in die Höhe wachsen.

3. **Auberginen**
   - Machen Sie alles genau so, wie bei den Paprika!
   - Für Sorten haben wir keine Empfehlung, da sind wir noch in Versuchen.

Die Freude am Topfgarten

Es ist interessant, das Wachsen der Pflanzen bei den so präparierten Töpfen zu beobachten. Wenn Sie die Bewässerungsringe vollgießen (nicht so viel solange die Pflanzen klein sind, damit sie nicht ertrinken), müssen Sie die Pflanzen nicht jeden Tag neu gießen, Sie können ohne Sorgen übers Wochenende ausgehen, selbst bei Sonnenschein brauchen Sie keinen Pflanzensitter. Kommt da nicht Freude auf? Sonst warten Sie noch ein bisschen, bis die Früchte anschwellen.

Wir freuen uns jedes Jahr wieder, das hängt auch damit zusammen, dass wir mit diesen Pflanzen früher schon andere Erfahrungen gemacht haben.

Wenn Ihre Freude klein bleiben sollte, haben Sie noch die Chance, dass sie mit den Jahren größer wird. Auf gutes Gelingen!

Was noch zu sagen wäre

Warum sprechen wir von der »Permanent Nachhaltigen Intensiv-Parzelle« und nicht vom Garten? Eine Parzelle (amtlich: Flurstück) ist ein Stück Land. Unsere Intensiv-Parzelle ist mit nur 50 Quadratmetern zu klein, um ein Garten zu sein. Solch eine Parzelle ist ein kleines Teil von etwas, von einem Permakultur-Projekt, von einem Garten, von einem Park oder von einem Acker.

Auf unserer Parzelle beginnt die Ernte bei frostfreiem Wetter im Januar mit Feldsalat. Im frühen Frühjahr setzt sie sich mit Feldsalat fort und wird durch Grünspargel und/ oder Spinat erweitert. Sie nimmt an Vielfalt und Menge des Gemüses und der Kräuter übers Jahr erstaunliche Ausmaße an. Sie dauert an bis in den Winter mit Grünkohl, Rosenkohl, bestimmten Salaten und Topinambur.

Um eigene Samen zu ernten (zum Beispiel Tomaten, Paprika und andere), ein Buchtipp: „Handbuch Samengärtnerei (Sorten erhalten – Vielfalt vermehren – Gemüse genießen)“ von *Heistinger, A. u. a.* 2014.

Manches macht sich auch von selbst. Lässt man am Ende einer Feldsalatreihe eine Pflanze stehen, lässt sie blühen (die Blüten sind ganz unscheinbar) und braun werden, dann sät sie sich selbst aus, unkontrolliert, was nicht schadet, da ja im Frühjahr das Beet bereinigt wird. Die Samen keimen im Spätherbst und bringen im Winter und frühen Frühjahr über die Fläche verstreut eine Feldsalat-Ernte. Wenn man nun an einem Platz, wo es nicht stört, wieder eine kräftige Pflanze stehen lässt, so verbreitet sich der Feldsalat über die Jahre auf dem ganzen Beet. **Das ist Permakultur inmitten intensivster Anbaumethoden. Achtung!** Dies funktioniert nur mit einer Feldsalatsorte, die nicht F1 (d. h. keine Hybridsorte) ist.

Auf allen Samentüten muss draufstehen, ob es sich um eine Hybridsaat handelt (F1). Wenn Sie Probleme haben, samenfeste Sorten zu finden, zum Beispiel bei Arche Noah *oder auch* Dreschflegel *gibt es diese.*

Noch ein weiteres Beispiel, das an Permakultur erinnert:

Bei den Sommerblumen sät man einige Samenkörner Winterkresse (Barbarakraut) mit an. Sie wächst in Rosetten und blüht sehr schön, gelb. Die jungen Blätter der Rosette kann man als Würzkraut verwenden. Lässt man sie blühen und einen Stängel braun werden, dann sät sie sich selbst aus, die neuen Blattrosetten findet man dann schon im Winter. So hat man in der kalten Zeit, wenn es wenig frische Kräuter gibt, eine ausgezeichnete Würze für Quark, Suppen und Ähnliches. Man kann auch einige Barbarakraut-Samenkörner an anderer Stelle auf der Parzelle ausstreuen.

Wir behaupten nicht, dass das alles wäre, was es noch zu sagen gäbe. Aber wir hören hier auf und hoffen, dass Ihnen „Gärtnern im Biotop mit Mensch“ auch in der neuen erweiterten Auflage gut gefällt. Wenn Sie mögen, sagen Sie es uns über den Verlag (auch dann, wenn nicht!).

Benutzte und weiterführende Literatur

Agenda 21: Umweltpolitik – Konferenz der Vereinten Nationen für Umwelt und Entwicklung im Juni 1992 in Rio de Janeiro, Bonn o. J.

Andritzky, M. / Spitzer, K.: Grün in der Stadt, Hamburg 1982

Ashworth, S.: Seed to Seed (Seed Saver Pub.), Docorah, Iowa 1991, dt. Saatgewinnung im Hausgarten (Arche Noah), Schildern 1997

Barzin, G.: Du Mont's Geschichte der Gartenkunst, Köln 1990

Benjes H.: Die Vernetzung von Lebensräumen mit Feldhecken, München 1986

Bibulus: So kochen Hanseaten, München 1977

Blank, D.: Handbuch der Bodenlehre, Berlin 1942

Bode, P. M. / Disko, R. / Wieland, D.: Grün kaputt. München 1983

Bruns, A. und Bruns, S.: Mischkultur-Scheibe. München o.J.

Bruce, M. E.: Gartenglück durch Schnellkompost, Mannheim, 1955/1964

BUND / Miserior (Hrsg.): Zukunftsfähiges Deutschland, Basel 1996

BUND e.V.: Naturschutz beginnt im Garten. Ökologischer Nutzgarten – naturnaher Ziergarten (BUNDkampagnen), Bonn 1988

Carr, A.: Good Neighboors: Companion Planting For Gardeners. Emmaus, PA, 1985

Carson, R.: Der stumme Frühling, München 1962, 1987

Chan, P.: Peter Chan´s chinesischer Gemüsegarten, Schaafheim 1985

Cornell, J. B.: Auf die Natur hören – Wege zur Naturerfahrung, Mülheim 1991

Dahl, J.: Es ist nicht alles gut, was grünt. In: Natur, Sonderheft, 1987, 1, 35–37

Dams, C. / Werner J.: Historische Bedeutung des Schulgartens, Kassel 1984 (Diplomarbeit)

Darwin, C.: Die Bildung der Ackererde durch die Thätigkeit der Würmer. Reprint, Berlin 1983 *Donelan, P.:* Growing to Seed, Willits ca. 1986

Förster G. / Hartmann, S. / Jeni-Faul, I.: Ökologie und ihre biologischen Grundlagen (Fernlehrgang), Tübingen 1986

Francé-Harrar, A.: Die letzte Chance für eine Zukunft ohne Not, Kirchberg und Haigerloch, 2. Aufl. 2007

Franck, G.: Gesunder Garten durch Mischkultur. Gemüse, Kräuter, Obst, Blumen, München, 1980

Franck, G.: Blühender Wildgarten, München 1985

Freitag-Lau, G. und *Lau, Kurt Walter:* Aussaattage nach kosmischen Rhythmen, Kevelaer, fortlaufender Jahrgang

Fukuoka, M.: In Harmonie mit der Natur, Darmstadt 1988
Furttenbach, J.: Architectura Civilis, Augsburg 1628
Gabriel, I.: Erfolgreich gärtnern durch naturgemäßen Anbau, Niedernhausen 1987
Gehlen, A.: Der Mensch, seine Natur und seine Stellung in der Welt, Frankfurt/M. 1971 (8. Aufl.) 1971
Gerdes, A.: Spaß um jeden Preis. In: Greenpeace Magazin, Heft 2, 1993, S. 10–15
Graff, O.: Unsere Regenwürmer, Hannover 1980
Greisenegger, I. u.a.: Umweltspürnasen – Aktivbuch »Wasser«. Wien 1991
Greisenegger, I. u.a.: Umweltspürnasen – Aktivbuch »Boden«. Wien 1991
Greisenegger, I. u.a.: Umweltspürnasen – Aktivbuch »Tümpel und Teich«. Wien 1991
Grzimek, H.C.: Grzimeks Tierleben: Enzyklopädie des Tierreiches, Bd. 1, Niedere Tiere, Zürich 1971
Haller, A. v.: Wirkstoffe der Pflanzen als Ordnungskräfte. Dreieich, o.J.
Haller, A. v.: Lebenswichtig aber unbekannt. Phytonzide schützen das Leben. Langenburg, 1977
Hart, H. R.: Die Wald-Gärtnerei, Darmstadt 1991 (dt. 1994)
Hawken: Der Zauberer von Findhorn, 1985
Heistinger, A. / Grand, A.: Biodünger selber machen, Innsbruck 2014
Heistinger, A. u. a. Hrsg.: Handbuch Samengärtnerei (Sorten erhalten – Vielfalt vermehren – Gemüse genießen), Innsbruck 6., 2008
Helm, E.H.: Feld-, Wald- und Wiesenkochbuch, München 1980
Hennig, E.: Geheimnisse der fruchtbaren Böden – Die Humuswirtschaft als Bewahrerin unserer natürlichen Lebensgrundlage, 6. durchgesehene Aufl., Kevelaer 2017
Heyer, H.-R.: Historische Gärten der Schweiz, Bern 1980
Higa, T.: Eine Revolution zur Rettung der Erde (1993), Xanten 2003
Higa, T.: Eine Revolution zur Rettung der Erde. Mit Effektiven Mikroorganismen (EM) die Probleme unserer Welt lösen, Xanten, 6. Aufl. 2006
Higa, T.: Neues Leben aus fermentierten Küchenabfällen. Hochwertiger Bokashi-Kompost durch Effektive Mikroorganismen (EM), Kevelaer 2007
Hilkenbäumer: Schnitt der Obstgehölze (Binomica), Mannheim 1978
Hitschfeld, O.: Der Kleinsthof, 6. durchgesehene Aufl., Kevleaer 2010
Holzer, C., Holzer, J.A. und Kalkhof, J.: Kräuterspiralen, Terrassengärten & Co., Planen, bauen, bepflanzen, Graz 2009
Howard, A.: Mein landwirtschaftliches Testament, 3. Aufl., Xanten 2005
Howard, M.: Naturgemäßer Gartenbau. Muster, Schweiz, 1980, 2. Aufl.
Humm, O.: Niedrig Energie Häuser, Freiburg 1990
Jeavons, J.: How to Grow More Vegetables, Berkeley, ca. 1991
Jeavons, J. / Griffin, J. M. / Leler, R.: The Backyard Homestead Mini-Farm, Berkeley ca. 1983
Johnson, H.: Bäume, Herrsching 1987
Jonas, H.: Das Prinzip Verantwortung, Frankfurt/M. 1979
Jorek, N.: Beispielhafte Gartenteiche. Das Handbuch für Planung, Gestaltung, Pflege. BIO-Versand, 48369 Saerbeck
Jörimann, P. / Schedegger, W.: Amaranth, Dinkel & Co., Küttigen AG 1993
Kerner, D. / Kerner, I.: Der Ruf der Rose, Köln 1994
King, F.H.: 4000 Jahre Landbau in China, Korea und Japan, Xanten, 3. Aufl. 2005
Kirsch, K.: Naturbauten aus lebenden Gehölzen, Kevelaer 4. durchgesehene Aufl., 2012
Kleber, G. u. E.: Die praktische Pflege der Bodenorganismen, in: NATÜRLICH GÄRTNERN & ANDERS LEBEN, 60. Jg., H. 3, S. 32–35
Kleber, E.W.: Grundzüge ökologischer Pädagogik. Eine Einführung in ökologisch-pädagogisches Denken, Weinheim 1993
Klever, E. / Klever, U.: Alles hausgemacht, München 1978/1990 (3. Aufl.) 1990
Könemann, E.: Gartenfibel, Wien 1977, 9. Aufl.
Könemann, E.: Ernte 3 x durch Mischkultur. Wien 1984
Körber-Grohne, U.: Nutzpflanzen in Deutschland. Kulturgeschichte und Biologie, Stuttgart 1988 *Koschschejew, A. K.:* Wildwachsende Pflanzen in unserer Ernährung, Leipzig 1990 (2. Aufl.)
Kretschmann, K.: Mulch total – Ein Weg in die Zukunft, 5. überarbeitete und stark erweiterte Aufl., Kevelaer 2017
Langerhorst, M.: Meine Mischkulturenpraxis nach dem Vorbild der Natur, Xanten 1996
Langerhorst, J.: Mischkultur im Gemüsebau. Mit Pflanzen guten Boden schaffen, Klagenfurt 1986
Lánská, D.: Wildpflanzen auf unserem Tisch, Praha 1990
Lau, Kurt Walter (Hrsg.): NATÜRLICH GÄRTNERN & ANDERS LEBEN. Magazin. Kevelaer, gegründet 1958. ISSN 2196-2367
Lau, Kurt Walter: Kleintierhof – ökologisch, wirtschaftlich, zukunftsweisend, Stuttgart 1989
Lebendige Erde (Hrsg.): Biologisch-dynamischer Land- und Gartenbau, Darmstadt 1980
Leitzmann, C. / Watel, B.: ... und viele Götter leben im Salat. In: Natur, Sonderheft 1987, 1, 31–34 *Lennox-Boyd, A. / Perry, J. / Thomas, G. S.:* Grüne Meisterwerke, Hildesheim 1989
Le Roy, L. G.: Natur ausschalten – Natur einschalten, Stuttgart 1978/1984 (2. Aufl.)

Logé, O.: Meine langjährigen Erfahrungen mit der lebenden Gitterzaunhecke. Ein scheinbar vergessener Gartenheckentyp wurde wiederentdeckt. In: Garten + Landbau organisch,
32. Jg., H. 6, S. 175–177
Lorch, A.: EM Eine Chance für unsere Erde, Linz 2013.
Lorch, A.: EM Eine Chance für unsere Erde. Effektive Mikroorganismen. Wirkungsweise und Praxis, Kevelaer 2006
Loudon, J. C.: The Landscape Gardening and Landscape Architecture, London 1840
Luisi, P .L. (Hrsg.): Im Einvernehmen mit der Natur, Stuttgart 1990
Meyer-Abich, K. M. (Hrsg.): Frieden mit der Natur, Freiburg 1982
Meyer-Abich, K. M.: Wege zum Frieden mit der Natur, Freiburg 1984
Molisch, H.: Der Einfluß einer Pflanze auf die andere. Allelopathie, Jena 1937
Molisch, H. und Dobat, K.: Botanische Versuche und Beobachtungen mit einfachen Mitteln, Stuttgart 1979, 5. Aufl.
Mollison, B.: Permakultur II – praktische Anwendung, Darmstadt 1983
Mollison, B.: Permaculture. A Designer's Manual, Tyalgum 1983
Mollison, B.: Introduction to Permaculture, Tyalgum 1991/1995 (3. Aufl.)
Mollison, B.: Permaculture: A Designer´s Manual. Sisters Creek, Australien, 1979 und 2004
Mollison, B.: Handbuch der Permakulturgestaltung (deutschsprachige Ausgabe von A Designer´s Manual), Stainz, 2010
Mücke K.-H. / Rieger, K.: Das große Garten- und Zimmerpflanzenbuch, München 1968
Nowak-Nordheim, W.: Freude am Bauerngarten. München 1986, 2. Aufl.
Pfeiffer, E. und Riese, E.: Der erfreuliche Pflanzgarten, Dornach 1994, 11. Aufl.
Poenicke, W.: Der »natürliche Obstbaumschnitt« In: *Könemann, W.:* Biologischer Obstbau und Beerenanbau, Wien 1981
Pommeresche, H.: Humussphäre. Humus – Ein Stoff oder ein System?
2. überarbeitete und erweiterte Aufl. Kevelaer 2017
Prade: Das Plocher Energiesystem 1993
Reheis, F.: Die Kreativität der Langsamkeit, Darmstadt 1996
Reiter, M.: Ein ländlicher Garten zwischen Tradition und Moderne, Kevelaer 2006
Riess, W. H.: Obstbaumschnitt in Bildern (Obst- und Gartenbauverein), München 1988, 8. Aufl.
Roberts, H.J.: Intensive Food Production on a Human Scale, Palo Alto (California) 1982
Robinson, W.: The Wild Garden, London 1870
Rödelberger, F. K.: Bodenlos, Schaffhausen 1990
Rogers, C. R.: Die Kraft des Guten, München 1978/1984
Rusch, H.P.: Bodenfruchtbarkeit. Eine Studie biologischen Denkens,
8. durchgesehene Aufl. Kevelaer 2014
Schlechtal, I.: Köstliche Wildfrüchte und Wildgemüse, München o. J.
Schulz, C.: Mein Garten Eden, Graz 1987
Schweitzer, A.: Kultur und Ethik, München 1934, 1984
Seifert, A.: Gärtnern, Ackern – ohne Gift, München, 1982
Sekera, F.: Probleme der Bodenbiologie, Wien 1941
Sekera, F.: Gesunder und kranker Boden, 6. durchgesehene Aufl. Kevelaer 2012
Seymour, J. / Giradet, H.: Fern vom Garten Eden, Frankfurt/M. 1985
Stamm, E.: Erfolgreiches Gärtnern auf Hochbeeten, Hamburg 1986
Steiner, R.: Geisteswissenschaftliche Grundlagen zum Gedeihen der Landwirtschaft. Dornach, 1979
Stout, R: Mulch-Gärtnerei ohne Arbeit. 1971 (3. Aufl.)
»Tu was« (Ökolog. Verbraucherberatung Mainfranken): Ökologisch Bauen, aber wie? Düsseldorf 1995
Thun, M. und Thun, M.: Aussaattage. (Jährlich erscheinender Kalender)
Tokin, B.P.: Phytonzide, Berlin 1956
Tompkins, P. und Bird, C.: Die Geheimnisse der guten Erde, Düsseldorf 2000, 2. Aufl.
Trolldenier, G.: Bodenbiologie. Die Bodenorganismen im Haushalt der Natur. Stuttgart 1971
Unterbruner, U.: Lebendiges Lernen in der Umwelterziehung. Anregungen für die Praxis, Wien 1986
Unterbruner, U.: Umweltangst – Umwelterziehung: Vorschläge zur Bewältigung der Ängste Ju- gendlicher vor Umweltzerstörung, Linz 1991
Verbeek, B.: Die Anthropologie der Umweltzerstörung, Darmstadt 1990
Weinrich, Ch.: Kompostieren wie in der Abtei Fulda, Stuttgart 1994
Weizsäcker, E. U.: Erdpolitik, Darmstadt 1994 (4. Aufl.)
Weizsäcker, E. U. / Lovins, A. B. / Lovins, L. H.: Faktor vier, München 1995/1997 (7. Aufl.)
Weizäcker, C.v.: Unvollkommenheit als Chance. In: Greenpeace Magazin, Heft 2, 1992, S. 14
Whitefield, P.: Das große Handbuch Waldgarten, 4. durchgesehene Aufl. Kevelaer 2015
Whitefield, P.: Permakultur kurz & bündig, 5.durchgesehene Aufl. Kevelaer 2017
Widmayr, CHR.: Bauerngärten neu entdeckt. München, Wien, Zürich 1990, (2. Aufl., 3. Aufl.) *Wieland, D. / Bode, P. M. / Disko, R.:* Grün kaputt – Landschaft und Gärten der Deutschen, München 1983
Wimmer, C. A.: Geschichte der Gartentheorie, Darmstadt 1989
Wirth, A.G.: Frühgemüse aus dem eigenen Garten, Stuttgart 1946
Wirth, A.G.: Mehr Obst und Gemüse durch Harmonie im Gartenbau, Esse 1948

Witt, R.: Wildsträucher in Natur und Garten, Stuttgart 1989, 3. Aufl.
Witte, G.R.: Zoo – Pädagogik – Unterricht. Unterweisen am Tier. Zoopädagogik vor Ort – Schritte zum Naturverständnis, 1. Jg., Bd. 1, Kassel 1991
Wolter, A.: Selber einmachen, München o. J.
Wright, M.: Mein Garten zuhause (London 1974), Würzburg 1978 (3. Aufl.)
Zschocke, K.: EM kompakt, München 2014

Sachregister I: allgemein

Sachregister II: botanische und zoologische Namen

Sachregister III: Rezepte

Rezepte zur Pflanzenpflege